日治時期原住民相關文獻翻譯選集

探險記・傳說・童話

許俊雅——主編
中島竹窩、秋澤烏川、川上沈思、西岡英夫——原著
杉森藍、鳳氣至純平、許倍榕——譯

序

將近二十五年的歲月過去了，距離我在一九九三年寫〈山林的悲歌——布農族田雅各的小說〈最後的獵人〉〉（隔年一九九四年刊登《國文學報》），台灣的社會已有許多的變化，愈來愈多的人理解到原住民對臺灣文化歷史的意義與重要性。甚至二〇〇一年之後，官方的族群認定新增了噶瑪蘭族（Kebalan，二〇〇二）、太魯閣族（Truku，二〇〇四）、撒奇萊雅族（Sakizaya，二〇〇七）、賽德克族（Seediq，二〇〇八）、拉阿魯哇族（Hla'alua，二〇一四）、卡那卡那富族（Kanakanavu，二〇一四）等六族。這期間我依舊關懷著原民文學，有十幾年講授臺灣文學的課程，源頭即從原住民族的神話、傳說、故事的介紹開始，後來也蒐集一些譯作，請友人、學生翻譯，但總因諸事紛紜，無力為繼，手邊也總是累積一堆做到一半的文件檔，不停被其他工作插入已是家常便飯，有時尋到電腦多年前的舊檔案，內心總是一驚，但也無可奈何。又由於資料散亂及檔案版本眾多，在步入花甲年之際，那真實的、可靠的記憶更是難以尋覓，在電腦前真有四顧茫茫之悲，最後也只能勉為其難找出自認較可靠卻可能是不可靠的檔案。依稀記得的是當時蒐集到的內容涵蓋各族，故事數量頗為可觀，但因多為日文撰寫，且時有參雜舊式日文情況，對臺灣讀者而言，終究不便，便陸續有翻譯念頭。近年幸而有杉森藍及鳳氣至純平、許倍榕賢伉儷協助，將我所蒐集的有關原住民文學的日文作品予以中譯，今日方得以進入出版作業，然則距離初稿完成，硬生生又被我耽擱半年了。

臺灣原住民族因為沒有文字，以口傳吟誦的方式代代訴說著她們的故事，口傳文學在原住民族部落生活裡既是她們真實生活的一部分，關於儀式、習俗的學習傳承、價值觀的影響都在生活的過程逐漸完成。由於口傳文學具有集體性、作者非一人、內容變動不一等特色，因此隨著時空轉移及講授者的個人背景，它的形式與內容，自然越來越豐富，產生各類變化。原住民族口傳文學所說之事多為族群的起源、分布及生活經驗、禁忌，以及射日、洪水、人類始祖來源等宇宙奧秘的種種解讀與部落曾發生過的事件，雖然有許多故事充滿奇幻色彩，但卻是理解其風土民情，便於管理之道，因此日本時期臺灣總督府，除了派員進行大規模的調查、採錄與研究，長期生活於「蕃界」的理蕃警察，也因地緣之便及政策需求，發揮了觀察書寫、再現臺灣原住民族的口傳文學。如記錄者川上沈思說明調查緣由：「我先前的駐在所，距離支廳約二十町，轄內是排灣族的三個部落，戶數有一百三十多戶，是南臺灣數一數二的勢力頭目所在地。兩三天前整理舊資料時，發現幾張皺巴巴的稿子，那是去年八月中旬，受H警部命令調查、即在此要介紹的傳說。」川上沈思所介紹的即是臺東大武山區原住民之傳說，包括吉野莫窟、撒魯林、摩阿卡依出現的起因，及繁衍子孫、遭遇災難、祈禱、粟祭、出草五年季等經過。秋澤烏川曾擔任臺南地方法院書記，先受臺灣日日新報社之託，在該報上發表二十多回，後重新精選資料，撰有《臺灣日日新報》的〈生蕃の傳說と童話〉，《臺灣警察協會雜誌》的〈傳說の高砂族〉等。另編著有《臺灣匪誌》、《臺灣名流卓上一夕話》、《新舊對照管轄便覽》等書。其中《臺灣匪誌》，詳錄了臺人武裝抗日事蹟，包括北埔事件、林杞埔事件、羅福星事件、土庫事件、六甲事件、西來庵事件，雖是以殖民統治者之立場撰述，仍具有重要的史料價值。另位作者西岡英夫，擔任《報知新聞》記者。明治四十二年（一九〇九）前後來臺，任職於臺灣銀行。後任臺北製壜株式會社常務董事，並身兼臺灣煉瓦、臺灣證券、臺灣電影等株式會社監事。活躍於實業界之餘，西岡英夫對臺灣的風土民俗多有關注。曾以塘翠、塘翠生、塘翠子、英塘翠、西岡塘翠、みどり、たうする、圃畔學人、塘翠迂人、西岡生、石蘭居塘翠、TOSUI、石蘭居生、石蘭居主人、にしをか・ひでを等筆名，發表一系列介紹及考察臺灣漢族及原住民風俗的文章。此外，西岡英夫亦致力於童話的普及推廣，更曾透過收音機轉播童話故事。他們的身分或與「警察」有關，或作品發表在警察協會雜誌，亦有兒童文學作家，我們在閱讀這些故事時，應理解時代背景及敘寫者的身分。

本書由各不同作者作品合編為一本，因此有些同性質的傳說重複出現，但內容仍有出入，作者敘述風格不同，文本自然也有出入，這既是口傳文學的特色，也是文人改編必然的結果。其中射日、族群始祖、猴子與穿山甲、父母化身為鶴、女兒國故事、少女變成鷲的故事等等，有時不專屬某一族獨有，這是在流傳過程中常有的現象。未知的世界，經常是想像力的來源，當人類無法解釋地震、暴風雨、酷熱天候時，就會編說故事解釋這些現象，這反映了先人看世界的方法及內心的想望。如射日對遠古的民族而言，太陽的光線和熾熱所造成的災害，是難以避免且抵擋的，於是產生了許多征伐太陽的神話，利用自己經歷的生活經驗，表現出杜絕太陽肆虐的原始思維。秋澤烏川解釋〈征伐太陽的故事〉就說：「住在寒帶和溫帶地區的人因為害怕寒冷，所以極為尊敬熾盛有熱力的太陽，將其視為主神，把照亮黑夜的月亮視為從神。而住在熱帶及亞熱帶地區的人則相反，厭惡酷暑，崇敬夜間皎潔月光的清朗，將其視為主神，而太陽是從神。至於極端酷暑之地，甚至還會敵視太陽。」臺灣原住民族如布農族、泰雅族、阿美族都有類似射日的傳說，一般多為兩個太陽，但在中國后羿射日則是十個太陽。另〈舉天王鳥的故事〉亦雷同，鳥兒Tatachiyu清亮、純淨、遼朗的聲音，使天地為之震動，天使迅速地往上層升去，使人類脫離熾烈炎熱之苦，得以在地面上安穩生活，Tatachiyu也成為萬鳥之王。〈風、雨、雪的故事〉風、雨、雪各自誇耀自己的力量，較量結果是雪略高一籌，說明了住在高山不知害怕風雨的高砂族，是多麼害怕寒冷，這與臺灣四季如夏的炎熱天候有關。

〈取得火種的故事〉以平時盡受其他野獸侮辱的羌仔，憑著昂揚勇敢志氣，克服巨浪的吞噬而取得火種，以此故事傳達那平常遭人責罵卻能隱忍自重的人，一旦有事發生，反而能夠發揮很大的力量。〈開始狩首的故事〉Nibunu神為了去除惡人而降下大洪水，人類無法覓食，狗、猴被殺後，首級被插在竹竿上玩，族人瘋狂跳舞的馘首舞，使得神明減退大水，丘陵和原野重現眼前。而之後改獵狩其他部落人的首級。〈開始刺青的故事〉講刺青由來，母子成為夫婦，而非姊弟成為夫妻。這個姊弟版的人類祖先到下一則的〈無人島的故事〉成為兄妹結為夫妻，子女又相互結為夫妻，分灶各自成家，終於形成一個部落。留在島上的，是高砂族的祖先，離開島的，則是臺灣人的祖先。因此，今日我們高砂族鐵少，他們臺灣人鐵多，這是不足為奇的。阿美族流傳的傳說則是夫妻之神遺留下的男女二神Sura與Nakao結為夫婦，並未說明兄妹或姊弟關係。關於人類祖先的起始，流傳著情節相似的故事，有時也是對習俗由來的想像與解釋，比如賽夏族的黥面即仿泰雅族，以避免被誤殺。在神話傳說裡就描述姐姐怕被弟弟認出，因此以黑炭塗其臉，後來成為黥面由來。其他故事，如〈姐妹物語——排灣族的童話〉，被無情的叔父叔母欺負的姐妹孤兒，受到鯨魚祖父的拯救，並瞬間長大成為美麗的妙齡女子。而叔父夫婦在走投無路之下，才終於反省過去所作所為之惡毒，並且向姐妹道歉，之後和睦共處，過著幸福的日子。〈失去女兒化身為鶴的神〉，海神強行娶走美麗的女兒神，巨濤摧毀了快樂的家庭，傷心的父母神最後化身為鶴飛向天際。秋澤烏川〈二神變成鶴的故事〉故事與此相近，最後都強調了雌雄成雙成對的畫面。〈乘獨木舟漂流的親子四人〉男女之神結為夫妻，生下多位孩子，食物不足問題，迫使男神Abokurayann想找一個食物豐盛的島，夫妻倆砍下巨樹，鑿空樹身造了一艘獨木舟，帶著兩個孩子出發尋找新的島嶼，最後找到Takirisu（タキリス）這地方，據說是宜蘭平原某處，他們在這裡播種出米與小米，爾後子孫向海岸一帶各地繁衍。這是海岸的蕃姑仔律社流傳的故事。這些故事的主角與人類相同，有著欲望、猜忌、情愛、誘惑、嫉妒、自私、貪婪性情以及憐憫、慈愛、堅毅、奮鬥種種情懷，這些故事是想望的投射，同時也具有教育的意義。

原住民族也有妖怪傳說，近來流行的臺灣妖怪圖書即有蒐羅，如《生蕃傳說集》提到排灣族流傳著一個名叫「薩力苦」的東西，趁父母不在，闖入家中吃掉了弟弟，哥哥逃到樹上後，澆熱豬油殺死了牠；《臺東卑南族口傳文學選》收錄了一則〈熊外婆〉，熊化身外婆，趁夜吃掉小孩，和臺灣虎姑婆故事相近；在可怕的鬼怪故事外，原住民族的〈鄒族－塔山的愛情傳說〉則無陰森可畏的氛圍，而是讓人動容的堅貞淒美的愛情故事，這也透露靈魂鬼妖的想像在鄒族很早流傳著。Yagui深愛的男人意外過世後（有的版本是被上方突然的落石擊中），她失魂落魄，悲傷過度，後來死去的男人靈魂顯現，將她帶往另外一個空間塔山，共同過著美滿的生活。過了幾年，Yagui生了一個漂亮的小寶寶，回家後母親覺得她說的話很奇怪，但也沒有深究。然而當母親抱起小孩時，這可愛的小孩馬上變成樹根，母親很驚訝，將它丟到一旁，Yagui將其抱起又變回了那個有著討喜、可愛酒窩的小孩。經過數日，Yagui又回來了，這次是向家人要明天帶酒到塔山的山腳。父母親按照她的要求，將酒運到山腳，結果很神奇的，出現了幾隻手腕，將酒搬運到某處。這樣的事情重複了四、五十次，最後一次Yagui出現時說：「我快死了，死時塔山的山崖會掛著白布條。沒關係，如果崖上掛著白布的話，表示我已經死了。」其後第五天，如Yagui所說，在塔山某個山崖上掛著從未見過的白布，從此再也不見Yagui的身影。那白布變成了石頭，至今仍殘留著。據聞鄒族的塔山也有神靈的會所之意，人死後靈魂會去的地方。由於塔山峭壁千仞，地勢險峻，故有許多神秘的傳說。

本書所收西岡英夫的改編添寫，值得留意的是鳳氣至純平的提醒：西岡在幾部作品中刻意強調這些故事與日本傳說、童話的類似性（見本書導讀）。西岡英夫每每在進入正文前有一段文字說明，指引讀者接受其解讀，如「太魯閣蕃！各位讀者應該記憶猶新。他們是臺灣蕃族當中最強猛的，所以流傳的童話也多為勇猛的故事。在此要介紹的這篇也不例外，是關於驅除巨人的勇敢事蹟，類似我們古代賴光驅除大江山酒吞童子的英勇故事〈大江山〉。」「花蓮港阿美族童話，特地選擇和我們的童話《浦島太郎》很近似的故事。在鄒族童話中，也有類似我國無人不曉的《桃太郎》童話。……生蕃人的童話裡有類似浦島太郎、桃太郎的故事，是多麼耐人尋味的事啊。」此外，這些神話傳說也表現出各族的生活習俗，如阿美族神話故事——女人島傳說：〈女護島的故事〉，表現出阿美族「母系親屬制度」觀念，同時含括了阿美族男主外、女主內的分工模式。有時也反映時局，在日美為敵狀態下，衍生了對美國的嘲諷，如秋澤烏川〈久遠神代的故事〉敘述了臺灣人類祖先從木石二質的老樹誕生，形成兩個部落，人數多、威力大的部落到平地，成為臺灣人祖先；有刺青、人數少的留在山上，成為高砂族的蕃人祖先。秋澤最後以之嘲諷美國的「人種歧視」，人與人之間是有差別區分的。

再者，也有充滿幻想與娛樂效果的巨人故事，〈搗蛋神的故事〉敘述變化自如的搗蛋神Idotsuku惡作劇的故事，傳達原住民趣味無窮的生活。在作者不可思議的話語裡，也呈現當時對高砂族的形容是慓悍無比的。另一則臺東廳卑南的馬蘭社蕃人所流傳的童話，是雞化身為支那婦人（小腳纏足婦人）並成為王妃的故事，也是相當有趣的故事。原住民文學即是山海的文學，但西岡英夫也說：「因為生蕃人大多住在離海很遠的山地，有關海的傳說並不多。而雖然在東部臺灣的阿美族、排灣族、卑南族等，因地緣關係流傳著若干與海相關的傳說」，這部分資料可謂難得，值得再多加採集。對於世界、人類跟動物怎麼被創造出來，每個族群各有其不同的看法，但這麼多故事究竟是怎麼發展出來的，是各族群獨立發展或是各族群之間在交流中彼此影響？這有待專家學者進一步的研究梳理。不過從各故事發掘不同民族看待宇宙、認知世界的奇妙方式，本身就具足豐富的樂趣，讓人深深著迷。遠古人類的集體幻夢，原始部落的獨特價值觀，各民族的文化變遷種種，在當代文學、動漫、電影、遊戲，一波波嶄新的文創動力，無不自此出，這些故事不再虛無縹緲，一趟奇妙之旅就鋪展在我們眼前。

最後，我要再度感謝三位譯者的辛勞，沒有他（她）們辛勤的付出，這本譯著不可能出版。此書如果能夠幫助讀者認識理解臺灣原住民族文學，則編者譯者幸甚。

許俊雅
二〇一八年八月四日

編案：本書內文配圖均為日文原著於雜誌首發時的搭配插畫；封面亦取材自這些插畫，另經重新設計而成。

目次

附錄

導讀

鳳氣至純平

本書收錄了日治時期日本人所採集、記錄、撰寫的原住民相關文獻史料，包括三種類型：探險記、傳說以及童話。由於各文獻作品的年代、性質與作者皆有不同，因此本文首先針對日治初期日人原住民相關調查、研究概況加以梳理，以便讀者初步了解這些文獻產生的時空脈絡與背景，其後再依序介紹各篇作品與作者，進而探討這些文獻在臺灣文史上的意義。

一、日治時期臺灣原住民研究概況

日本領有臺灣後，以理解並掌握這塊新領土的歷史、文化、社會等為目的，立即著手臺灣各方面的調查與研究，其對象也包括原住民。日本學者宮岡真央子將日治時期的臺灣原住民研究分為三個時期：一、統治初期的「探險」時代；二、一九〇九年前後開始的「網羅式舊慣調查」時代；三、一九二八年臺北帝國大學成立後，進行專業學術研究的時代[1]。

1 宮岡真央子，〈臺灣原住民族研究の繼承と展開〉，收錄於《日本の人類學——植民地主義・異文化研究・學術調查の歷史》（兵庫：關西學院大學出版會，二〇一一年八月），頁八十。

初期研究的代表性人物有：伊能嘉矩（一八六七－一九二五）、鳥居龍藏（一八七〇－一九五三）以及森丑之助（一八七七－一九二六）。雖然他們都以臺灣總督府、東京帝國大學等為強力後盾，同時亦獲得當地警察及軍方協助，但在尚未「平定」的山區進行調查與研究，自然是冒著生命危險，堪稱「探險」時代。伊能嘉矩於一八九七年五月至十一月進行全島性調查，其基於人類學、民族學的立場，根據文化、社會與語言特徵將原住民加以分類。主要著作有：《臺灣蕃人事情》（與粟野傳之丞共著，臺北：臺灣總督府民政部文書課、臺灣日日新報社，一九〇〇年）、《臺灣蕃政誌》（臺北：臺灣總督府民政部殖產局，一九〇四年）。鳥居龍藏於一八九六年五月起至一九〇一年為止，陸續完成幾乎是網羅全島的調查。而森丑之助則是跟著鳥居從事調查活動，擔任其助手、翻譯，後來也隻身走遍中央山脈的原住民居住地，完成了《臺灣蕃族圖譜》（共兩卷，臺北：臨時臺灣舊慣調查會，一九一五年）、《臺灣蕃族志第一卷》（臺北：臨時臺灣舊慣調查會，一九一七年）等書。

一九〇一年，時任民政長官的後藤新平成立「臨時臺灣舊慣調查會」，由京都帝國大學法學部教授岡松參太郎擔任會長。該組織首先進行了漢民族相關調查，其後一九〇九年設置「蕃族科」，聘任上述的伊能嘉矩、森丑之助，以及佐山融吉、小島由道等人，著手進行網羅式的原住民慣習調查。其研究成果乃刊行佐山融吉《（臨時臺灣舊慣調查會第一部）蕃族調查報告書》（共八冊，臺北：臨時臺灣舊慣調查會、臺灣總督府蕃族調查會，一九一三－一九二一年）、小島由道等人《（臨時臺灣舊慣調查會第一部）番族調查報告書》（共八冊，臺北：臨時臺灣舊慣調查會、臺灣總督府蕃族調查會，一九一五－一九二二年）等。前者著重神話與傳說，後者則以社會組織、慣習法等記錄為主。後來佐山根據此次調查，整理各族神話、傳說資料，與大西吉壽合著《生蕃傳說集》（臺北：杉田重藏書店，一九二三年）。這些調查與採集成果是後來原住民傳說、童話故事書籍的重要資料來源，將詳述如後文。

一九二八年成立臺北帝國大學後，臺灣原住民研究正式進入學術領域，尤其文政學部史學科內設置的土俗人種學研究室，是全日本大學第一個成立的文化人類學專門教育機關。除了哈佛大學專攻人類學的移川子之藏（一八八四－一九四七）擔任教授之外，只有助手宮本延人（一九〇一－一九八七）與該研究室唯一的學生馬淵東一（一九〇九－一九八八），由此三人體制進行原住民研究。此外，該學部也設立言語學研究室，由小川尚義（一八六九－一九四七）擔任教授。他們最具代表性的研究成果，分別是《臺灣高砂族系統所屬の研究》（臺北：臺北帝國大學土俗人種學研究室，一九三五年）與《原語による臺灣高砂族傳說集》（臺北：臺北帝國大學言語學研究室，一九三五年）。這兩本大部著作皆獲得第十一任總督上山滿之進離任時所捐贈的研究經費。與本書較有關係的《原語による臺灣高砂族傳説集》，是小川尚義與後來接任教授的淺井惠倫（一八九四－一九六九）合作完成，分別採集各地原住民的傳說，並利用國際音標，以「原音」記錄其內容。如此經過探險時代、網羅式記錄的時代，至臺北帝大的成立後，由受過專業訓練的學術界人士進行臺灣原住民研究，研究內容更進一步細緻化。

二、作者與作品簡介

（一）探險記——中島竹窩〈生蕃探檢記〉

如前所述，統治初期的原住民調查可說帶有「探險」性質，而實際上不少「探險隊」（包含軍方）在踏查調查過程中「罹難」。本文所收錄的中島竹窩〈生蕃探檢記〉便是這種「探險」時代的著作。

中島竹窩的〈生蕃探檢記〉，原本連載於《太陽》雜誌第二卷二十一號至第二十五號，共五回（一八九六年十月二十日－十二月二十日），後來隔年一八九七年由該雜誌的出版社「博文館」出版單行本《少年叢書第四編臺灣生蕃探檢記》（東京：博文館，一八九七年二月，同時收錄渡邊千吉郎〈利根水源探檢紀行〉）。就筆者所見，除了〈探檢記〉之外，中島竹窩在《太陽》上另發表了〈鐵道大隊——上武線の作業〉[2]，以及在《文藝俱樂部》刊登兩篇文章，分別是〈實際畫〉[3]與〈咸拇記〉[4]，內容都是描述日本內地的旅記與散文。有關〈生蕃探檢記〉，目前已有簡中昊的先行研究[5]。據其考察，中島竹窩是筆名，本名可能是中島龍鄉，時任雲林出張所會計掛長（股長）。因此，筆者進一步以「臺灣總督府職員錄系統」、「臺灣總督府公文類纂查詢系統」、「臺灣人物誌」等資料庫搜尋「中島龍鄉」相關資料。從中得知中島龍鄉乃日本九州熊本縣出身，最晚一八九五年九月已在臺灣，服務於臺灣總督府（單位不詳）[6]。一八九八年轉任臺北縣景尾主記[7]，一九〇三年八月二十日「殉職」[8]。令人在意的是，筆者所

2 中島竹窩〈鐵道大隊——上武線の作業〉，《太陽》第七卷第八號（一九〇一年七月五日），頁一九四－一九八。

3 中島竹窩〈實際畫〉，《文藝俱樂部》第六卷第十五號（一九〇〇年十一月十日），頁二五〇－二五三。

4 中島竹窩〈咸拇記〉，《文藝俱樂部》第十四卷第十一號（一九〇八年八月一日），頁一七七－一八四。

5 簡中昊〈日治初期警察官眼中的臺灣原住民形象——以〈生蕃探險記〉為例〉，《臺灣文學研究》第六期（二〇一四年六月），頁一九五－二二八。

6 〈中島龍鄉所屬認命〉（一八九五年九月一日），《臺灣總督府公文類纂》，四十五冊五號。

7 〈屬中島龍鄉主計ニ轉任ノ件〉（一八九八年九月一日），《臺灣總督府公文類纂》，九二八一冊九號（原件破損）。

8 《建功神社誌》（臺北：臺灣總督府，一九二八）。最後的工作單位是「總督府官房秘書課」。至於其「殉職」原因，翻閱日治時期最大報《臺灣日日新報》可以發現，一九〇三年八月中開始，景尾轄區內陸續發生數起「蕃害」，九月為遇害的數名「警察與隘勇」舉行「招魂祭」，十月官方對「故技手（即技師）」中島龍鄉的遺族給付「死亡賜金」。雖然新聞報導與公文上中島的身分有所出入，但可推測中島的「殉職」與這起「蕃害」應有所關連。以上參考自以下文獻：〈景尾管內の蕃害後報〉，《臺灣日日新報》（一九〇三年八月十六（二）日）；〈景尾招魂祭の景況〉，《臺灣日日新報》（一九〇三年九月十五（二）日）；〈故〔臨時臺灣土地調查局〕技手中島龍鄉遺族〔中島トク〕へ死亡賜金給與ノ件〉（一九〇三年十

看到的〈咸捫記〉發表於一九〇八年，也就是中島龍鄉「殉職」的五年後，由此時間落差，與中島竹窩發表的其他文章都以內地為題材來看，推測中島竹窩與中島龍鄉可能是不同人。

這篇探險記連載於當時相當具有代表性的雜誌《太陽》，且隔年便出版單行本，可見此題材必定吸引諸多日本內地讀者的注意。不僅如此，如單行本的廣告詞所示：

臺灣生蕃宛如鬼，乃食人之人種。或曰：生蕃乃柔順可憐人種，正直如佛。鬼耶？佛耶？究竟生蕃是何人種？生活狀態何如？閱覽此書即可詳知。嗚呼！鬼耶？佛耶？[9]

顯然，探險記滿足了當時對臺灣僅有「未開、野蠻」、甚至「食人」印象的日本內地民眾的「獵奇心態」。

（二）傳說——川上沉思〈臺灣蕃人の傳說〉、秋澤烏川〈傳說の高砂族〉

除了上述這些研究學者與「探險隊」之外，警察應是最常接觸原住民的日本人。〈傳說〉之部所收錄的篇章，作者川上沉思與秋澤烏川都在警察相關單位服務，且其文章皆刊登於《臺灣警察協會雜誌》（後改名為《臺灣警察時報》）。不難想像，這些原住民傳說，對他們的執勤，尤其在原住民居住地區工作時，多少能助其理解「他者」[10]。以下介紹本書收錄作品的兩位作者。

月一日），《臺灣總督府公文類纂》，四三七四冊五十五號。

9 《少年叢書第四編 臺灣生蕃探檢記》（東京：博文館，一八九七年二月）（該書同時收錄渡邊千吉郎〈利根水源探檢紀行〉）。

10 當時在「蕃地」值勤的警察，堪稱是「不僅當警察，同時身兼教師、醫師、技師，以及商人」。引自時任臺灣總督府理蕃課首先是川上沉思，收錄篇章的署名是「臺東廳大武支廳　川上沉思」，目前尚無法得知其確切身分，「沉思」極有可能是筆名。根據一九二五年的《臺灣總督府警察職員錄》[11]，大武支廳有一名「川上餘態」的巡查，他後來轉任里壠（現關山）支廳，曾在《臺灣警察時報》上發表過數篇有關警察職務的文章。另外，該刊物也登載數篇「川上生」的隨筆、散文，或可由此推測川上沉思即川上餘態。文中提及他曾在距離大武支廳二十町（一町＝約一〇九公尺，因此二十町大約二・一公里）的排灣族部落服務，因此本文所收錄的文章亦介紹排灣族的創世傳說，如川上本人所說明的，該傳說是其奉「H警部」命令進行調查的結果。

秋澤烏川，本名秋澤次郎，日本高知縣出身。曾任職於總督府的諸多單位，如臺南地方法院、法務部民刑課、警務局警務課、總督官房法務課等。同時也在《臺法月報》、《臺灣警察協會雜誌》擔任編輯。一九二六年一月返回日本內地，成為《大阪朝日新聞》記者，之後曾數次從大阪將短歌創作投稿至《臺灣日日新報》。個人著作有《臺灣名流卓上一夕話》（臺法月報發行所，一九二二年四月）、《臺灣匪誌》（臺法月報發行所，一九二四年四月），亦曾編輯《臺灣總督府警察職員錄》（臺灣警察協會，一九二五年二月）、《臺灣總督府警察法規》（臺灣警察協會，一九二五年五月）等，可見其工作向來與文字寫作密不可分。

本書收錄的〈傳說の高砂族〉，是連載於《臺灣警察協會雜誌》，從第八十七號至九十一號共五回（一九二四年八月二十五日－一九二四年十二月二十五日），每回四至五篇，總計介紹了二十一則原住民傳說。如連載初篇所說明，自一九一九年五月開始，秋澤曾在《臺灣日日新報》連載〈生蕃の傳說と童

[11] 鈴木質《臺灣蕃人風俗誌》（臺北：理蕃の友發行所，一九三二年七月），頁三四一。秋澤次郎編，《臺灣總督府警察職員錄》（臺北：臺灣總督府警務局內臺灣警察協會，一九二五年二月），頁九十八。

話〉二十二回，介紹二十五則傳說。對照兩次連載可以發現，除了重複的作品更改過標題之外，〈傳說の高砂族〉少了〈穿山甲與山貓〉、〈變成妖怪的故事〉、〈美人沼的故事〉、〈熊與豹的故事〉。據秋澤的說明，他在《臺灣警察協會雜誌》發表時「盡可能精選資料，並留意記述內容」，相較之下，〈傳說の高砂族〉確實閱讀起來更為流暢。

（三）童話——西岡英夫的〈生蕃おとぎ噺〉、〈續生蕃おとぎ噺〉、〈海に關する生蕃の傳說〉

筆名英塘翠、塘翠生的西岡英夫，是本書出現的作者當中最為活躍於當時言論界，也是可掌握資料最多的人物。目前已有臺灣兒童文學研究者游珮芸[12]、日人資深臺灣文學研究者中島利郎等先行研究，中島也製作了相當詳細的著作目錄[13]，但未包含本書所收錄的〈生蕃おとぎ噺〉（おとぎ噺即童話故事）等系列作品。這裡將以這些先行研究成果為基礎，進一步補充筆者所發現的史料，爬梳西岡英夫的生平，以及這些收錄作品的產生背景。

西岡英夫的父母是日本九州佐賀縣人，西岡於一八七九年在東京出生，一九〇六年自早稻田大學政經科畢業後，進入《報知新聞》擔任記者，期間出版了三本經濟相關書籍，也曾在函館水力電氣會社工作過一段時間，爾後來臺。有關西岡來臺的時間，游珮芸推測是大正初期，中島則認為大約在明治四十三年（一九一〇）後半來臺，服務於法務部。但是根據《臺灣總督府公文類纂》，西岡英夫於明治四二年（一九〇九）十一月便被任命為法院書記[14]，由此可知，西岡來臺的時間可能比先行研究的推測還要早。西岡

12 游珮芸《日治時期臺灣的兒童文化》（臺北：玉山社，二〇〇七年一月），頁一五四－一六六。
13 中島利郎《日本統治期臺灣文學研究　臺灣の兒童文學と日本人》（東京：研文出版，二〇一七年三月），頁三－一一四。
14 〈法院書記西岡英夫任屬〉（一九〇九年十一月一日），《臺灣總督府公文類纂》，一五六八冊七十號。

來臺後，曾有一段時間在臺灣製糖會社，但根據總督府職員錄，西岡至少在一九一〇年至一九一七年之間都有總督府內部的職位。後來才轉身投入實業界，在臺灣銀行、臺灣證券、臺灣煉瓦、臺灣製壜會社等企業擔任要職。中島利郎推測，西岡在實業界站上重要地位，可能是其岳父的關係，岳父後宮信太郎在臺灣擁有十家以上企業，且擔任總督府評議員等官方職位。

值得注意的是，除了實業家的身分之外，西岡英夫對臺灣漢人以及原住民文化、歷史等有相當的廣泛興趣，曾撰寫童話、民俗、講古、老鰻（流氓）、分類械鬥等論著。其中最著力的領域便是童話教育，亦即透過講述童話故事給兒童聽以達到「寓教於樂」的目的。本書所收錄的〈生蕃おとぎ噺〉系列作品可說是其最初期的實踐作品。連載始於一九一五年，這一年在臺灣平地發生了「噍吧哖事件」，第五任總督佐久間左馬太於一九一〇年啟動「五年理蕃計畫」以武力徹底討伐「生蕃」，一九一五年宣布「理蕃事業的成功」，儘管如此，當局對原住民的監視從未間斷，並將「蕃地」畫為取得許可才能進入的特別行政區域[15]。值得一提的是，在討伐過程中，佐久間曾致電報指示：若士兵缺乏糧食便以「蕃人」肉充饑[16]，不難想像，這位總督似乎「未將原住民當人看」。西岡的作品就在這樣的時代產生。

本書所收錄的系列作品可分為兩個階段：一、〈生蕃おとぎ噺〉與〈續生蕃おとぎ噺〉，這些故事連載於《臺灣愛國婦人》，自第七十四號至八十六號，長達一年多時間，共計十四篇（一九一五年一月一日－一九一六年二月一日）[17]。二、隔了十餘年後，西岡在《臺灣水產雜誌》發表〈海に關する生蕃の傳

15 坂野徹《帝國日本と人類學者——一八八四－一九五二年》（東京：勁草書房，二〇〇五・四），頁二四五。

16 臺灣救濟團編《佐久間左馬太》（臺北：臺灣救濟團，一九三三・十二），頁五七七。

17 《臺灣愛國婦人》第七四號所載的是「第三回」，但該雜誌目前僅見第七十四號以降的刊物，因而無法確認前兩次的連載。從七十四號〈樹果大將〉的前言可知，連載第二回的阿美族傳說，是類似「浦島太郎」的故事。由此推測其與秋澤所介紹的〈女護島的故事〉可能是相同題材。

說〉，共三篇，分別是一三三號（一九二七年二月十五日）、一三六號（一九二七年五月十五日）、一四〇號（一九二七年九月十五日）。其實，此階段另有同系列作品〈海に關する臺灣の傳說〉共四回（一三三號（一九二七年二月十五日）、一三六號（一九二七年五月十五日）、一四〇號（一九二七年九月十五日）），主要是漢人的傳說故事，本書未收錄。

後來相隔十年以上，部分作品大幅刪減內容與改題後，被收錄於日本內地出版的《世界童話大系（第十五卷）支那・臺灣篇》（東京：世界童話大系刊行會，一九二七），以及其普及版《世界童話全集——朝鮮臺灣アイヌ童話集》（東京：近代社，一九二九年十一月），兩本書同樣收錄七篇作品，連載時的原始標題與改名後的標題對照如下：

本書收錄版本：《臺灣愛國婦人》連載	**日本內地出版版本：《世界童話大系》**
黥面的由來——泰雅族的童話	黥面的由來與青蛙
雞的王妃——阿美族的童話	黃金鯉與雞的王妃
天日物語——布農族的童話	征伐日男與眼祭
姊妹物語——排灣族的童話	鯨魚爺爺與姊妹
塔山物語——鄒族的童話	女魂與山的白布
驅除巨怪漢——花蓮港賽德克族的童話	驅除巨人與酒壺
巖男與竹男——臺東雅美族的童話	魔法杖與巖男竹男

三、殖民者之筆

秋澤烏川與西岡英夫不約而同提及他們的資料來源是上述佐山融吉的《蕃族調查報告書》[18]，顯示這些傳說與童話故事，是以統治初期官方所進行的原住民調查研究成果為基礎。除此共通點之外，讀者閱讀後會發現，秋澤與西岡的作品有不少重疊。但兩人的撰寫方式差異甚大，除了秋澤未註明原住民族別之外，他們的文章風格也不一樣。秋澤的文字較精簡，西岡的行文則繁瑣、臺詞多，甚至有時不斷出現同樣的句子。這可能與西岡在臺試圖推動的「童話教育」運動有關，他在這方面投入頗深，甚至被視為「臺灣童話運動的開拓者」[19]。有關西岡在臺灣童話運動的實踐，已有中島利郎、游珮芸的先行研究，在此不再贅言。但要補充一點的是，以「童話口演」大師巖谷小波為師的西岡，其童話運動不僅止於童話創作，也涉及如何透過童話進行在臺兒童的教育。西岡曾說明其「お伽事業（童話事業）」有三個步驟：一是著作；二是口演；三是「試演」，即舞臺劇。實際上西岡的作品〈雞的王妃〉後來搬上舞臺，到了一九四〇

18 秋澤烏川〈生蕃の傳説と童話(一)はしがき、穿山甲と山猫の話〉，《臺灣日日新報》（一九一九年五月十日(四)）；西岡英夫〈童話を通じて觀たる臺灣〉，《臺灣教育會雜誌》，二四六號（一九二二年十一月一日），頁四十二－四十七。另外，西岡連載時提及承蒙「豬口、森、栗田」的指教，豬口應是豬口安喜（一八六四－一九三三），曾編纂《理蕃誌稿》，也擔任《蕃界》雜誌編輯，並發表不少原住民相關文章，但未見其撰寫原住民傳說。「森」應是森丑之助，其著作《臺灣蕃族志》收錄十餘篇傳說，但與西岡連載重疊的內容並不多（詳如後文）。因此本文分析西岡作品時，採取西岡將佐山融吉的調查報告視為「原始版本」而進行創作的前提，但此前提尚屬推測，自然有待再考察，因此這裡的推論也必然有所侷限。首先，佐山的「原始版本」已經過口述並將此文字化的過程，它自然也已不是「原始版本」。不僅如此，因無法確切得知西岡寫作時是否也參考佐山著作以外的資料，因此無法完全斷定西岡作品是直接改寫佐山報告而成，或許有可能是西岡親自上山採取口述。這些可能性有待進一步研究，也期待日後相關研究者對本文與本書的討論與批評指正。

19 邱各容《臺灣兒童文學史》（臺北：五南出版社，二〇〇五），頁十一。

年代亦有別篇作品改編為廣播劇[20]。

令人好奇的是，西岡的作品與佐山融吉的採集記錄相較，經過了哪些改編、刪減過程？其更改的背後具有什麼樣的意圖與意義[21]？

事實上西岡與佐山的版本差異非常大，甚至有些作品，西岡將佐山僅有幾行的記錄擴大為超過一萬字的大部作品。另一種情形是，佐山採集時，將所有從不同人或「蕃社」採集的相似故事一併收入《報告書》，西岡則有時混合這些不同來源的故事並寫成一篇作品，如泰雅族的〈黥面的由來〉與布農族的〈天日物語〉等。此外，比較明顯的是，因為作品對象為兒童，因此將一些敘述改編為適合兒童的內容。例如普悠瑪族的〈祖母的湯匙〉，女主角被流放的原因，原始故事是由於女主角性器官有鋸齒，跟她結婚的男子很快就會死亡，但西岡的版本安排了不同的原因（請見故事本文）。又如賽德克族〈驅除巨怪漢〉，原版強調怪漢巨大的陽具及其好色的一面，甚至有些版本提及他見美女便強姦的情節，但西岡則加以改編。

這些改編當中，最耐人尋味的，應該是西岡在幾部作品中刻意強調這些故事與日本傳說、童話的類似性。在連載〈生蕃おとぎ噺〉（包括未出土的兩篇）與〈續生蕃おとぎ噺〉的十六篇中，竟有四篇特別提及與日本傳說童話雷同。其中一篇是未出土的文章，連載於第二回，由第三回連載開頭說明可知，上一期

20 西岡塘翠〈面白い神話や傳說、童話、口碑等を多分に有つてゐる臺灣の山地に住む生蕃〉，《臺灣日日新報》（一九二五年五月二十六日（五））；西岡英夫原著、中山侑改編《放送童話劇——鯨祭》（無版權頁），根據此書，該廣播劇於一九四〇年二月十八日由臺北放送局向日本全國播放。

21 中島利郎的研究亦提及西岡與佐山融吉的交情，指出西岡的作品應參考佐山的研究，但並未實際對照兩者的著作。此外，中島僅討論一九二七年在內地出版的《世界童話大系》，未提及本書所收錄的連載，此連載時間點在一九一〇年代，即與佐山《蕃族調查報告書》幾乎同步推出。但必須說明的是，無法斷定西岡全都參考佐山的報告書，因為西岡的連載裡有一篇蘭嶼的故事〈巖男與竹男〉，但佐山的報告並未包括蘭嶼的傳說，在西岡提及的人名中，森丑之助曾前往蘭嶼進行調查。我在此僅對照西岡與佐山的著作，乃因佐山報告書收錄各種版本，便於剖析西岡版本與「原始版本」之間經歷過哪些改編過程。

（即第二回）的故事是類似日本著名童話〈浦島太郎〉的阿美族童話。另外，西岡在一九二〇年代發表的文章裡述及「耐人尋味的，生蕃的童話裡有類似日本童話的故事，例如女護島的故事，類似於浦島太郎去龍宮城的故事」[22]，由此可知，第二回的故事應是取材自秋澤烏川也介紹的「女護島的故事」。

第四回〈矮小男的故事〉取材自布農族所流傳的矮人傳說，西岡認為該故事與日本的〈一寸法師〉類似。佐山融吉的報告書收錄諸多布農族的矮人傳說，且不少版本中矮人的名字都叫做「Saruso（サルソ）」，西岡的童話亦沿用。但不同於佐山的版本僅介紹布農族目擊矮人的小插曲，西岡的版本卻安排布農族與矮人族之間的戰爭，故事結局是，布農族裡有位個子特別矮的勇士，以其機智打敗了矮人族。

此外，第九回〈驅除巨怪漢〉，西岡認為其類似日本的〈酒吞童子〉故事。如上所述，賽德克族人與巨人之間雖有一些衝突，但基本上保持友善的關係，如巨人利用巨大陽具讓族人過河等。但西岡的版本卻讓兩方對立，甚至最後族人將其誘殺[23]。

最後要介紹的是據西岡所言類似桃太郎故事的〈樹果大將〉。佐山報告書裡確實可看到類似的故事，其內容是：有位年輕婦女去河邊捕魚，但僅捕獲一根木棒，即便丟棄了，它仍一再被補進漁網裡，於是婦女將它拾起，不過回家後一看，木棒已經不見了。結果隔日早上她發現自己竟然懷孕，且很快就生出一位頭髮與牙齒已長齊的男孩。不僅如此，男孩出生不滿五天就長大了，且力大無窮，對付大熊如對付小雞般容易。男孩一生備受矚目與愛戴，直到死後仍受到族人的崇拜。西岡將此五百多字的故事改寫為大約一萬

22 西岡塘翠〈面白い神話や傳說、童話、口碑等を多分に有つてゐる臺灣の山地に住む生蕃〉，《臺灣日日新報》（一九二五年五月二十六日（五））

23 值得一提的是，森丑之助《臺灣蕃族志》收錄類似〈驅除巨怪漢〉的故事，原住民最後合力打敗巨人，可推測西岡參考森丑之助的版本，但其版本仍未利用「酒」。

字、類似桃太郎的故事。首先可以發現，西岡將原版生子的年輕婦女改為與桃太郎一樣的年邁夫妻。此外，男孩的事蹟也加入了英勇故事。他迅速長大，因其聰明、勇敢而受族人們仰慕，聲望日重，甚至地位僅次於頭目。最後他為遭馘首的族人完成報仇，並在頭目死後繼承其位。此外，文章開頭說明故事背景的新高山（玉山）時如此鋪陳：「富士山過去被稱為日本第一、三國第一的高山，臺灣有座比富士山還要高的山，那就是眾所周知的新高山。現今它已是日本第一高山。」「日本第一」與「桃太郎」，在日本可說是一套固定說法。換言之，西岡給〈樹果大將〉賦予了一種形象——在「日本第一」新高山產生的「桃太郎」故事[24]。過去有不少先行研究已指出桃太郎故事在近代日本教育上扮演的角色，甚至到了太平洋戰爭時期，還出現以故事中的「鬼」影射敵國「鬼畜米英」（「米」即美國）的版本。此外，西岡的老師巖谷小波，在西岡開始連載的一九一五年曾來臺巡迴「口演」演出，同年亦出版《桃太郎主義の教育》，討論如何將桃太郎的故事運用於國民教育[25]。從這些現象來看，西岡刻意製造「臺灣版桃太郎」故事，應有透過此故事進行臺灣版（日本）國民教育的意圖。

比對佐山的報告與西岡的童話後，我們會發現，「原始」版本並沒有如西岡所說類似日本著名的童話故事，那些故事都是經過西岡改編與添補後，才看似與日本童話故事，即浦島太郎、一寸法師、酒吞童子、桃太郎等雷同。其實，同為日本殖民地的朝鮮，曾展開朝鮮傳說與神話的調查、研究及故事化等事業，其中為數不少的成果，乃試圖突顯日本與朝鮮在傳說、神話的類似性，以此印證「日鮮同祖論」，正

24 例如，一九二八年製作的桃太郎動畫影片便叫做〈お伽噺日本一桃太郎〉https://animation.filmarchives.jp/works/view/41087，二〇一七年十一月三十日查閱。

25 巖谷小波，《桃太郎主義の教育》（東京：東亞堂書房，一九一五年二月），有關巖谷來臺巡迴演出，請見中島利郎《日本統治期臺灣文學研究——臺灣の兒童文學と日本人》，頁二十二—二十六。

當化日本對朝鮮的殖民統治[26]。雖然在臺灣，日本殖民當局透過日、臺之間傳說神話的類似拉近雙方距離的嘗試，並未如在朝鮮那麼明顯[27]，但仍可見一些學者、文化人試圖利用臺日傳說、神話的比較，來證明兩者的同源關係，以此加強日本殖民臺灣的合理性[28]。耐人尋味的是，以上介紹的四篇故事，除了〈驅除巨怪漢〉之外，並未收錄於後來在日本出版的童話集裡[29]，或許有其他原因與考量，但亦不難想像，這些西岡特別改編的童話，主要設想的讀者是臺灣的居民[30]，更是日本殖民政權「同化」政策的對象，包括漢人與原住民的被殖民者。換言之，西岡試圖透過這些故事告訴這些人，日本與臺灣具有某種程度的親近性。

另外再補充一點，讀者很快就會發現，西岡以作者身分在文中再三強調故事角色原住民的無知、野蠻，但是在〈樹果大將〉裡，西岡特別提及鄒族在吳鳳這個「俠人事件」之後就再也沒有馘首，並於文末說：「再也不會馘首的鄒族，其童話裡有類似桃太郎的故事，不覺得很有趣嗎？」率先停止被視為未開野蠻象徵的馘首，西岡為這樣「文明化」的鄒族安排了一個類似於具日本象徵意義的桃太郎故事，彷彿告訴讀者們，只要像鄒族一樣停止馘首（即文明化），便能夠成為「日本第一」的勇士桃太郎[31]。

26 日本殖民統治時期的朝鮮出版諸多朝鮮傳說相關書籍，並不是所有著作都強調日鮮傳說、神話的類同性。請見金廣植《植民地期における日本語朝鮮説話集の研究——帝國日本の「学知」と朝鮮民俗學》（東京：勉誠出版，二〇一四年二月）。

27 在日治時期的臺灣，當局也嘗試利用臺日「類似」拉近臺日距離，但其「類似」主要以中國為媒介的漢字、漢詩及儒教等。陳培豐《想像和界限——臺灣語言文體的混生》（新北：群學，二〇一三年八月）。

28 例如前述伊能嘉矩，以及一九二〇年代以後撰寫諸多臺灣史論著的尾崎秀真等人都有相關著作。鳳氣至純平〈日治時期在臺日人的臺灣歷史像〉（成功大學臺灣文學系博士論文，二〇一四年八月）。

29 另外，雖然收錄〈驅除巨怪漢〉，但並未提及「酒吞童子」。換言之，在西岡兩種版本、佐山以及森丑之助的版本當中，唯獨西岡初期的連載出現「酒」，以及凸顯與「酒吞童子」的類似性。

30 臺灣人是不是讀者？這問題牽涉到被殖民者的識字率，但根據先行研究，西岡的童話教育除了閱讀之外，更大的重點在於朗讀給兒童聽，因此「讀者」未必是透過閱讀。

31 吳鳳犧牲自己生命讓「生蕃」停止馘首的「殺身成仁」故事，其實也給臺灣漢人居民一個訊息：在日本統治臺灣的構造裡

小結

以上簡單說明本書所收錄的原住民相關文獻其生成的歷史脈絡及意義。西岡英夫的作品與改編過程頗具代表性，這裡以較多篇幅分析。無論如何，這些作品雖有趣，但不可忽略，除了做為殖民者調查事業的延伸之外，其與當局的「同化」（包括文明化以及日本人化）[32]政策之關連亦深。

本文較著重書中收錄文獻與日本殖民統治的關係，但筆者認為這批文獻應該也涉及諸多面向，有待從不同的角度進行分析、研究。希望本書的出版能夠為這些研究領域提供一些基礎的歷史材料。

頭，臺灣漢人可以在文明者的地位教化「野蠻的生蕃」。駒込武《殖民地帝國日本的文化統合》（臺北：臺灣大學出版中心，二〇一七年一月）。

32 陳培豐將日本的「同化」政策分為「同化於文明」與「同化於（日本）民族」。陳培豐著，王興安、鳳氣至純平編譯《「同化」的同床異夢——日治時期臺灣的語言政策、近代化與認同》（臺北：麥田，二〇〇六年十月）。

探險記

生蕃地探險記[1]

中島竹窩　著
杉森藍　譯

上

臺灣的蕃地大致上分為南北兩方，又或可分為東南西北四方。我所到達之處是在南蕃之中，亦為西蕃的其中一部份。

所謂西蕃，是指從埔里社南方，以莫里森山脈[2]為界與東蕃相隔，南至八通關等地域內棲生的各蕃總稱。

附記：八通關乃最為人知的地名，是由西蕃通往東蕃的道路，位於阿里山中極為荒蕪的山，但因為此山野獸數量甚多，有很多蕃人都依賴這座山以維持生計。

還有，阿里山並不單是指一座大山或峻嶺，而是衆山的合稱，當中有知母勞、達邦、全仔、鹿株等四大社，以及二十三個小社，人口總數一千多人。酋長姓「株勝」名「宇旺」，當時四十多歲，有妻子，姓「木根蘭」名「籠惟」。同時亦有姊姊名「阿縣」，現今生活在知母勞。

此地雖總稱為西蕃，但各社並非全為同一種族，同時亦非由一位酋長所統治，因此互不相容，甚至以　社為敵，互相殘殺。

1 譯註：原文「探検」，同「探險」。第一回題為〈生蕃地探險記〉，其後連載皆改題為〈生蕃探險記〉。

2 譯註：莫里森山即玉山。

儘管如此，西蕃與北蕃（埔里社以北）相較，在性質上來說，並沒有北蕃兇殘，他們好像顧忌在人前討論殺人，稍微擁有正常人的感覺。所以不會像北蕃一樣，以獲得大量人頭為傲，也不會以其毛髮來裝飾武器。此外，西蕃人不刺青。

他們對土人亦即支那人的感情，有如對其他蕃族一樣是充滿敵意的，但對我國甚為心悅誠服，想來是對我們征服他們深惡痛絕的支那人一事感到痛快，以及仰慕我國的威武及寬裕，在我國大官面前用餐時，屢屢表達對自身被稱為日本人深感光榮、喜悅。然而，後來要統治他們的難度，實無法與愛奴族相比。不過此探險記只是記述我所看到的現況，因此不會言及我對這些事情的意見。

明治二十八年二月十九日，早上，由雲林出發。

附記：所謂雲林乃舊縣名，而非市街名稱。雖然此地稱為斗六街，但在歸為我國領土之前，這裡是雲林縣的所在地，配設守備隊及民政出張所（現為支廳）時仍沿襲舊稱，因此宛如成為正式名稱了。此地距離嘉義的北方約八里[3]，由此往東北走大約四里半，又有一個地方被稱為雲林，市街名稱為林圯埔，這裡是當初雲林縣的所在，但不知道為何，近年轉移至斗六。因此人們有時稱林圯埔為舊雲林，雖然也有人稱斗六為新雲林，但這是私稱，所以要問土人這些地點的話，並不如街名那樣容易讓人明白。

更早之前，當時的雲林民政出張所所長松岡長康，已有率先巡視生蕃的計畫，但因為受到一些事的阻礙而無法立即實現，如今稍有空閒，因此打算完成初衷，便向守備隊請求護衛了。

由於守備隊也有必要偵查地勢，便派石川武文少尉及軍曹三名、上等兵以下的士兵十幾名。跟隨松岡氏的有：通譯官、醫師各一名、所員數名、警察署長以及巡查三名，以土人的諒（某諒，我忘了他的姓）為副通譯。

3 譯註：一里＝約三．九公里。

除此之外，為了搬運糧食、毛毯、贈與蕃人的禮物等，徵用搬運工二名、土人搬運工三十名，同行者總共六十餘名。目的地為莫理森山，八通關的方向，是雲林的東南方，但為了前往蕃地，理應經過林圮埔，便是走東北的路。

由北門出發，有都司衛的舊營，大約一丁半[4]平方，四周圍設戰壕，築土壘，壘上種植竹子。面對此路的中央有樓門，雖然寫上太平門，但是屋頂掉落，牆壁則頹圮半面，甚至連大門都沒有，營內的司廳也被破壞，兵舍雜草叢生，連其柱腳石也看不到，僅存將軍廟一棟而已，荒涼至極，剝落一半的太平文字，看起來彷彿夾帶怨氣瞪著人似的。

此地的都司衛，百年前在營內培養一百多名壯丁，但逐漸減少人數，近年只不過二十餘名，這亦成為上級的懷爐[5]。

涉過小河之後，到了稍高處，在其盡頭有掘崖掩堡的痕跡。由於前方為平原河流，便於展望，賊匪據此防衛我們。

然後往右轉，行走於水田間的路，不久後到達一個小村落，某某所員問搬運工：「喂，不是這裡嗎？這次可不能那樣喔」，搬運工苦笑說：「是」。我問「什麼？」搬運工則說：「先生，這請不

4 譯註：一丁大約一〇九・二公尺，一丁半為大約一六四公尺。

5 譯註：語意不明。從文脈判斷可能是「親信」意思。

斗六街都司衛舊營太平門

掩堡的痕跡

要告訴中島先生……」然後抓抓頭。所員笑說：「不可能啊，那麼無聊的事，不會刊登在報紙上啦」，再次大笑的模樣，看起來十分有趣，因此我更想問，所以我說：「到底什麼事？」搬運工摸著頭說：「這實在是……」，一步一步後退之後，躲進隊伍裡了。此時聽所員邊笑邊說，上次出張所缺副食，因此命令他去買雞或鴨，他來到這裡說要買雞，但是土民說「沒有沒有」[6]，不肯拿出來賣。不過，他們經常縱使有也說沒有，搬運工覺得又是老手法，因此虛張聲勢擺弄連怎麼拔都不知道的短刀。憲兵從旁見他這副模樣，忍不住笑出來，決定嚇嚇他，偷偷把一個土人叫來，慫恿他說：「追跑他，但不可以打他喔。」土人欣然應允，高聲大喊地跑出去。其他土人也隨之大聲吵嚷並展開雙臂，看似要圍住他，搬運工嚇了一跳，把短刀放在後面用力轉動，不顧是道路還是田地，一溜煙逃掉了。

如此行走田地間一陣子後，來到一大片荒野，遙遠的前方有懸崖絕壁，宛如立起屏風的山脈。從左到右，沒有高低，恰似用刨子削過般，其上為一片高原，有村落也有街市，北邊通往彰化。高原上有我國鐵道隊以舖設鐵道為目的進行測量，業已結束，數年後將可看到蛟龍吐雲朝天的景象。

荒野寬幅約一里，其間有兩條河，流往北側者為濁水溪，流向南側者是清水溪。兩河最接近之處不到五十間[7]，一條河流水質清澈且石頭都看得很清楚，另一條河流則水質混濁，石頭混黑，兩河分明不相交錯，實為奇觀。

沿著清水溪左岸上溯一段路，有一個村落稱為林內庄。密樹掩蓋天空，溪流圍繞其間，清涼之氣頓時讓人消暑，這種地方在臺灣實在不多。

在此村落的一端有間小祠堂，有位老翁看到我們經過，捧著香恭敬鞠躬，並指著祠堂說：「日本鄭

---

6 譯註：原文為「亡了亡了」，並標註臺語讀音ボーウボーウ（BO BO）。
7 譯註：一間約一・八一公尺。

國姓爺，日本鄭國姓爺」，此模樣如求拜般，所以我們進入祠內，發現有衣冠儼然的三尊偶像，高度各約一尺八九寸多，位於中間的是成功，左邊為芝龍，右邊則是成功之母，後面貼有寫著讚辭的紅紙，前面則有香爐。

我們上香行禮，老翁非常高興，說他們家是鄭氏後代，請我們務必造訪一趟，想招待一杯茶，但我說我們現在沒有時間，希望以後有機會，便就此告辭。

此地似乎位於斗六與林杞埔的中間，由於時間已接近中午，在離開村庄六七丁、龍眼樹茂密的崖下有兩三間民宅之處吃午餐。與總理、里人一起採收地瓜、喝茶等，表達心志。

爬上懸崖之後，有一面高地，左右為山，用腳尖爬上去，有水田、旱田、原野，又有河，河是清水溪，因為我的腳不想碰到水，所以叫土人伕背著過河，走著走著，在下午四點過後來到險峻下，雖然有個石階，但其陡峭宛如愛宕男坂[8]。行踏了九十九步，第一百步即為山頂，眼前又是廣闊高地。

林內庄鄭成功廟

臨近懸崖有一小亭，此處視野極佳，在後壁用塗料封上三基碑。中央的稍大，刻為「前山第一城」，右邊的前半段敘述建立九十九層石階、一百層上設有此亭之緣由，後半段則分析為防範敵寇，堆築石疊的費用多，工程不易，還不如繞土壘種植竹子較方便。當今全臺灣的村落到處都有如掩堡的東西，縱使沒有

8 譯註：位於東京港區的愛宕神社的石階。

也種植了竹子，以為自衛之計，便是遵循此策略。左邊則刻上對設階建亭有所貢獻者的姓名。

此地後方平坦且易進退，前面則廣闊便於展望，因此，我想這裡不只景色佳，在防衛前方上是個很合適的陣地。

從這裡到林杞埔僅有數丁而已，舊縣廳的廢址與圍繞鄉鎮的竹林就在眼前。心想再走幾步就要到達，將起身時，聽到烏鴉啼聲，大家都看著聲音傳過來的方向。在臺灣，我們從宜蘭、基隆，在臺灣西部一帶一路走來，都不見烏鴉，現在進入此山，初次看到，難怪大家都覺得稀奇。還有，此處山的樣貌也很不一樣，臺灣有名的竹子也很少，蒼鬱茂密的樹木，喚起故鄉之情，有士兵跟我嘟囔：「彷彿回到故鄉啊」。

將要進入鄉鎮時，右方傳來槍聲。少尉立刻派遣偵查兵，其他人則繼續前進，在鄉鎮中央的陳氏家廟駐營[9]。我們軍隊每次經過此地時都駐營於此陳氏家廟，因此已有竹床等設備，可以省去設營的麻煩。

太陽下山時偵探兵回來報告說：得不到任何消息。

是夜我們接受某樟腦商的招待。少尉笑著說：「我們來過幾次都沒有受過這樣的款待，因為這次來了所長，他們非常精明呢。」正是如此，他們一聽說我們民政官要來，很快就轉為支那模式。松岡氏舉杯大笑說：「不會被這種賄賂給騙喔！吃了就賺到了，儘管吃喝吧！」真慶幸語言不通。

二十日，從早上便細雨濛濛，所員提議，因為這種天氣，今天就想調查樟腦事業，因此決定在此停留。雨不是很大，而且十點左右開始偶有陽光照射，所以不想無所事事悶在宿舍，不如跟採買副食的士兵一起出去，散步於近郊，買了鵝、雞、蘿蔔等回去，此時天色已晴朗，在村裡溪流淺處，婦女們三三兩兩

---

9 譯註：「陳氏家廟」之「陳」字，原文為「陣」，疑為「陳」。

排在一起洗衣服。

如果讓內地女子看臺灣婦女洗衣服的模樣，想必會捂著嘴巴笑吧。她們和日本一樣稍為俯前，左手壓著衣服，然後用右手去摩擦衣服，她們並未使用束上衣袖帶子[10]，所以將衣服的袖子拉高，不過這不至於那麼好笑，只是她們把雙腿拉開然後曲前的這姿態可說值得一看，宛如相撲選手在土俵上備戰蹲下般，就連男子也不會把腿拉得這麼開。

這天，在洗衣的人當中有一位少女，年約十六歲左右，看上去還沒有很懂事，姿容端麗，符合日本人的喜好，大家的目光都集中在她身上，飛沫淋溼了她的裙褲，潔白的衣裳緊貼其身，她的神態最令人感到憐愛。

當晚，松岡氏買了酒回來請大家喝，在半醉的時候又被某某富商邀請去參加饗宴。在我晚到時，某所員叫著「阿頭阿頭」（人名），回應這個聲音的，是一名十二、三歲，容顏如珠的兒童，他跑了過來，很不客氣地坐在所員旁邊，那名所員以右手撫摸兒童的肩膀上，左手則很得意地玩弄自己的鬍子。我明白了，他這個行為

美女洗衣

10 譯註：原文為「襷」（たすき）為斜掛在肩上的帶子。

是因為妒忌我剛剛跟他說我看到一個很美麗女子，因此才故意向我炫耀。他出身於九州，以己度人，但我對此一點都不感興趣，他感到很洩氣，最後還被大家取笑。

二十一日，早上，討論前往蕃地的路。諒說如果走右面從清水溪逆流而上的話，雖然很快，但是山路甚是險惡，因此要運送沉重的行李十分困難，所以建議走北方的路到「集集街」。我們猜想他這個懦夫知道如果從清水溪逆流而上的話會接近「大秤頂」，因此想要繞路避開此處。

「大秤頂」這個地方，常常出現在報章上，很多山賊以此地為據點，在這趟旅行之前，上述介紹的石川少尉，也收到討伐命令前去燒毀山賊的巢穴，即使如此，山賊們還是四散到森林深處而未能逮捕，由於山賊還潛伏深山中，很難確保安全，因此土人都很害怕到那裡。

雖然我責備諒無數次，但他還是說著同樣的話，所以我開始相信他所說的。之後我又問了樟腦商，得到的回覆跟諒所說的一樣，因此只好決定走北方的路到「集集街」。

正當我們準備出發的時候，通事把幾個社丁和蕃人帶過來。所謂通事，即熟悉蕃語和蕃情的土人，一社或數社總有一個通事（所謂社是指蕃人的部落），不管是貿易、交通還是交涉都能處理的中介，而社丁就是通事的部下，一社必有一位社丁。但通事與社丁並非常駐蕃社，無事時就在家中做其他工作。若有工作或受雇於人，便會到蕃社去辦事。

另外，如果想成為社丁，據說慣例是意願者須先向官員申請，在官方批準後告知蕃人，蕃人則相信官員的通知，委任一切事務。雖然不知道收入情況，但只要一成為通事跟社丁，就會做到老為止，由此可知收入應該是不錯的吧。

在此我覺得有點奇怪的是蕃人跟通事、社丁之間的關係。通事、社丁對於蕃人的態度非常傲慢，但是相反的，蕃人則是十分順從通事社丁，這一點真出乎意料，不像平常那樣敵視支那人，就算被他們拳打腳踢也不會反抗，反而有勤於討他們歡心的傾向，看上去就像小狗一樣，這想必是因為需要而產生的自然趨勢吧。

那個叫做諒的通事說，為了歡迎日本大人們的光臨，那些蕃人在昨晚便來到此處住了一晚，因此讓他們擔當嚮導。

這些蕃人看上去膚色黝黑而且骨骼強壯，披頭散髮沒有整理，髮長垂肩。每個人都穿著好像十分堅固的皮革背心，然後在胸口與腰部掛著看似皮革或帆布製做的袋子，從背後束上衣袖，如肚兜般地掛著袋子，用力將以皮革、竹、樹籐製成的兩寸寬腰帶掛在腹部之上，無兜襠布，掛著只有一寸長的皮革，長度未及膝，坐時總是毫不在意地點便直接坐下，當他們身體屈前，就會從後面看到他們那個沾滿泥土的「胯下袋子」左搖右擺。

沒有辦法把武器帶到這裡來。

從林圯埔到集集街之間皆是崎嶇路，在水田中走二里多一點的路就會有一個小街市，現在已經忘記其地名，入口處有一座橋，臺灣的河川，稍微廣闊的河流都不會建橋，就算是建橋梁也只是排列一些木板在上面，但是這一座橋的主梁都有欄杆，和我們內地一樣，來到這窮鄉僻壤反而看到這麼一座大橋，令人感到十分意外。再過一會兒，有個地方道路兩旁長滿薹草[11]，路面潔淨無塵，而這種嫩草十分柔軟，有如鋪著毛氈一樣，因此我們決定在這裡打開飯盒用餐，當我們把剩飯留給蕃人時，他們很高興地接受了。他們是多麼天真無邪啊，從林圯埔一路來到這裡，他們不是很親近，但當我們把剩飯給了他們之後，一轉眼變得馴服聽話，像是十四、五歲的孩子，當某所員跟他們玩耍，他們就很高興地跟著他玩了起來。

*原刊於《太陽》第二卷第二十一號，一八九六年十月二十日

[11] 譯註：原文為「菅芭」，暫譯為薹草。

中之上

如此走了約一里之後，來到濁水溪的左岸。在石灘上走了三四丁便到達川流處，濁水滔滔，因此不知道水有多深，對岸崎立著一座如斧劈刀削般的大巉巖，旁邊有個山上崩塌下來的巨大岩石堆疊在一起。心想要怎麼過去，發現在大巉巖的上下隔了相當長的距離，有兩座竹橋，因為下面的橋太危險過不去，所以我們一行人決定去上面的橋，但是這一條也十分危險，首先說到其構造，從兩岸隨便丟進大塊石頭，總算讓人可以跳過去，在那前端放置兩張榻榻米大的大竹籠，裡頭投進石頭形成地基，河寬尚有二十間的距離，竟然連橋架都沒有，只有將長長的竹子平放在一起而已，也沒有好好編織，只是左右兩旁分別以彎曲的竹木當作扶手，有些地方用藤蔓吊著而已，因此走到中間時，竹子會因為重量凹曲而變得左搖右擺，而且很滑，一不小心腳就會踩進竹縫之間，扶手也很無力不能依靠，向下一看，只見水流湍急、旋渦翻騰，生理期的婦女根本沒辦法過去。特別是這天因為昨日山區似乎下了很大的雨，所以據說水的高度比平常高二尺，而且從水邊到看得見飛石之處，竟有十間多的距離，水流很激烈的同時，水位已經到達大腿，水下充滿大小不一的石頭，如果不小心走錯一步就會瞬間被激流沖走，所以連到

濁水溪的竹橋

達橋梁之前的路都困難。

大家冒著冷汗成功渡河，但只是渡過這條河道就已經花費一個多小時。

接著，又翻越巨大岩石來到荒野，再走一里長的水田之後，終於抵達集集街。

這邊由工藤道太郎少尉和他的小隊駐守，就隊伍及行政區而言，都不是他的管轄範圍，但他卻好生招待我們，讓石川氏，松岡氏和我睡在他的寢室，甚至連通譯官、醫士、警部，都邀請來共進晚餐。另外，針對下士官以下的人，也不介意聯隊不同，讓他們睡在同一個宿舍，大家都感到十分開心。

二十二日，天氣半陰半晴，對於行軍來說反而很合適，大家士氣十分高漲，用早餐時都在討論，應該今天就能看到真正的蕃地。就在那個時候，有一個所員走進來說：「有麻煩的事情發生了。」聽到報告的松岡氏瞪大眼睛問道：「發生什麼事？」所員回答：「那些土人伕都逃跑了。」松岡氏就只回了句：「那還真是傷腦筋啊。」他的表情顯出一副這裡人生地不熟，而所長也沒有說什麼。此時，負責監視行李的軍曹也走了進來，以正確姿勢敬禮之後，回報說：「小隊長，人伕都逃走了」，接著請求指示：「該如何處理呢？」石川少尉微笑說：「已經逃走了的就沒有辦法了，雖然不好意思，但還是請守備隊幫忙吧。」聽到這番話的工藤少尉馬上立正敬禮，「就算您不要求，我也打算給你們行個方便，但是這邊實在是很不便的地方，如果是為西洋人工作的話，他們都像是向我們誇示似地主動幫忙，但如果是為保護他們生命財產的憲兵跟守備隊工作的話，他們就會逃跑。為什麼他們會這樣子，我相信已經有些人知道所以我就不說了，實在是有太多令人憤慨的事情。正因為如此，雖然無法保證可以找到需要的人伕數量，但我還是會試試看的。」講到一半，突然又發令說：「值班的，叫總理過來。」

雖然總理是叫過來了，但果真他一點用也沒有，憲兵亦未能聚集足夠的人數。在此，不用說所員警察官，松岡氏和石川氏甚至是守備隊長和我也去找人手，但仍湊不到需要的人手數量。一些看似遊手好閒的勞動者，在一旁刁著很長的煙管，鄙笑我們躲起來的樣子，讓人氣憤無比。在無可奈何的情況下，採取最後手段強制徵收人員，終於才有一些人可以充當勞力搬運行李。

因為人伕騷動一事把時間拖延到十點，因此一路趕至郊外，遇到一些新來的蕃人，他們和前天來的蕃人一起等待，今天他們手上都拿著武器，這些武器似乎都寄放此地。武器有火槍、弓箭、長矛、刀，火槍是滑膛式（前裝式），為了減輕武器的重量，把火槍的槍托盡量削掉，雖然有瞄準的準星，卻沒有距離測量器，子彈則使用圓彈，雖然是圓形，但因為製作質素不好，所以有尾巴的形狀，火藥放進細竹筒，弓箭以竹製成，寬度八九分，厚度三分左右，長度約四尺，箭的長度為二尺，以幼竹製作而成，裝上羽毛，箭頭為菱形，這種形狀的箭頭很多，如果形狀不是菱形的話，剩下的箭頭就會和我國的神矢尾巴很相似，看來是祖先流傳下來的東西，箭頭研磨到如紙般。他們沒有帶很多箭，只有五、六支左右，收納於像這樣形狀的皮革容器裡，上部以羽毛覆蓋，底部則是用幾重皮革，將箭頭插在各個縫隙中。因為這是武器，所以連皮革都一起染了色，並很小心使用。長矛的長度有如標槍一樣，手柄塗成紅色的居多，當然沒有矛頭與矛柄的連接位跟石突（矛的尾部）。刀則和土人所持山刀的前端十分相近，手柄以藤

蕃人在集集街等待

蔓卷著。他們不知道刀鞘應有的樣子，一邊嵌住，一邊則用鐵絲固定。

另外，有些蕃人背著看似梯子的奇妙東西，他們用長方形的木頭作為材料，然後把木頭的其中三面去除，留下木頭底部並向外，為了承載重物而在木頭左右兩邊用堅固的藤蔓吊起來，有如背包一樣。我問他們這個箱子用來做什麼，他們回答說是用來載通事的轎子，真想不到竟然會有這樣的轎子啊。

另外還有人背著用網編織的大袋子，裡面放的大概是昨天交易時得到的鹽等。他們背著這些重物時，不管是多麼重的物品，絕不會用肩膀，而是以額頭來支撐，因此，承載重物的繩子中間都會特別編得很平，或是用寬度一二寸的皮革來包著。我們再走半里多，便到達濁水溪右岸。在走過這條充滿大小石頭的路之後，來到大嚴山腳的盡頭，在此有個渡口。

因為是恰如其名的急流，所以船的構造也有所不同，一艘船上的船夫有五、六人，看起來各個都有些性情古怪，他們是十分健碩，看起來有著不為人知過去的傢伙們。他們似乎既沒有家也沒有家人，看似在這石山腳下挖掘洞穴並居住其中，旁邊有他們挖的山洞，洞口由蘆草和茅草所覆蓋，我往洞穴裡窺探，那裡雖然不高，但足足可容納約十人，洞穴正中央有個燒完的營火，遠方放了二、三張薄棉被和一些脫掉的衣服，而另一邊則放了一些鍋碗。

這種亂七八糟的情景讓我覺得十分恐怖，因此想起小時候讀過的山賊故事，內心不禁亂想，此次旅程若我們當中有行動不便之人的話，我們一定不會安全通過這個地方。

因為無法一次就把所有人送過河，所以分三批搭乘。船夫大叫一聲「呀！」把船推出去，船以如箭般的速度飄流出去，瞬間就有一丁的距離。在到達淺灘時，船頭跳下船發出嘩啦嘩啦的聲音，把船推到對岸為止。

在等待其他人過河時，士兵邊閒聊邊用隨手撿起的石頭四處碰撞發出了咔咔聲響。突然，有一名士兵惘然望向背後，然後很擔心地問：「欸你，欸你，那些生蕃怎麼了，怎麼都看不到他們？」聽他發問，有一個人回應說：「哈哈，你還真奇怪，怎麼會連嚮導在哪裡也不知道，你看那邊。」邊說邊指向下游的方向。看向他所指的方向，士兵回應：「啊，原來如此，啊，原來是在這種急流之中徒步渡溪啊，竟然把他們的行李都放在頭上運送，啊，水好深啊，水位都到胸部了，竟然沒有人被急流沖走，明明跟我們一起坐船就好了啊。」如此稱讚那個蕃人，另一個人聽到了之後便說：「真不像你會說的話，那些土人怎麼可能會載蕃人。」帶著多少抬舉土人的語氣這麼說。

於是，另一方也如激起反抗心似地說：「沒什麼啊，就算是生蕃，他們也是和我們一起來到這邊的人啊，他們可是我軍的嚮導啊！」說著說著生氣起來了。此時，又有一人把頭伸過來看似要插嘴時，一位所員很機靈地說：「你們不要這樣啦，比起這件事，還不如把這個東西拿給生蕃看吧。」說完就把他的望遠鏡從脖子上拿下來。

大家都同意他的意見，騷動平息，過沒多久生蕃們就來了，於是，他們就把望遠鏡調整好後，先借給年紀大的生蕃看。由於連在內地也不遙遠的西遊記著者的時代，記載過望遠鏡這一「奇器」，因此蕃人連作夢都沒想過有望遠鏡這玩意，所以對焦後都嚇著而呆了一會兒。但之後，好像發現什麼似的，蕃人忽然把望遠鏡放下，一回兒肉眼看、一回兒又拿起望遠鏡看，不停重覆，然後那個蕃人縮了一下肩膀，又伸直他的脖子，作出奇怪的動作，忽然發出更奇怪的叫聲並跳起來，有如丟出去般將望遠鏡還給士兵之後，就和其他生蕃討論起來。我覺得他大概是把望遠鏡當作怪物了吧。這些蕃人平常看到我們身上的物品，都會主動要求給他們，但唯獨望遠鏡沒有人跟我們要。

不久後，所有人都過河了，於是松岡氏問嚮導過河費用要多少，嚮導回答說，因為是來自日本的大人們，因此不會收取費用，但正因從事公共事業者，更要多給付才對，因此還是給了他們一些錢。雖然這件事聽起來好像很偉大，但實際上是因為我們很害怕回程路上遭到他們背叛，這種膽小的心態不僅佔半分，甚至更多。

離渡口一丁的距離先有石灘，還有淺灘，因為大家都不想把雙腳弄濕，所以先把行李交給生蕃，然後讓人伕背他們行走，但是我嘗試坐上蕃人的轎子（背向後方，盤膝而坐，看起來像千手觀音一樣），明明有幾十貫目[12]那麼重，但是他不是用兩肩背我，而是以額頭將十幾貫目的生物掛起來，卻看似感覺不到重量一樣，在水流裡快速前進，而在群石之中更無半點斟酌，在巨石間跳來跳去，乘坐這個轎子的人要如何忍耐呢，雖然我已經拼命緊捉兩邊的扶手，但還是有幾次差點被拋出去，真是危險至極的乘坐物。

此處之後，因砂石堆積的關係，土地開始變高，一面長滿茅草、莎草類的植物，草長高過人身，一不小心沒跟上就會迷路，因此大家都急著把草推開到兩旁，有人被絆倒，亦有人帽子被草勾走，被草割傷手的人還算好，甚至有人被草割得滿臉傷痕，好不容易終於到了平地，結果一走出來又到了左岸濁水溪。

想不到又回到這個地方，大家因而失去繼續再前進的勇氣，最後決定進入臨岸的村落先休息一下，咬些甘蔗養精蓄銳，同時也吃

[12] 譯註：一貫目＝三・七五公斤。

乘坐蕃轎渡河

了午餐。

終於要沿著河川走，但絕壁比水邊還要高，頭上有龜裂痕跡很大的岩石，彷彿光是講話聲都會導致山崩，下方則是不知深度的濁流激烈如霧，我們所踩踏的岩石隨踏步碎裂，越走越危險，終於連搭手停腳的地方也沒有了，張開手臂貼上胸部，抱住懸崖般一腳一腳橫著走，卻有種會滑下去的感覺，從別人眼裡看起來多麼難看，所以我雖然聽得到先過去的人笑著鬧我們，但無法看旁邊，更別說回應，用盡力氣滿身大汗，好不容易越過第一個難關，手顫腳軟，步履蹣跚，輕輕坐下後，暫時起不來，也沒有力氣取笑別人渡過來的樣子。

然而，讓人驚訝的是蕃人們，背著東西稍微傾斜身軀而已，彷彿是從平地跑過來的模樣，不禁覺得他們實非常人。

再沿著懸崖走，忽然有東西映入眼裡，那是在崩壞岩石面上的貝殼痕跡。打破來看，的確是海石，這種東西竟然在離海岸十里的山中，可推測臺灣也是由火山作用形成的。

雖然這河岸的山（甚至水源也如此），都由岩石形成，但其顏色淡黑，質量並不堅硬，碰觸東西便容易粉碎，粉碎之後變成細粉，最後流至河裡使之混濁。其沉澱、乾燥的樣子，宛如鹽田的土地，應可成為專家的研究資料。

在濁水溪抱住懸崖橫著走

總算離開懸崖行至平原，河床有茱萸林，其果實恰巧成熟可食用，因此人們跑過去採來吃。然後走了五、六丁低矮的雜木林，有個部落叫做牛轀轆。從集集街到這裡僅三里半而已。離蕃地還遙遠，但時間已經過四點了。聽說往後沒有能住宿的村莊，所以不得已在此宿營，但這邊是僅有四、五十戶的荒村，沒有容納所有同行者的房屋，所以分開住宿。

然而，這村莊一方面通往深山，地高竹圍深，出入口有望樓，其模樣讓人覺得怪異，尤其從渡口到這邊，是我們尚未進入的地方，而且離那個大秤頂不遠，所以各自加以警戒，甚至擔心又會讓土人佚逃走，因此讓他們住在宿舍前的家。

二十三日，陰天，夜晚都沒事，黎明起床，我期望今天一定要看到生蕃地，抱著這種興奮之情，將熱水裝進水壺時，聽到外面有些許吵鬧聲，所以出去看看，實在是守者有隙，又被半數以上的土人佚逃跑了。前面是我們的宿舍，而且撤掉站崗還不到五分鐘，他們怎麼逃跑的，真會抓時機。

這個時候，從所員、警官也接到人佚逃跑的消息。大家失望哀嚎後，頓時震驚得啞口無言，但也無法坐視不管，因此，首先叫總理過來，總理是個七十多歲的老翁，彷彿自己做了壞事一樣深感害怕，緊張發抖，也無法好好筆談，只是浪費時間，所以大家分頭挨

在牛轀轆尋找土人佚，
發現跛腳與獨眼小孩

家挨戶進行調查，但找不到半個男人，大概是他們得知土人佚逃跑的事，怕被抓去生蕃那邊，所以大家都跑走了。如果是集集街的話，因為人多，即使不聽從命令，也能夠勉強找來一些人，但這裡完全沒有其他村莊，只能將路人抓來充當，真的很傷腦筋，一直到處找人時，在村外看到兩個人影而感到興奮，飛奔過去才發現，是十五、六歲的跛腳與十二、三歲的獨眼小孩。

不久後，士兵彷彿獵兔般，追趕躲在後面旱田的五、六個人，所員則將旅客拉過來，總算湊齊人員，但其中有一個服裝稍微端正、氣色蒼白、手腳細長的軟弱青年，他哭著訴說：「小民為讀書人，未曾服勞役，但願大人明察小民身軀不耐，發揮大慈大悲之心，放我一馬」。石川氏看他確實不堪負擔，因而赦免他，他向石川氏三拜說：「再生大恩」。

離開牛轀轆，馬上就有陡坡，走過崎嶇羊腸山路才到達山頂。也許有人知道，越後村上[13]舊城的天主臺險峻，這座山的模樣和那裡的天守臺甚為相似，但這裡比它還要更險峻更高，因此全由士兵幫忙將行李搬上去。

從山頂眺望我們要前往的方向，連山從左右逼近，丹有蘭溪流於其間，由於雲低，因此無法瞭望遠處，但與宮城縣七宿景色十分相似。這個陡坡大概相當於小豆阪。

往下撥開雜草行走於荒涼的原野大約十丁，來到水田間有住家之處。過這邊就要到丹有蘭溪的石灘。丹有蘭溪是從莫里遜的前山出來，到牛轀轆的東邊流入濁水溪。

其水總是白濁。從這裡河川就是路、路就是河川，因此左右涉水過去，雲朵漸漸靠近又漸漸遠離，終究四顧濛濛，只見自己踩踏的石頭而已，我已成雲中之人，由此得知此地高度。

13 譯註：現在的日本新潟県村上市。

就這樣不知走了多久，踏著石頭，雙腿疲憊得很，頻頻想著要休息的時候，聽見前方有激石奔湍。

至此終於由陰轉晴，前方的急流如飛瀑，左邊有陡立的河岸，再下去沒有路了。

此時，諒對通譯官說：「此險峻不易攀爬，先讓蕃人開路，請稍待一下」，於是解開行李休息，又打開了便當。

放眼望去，連山綿綿，去路深渺，掛在山林的雲朵如棉花般被風吹散，又一片一片飛走。

有人前來報告，說路已經好了，但一爬上去，發現別說路，連動手的痕跡都沒有，於是在大樹、雜木樹枝交錯橫生之間，抓住藤蔓、抱住樹根爬上去。

越爬越險峻，前者的腳在後者頭上，土石掉落而無法往上看。

好不容易爬到山的八分處，此處形成狹小山峰，由此稍微往下。下去還不到一反，路忽然消失，我站在懸崖上。如果將此山比喻為人體的話，我從後面翻越右肩，現在正在俯瞰前胸部，那麼，現在要到左肩，不是要翻越極為急峻的頭上，就是要沿著胸部橫行。

如此看來，左方的懸崖，也就是相當於胸部的地方，處處看見清理土石，挖開長短不一的樹根，並以藤蔓加以連結，從此處連到彼方。我在此才知道，蕃人所說的開路，不外就是指這樹根與藤

懸崖上走鋼絲

蔓。我們從此處必須站在不知深度的峽谷上，演出走鋼絲之技。我們相顧茫然不知所措。但不能不前進，所以踩踏唯一的藤蔓，抓住樹根渡過，藤蔓左右搖擺，踩空的人也不少，險象環生難以言語。

終於爬到左肩的山峰，下坡險惡更甚，竹木都倒著長出來，竹叢特別深，有些岩石必須倒趴著身體，抑或毫無踩腳之地，須從樹枝走到樹枝，還有些地方是得抓住一隻藤蔓滑下去，從懸崖跳到懸崖。連佩劍都卡住，更何況無法背著槍支下去（我這時想到佩劍要鎖住[14]），所以，從身體靈巧者開始慢慢下去，把命交給一隻手的力量，以另一隻手來交給槍支，不過像我這樣力氣小的人，腕關節有種全被壓垮的感覺。

總算平安下來，鬆了一口氣休息之後，馬上有了精神，評論每個人渡過的樣子，互相取笑一番。我對松岡氏下評論：松岡氏肥胖氣色紅潤圓臉，脫掉上衣、背心，只剩一件紅衫，爬岩石的模樣，宛如不倒翁的夜襲一般。松岡氏卻嫉妒我像清癯仙，竟然說我很像骷髏走鋼絲。少年少尉只是瞇瞇笑。

連人翻越都如上述那樣，更別說搬運行李，於是讓兩、三名士兵徒涉下流，但激流及胸，涉水極為困難，多虧蕃人的力量才沒有失去人命。

整個河灘長出山菅，撥草前進，白雲又瀰漫四周，大粒雨滴答滴答地下來，不久後下得很大，小隊長下令：「穿上外套」，士兵都卸下背包穿上外套，繼續前進沒幾分鐘，忽然轉晴，悶熱至極，但是一直到下令「脫下外套」的號令之前，大家擦著汗，連一個釦子都沒有解開。

*原刊於《太陽》第二卷第二十二號，一八九六年十一月五日

14 譯註：原文為「內ドメ」，語意不明，暫譯為鎖住。

中之下

這樣走著走著，生蕃說：「已經很晚了，我不想再走路了，我們進去山裡住一晚，所以今天你們也在這附近住宿好了。」然後便匆匆走向一旁的路。

「咦？什麼？不想再走了？」大家目瞪口呆，無話可說，互相看一眼，但是在這裡讓蕃人逃跑的話還得了，所以狠狠斥責諒和通事，好不容易挽留蕃人，獲得討論的機會，但也沒什麼好點子，石川少尉嘴上浮現他特有的微笑，心平氣和說：「不想再走路了，說這種話實在很糟糕，但也是蕃人所說的話，所以沒辦法。接下來的路程不知道還有幾里，勉強帶他們去，結果被帶到不像話的路也不好，所以怎麼樣？要不要在左邊的樹林露營。」雖說如此，不習慣露營的人們臉色甚為不悅，還有人不知道在想什麼，一句意見都不說地默默開始往前走，如果少尉脾氣暴躁的話，必定會有立刻破口大罵的情形，但他是最溫和的人，於是說：「那麼走到可以到的地方吧。」然後勉強催促蕃人繼續行走。

如此前進中，白雲漸漸散去，但路況愈發荒涼，岩石更形危險，終於來到險峻摩天，岩石裸露，垮下來的巨岩重疊起來，光是仰望都覺得壯觀的山麓。

到此絕路。右邊有那條溪流，對岸山麓怪岩重疊，其上長滿薹草，嚴峻程度無法言語。時間漸漸晚了，陰雲快速瀰漫峻峭，眼看似乎就要開始下雨。雖然希望至少翻越此處，但也不知道往後路況如何，如果是比這裡還困難的路，而且太陽下山，甚至下雨的話，實在是進退兩難，不如太陽下山之前，選在這巨岩之間準備露營比較恰當，正思量此事時，這次反而是蕃人促使我們說：「從這裡到蕃地不遠，趕快來這邊吧。」說完便衝入溪流。

因無法阻擋他們的氣勢，於是跟著涉水，雖然深度及腹，但溪底有很多小沙礫，水流沒有很激烈，因此大家都平安渡過，接著攀爬岩層、披荊斬棘，聽到圍繞山腳的樹林深處有瀑布聲，過了這邊，太陽就漸漸下山，我們來到了水中生出長長蘆葦的地方。

雖然大家都很累，但無法在此休息，所以又進入深度及膝的水裡，穿過高度三間多、粗度直徑一寸多的蘆葦之間，鬼打牆般，不管怎麼前進，感覺都一樣，肚了又餓背部也無力，雙腳重得抬不起來，但仍看不到盡頭，暮色已經暗沉，水面泛白、蘆葦黝黑，每個人都不發一語，只聽得到涉水聲與大概是猛獸經過蘆葦繁茂處時的咯咯聲響而已，雖然不是一個人，但還是感到非常不安，更何況在如此未開發之地，無法預測哪裡會出現什麼禽獸，也不知何時會出現蟒蛇，比這個更讓人不安的是，這蘆州是蕃人守護境界的第一要害，原本喜怒無常的他們，如果有什麼差錯，忽然招惹其怒氣的話，這裡的繁茂處、那裡的水邊，皆出沒自如，所以也有人擔心地對我說：「如果被埋伏狙擊的話，我們將陷於死地，必定進退兩難。」

就這樣我們來到長苔岩石浸水到一半的地方，水路左彎，右邊似乎是陸地，蘆葦的根稍微被踩開，像是禽獸走過的痕跡。蕃人忽然進入此中。

我們又以全身撥草前進，沒有走幾步路就寬廣了些，不過粗幹尖葉更為茂密，宛如進入隧道般一片黑暗，一邊頓足伸手探索，舉起與臉龐等高的手指碰觸到冰冷的東西，再進一步探索，才知道這就是險峻的山崖。

太陽已經下山，因長途難路而疲憊不堪，而且晚餐也沒吃，還有，這難路彷彿奇襲陡坡的隧道[15]，明知連一支火把都不拿而爬上去根本不可能，連解開行李的地方都沒有，當然就無法煮飯，而且如果在這種地方休息，遇到下雨的話，真的是不方便，所以現在要一口氣爬上去，無論如何都要做到，雖然知道這事

15 譯註：原文「阪落し」，應引自源義經「一之谷奇襲」典故。

難之又難，但給人伕鼓勵打氣，拼命爬了上去，然而全黑看不到前方，上肢必須支撐，尖葉不斷刺向臉，腳底很滑又沒有任何可墊腳之處，尋找雙手所碰觸的東西，不管蘆、萱、岩石等都抓，左仆右倒，連空手也不容易爬上一步，更何況背著重行李的人伕們，手腳無法自由使喚，好不容易爬上兩、三步，又忽然滑落下來，抑或撞到胸部、臉部，擦傷膝蓋、指甲脫落等，其困難度實在無法形容，下士官、巡查、士兵之外，甚至我和小隊長都流了滿身大汗，從上面拉著手、從下面推著腰，各自使出渾身力氣，終於推進到一個岩石下，但人伕疲憊至極，早已連站著休息的力氣都沒有，背著行囊直接撲倒在蘆葦之間，「唉唷、唉唷」地放聲大叫，毫無要爬起來的意思，因此給他們吃藥喝水，但不管鼓勵、斥責、推他拉他，他們已精疲力盡，被其他人伕踩踏也沒力氣閃開，其中有些人甚至發出虛脫的聲音說：「把我的頭砍掉算了」。

事到如今無法解決問題，所以將人伕暫且放著不管，一個軍曹搭配若干士兵，讓他們與通譯官、警察署長、醫師一起先發，到處安排留守哨兵，讓他們保持聯繫，但蕃人連這種時候也生氣得不願幫忙（後來聽到隊伍後方的蕃人願意幫忙），他們等我們說「來，先走！」才心不甘情不願地開始前進。

在此，我和少尉認為，與其徒然在一個地方休息，不如行至山頂，於是好不容易到達似是山腰之處，發現有芭蕉林，蘆葦於此始盡，雲朵亦不知何時已消失，缺月寂靜地懸掛在東山上，但起了霧，月影不明亮，因此雖仰望也朦朦朧朧不知其高度，往下看得知，人伕撲倒之處到這裡還不到三分之一，我一想到如何越過此險，筋疲力盡，也失去再爬上去的氣力，連那個總是帶著微笑的石川少尉都喃喃自語說：「所以說早知道聽別人的話，露營在那個樹林就好」。

此時，有一個人氣喘吁吁爬了上來，原來是松岡氏穿著那一件紅內衣，拿著拐杖支撐，赤腳爬過來。而且假裝很有勇氣地說：「待在這種地方也不是辦法，我們要爬到角山頂吧。」不好好喘口氣便爬上去，這模樣很豪邁，但他的背影和講話態度完全相反，我不由得差點笑出來。

少尉不管這些，大聲傳命勤務兵說：「以攜帶行糧吃一餐」，由於是閒寂山中，尤其深夜裡帶著濕氣，所以迴響得很厲害，但在下面回應「喂！」的聲音卻比蚊子叫聲還小。

就這樣，我們也打開了乾飯袋，先前已把水給人伕，連一滴水都沒有，因此用舌頭濕潤再咬下去。不過我們吃的是乾飯，所以還算好，在軍隊，食用這種攜帶行糧有非常嚴格的規定，當然不可以分給別人，所以不得已讓人伕等咬生米，當時情景至今仍無法忘懷。

這時候，又有人哀嚎爬上來，湊近看，原來是一個士兵（我的記事本混亂，現在忘了他的名字）武裝起來，而且背一袋米。他向小隊長行禮說：「我們用攜帶行糧就好，我想先發的人們一定非常飢餓，而且不管露營何處都需要米，但無法輕易叫起人伕們，所以與分隊長商量之後，先背一袋米過來。」他說完後，嘆了很大一口氣並擦拭汗水。

這時，又有一個人一邊喊：「喂！喂！等一下！」急忙爬上來，他也是個士兵，跟戰友即剛剛那位士兵同甘共苦，為了幫忙而來。

啊！不管體力如何強壯，愈是強壯就愈是勉強，想必疲憊不堪，但想到他人的飢餓而忘記自己，主動忍耐這難堪的勞苦，誰看到這一幕不會紅眼眶呢？熱情忠實且堅忍剛強是東北兵的特點，這是我在實際戰場上也常常目睹的，不過今天的痛苦不是子彈侵犯生命，因此不及戰爭之苦，然而這件事讓我不得不哽咽，小隊長又大大稱讚此事。

不久便從頭上傳來一陣聲音說：「山頂也」，我們高興地回頭看，又有一點火光，似乎是從遙遠處下來。在此大家恢復元氣，互相扶助爬上去，果然發現那火光是迎接我們來的。但他們是我們陌生的熟蕃，語言不通、不識字，沒辦法說明詳情，不過無疑是由先發部隊派來的，因此束起萱草，拿起較短的火把讓他們下去，我們則高舉火把，鼓起勇氣爬上去。

在山頂附近處，雖然火把已盡，但遇到先發軍軍曹來迎接，更加安心，不過口渴得難受，所以先詢問對方有沒有水，得知在路旁，我就先爬了上去。

大家都非常高興，跟著爬上去，果然有，然而是草根的滴露水，所以連手掌的量都不容易累積，累積的已經被輪流喝過，一碰觸就知道是混濁泥水，但現在不是厭惡泥巴的時候，用乾糧袋過濾之後吸取，隔天被人家取笑鬍鬚上沾著紅土。

就這樣好不容易到了山頂，發現此處為廣闊高原。

「啊，總算到了」，大家鬆了一口氣，再繼續踏著草露走二、三丁，到了有草皮的地方，松岡氏在此跟哨兵一起升營火。

「怎麼樣？」「不怎麼樣」等互相苦笑，正要坐下來時，左邊忽然產生異樣歡聲。我一看，霧中出現一點火光，接著二點、三點又五點，其速度如飛翔般，和歡聲一起靠過來。

抬高一隻腳眺望起來，走在最前面的是社丁，隨之有蕃人二十餘名，忽然包圍我們，或拉我們的手、拍打胸部，或行支那風的禮，似乎早已聽聞，「大人，大人」稱呼著並露出笑容，宛如頻頻祝福平安到達的樣子。

我在此敘述他們為何冒著夜晚的危險過來，從林圮埔一起來的楠仔腳萬社的社丁生蕃，他雖然還是個成童，但心眼非常靈通，所

生蕃來支援

以事先察覺爬坡的困難，一個人奔跑至蕃社，召集所有蕃人一起來支援。

因此大力託付他們：「那麼，麻煩你們幫忙人伕搬行李」，不過此時先發部隊報告：「往後進入右邊半里處有熟蕃社，在那裡讓他們煮飯，所以受命搬運到同一個地方。」於是石川氏告知山下，之後一起到熟蕃社。這是二月二十三日晚上的事情，山霧逐漸消失，月光發青，昆蟲在草叢裡叫聲微悲。這韻味宛若秋夜行經古戰場。而且此地雖然瞭望視野沒那麼遠，但總覺得很像箱根的蘆之湯，因此讓征人感慨無量。

到了熟蕃社，雖然說是「社」，但房子此一間彼一間，鄰家是隔了數丁的荒涼籬落，房子也很小，所以當然無法宿營，但時間已接近四更，大家做了熬夜的心理準備，只要填飽肚子就好，來到先發部隊佈陣的房子，在院子生起大火，將剛煮好的秈米整鍋拿出來。大家連沾到泥巴的手也不洗，而且沒有器物，所以用手抓著吃，這香甜滋味無法言喻，就連平常看來酸臭的中國醬菜都覺得是豐盛的菜餚。

一轉眼就吃光了，但仍不夠，猛看發現旁邊的籃子裡有剛煮好的地瓜，這是同時提供的，但我們全被飯吸引，沒發現地瓜，一想到此，覺得很可笑，一邊拿著吃一邊說：「有好東西喔！」警部在旁說：「多虧醫員發現此家有地瓜，先讓他們煮，大概兩籠都送到山下，這些是剩下來的。」看來我們不夠虔誠，路上沒拜到這佛像[16]。

在此家要等待全員的話來不及煮，所以留下所員與警官，石川氏和我們另外到隔二丁左右的人家，以那個士兵所背的米準備煮飯。

如此等待不到兩個小時，多虧有生蕃幫忙，人和行李都到齊沒有遺漏。

這地瓜是多麼甜，一、兩個人伕來到我們面前，指著他們的嘴巴和肚子以及一路走來的地方，頻頻

16 譯註：指「地瓜」。

說：「臺灣地瓜、日本地瓜，好好」，然後點點頭。

此時突然發現蕃人中有兩個蕃女，一個年級大約二十二、三，雖然身高稍矮，但容貌不醜。她們跟男人一樣，帶著紅、白各種草實串起來的耳飾，頭髮由黑布捲了好幾圈，所以不清楚其髮色，服裝和支那婦女一樣，穿著領子和袖子上有白色條紋的濃花色木棉衫，支那婦女的衣服袖口寬，而且有長度，但她穿的是袖口狹窄的筒袖，長度極短，僅僅遮住胸部而已，把它作為上衣，下面掛著一樣濃花色、類似混合肚兜與賣油圍裙的東西，腰部和男人不一樣，充分捲起同色的寬長內裙，所以並不醜，小腿穿著綁腿，但是赤腳。另外一個人年齡則約十九，應該不到二十歲，雖然稍微肥胖個子大，但膚色白皙、眼睛明亮相當漂亮，和額寬、足小的人不可同日而語。其身上所有打扮和剛剛那個人一樣，頭髮也用黑布捲起來，不過身上的衣服全是雪白色，領子和袖子的裝飾則縫有細長的藍、紅條紋。縱使與土人有交通上的往來，而且女人對打扮敏感是天性，但沒有想到和男人的風貌如此不同，女人們穿著像樣的衣服，令人感到十分意外。去年二十八年十二月，我在嘉義時，來到步兵十七聯隊本部，阿里山酋長的姊姊阿縣，服裝也是如上所述，不過她是四大社二十三小社的蕃酋，以其勢力與土人貿易，所以我以為她將所有寶物穿戴在身上，但現在看到這兩個女人，我才發現，對這附近的蕃女來說，衣服早已不是只為熱冷而穿，她們都大抵了解服裝的意義而打扮。但我們無法草率判斷，在此蕃已有叫做「女權」這種偉大的東西，且每個男人都以兩支棒子賭上性命得到的獸皮，優先購買女人的衣服。或許是他們認為容易破掉的柔軟棉衣缺乏勇壯之風，因此男人故意避開不用也說不定。

暫且不管這些，兩個蕃女都和男蕃一樣，用額頭背些東西，所以我偷看了一下，不是輕的東西，都是一袋米。啊，誰看了這個不會驚訝呢？不管赤腳跑來跑去也好，用額頭背負東西也好，再怎麼強壯，妙齡女子在那險峻爬坡，不，是懸崖，竟敢背著一袋米過來啊！而且沒流汗，亦無些許喘氣的樣子，背負行李站著，頻頻聊些什麼而笑嘻嘻的。其頸骨強壯，由此可以想見手腳的力氣，一想到如果是瘦小的男人一下子就被勒死而覺得害怕，安靜走過她們身旁也可笑，我在怕什麼啊？

就這樣慰勞蕃人之後，還來不及稍作休息就天亮了。

二十四日 天氣晴。每次等待的「終於是今天」，但又好幾次失望的「今天」，這個今天終於是「今天」，聽到蕃社在不到二里多的地方，便馬上忘記昨日的疲憊，「從今天看來，雖然窮盡困難，但爬完就好了。」這樣隨意說說，忽然感覺手掌疼痛，翻過來一看，才發現雙手共有十三處割傷。

我說完之後，每個人都張開手掌，沒有人無恙，還有人傷口深度超過一分。都是由蘆葉等割傷，格外刺痛，不過直到今天早上都沒發覺，從這點可知昨晚的艱難。

吃完早餐後支付熟蕃工資。右方山中不時傳來猴子的「吱吱」叫聲。一看，發現生蕃十餘人已來迎接，沿著山峰跑了過來。

「又是山啊。」正感厭煩時，太好了，嚮導取道左邊。

左邊的路是高原的後續，地勢由此漸漸降低，右邊則是長滿山萱的山，不過左邊有數丁乃至半里左右是平的，圍繞崖下的丹有蘭溪傳來微微水流聲，對岸崒嵂崢嶸相連，此奇景不可名狀。

如此下一次峽谷，登兩次懸崖，只見一束神劍放著靈光，跳躍空中，似逆行穿天。這就是我國第一高山莫里遜的第一秀嶺，據說比富士山還要高四百五十尺，若要比喻此山全景的話，最似房州鋸山[17]，鋸齒更尖銳，稍偏一方，真的很高又很尖銳。

無論如何，在元旦從蚊帳出來、吃年糕湯慶祝的土地上看到山雪，人們都覺得稀奇至極。

17 譯註：位於現在的日本千葉縣。

就這樣，再沿著山麓步行高原一里多，去向的凹處，有背山繁茂樹木之處。我想這不是草叢沼澤，就是峽谷。抵達的是楠仔腳萬社。

我曾經在蘇澳聽聞過，那裡的蕃人（即是北蕃），離蘇澳僅一、二里，還不知道怎麼蓋房子，他們的住家，靠著懸崖橫插竹子，和種植在地上的綁在一起，其上鋪蘆萱草類作為屋頂，四周也是圍著蘆萱等，只防治風雨而壓住而已。其簡陋連內地的練炭寮都無法相比，散落在彼處山陰，此處峽谷，不見兩間並列的地方，所以我以為楠仔腳萬社也不過是像猴窟一般，但卻還在如此好地，形成一個部落，實在超乎我的想像，據説此社有戶數十三，人口八十。

房屋都是橢圓形，深度有五、六間到七、八間，寬度有四、五間到六、七間。柱子當然是臨時搭建，只有在四周，沒有支撐的棟樑，所以屋頂宛如蓋子一般。雖然如此，還是有大樑，相當高，屋頂使用茅草的房子較多，越往下鋪越呈現橢圓形狀，屋簷甚是低垂。四圍沒有牆壁，只用粗茅草或竹籐編織的簾子圍起來，為了遮住強烈日光與防禦強風暴雨，所以裡面甚為黑暗。

入口只有一邊，或像穿過一般有兩個入口，都不設置在角落或旁邊，一定準照大樑開在中間，雖然很粗糙，但有兩扇很厚的門，從裡面以插銷鎖起來。

莫里遜山

內部都是泥地，似乎無法在中央處生火取暖，其周圍排著兩、三片板子。再怎麼暴露的臀部，直接貼在地上還是會感到不舒服吧。

看起來不是爐，在燃火處旁，大概是為了曬什麼東西，立著分叉的樹枝，繫上繩子，另一端綁在很像大防鼠櫃般的櫃子角落。這個櫃子也是用竹子、籐等緊密編織而成，上面放有槍支、網袋等，前面圍上蘆葦簾。我窺視內部，沒想到這不是櫃子，而是很豪華的臥鋪，以丸籐製成。門是從外部靠著，這是蕃人的智慧，有總比沒有好，而且也安裝了可以放一點菸草等的小櫃子，還滿瀟灑的。

附帶一提，我談一下有關菸草的事情，這和酒一樣，是蕃人相當嗜好的物品，沒有人不抽菸，雖然如此，他們所抽的菸草，是支那式的切成細碎的煙絲，又臭又難抽，這對內地人而言，是連一口都無法抽的東西。菸草盒有木頭挖洞製成的，也有以皮革做成袋子的，再或者是單純竹筒的，並不一致，煙管跟土人一樣，以紫竹、寒竹製造，長度有二尺乃至四尺，接近根部之處挖洞作為斗缽，這些都是男性攜帶用的。女性的話，菸草袋似乎是跟土人交易獲得的，用布做成的小袋子居多，煙管和男性的一樣以竹子製作，但較纖細，所以沒有那麼長，頗為合理。

話說，每個房子的臥鋪是依人數多寡而定，有的多有的少，但都是排在一邊，寶庫也置於一旁。這個寶庫類似小型臥鋪，靠邊處有一個分隔。

至於日常生活用品，烹煮飯或其他料理時都用一個沒有握把的、像草笠形盔倒蓋的支那式大鍋，還有取水的竹筒、兩三個儲存穀物等的籃子，還有像玉兔搗年糕般的臼和搗杵等，其他什麼都沒有，獸肉吊在一邊的角落。可見他們生活多麼簡單。

房屋周圍打樁，還是做了橢圓形的邊界，裡面或外面立起竹簾或以竹木做成簡陋的圍牆。這裡是養豬的地方，人們也在此大便、丟廚餘。因此這裡很骯髒，臭氣很重，但屋內的泥地不用說，外圍和外面都很清潔，優於支那房屋好幾倍。

還有，圍起來的內房入口旁有個骨堂，這骨堂是放置不假他人之手、僅由自己家族捕獲的禽獸頭骨，並非每一家都有。例如，分家捕獲的禽獸頭骨通常會納入本家的骨堂。其構造的話，屋簷還是以茅草鋪成，是不規則一二弓[18]的方形，架高地板，從正面看，三面都做了幾層櫃子，櫃子後面則以木板圍起來，每個櫃子都將大山豬、鹿等頭骨牢牢固定住，如猴子等的小型頭骨，則以藤蔓串起好幾個，吊在前面。但他們極為討厭別人碰觸這些白骨，在前面設置類似欄杆的裝置，不讓人靠近。這獸骨是顯示其家勢力的唯一寶物，因此累積世世代代捕獲的骨頭有數百個，當我看到層層疊疊塞得似乎快要垮下來的骨堂時，導覽的主人流露非常得意的神情，雖然我不知道他的意思，但他比著奇怪的手勢，並發出不可思議的聲音，似乎非常自豪的樣子。

另外，有戶人家，是在圍牆內的陽光照射處，設置高度五尺、面積一間左右、像體操棚的東西，這應是為了曬東西，在上面角落處，插起四、五尺左右的細長竹子，其尖端垂下線，這應該是為了嚇鳥用的。蕃人也有這些智慧。

*原刊於《太陽》第二卷第二十三號，一八九六年十一月二十日

18 譯註：弓為長度單位，在弓術中，與目標相距的長度，一弓＝六尺。作為土地測量單位，則是一弓＝八尺。

下之上

我們將村莊中央的集會所（暫且這樣稱呼）當作宿舍。此集會所的屋頂也是橢圓形，但房屋的構造，正面如一字型相當寬廣，左右兩側以彎曲的弧度往後面變窄，把它平面化的話，就像日本足袋爪子一般。

此處地板架高，地板底下不用說，地板上也沒有門和圍牆，前面完全沒有遮擋的地方，從左右到後面也只不過將粗細不一的圓木，隔了上下一根綁起來而已，然而在深處，有一間左右的空間，這裡和寬廣的前方正中央處設有階梯，令人意外的，是四階左右的箱梯。

我上去看看得知，其大小超過二十個榻榻米大，前面寬廣的地方雖然鋪著地板，搖搖晃晃，但裡面是丸籐的棧板，雖有縫隙，但只要鋪上墊子的話，會有些彈性，還滿舒適的。正中央有淡黑色的石頭，有如大型石板般的東西，應該是將此疊起來生火。

據說，這塊石頭生產於離此地二、三里東南方的山中，很薄，會自動剝落，厚的也有六、七分，薄的僅二、三分而已，大的直徑有三尺以上，所以蕃人利用於各種用途，有人修葺屋頂，其石質、

蕃人的集會所

色澤頗似院前[19]的雄勝石[20]。這無疑將來會成為第一物產。

我再繼續觀察，一方的黑暗角落裡，將蘆簾折一半，做成袋子吊起來，裡頭插有紅色的東西，我試著將它拔起來，其高二尺，寬八、九寸，是木造的這種東西，中間凸起，左右有些幅度，上面如劍尖般，下面有兩個尖端。整體塗成紅色，條紋與圓形部分是黑色，我詢問其用途，他們說是正式場合射擊的靶子。袋子裡面似乎還有別的東西，我想看看，感覺蕃人非常忌諱，不過也沒有強烈阻止我，所以我假裝不懂事般地摸索了一下，果然有東西，有兩個東西，觸感好像有摸過又好像沒有摸過，是想不起來的奇怪東西。我想要拿到明亮處，將雙手放進去時，蕃人生氣地離開，不知去向。到底從這個袋子拿出什麼東西呢？蕃人跟正式場合的標靶一起珍藏的寶物是什麼東西呢？可不要嚇到了，是兩個骷髏，兩個都沒了肉，只剩下白骨，但頭蓋上還附著浮動的皮，頭髮也殘留一些。

後來我問他：「為什麼只留頭髮，是當成飾品嗎？」他平淡地說：「不是飾品還是什麼，有肉的地方吃掉了，但頭部沒有肉啊。」我們聽了之後，惘然許久。

於是我問：「是誰的頭？」他回答：「從以前就相處不好的蕃人之頭」，我再問：「那麼，殺人之後，一定會把頭帶回來嗎？有沒有支那人的頭？」他說：「我不想說殺人的事，不要問我」，說完後轉頭看別的地方。真不像是吃人肉的人，相當老實。

雖然如此，絕對不只這些頭，一定還有好幾個，但他們一定聽說我們一行人會到來，早已藏在某處，只有這些忘記藏起來。從社丁們的口氣就察覺得出來。

話說回來，此集會所用途是什麼呢？社中聚會飲酒，或者不管什麼事，很多人聚集在一起的時候，除

19 譯註：不知所指為哪個建築物。
20 譯註：日本宮城縣石卷市雄勝町產的石頭。

此之外，老人、小孩等沒事做的人，經常把這裡當作遊戲場，還有一個理由，根據此村落的規定，這個地方必須要存在。

此社雖然每個家庭都給女孩子臥鋪睡，但是男人是不管有什麼事，直到必須離開父母身邊，獲得配偶之前，絕對不被允許睡在家裡，非得尋找就寢的地方不可。所以，第一個目的就是為了這些單身者而設置的。

在此，談一下要怎麼結婚這個問題，這是相當進步的，當然嚴禁私通，也不容許未正式結婚的夫妻，所以必須透過各種傳統的手續。假設甲乙兩家有相應的男女，會由媒人來向兩家說：「要不要跟他結婚呢？」大概說這樣的話，如果不願意就拒絕，但雙方都覺得不錯的話，「那麼，一起喝酒看看吧」，於是男方會和牽線的媒人一起，全家都到女方那邊，女方也會把伯叔父母等親戚叫來，在此開始舉行相親兼婚禮的宴會。當事人意氣相投的話，新娘會被新郎背走，如果有一方覺得不喜歡，就當場明白拒絕，宴會就會變成只是一般酒聚，也不會因為被嫌棄而留下悔恨，非常乾脆淡泊。

話說，當事人接受與否，別說親戚，連父母都無法干涉，一切交由當事人決定，因為他們思想單純，自我主觀亦強烈，所以只要當事人說好，不管對方是什麼樣的人，都會將其視為神聖不可動搖的事，將來也不會產生糾紛。

因此，我問：「先不管公婆問題，如果當事人之間產生風波而要離婚的時候，要怎麼辦？只是把人趕出去嗎？」他面有慍色回答：「你這個人怎麼會問這種奇怪的問題，本來就是互相喜歡才嫁娶的，沒有道理產生風波，不過，萬一通姦的話，就是把兩個人砍掉而已，除此之外，不可能會有離婚這種背天的行為，更何況要把人趕出去，豈有此理，那太不可思議了。我們世世代代都沒有這樣的事。」我竟然輕視他們是蕃人，實沒想到自然純良之風保存在這種地方，至今仍感到後悔。也無法忘記自己詢問這種不講理的問題。啊，道德是天理也，情誼是自然也，雖是蠻貊也十分了解。然而世上的學者、紳士，為了錢出賣妻小，或輕易毀壞最初的約定，也有人強迫子女成為無節操之人，使其沉淪難以立身之域。有人說生蕃接近禽獸，那麼，他們則是連禽獸都不如，令人浩歎不已。

不久後，松岡氏將社中的所有男女老少聚集在集會所前，並進行簡單的演說：「臺灣歸屬於日本的領土，你們也是日本的臣民，因此必須好好服從日本。」他們欣然地先以手掌拍打自己胸前，也作勢拍打我們，以土語連呼：「同等日本，同等日本」，手舞足蹈，歡喜不已的樣子。原來，自從敗給支那人後，飲恨吞聲幾百年，任由他們為所欲為，現在日本大人一擊打敗支那人，而且不只親自前來綏撫，更聽到從此以後自己也成為比支那人高等強大的日本人，這件事對天真的他們而言不勝歡喜也不無道理。

演講結束之後，叫少年社丁分配禮物。分配方式很奇妙，禮物包括緋金巾[21]、手帕、花簪等，分配之際，不問老少男女，必須平等、均一分發，即像金巾，不可有一、二分的長短差距，不然他們會不高興。但是看來通事、社丁是另當別論，先拿走自己的分，且拿得比別人多，再來依照人數撕開發送，動作頗為迅速，拿到的人退到一方，比較長度，確認沒有絲毫差異，他們大家很高興唱著歌帶回家。令人想起當年的陳小子，十分有趣。

就這樣，接近正午，我去看伙房，這裡比集會所高很多，接近山，右邊近臨懸崖，左邊有兩間房子並列，前面有院子，一顆茂盛不知名的常綠樹旁，有數百間用割下的竹子導水的水槽，此水槽是以高三尺多，長七尺的圓木刨挖做成的，不知道用了幾年，已全黑，木身消瘦顯露筋骨，一面前端是細的，另一面是方的，恰似一艘船的樣子，非常稀奇，其挖洞的方式，船頭為淺，船體為深，做成兩段式，先在船頭部分接水，飲水大部分由此汲取，從這邊流入船體的，則將其當作雜用水，而且雜水怕長期滯留而腐壞，所

21 譯註：一種紅色的布料。

以在船舷挖一個洞，從這邊流出而不至於滯留太多水。這個設計清潔到讓人懷疑怎麼如此周到，不過終究還是蕃人，仍有樹葉和塵埃累積，水垢也很滑，所以我們洗淨後才使用，但整體來說，不會比支那人髒，看來他們是愛好清爽的個性。

舉例來說，他們飲食時本來沒有容器，切竹子所剩的竹節，把它作為盤子或杯子，不過，就這類竹子製成的東西來說，如果是支那人的話，因手垢而把它用到全黑也不會洗淨，會用到壞掉為止，但蕃人通常用一次即丟，每一次都重製新的。

還有，女人洗澡，在支那臺灣，一年才洗幾次而已，蕃女是每天以無患子果實取代肥皂來擦拭身體。另外，我也看過她們洗衣服，將衣服放在水槽下的石頭上，中間夾著無患子，用腳踏著洗，比土人還粗魯，但很快就洗乾淨，看來還沒有那麼髒之前就已經很勤勞清洗了。

由此來看，可以得知他們不喜歡不淨。

話說回來，汲水時使用大瓢做的舀子，這在山東省、盛京省是常用的，但在臺灣反而看不到，不過，現在來到蕃地看見它，或許這個瓢適合在瘠薄之地也說不定。只是，舀子的作法，在北支那是切分為二，但在這裡則如圖所示，只切掉四分之一，所以取水時比較方便。

取水回家時，如前所述，用大的竹筒，大人的話，把兩個竹筒用藤蔓綁在一起，掛在額頭，每次需要的時候才去，不會一直存放著，不用擔心像土人一樣會用到腐水。

就這樣，我到處觀摩之後回到宿舍，得知一名所員（他是最有活力的，好像姓今村，但我的記事本混亂，目前無法記載他的姓名。）和通事一起前往東捕[22]社，據說東捕社離楠仔腳萬社不到二里多，但來回

22 譯註：原文有誤，應該是「東埔社」。以下同。

還是有五里，如果他們要住一晚的話，要耗費明日半天的時間，還不熟悉附近的地理，再加上我想要看明天的獵山豬（蕃人提議說要以此慰勞同行者），所以還是決定不追隨他們，我將聽說是蕃人進獻的雞當作配菜吃了中餐。我們來此社之後都沒有看到雞，但他們如何收集到將近十隻雞呢？就算他們得知日本大人喜歡雞，但沒有材料就無法提供，應該是養在某個地方才是，豬也好，雞也好，似乎頗讓他們自豪。

吃完中餐後，我和石川少尉為了看地理而出去，到了導水處，遇到五、六個蕃人背著槍枝，正前往村莊後面的山，他們要為我們獵野獸。因此我們也試著走這條路，但他們腳步比猿猴還快，我們才到山麓，他們就已經到山腰了，而且此山尖聳，高度數百仞[23]，面向村落的那面都是結縷草，所以不容易爬上去，與其那麼辛苦，不如繞右邊走，一重溪、二重溪、一來山、二來山都長滿那種芒草而形成隧道，不過這一帶為了方便割草，都將葉子燒毀，因此不會再讓手掌受傷。雖然如此，處處有雙蹄痕跡，大的有超過拳頭大，由於不知道山豬何時出現，我們互相警戒前進，突然前方沙沙作響，往這裡接近。我心想：「來了！」但一面是山，一面是峽谷，逃也逃不掉，所以不得已做好心理準備，不料出來的是那位美女，將大束茅草載在頭上，手上拿著一尺多的山刀。這誤會非常可笑，但沒看到山豬卻看到美女，雖然有點吃驚，卻沒什麼損害，我們這樣耍著嘴皮子過去。此社不易取得薪材，所以多用手邊的茅草作為燃料，剛剛見她收割，可知採收似乎是女人的工作。

已經爬到山頂，後面是綿綿相連的山脈，左邊為一片高原，在幾個峰巒後頭看到疑似昨天夜

生蕃美人

23 譯註：高度、深度單位，有八尺、七尺、四尺、五尺六寸等諸說。

宿的熟蕃，前方是隱沒山腳下的楠仔腳萬社，丹有蘭溪宛如鋪展的織布，對岸奇峰往南延伸，其高度超越莫里森。有一個士兵說：「啊，那雪，好像一伸手就可以取得！」另一個人則說：「嗯，好像可以飛過去呢」，回想起這些對話，莫里森彷彿還在眼前。

莫里森的前山，數峰山腳交疊處地形平坦形成懸崖，是丹有蘭溪的岸壁。丹有蘭溪應從莫里森西麓出來，是石水清澈的小溪，往北流，到此崖下與東邊過來的水合流，變成稍大的溪流。從東北流過來的水總是白濁，這是溪水下游白濁的原因。

二水合流之處緊臨懸崖，森林茂密，其間隱約可見屋舍，這即是東埔社。山水佳景美麗如畫。再往右看，巒嶽重疊之間，又見高原、芭蕉林、草舍等，這也是適合入畫的景色。

聽說，東埔社附近有和社，然而瞻望起來也不知道在哪裡。我想距離東埔社更深處的山裡有一高崖，上有茂密樹林，或許就是那裡。

在山上跋涉一陣子，到了楠仔腳萬社上方，看到結縷草燒掉的痕跡上也長出幼蕨。越強悍心越軟，看到雪又看到蕨草時，東北軍人的感慨為何，不用表達也是識者自知。

猛然一看，發現從這個山頂有一直線通往山麓小徑，寬度僅有四、五寸左右，裡面稍微凹下，宛如立著竹子做的導水管一般。我心想，就算是蕃人，也不可能在此小徑爬上爬下，正懷疑為何形成這條路時，腳下百仞左右的茅草茂密處附近，傳來伐木的聲音。我們一邊聊著：「啊，這大概是為了把樹弄下去而設的，有必要的話，蕃人也會展現智慧的，不能小看他們。」「反正去看看他們會做什麼吧！」雖然準備走下去，但以直線行進的話，連一步都無法踏下去，即使踩著茅草塊，大步大步踩進去，膝蓋仍會發抖而無法使力，用一手撐著挺起腰部，看起來像是白癡走鋼絲，好不容易下去看，發現十三、四歲的蕃人小孩，排好兩支直徑五、六寸、長度二丈左右的木頭，將切面上以藤蔓牢牢綁起來。我感到佩服並繼續觀察，他

生蕃用餐之圖

小子拉木頭跑下去

綁完之後，把木頭放在小徑上，如果地面有一點震動的話就會滑下去似的，但他沒有馬上讓它滑下去，而是摸索自己的腰，找出短竹筒，將某個東西放在手掌中吃進去，我看到他抬頭時的臉龐，發現他的嘴巴和鼻尖都變白。士兵覺得可笑，用手勢告訴他，但是他完全沒有感覺到。我到他旁邊伸手說給我看竹筒，他誤以為我跟他要裡面的東西，於是用手指攪拌裡面，將它擺在我嘴巴前面，頻頻叫我直接吃。我覺得很困擾而還給他時，我瞄了一下，那是將米搗碎，再加水攪拌的東西。我想這是他們山工的便當吧。

這小子看我不吃，露出訝異的表情，他往旁邊看，然後快速將它吃完，扔掉竹筒之後走近木頭，我心想終於要弄下去了，將這麼重的木頭，從如此陡峭又高險的地方推下去，想必是以猛烈的力量與速度使其落下。不過，這小子卻站在木頭下面，將綁好的藤蔓圈放在額頭，往後握住它。「唉」的一聲拉著它，同時比木頭早一步，如疾風般地跑下去。啊，這是人類能做到的事嗎？我們都目瞪口呆。

我們試圖下去看看，在青葉之間，看見橢圓形的屋頂，宛如烏龜背著浮萍玩耍一般。花了相當久的時間終於走下來，那小子早已整理好木頭在那邊遊玩。我們在水槽處擦拭身體，回宿舍的路上發現已是黃昏時刻，有人炊飯、有人煮地瓜，也有人已經開始用餐。

與蕃人同宿於集會所

地瓜是加一些鹽巴水煮，這和我們沒有什麼不同，但炊飯的話，是把米抓進那個支那鍋裡，加水稍微攪拌而已，不會洗米，而直接炊煮，稍微熱起來的時候，用竹子把米撥向鍋子四方，在裡頭放入少許切細的酸臭醬菜，不過要吃的時候，沒有容器也沒有筷子，所以當然不會分來吃，大家圍過來以食指和中指，將飯粒撈起來，以大拇指壓住放入口裡，接著又拿起醬菜放進嘴裡。這煮法、吃法不予置評，但我想米飯是平常在吃的，但並非如此，在此地只不過產出少許旱稻而已，其他僅有小米、稗子、地瓜，那個醬菜則是透過貿易才能得到的，所以對他們來說，食用純粹米飯大概是一種榮耀，如果說他們無知或蒙昧，就無話可說，但同樣身為人類，想到他們生活在這種不自由的環境之下，不覺得要感到憐憫嗎？

回到宿舍聽說今天因為沒有獵物，所以蕃人空手而歸，我們感到非常失望，但也沒有辦法，所以配著罐頭早早結束晚餐，大家在棧板上蓋著毛毯躺下來，沒有妻子的蕃人手拿著皮革或帆布般的東西過來，睡在凹凸不平的木地板上。

*原刊於《太陽》第二卷第二十四號，一八九六年十二月五日

下之下

二十五日晴朗，從早上就變得非常熱，記得八點左右就已經有七十多度了。我原本不可能知道此地的氣候寒暖升降會到幾度，但嚴寒之際，一大清早在莫里森以外的山脈也看得到雪，所以應該會感到相當寒冷。但最近的氣候，像從今天的暑氣推測，說冷也只不過是冬季下雨時的臺北，說大暑，也和嘉義差不多，也就是說最低是華氏三十五、六度，最高則是一百度左右，應該很少超過此範圍。

今天約好去獵山豬，卻沒有人來，所以催促社丁將生蕃叫過來時，有人說：「今天很熱喔」，又有人說：「嗯，怎麼樣，不要獵山豬，去取那邊的雪如何？」聽到這句話，有人提議說：「對啊，對啊，不管熱還是冷，在臺灣可以吃到雪就很開心了，派生蕃去拿好了。」大家異口同聲說好。「就這麼辦吧！」於是將剛剛奔跑的社丁叫回來，請他向蕃人們說：「去取些莫里森的雪回來給我們吃吧」，但諒和社丁都不知道莫里森這個名稱，據說他們稱它為八通關山。從這一點來看，雖然我不確定，但莫里森這個名字或許是最近發現此山的洋人，以其名來取山名。

先不管山名，我對他們說想要品嘗雪，所以請他們務必幫忙，但他們說來回就要三天，帶回來的途中就會溶化，因此不接受，山雪不容易溶化，但我想到他們必須要經過敵陣的困難，就不再勉強。於是我們終於要去獵山豬了，然而不知為何，明明是他們主動提議的，今天卻一副不太願意的樣子，來此集合的不到十人，不過就這樣取消也不甘心，所以石川少尉、所員松岡某，以及下士官士兵裡有意願者一同前往。

我們離開村落，往熟蕃的方向往回走半里多，然後往左邊走，一開始以為是附近的山，但並非很近，走了一里、一里半，連看起來會有野獸的山也看不到，而且在兩個像之前下坡隧道般的茅草洞峭壁爬上爬下，大家都開始厭煩，甚至難得從士兵口中說出這種洩氣話：「啊，無所謂了，山豬、鹿都不要了」。

不過，已經到這裡了，現在折返的話，也太不值得，所以忍耐一下，鼓起勇氣再下一個懸崖，在此看到溪流從西到東，水質清澈，石頭排列整齊，因此恢復精神，在此休息了很久。

附記：對於此溪水的清澈，我想到一件頗有趣的事情。那是有關山層的事，此大峽谷，也就是從牛轀轆到莫里森南北十里的峽谷間西壁群山流下來的水都是清澈的，但從東壁一帶的山脈流出來的水都是白濁，丹有蘭溪是界線，另外，那條濁水溪也是從埔里社方向南下，到牛轀轆的十里之間，也沒有聽聞西岸諸山出濁水，那麼，可以說其濁源是在東方山脈，由此來看，從埔里社附近到莫里森的二十里間東方一帶的諸山，也就是臺灣島的脊椎山脈中部，應該不是由一般山層構成。如果詳細探險的話一定很有趣。

就這樣我們又爬完斷崖，來到有地瓜田的高地，不過山反而更遠了，已經不知身在何處及何去何從，於是問蕃人，他們回答說：「在遙遠處，在錐形山上只有尖端處長樹木的山」，時間已接近中午，卻沒有帶便當，又熱又累，而且還要去那裡攀爬陡峻的山，這並不是什麼消遣，我說：「我要在此放棄」，贊同者甚多。因此走到左方的竹林，這裡又是不同的熟蕃。

我們在這裡休息，只叫生蕃前往打獵，但他們也遲遲不出發，於是二、三個士兵說：「都來到這裡，空手而歸的話，太說不過去了，所以至少要去那個地方看看」，所以叫蕃人帶路，然後叫他們煮地瓜並要酒，幸好有兩甕地瓜燒酒，於是要付錢給他們時，他們相當畏懼，不只不收錢，還殺了為數不多的雞來給我們，似乎請求我們別做出粗暴的事情，因此我們和顏悅色面諭並安撫他們的心。就在我們又吃又喝補充活力時，士兵們空手歸來，有人的憤慨說：「被生蕃騙了」，也有人笑著。我看到生蕃也回來了，他們手上拿著蔬菜，這無疑是從熟蕃田裡偷來的。而且他們似乎一點都不覺得做了壞事，就算我們斥責或教誨他們，他們也不懂，所以後來我們代為償還。

這樣的話，我們好像是陪生蕃來這裡偷菜一般，結果生不了氣，反而忍不住笑了出來。不只如此，蕃人一看到酒，就像小貓看到魚一樣，雖然不是喵喵叫，但他們顯得躁動不安，縱使我們說等一下還不行，也聽不進去，有人伸手、有人把嘴湊上去，開始吵吵鬧鬧，我們完全無法應付，終於借來又大又髒的葫蘆瓢分給他們，另一甕乾淨的酒，則快速製造蕃人式竹筒來裝，但他們對被分配的量無法感到滿足，又翻了一瓶，他們將燒酒當水一樣大口喝，所以怎能不醉，酩酊大醉後，有人唱起歌來，有人跳起舞來，有人抓著我們的脖子把髒臉湊過來，互擦臉頰，要求我們也一起喝酒，還有人看到雞，就追了上去，好不容易將他制止之後，又有個生蕃向熟蕃人瞄準槍口，差一點就要開槍，一秒也無法鬆懈，不宜讓他們長時間待在這裡，於是將今天的獵物燒酒，讓看起來老實的年輕蕃人背負著，每瓶酒都附上一名護衛，早早離開這裡。後來熟蕃應該鬆了一口氣吧，但在回程時，臉色暗紫面露兇相的生蕃，屢屢回頭想殺熟蕃似的，我們覺得很棘手，後來一位叫做立石的上等兵，好不容易說服他們，將其帶回。今天的打獵，事實上並不是什麼消遣，簡直是來照顧生蕃的。雖然是一場笑話，但從這樣的情形來看，以三戶、五戶的單位居住此處的熟蕃，看似危險的存在，但仍有對付他們的辦法，也就是送地瓜、酒等，獻上貢品般的物品，以耕作此地，所以應該不是我想像中那麼危險。曾經來嘉義上書的生蕃，在文件中提到：

生蕃試圖向熟蕃開槍

以往針對土民裡進入蕃領者，使其每年繳納若干金錢與穀物，但從去年戰爭開始後，此事便中斷，如今正值隆冬之際，面臨飢寒，但願快速恢復前約，云云。

因為有這樣的前例，我的推測應該不算離譜，不然的話，特別愛惜土地的蕃人，怎麼會任由別人這樣進入自己的土地擅自耕作，而且還放任不管，安然無恙呢？

像拿槍試圖射殺的事，那是喝醉的緣故，並非每個人都如此，應該是酒品不好的傢伙才會這樣。回到宿舍時，松岡氏說：「剛剛去東埔社的人，附上信件，派來數名蕃人。說東埔社的人，比楠仔腳萬社溫順很多，他們不用土產，那邊也有米，所以希望各位大人光臨，他們已經選好宿舍，派人迎接，希望一同前往。他們完全不知道我們的情況，擅自安排，真是讓人困擾。不過，特意派人來迎接，總不能都沒有人前往，所以我派了醫士與巡查一名。」我聽到這些話，非常後悔今天不應該照顧笨蛋蕃人，但後悔也來不及，時間已晚，路也不熟，雖然大概知道，但黃昏的單獨旅行是危險的。

因為昨天宣布今晚要給他們喝酒，所以蕃人無論如何都不會說要過去，說到社丁，如果他不在這裡，喝酒之後開始打架時便無法處理，所以他也無法過去。此次行程預計到八通關，但意外耗時，而且需考慮回程，從糧食與其他種種情形來看，明天必須踏上歸途，失去機會讓我覺得非常遺憾，於是我想明天和同行者分開，從八通關到蕃仔路，直接回嘉義，不過人們殷切勸阻，所以我打消念頭。現在想起來，我的勇氣不足真是慚愧。

酒來了，讓他們喝，女人和小孩不喝酒，但是所有男人都喝醉了。喝醉就一定會將骯髒的臉湊過來，臉頰與臉頰貼在一起，用同一個容器喝酒，是他們表示親近的唯一方式。尤其是那個暗紫色臉頰，我受不了他的好意，兩、三次，五、六次都靠過來，每一次來都把地瓜燒酒的殘滴與口沫，留在別人的臉頰上當作臨別紀念品，聽松岡氏說，他為了處理這個榮譽貢品而使用了一打手帕。

我已經好幾次陪侍這種盛宴，所以早早逃跑，到處散步時，在某戶人家聽見搗杵聲，不知道在搗什麼，我走去一看，是那位美人和另外兩名少女，她們配合同一個節奏正在搗稻穀，旁邊有兩個竹籃，一個放稻穀，另一個放糙米。我想這是搗好的糙米，所以蕃人不磨稻穀，而只是搗而已，然後就直接吃糙米。難怪昨天吃的飯那麼黑。

兩位少女沒有特別打扮，但美人比昨天更加精心打扮，帶手環，掛首飾（還是一樣串聯草木的果實等），眉毛不是用剃，而是用拔的整理，綁頭髮的布上，還有額頭的地方，帶著將黃色、淡綠色等細條紋和白色鈕扣[24]縫起來裝飾的紅色帽帶，將類似介於百合和莞草的天然花當作髮簪。

我想她大概是因為日本人過來，所以特意打扮，我看完離開這裡時，從廚房傳來撲鼻香味，從軍時是彷彿餓鬼道一般，因此完全成為食物的奴隸，我想怎麼能錯過這種味道呢，於是急忙過去，

24 譯註：原文為「瀨戶鈕」語意不明，暫譯為「鈕扣」。

生蕃婦人搗稻穀

發現下士官士兵聚集起來，大家看到我就說：「中島先生，中島先生，聽說現在生蕃美男子要請我們吃山豬，所以快來吃哦！」我也笑著靠過去說：「那我就不客氣了。」一個士兵鼓著臉說：「真是無聊。」

當事人不說，但這個玩笑話是有後續的，根據後來聽到的真相，這個士兵在村外只有一個女人居住的蕃人家試圖要買肉，他拿出十錢銀幣，不過她不知道那是什麼，所以說不要這種東西，把錢還給他。士兵給她看孔方兄（錢），她似乎想要的樣子，但她只知道這是可以通用的東西，卻不知道其價值，所以士兵給她五錢，並拿了覺得是相等的肉，正要走出去時，她忽然衝過去把門關起來，士兵誤以為她雖然不懂怎麼算錢，但產生貪念，沒想到她緊緊靠過來，有些不雅舉動，士兵嚇了一跳，踢門跑了出去。我又想到，明知通姦是死罪，但昨天有人在丈夫面前送首飾而被懷疑，現在又有這樣的女人出現，或許是他們看日本人覺得尊貴無比，宛如愚民想陪睡一向和尚[25]般。

大家針對這個話題吵吵鬧鬧的時候，又有一名軍曹（我忘了他的名字）過來。看到他，有人一邊說：「來了來了」，邊站起來大聲呼喊：「喂喂，你要請我們吃什麼？」那軍曹只是悠哉悠哉微笑不答，於是我也逗他，軍曹就笑著說：「今天是輪到我的上等兵煮飯，所以來這裡，據說阿波[26]（美人的名字）就過來，說自己的臥鋪有空位，可以過去住一晚。」聽到這番話，旁邊的人馬上嗆說：「什麼據說啊！」大家鬨然大笑。我也笑著逗他說：「難怪，我覺得她今天細心打扮，原來是這樣啊，不過看來她是個花心的女人，因為被你嫌棄了，所以又看上我，我過去的時候，似乎搗米方式有些馬上改變喔」，大家笑得更厲害，但其中有個人說：「那可不行，你有鬍子。」以吃醋般的口氣這麼說，所以又大笑了。不過，事實上，這附近的蕃人中沒有人留鬍子，大家都刻意拔掉。更奇怪的是，凡是男人，到了十四、五歲的時

25 譯註：日本一向宗。
26 譯註：原文為「アポー」。

候，一定要拔掉門牙左右旁邊的牙齒，我問社丁：「拔牙齒很痛，小孩子不會排斥嗎？」不過，據說缺了門牙兩旁的牙齒才算是個真正的男人，所以他們不在意疼痛，只會感到高興，而沒有人排斥。我回到宿舍，喜宴差不多結束了，不過，以暗紫色臉頰的傢伙為首，還有兩、三個人還在松岡氏面前，翻倒土產燒酒的竹筒，他們坐下來，從嘴巴吐出口沫喊叫著什麼。我問松岡氏：「發生什麼事了？」他回答說：「生蕃就是生蕃，沒有辦法，是我們讓他們喝，結果還說不滿足，說這酒不好喝，要我們給他們喝剛才的那種酒等等，真是麻煩，但這也沒辦法，所以被分配到的份全給他們，他們就立刻喝完，似乎以為我們還藏了一些，繼續向我們要，實在拿他們沒辦法呢。」這時候剛好社丁過來，叫社丁帶他出去，於是他抓著暗紫的手腕，把他拉出去，但一放手他又過來，所以社丁大發雷霆斥喝一聲，踹踢腰關節，他倒下去時又連續踩了好幾下。這個社丁只是十五、六歲的小孩，而另一方是那個暗紫色的傢伙，我想很快就會發生大事情，不由得握住劍，不過，暗紫只是苦笑，一點反抗的氣氛都沒有，保持被踩的狀態滾過去，在一旁曲肱為枕，馬上就開始打呼，真是單純。其他兩、三個蕃人也怕社丁，都不知逃到哪裡去了，不過有四組一直都不離開而待在樹蔭處，兩個兩個坐在地上緊緊擁抱著，緊緊靠著耳朵和嘴巴交談。我指著他們問社

生蕃父子互相擁抱之圖

社丁大發雷霆踹踢生蕃

丁，社丁說那是父親教訓小孩，果然有一個老人講完話，解開他的手之後，大約四十多歲的魁梧男人苦著臉蹲在那裡。我對此事大有感受，於是問：「如果有不孝子的話怎麼辦？」他回答說：「不會有不孝子，只有酒品不好時，像他這樣，父親會教訓孩子一番。」這段話讓我感到驚訝，再問：「怎麼可能沒有不孝子」，社丁以最嚴肅的表情說：「沒有理由讓他不孝」，我瞠目結舌。

這時候，有人連續呼叫：「大人菸草，大人菸草」，我回過頭來看，是五、六個蕃女抓著松岡氏座位後面的橫木，從此間伸出一隻手要求菸草，聽說一開始松岡氏給一個蕃女捲菸，看到這一幕的眾多蕃女吵鬧地嘰嘰喳喳叫著，一蜂窩地過來。我想，這塊土地的人們認為分配的物品必須均一，一個人拿到就等於是大家都要拿到，所以他們覺得男人可以得到酒，女人則可以得到菸草。先不管這些，現在這些蕃女們要拿菸草的時候，大家都從橫木伸手出來，一個都沒有爬上來，大概這個集會所是女人禁止進入的。

仔細一看，蕃女中有背著小孩的人，這小孩大約三歲，其背負方式，和其他東西不一樣，當然不會掛在額頭，是正常的背法，將揹巾從肩膀到胸部繫著，不過其揹帶是袋子狀，小孩的腳往下，手可以自由動彈，巧妙地安置得很好，頭上戴著手帕大小、既厚又粗糙的東西。我看到這小孩便問：「妳們生產時怎麼辦？」她回答：

生蕃婦人背小孩

「姐姐或伯叔母等，有經驗者來接生」，（以下的問答，包含昨天醫生問過的內容），「臍帶怎麼剪？」「用線綁緊來剪，盡量避免出血。」「生出來的嬰兒怎麼處理？」「馬上用水洗。」「以什麼來養育？」「只有母乳」「有沒有麻疹？」「或許有，但我們不知道。」「有沒有水痘？」「偶爾才有。」「水痘不是整年都有，若罹患的話，大概幾歲的時候？」「偶爾不是這個意思，一輩子不會罹患的居多。」「那如果罹患的時候怎麼辦？」「不怎麼辦。」「放著不管嗎？」「沒錯。」「有沒有藥？」「腹痛的時候有服用的東西」「那是什麼樣的藥？」「是草藥，有兩、三種，依照生病的情形，使用不同的藥草。」「我想看看那些藥，可以嗎？」「雖然是簡單的事情，但現在是冬天，所以沒有。」

在這些問答當中，我想起昨天在這裡躺著的七、八歲小孩好像生病了的樣子，問道：「那個小孩是不是生病了？我有良藥，要不要給他吃？」他們似乎沒有疼痛就不覺得是生病的樣子，只說：「只是虛弱而已。」也沒有說要給他藥，所以我再次說：「有名醫來，要不要請他看？」但他們連藥都不知道，當然就不知道醫生，終究沒有給他看。

然後我進一步問：「人過世時怎麼辦？」他說：「埋在房子的床下（不是臥鋪下，應是泥土間）」，「要埋葬時，有沒有舉辦特別的儀式？若有，長輩、晚輩有無差異？」他回答：「雖然沒有長輩、晚輩之別，人過世就哀悼，家人斷食三天，親戚則斷食一天。」我想他們知道慶悼，再問：「有哀傷就有慶祝吧，那麼，小孩出生、婚禮時，親人與村人做什麼？」他回答說：「小孩出生時，不會做特別的事，婚禮時，就像之前說過的，叔父、叔母等聚在一起喝酒，但不會特別通知村人，村人因為男人不來集會所了，就知道他辦婚禮，如此而已。」

在此，我想到詢問婚禮事宜時忘記問的事，因此更進一步問：「若丈夫失去妻子，或妻子失去丈夫時，可以再婚嗎？」他笑著說：「不用說男人，連女人都一樣，既然失去丈夫了，就不算通姦，如果互有好感，就可以再次嫁娶，沒什麼不可。」我再問：「雖然如此，若有先夫的小孩，那個孩子要怎麼處理？帶去嗎？還是即使仍在哺乳，也將他留下來？」他似乎很不耐煩，很含糊地說：「孩子是家的孩子，母親養育小孩是理所當然的，要看情形。」其表情一副為什麼問這種事情，由於他沒有好好回答，我想再仔細問下去也沒有用，所以抓住他說的「孩子是家的」這句話，繼續問：「沒錯，孩子是家的孩子，孩子是寶貴的，但如果沒有這寶貴的孩子怎麼辦？在別的地方，若有這樣的情形時，會把別人的孩子當養子，還有，只有女兒沒有兒子的時候，讓女兒招婿，也就是和入嫁相反，讓男子入贅，在此社也有這種事嗎？」他回答：「也有這樣的事，不然家會斷絕。」我聽到這一句，得知他們重視家，重視家的人則尊重系統，既然尊重系統，應該會有家族間特別重視的事，於是針對此事再問：「家裡內誰最尊貴？」他一臉不悅，彷彿是說怎麼會問這種理所當然的事？於是小聲回答：「雙親」，我再問：「其次呢？」他回答兄弟嫂姑等序列，和其他文明國一樣。這時候我忽然想起丟棄老人的故事，知道這是罪過，但裝傻問：「雖然雙親是尊貴的，但年紀大的時候，體力衰弱沒有什麼用不是嗎？」他露出更加不高興的表情說：「雙親就是雙親，到幾歲都一樣」，我懷疑一開始到底是什麼樣的人教導他們這麼美麗的教誨，還是先天的？但他們所相信的本來就非常美好，所以我大大稱讚，並問：「兄弟之間有沒有糾紛？」他回答：「相處久了就會有」，「那個時候，由誰仲裁來解決？」他回答：「不用什麼人來解決，輸的人逃出家，就這樣結束糾紛。」如此天真無邪真讓人喜歡。

我又從系統這點產生聯想，於是進行如下問答：「什麼樣的人當酋長？」「好幾代連綿的家世，如果酋長沒有子嗣時，就算收養子，也要讓酋長家的人當酋長。」「有沒有聽過在他社，酋長家斷絕，由外面的人代替當酋長？」「這種時候是從村落挑選富裕又偉大的人。」「所謂富裕到底是指他擁有什麼樣的東西？」「是武器、衣服等。」「其他還有沒有最貴重的寶物呢？」「沒有，武器是最重要的。」「武器是代代相傳，那麼有沒有別的東西當作父母遺物來傳承呢？」「沒有，傳承很多武器、彈藥的父母是好父母。」

竹窩曰：此問答之際，他一直提及武器，結果我忘記問有關房屋、田地等的事。他們和逐水草而居的人不同[27]，一定有他們擁有的區域，應該也會有繼承之法規，真可惜。如果改天問到的話，我會再次刊載於《太陽》雜誌上。

又曰：仍不是很了解酋長的權力影響到什麼程度，但總而言之，頂多相當於村長，似乎也沒有到讓人進貢的程度。

又曰：無論如何，我能夠這樣聽聞蕃情，都是當時雲林民政出張所的喜多通譯官的功勞，在此感謝喜多君。

我接下來要問的是我最期待的問題，但是徹底失敗了。原本此地的蕃人沒有信仰，所以當然不會祭拜山川草木等，對天體天象也不抱任何疑問，他們只覺得風該吹的時候吹，雨要下的時候下，日月是亮的東西，地震、打雷這些只是很可怕的現象，也從來沒有發現日蝕、月蝕，亦無不可思議的事或妖怪，只要帶著槍枝，在這世上沒有可怕的東西。

另外，此地蕃人沒有文字也無繪畫，雖然知道一到十的數字，但不知道十以上的數字，也無時日，亦不知自己的年齡，僅定小米結實時間為一年，整個村落的人都會集合起來舉辦盛大酒宴。

問答即將結束時，從廚房那邊頻頻傳來熱鬧的聲音，所以走過去看看，年輕的蕃人男女們聚在一起正跳著生蕃舞。所謂生蕃舞，是牽著手圍成圓圈，其中有一人（會輪替）領唱，大家跟著他唱，大腳步小腳步地用腳踏著節拍，一開始慢慢轉圈，唱歌聲愈大，舞步也愈來愈活潑，牽著手斜跳、往內又往外旋轉。其模樣宛如日本盂蘭盆舞般，無論節奏、嗓音、拉長的程度等，也像混和了盂蘭盆舞歌曲和馬夫曲，聲音也好，舞蹈也好，一點都不像土人的舞，反而像日本式的。

我問有沒有樂器，他們說沒有，我又問這曲子是誰作的？說都是從祖先流傳下來的。

27 譯註：似乎暗示北海道愛奴族。

看完舞蹈後回去，四顧寂靜夜氣襲人，感覺不到同行者在旁邊，宛如一個人在魔境徘徊。

二十六日晴天，大家打包出發，酋長站在前面，從另外一條路引領。這位酋長年齡大約四十五、六歲，有痘痕，手拿著槍枝，戴著皮做的像山岡頭巾的帽子，此帽並不限於酋長才能戴，誰都在戴。還有，手腳上都有戴皮革，戴在手上的構造如劍道護手般，手肘部分切開以便曲伸，戴在腿部的則沒有包住腿窩等處，都只有防護前面而已。這大概主要是為了行走於草木叢生的原野而做的。

送行者共有十數名，回過頭來看，失戀的阿波捨棄打扮而悄然站著。某人的手貼在某人的背上。

這次直接走到丹有蘭溪，要下懸崖的地方有地瓜田，掛著鳴戶，這個鳴戶不像內地以木板做成，而只是聚集一些竹子，酋長邊走邊拉繩子，有二三隻麻雀受驚飛走，這樣的景色不管在哪都讓人覺得溫馨。

這裡也長蕨菜，我問：「蕃人不吃這個嗎？」諒說：「生蕃沒有油，所以沒辦法吃。」我詳細教導蕃人吃蕨菜的方法，但不知道他們後來有沒有吃。

沿著丹有蘭溪的河灘走，和去程的路完全不同，非常平坦。有人現在才後悔當初讓蕃人生氣，也有人對那時的不便感到生氣，但

生蕃的牽手舞

都沒有用了。傍晚到達牛輻轄。

今天在途中的河灘上，看到沒有頭的土人身體，一半掩沒在沙堆裡，看起來已經過了兩、三個月，我問是誰殺的，他們說楠仔腳萬社的人殺的，另外其他還有兩具屍體埋在對岸的山上，這樣我們就知道此社蕃人收集的人頭不只一、兩個。不過，可以說埋葬屍體不像他們的風格，是值得欽佩的行為。

二十七日晴天，這天早上差點發生大騷動。一開始是去東埔社的三個人，由此社的人護送，但接近千仞峽谷上走鋼絲的危險處時，太陽已經下山，所以他們進入山腰的詭異小屋，下定決心與蕃人共住一晚，對岸的村落看到他們燒火，誤以為是蕃人來襲，於是亂槍掃射，由於其人數有三十人以上，認為這樣受傷也太不值得了，因此深夜冒著危險追上我們，今晨四點到了牛輻轄。

後來聽說他們在東埔社受到周到的款待，為了所員，整個村落都去打獵，抓了一頭小鹿，又殺了一頭豬、一隻雞，舉辦盛大的饗宴。

從這些狀況來想，東埔社比楠仔腳萬社溫順，雖然日常生活程度兩社相差不遠，不過就房屋而言，東埔社是方形的，裡面從中央隔間，一方是泥地房間，另一方則鋪木板設置臥鋪作為寢室，家族的男女老少都睡在這裡，也沒有像楠仔腳萬社那種集會所。

天亮將出發之際，楠仔腳萬、東埔兩社的蕃人一見對方，雙方都感到驚訝，迅速分成左右兩邊，互瞪的模樣相當凶狠猛烈，差點

生蕃的酋長

釀成鬥爭，幸好我們很快就發現，讓他們平靜下來，問起其理由才得知，這兩社是長年的仇敵，據說那袋子的骷髏也是東埔蕃的頭。於是，石川、松岡兩氏商量，將兩蕃分左右邊，讓他們排隊在前面，為了示威，將所有士兵整隊，兩氏很鄭重地走到前方演說：「臺灣已經歸屬日本領土，你們當然是日本臣民，日本有尊貴無比的天皇陛下，因此日本臣民不是為了陛下，就不得爭生死，你們兩蕃人縱使有宿怨，但那是隸屬於日本之前的事，如今已經變成新紀元，因此舊的怨恨就讓它流到東海沖走，從現在起，應該更加同心協力，一心一意為陛下效力才對，如果兩社中，還結怨加害另一社，天皇的兵隊馬上會過來將其誅戮。」又進一步開導他們應該互相飲酒、互相通婚，他們馬上豁然，連續呼喊那句「同等日本，同等日本」，接著便融合在一起，一點也沒有隔絕的氣氛，邊走邊聊，送行到集集街來，這天真無邪樸素的模樣，真是讓人喜愛。

二十七日晴天，就算把來送行的蕃人們帶到雲林也沒有用，所以松岡氏叫他們回去，給予多一點米、鹽等來慰勞他們。這時候我想要將蕃人所拿的弓箭當作紀念，所以叫他讓給我，但他說那是護身武器而不答應，因此我想了一個辦法，購買一尋他們最喜歡的紅色布（斜紋嗶嘰），故意向他們炫耀，便有人將弓箭拋給我，搶奪般地拿走布。

二十八日 住林圮埔一晚。

二十九日 平安回到雲林。

（完）

*原刊於《太陽》第二卷第二十五號，一八九六年十二月二十日

傳說

傳說的高砂族

秋澤烏川 著
鳳氣至純平、許倍榕 譯

（一）

傳說，是民族性的反映，是非文字的歷史。我前幾年受臺灣日日新報社之託，在該報上發表拙稿二十多回。然而，因為是利用公務餘暇時間每日撰寫，因此相當駁雜，實在不好意思。這次重新在本誌執筆〈傳說的高砂族〉，希望盡可能精選資料，並留意記述內容。若有幸引起讀者的興趣，那將是筆者所企盼的。

久遠神代的故事

那是距今三千年的神代往昔，在中央山脈稱為Bunohon（ブノホン）的地方，有棵頗巨大的無名老樹。那巨木的半面是木質，另一半面是石質，蒼鬱青葉亭亭覆蓋了天日，世界一直是黑暗的。

某個夏天的傍晚，這棵樹精化成神，在此孕生所有生物。從樹幹下部誕生的，一個是有四腳、身上覆蓋毛皮；另一個是頭上有瘤，其形狀宛如樹木，軀幹上有兩樹枝與兩樹根。接著在樹幹上部誕生的，一個是形狀細長，不會步行，總是匍匐；另一個不在地上，而是擁有在空中飛翔的翅膀。這就是後世人稱之為獸類、人類、蛇類、鳥類的祖先。

無奈因為世界是黑暗的，因此儘管生於同一棵樹上，也無法互相交談，然而某日，在一個偶然的機會裡，所有生物聚集在同一個巖窟。這時候，後世成為萬物靈長的人類祖先，首先開口說道：

「各位，我們過去只飲風裹腹，但不知為何，我總覺得肚子餓到不行，各位難道沒有那樣的感覺嗎？」

於是，獸類祖先彷彿等待這一刻很久似地熱切附和：

「當然，我們如今已是若不吃點什麼的話，根本沒辦法維持生命了。你看，我的肚子已經餓扁了。」

第三個加入話題的，是陰森的蛇類祖先：

「沒錯，不管什麼都好，我想趕快大口吞食填飽肚子。喂，你也跟我一樣吧！」

被這麼一問而最後出現的，是可愛的鳥類祖先：

「是啊，我也像你們說的……」

人類祖先看大家意見一致，於是鄭重宣布：

「那麼，大家從現在開始品嚐萬物，把最符合自己口味的東西當作永遠的食物吧！」

這話一說完，大家便爭先恐後品嚐地上所有的東西。

今天我們人類、獸類、蛇類、鳥類的食物，是這時候約定的結果。

於是，人類的祖先選擇小米與肉。小米的話，是把一粒截成幾塊，將其中一塊放入鍋裡煮，就會有四五人份的食料。而且，要得到小米不需要耕作廣大田地，只要兩三寸的四方之地，就足夠養活人們。另外，想吃肉的時候，只要呼叫野山豬，拔除其毛，將那根毛剪成幾段，同樣放入鍋裡煮，就會有一大盤美味的肉。比起我們現代嘶吼「給我們麵包！」那可真是極樂世界啊！

閒話至此，如此從木石二質的老樹誕生的人類祖先，先是母子相交，手足交合，像這樣繁殖許多子孫，幾年不到就形成了兩個部落。某日，這甲乙二社，隔著一條河齊聲大喊，以聲音大小比較人數多寡。結果甲社的聲音壓過乙社的聲音，連山岳都為其轟然之聲而震動。他們趁勢向乙社的人吶喊：

「你們看我們這威力，我們不想跟你們住在同一個地方。我們要下山去平地。你們刺青跟我們做區分吧！如果你們不喜歡這個差別，儘管來獵我們的人頭吧！我們是多數，不會怕你們的。」

筆者本來以為，人種歧視這種東西是美國的專利，但沒想到蕃人從神代就產生這樣的問題。若他們美國人聽到這個故事，應該會覺得找到知音而會心一笑吧。來到平地的，是今天臺灣人的祖先，而留在山上的，是今天有幸改稱為高砂族的蕃人祖先。就這樣，神代在此平靜落幕。

取得火種的故事

高砂族的先祖時代沒有火，食物皆生吃，夜晚也沒有燈火，極為不便。於是有一天，部落的有力者聚集起來舉行協議會，但絞盡腦汁也想不出什麼好主意。因此人們分頭各自尋找火種。有人登高山，有人入深谷，雖歷經千辛萬苦，卻都徒勞無功。人們很失望，在山頂露宿過夜。到了深夜，有一人激動大聲喊叫：

「看到火了！看到火了！」

人們聽到這個聲音，從臥睡的草地跳起，眺望遠方的海面，看到離岸很遠的海上有一個閃亮的火影。

「太好了！」

大家不約而同齊聲歡呼，但那是離陸地遙遠的海上，沒有人前往。因此，首先差遣以沉著勇敢聞名的熊，但可憐牠因為激浪，在途中就沉入海底。接著派出以勇猛著稱的豹，然而牠也被巨浪吞噬。人們見狀，發出絕望的哀嘆。此時出現一隻羌仔，他說：

「各位，請派我去取火種吧。平日被其他野獸侮辱的我，就算拚了命也要完成這個使命。」

眾人聽了這很有男子氣概的話，便決定派遣羌仔前往。他志氣昂揚勇敢無懼，如飛鳥般進入海裡，不畏如山般席捲而來的海浪，在水裡載沉載浮，終於取得火種歸來。大家都高興極了。

「啊！勇敢而可愛的羌仔啊！」

人們一面道謝，一面撫摸他的背，於是他的毛產生滑潤光澤，變得像今日一般美麗。這個故事告訴我們，平常遭人責罵卻能隱忍自重的人，一旦有事發生，往往能夠發揮很大的力量。這不能單單視為是原始時代幼稚的童話故事。

搗蛋神的故事

世上有什麼東西是麻煩的呢？再也沒有比變化自如的搗蛋神更麻煩了。是的，他利用不可思議的神力為難正直的人類，真是豈有此理。

從前從前高天原有位叫做Idotsuku（イドツク）的神。有天他百無聊賴從雲間窺探下界，清楚看到人們生活在那裡。

「這真有趣，我也加入人類好了！」

Idotsuku這麼說，便從天上大剌剌降臨到地上。他來到太巴塱蕃社，娶了一位名叫Rume（ルメ）的美麗女子為妻。然而，不知他在想什麼，某日又再度升天，不久後帶回來兩節竹子和兩個papaku（パパク）。從那之後，他便不下田，躲在幽暗屋裡的一個房間，專心捲繞著絲線。不用說家人見狀感到奇怪，就連鄰居們只要一碰面，也會嘲笑Idotsuku的愚蠢。

「雖說是從天上降臨的神，但光繞著絲線也沒飯吃吧！」

「俗話說笨蛋無藥醫，說的就是Idotsuku哪。」

「所以他是被其他神放逐，流浪到下界的吧，哈哈哈哈……」

把這些人的話當作馬耳東風的Idotsuku，不久即捲出千尋的絲線[1]。他獨自上山，在各處打樁，把自己捲繞的絲線綁在木樁上，並將末端綁在山腳下，然後用力一拔。結果，不可思議的，隨著宛如瞬間落下百雷般的巨響，原本蒼鬱的樹木被悉數拉倒。Idotsuku等這些樹木枯萎後，放了把火將它們燒光。然後他站在火燒後的荒地上玩陀螺，並把沒有燒完的殘株丟向人們的田地。

「把殘株丟到別人的田地實在太過分了，Idotsuku是神，不懂人道。」

田地的主人這麼叫嚷著，但害怕其神術的人們，還是無法當著他的面做什麼。於是到了夜晚，他們偷偷上山，把那些殘株丟回Idotsuku的田地，然後若無其事回家。隔天早上見狀的Idotsuku，站在那裡撒尿，把這些殘株又沖回人們的田地，然後隨即在這些地方撒上夕顏花的種子。這時，他的岳父看不下去，對他說：

「Idotsuku啊，我敬佩您的神術，但聰明如你，卻偏偏撒了夕顏種子，是怎麼一回事？拜託你撒米或小米的種子吧！」

「父親大人！請稍候一段時間，然後等待收穫的喜悅吧！」

就這樣，到了夕顏花盛開時，Idotsuku蓋了十座穀倉。什麼也不知道的岳母[2]，其女人情緒對Idotsuku的瘋狂行徑感到忍無可忍，於是藏身起來不再露面。然而Idotsuku對這些事情毫不在乎，然後自己來到院子鋪下草席，在上面搖晃身體，他的體毛掉下後全都變成人類。他莞爾而笑，帶著這些人上山，採收纍纍

1 譯者註：一尋＝一・五一五公尺～一・八一六公尺。

2 譯者註：原文為「養母」。

的夕顏果實回家，以蕃刀剖開果實。結果，從一粒籽中，湧出四五升的小米[3]，轉眼間在院子裡堆成一座小米山，十個穀倉裡都充滿金黃色的小米。

「嘿，現在我要來懲罰嘲笑我的傢伙了。」

Idotsuku一邊自言自語一邊來到海岸。在那裡捕魚的人們正在分配獲物。凡是Idotsuku大搖大擺行經之處，很不可思議的，原本活潑亂跳的魚瞬間都變成了黑石。大家又驚又怕，哭著拉他袖子，為過去的所言所行道歉。結果那些黑石轉眼又變回原本的魚。據說這時殘餘的黑石就是今天的石炭。

有一天，部落的人從耕地回家的路上，看到美麗的木材掉在路上，於是很高興將它帶回去，正要從肩上卸下來時，木材就變成了Idotsuku。

「謝謝！因為我太累了，躺在路旁，託你的福，把我打在肩上帶到這裡，我才不用走那累人的山路，真的很謝謝你。」

還有一天，Idotsuku變成漂流木漂到河岸邊，有人正要拾起時，突然就變回了Idotsuku，在那裡吟吟笑著。又有一次，他在人們耕作的地方變身成鹿奔跑，人們丟下鋤頭追他，他便跑到人們身後，把鋤頭藏在草叢裡，然後若無其事回家。諸如此類的惡作劇，人人都束手無策。

不過，在一個電光閃爍、雷鳴轟然的日子，Idotsuku第三度升天，從此再也沒有回來下界了，人們是多麼開心。直到今天，他們蕃人不侵犯其他人的境界，不丟塵埃，小米收穫的時候，殺豬殺雞祭拜祖先與Idotsuku。另外，捕魚時若有其他人經過的話，一定會把漁獲分配給他們等等。被形容是慓悍無比的高砂族，竟然拿Idotsuku的惡作劇毫無辦法，真是趣味無窮的人類生活啊！

3 譯者註：一升＝一・八公升。

女護島的故事

從前有位漁夫，在一個悠然的春日，升起竹筏的風帆，划著划著，便划向了外海，但不知為何，那天一條魚也釣不到。他很失望，把釣竿丟向船緣，茫然眺望海面，那裡浮著一座烏黑的小島。

「啊！好美的島！去那個島上休息一下好了。」

他立刻將竹筏划過去，大剌剌登上那座島。然後一邊自言自語說：「這樣真好！」，一邊從腰邊拿出煙草盒。結果，不可思議的，突然驚覺那座小島開始動了起來，旋即從腳下傳來巨大的聲響。

「喂！是哪個傢伙趁我午睡時在我背上抽煙啊？」

「嚇我一跳！島先生，你竟然跟人一樣會講話。」

「喂喂，開什麼玩笑。我不是島，我是鯨魚先生，你這個笨蛋。」

鯨魚這麼怒吼，然後生氣地搖擺身體，漁夫便被甩到不知幾百里遠的國度。那是一個他從來沒聽過、也沒看過的異鄉之地。而且他的周圍盡是女人，那些女人們好奇打量著他，不久便開始這樣的對話。

「這是什麼？」

「看起來是人類的形狀，但跟我們不一樣，顏色黑黑的，骨架和肉身較大，是畸形的不祥動物吧。」

「啊！這會不會是我們在古老傳說裡聽過的豬，我們一起把他抓來飼養吧。」

那個漁夫聽了一驚，雖說顏色黝黑，竟然把人當作豬，他感到很悲哀，眼淚撲簌簌落下而哭了出來。但那些女人們完全不理會他的哭泣，將他關在小屋裡，每天只有給他剩飯和切剩的芋頭等。過沒多久，消瘦衰弱下來的他，趁女人們沉睡時偷偷來到海岸。然後遠眺月光下遙遠的彼方，想到自己再也回不去令人懷念的故鄉，不禁潸然淚下。結果，之前的那隻鯨魚又再度慵懶地浮出海面，漁夫看到牠，便合掌向鯨魚說：

「鯨魚先生，拜你所賜，我吃了很大的苦頭。拜託你，請讓我再次回到故鄉吧。」

「真是可憐！你坐到我背上來吧，我馬上送你回去。」

漁夫按照鯨魚的指示跳到牠背上，然後鯨魚把尾巴搖擺了兩三下，他眼前立刻出現令人思念的故鄉。

「啊！看到陸地了，看到故鄉的森林了！」

他歡欣鼓舞，鯨魚告訴他：

「喂，人類先生，你回到家之後，請你給我一點供品吧。」

「你是我的救命恩人，我已經有我的打算了。」

「那就這麼約定嘍！」

才聽到咚隆一聲巨響，他就已經被甩上陸地了。狂喜的他立刻返回家，牽起妻子和小孩的手，高興得哭了起來。

「啊，夫君，我們多麼擔心你，真高興你回來了。」

「對不起，讓你們擔心了，我被鯨魚送去可怕的女護島。」

「女護島！」

「不要誤會，雖然那是只有女人的島，不過我在那裡被當作豬，被迫只吃剩飯與切剩的芋頭。」

「竟然把我重要的丈夫當作豬……」

「別生氣，我就是因為被當作豬，才能這樣回來。」

妻子聽到「女護島」而燃起嫉妒之心，又因聽到「被當作豬」而憤怒，不過最後因為丈夫的話終於露出了笑容。

「真的很高興，對我來說是親愛的丈夫，對孩子來說是重要的父親，這樣的人，現在平安歸來了。」

妻子陷入忘我的情緒，高興地轉圈迴旋。

「啊，對了，我不能這樣怠慢，我和鯨魚有重要的約定……」

於是，他再度回到海岸，在那裡鋪設草席，其上放了酒、餅、檳榔子等靜候鯨魚。不久，彷彿才看到遙遠彼方波浪間出現那隻鯨魚，海水便捲起巨浪將供品吞噬而去，唯獨草席留在海濱，如今變成了起起伏伏的海浪。此外，據聞搭在臺灣本島與火燒島之間的美麗大橋這時掉落海裡，變成了像今天一樣各自獨立的島嶼。

＊原刊於《臺灣警察協會雜誌》第八十七號，一九二四年八月二十五日

（二）

征伐太陽的故事

住在寒帶和溫帶地區的人因為害怕寒冷，所以極為尊敬熾盛有熱力的太陽，將其視為主神，把照亮黑夜的月亮視為從神。而住在熱帶及亞熱帶地區的人則相反，厭惡酷暑，崇敬夜間皎潔月光的清朗，將其視為主神，而太陽是從神。至於極端酷暑之地，甚至還會敵視太陽。本故事的起源即來自於此。

太古時代有兩個太陽，不分晝夜熾烈照耀，結果溪流乾涸，田園荒廢，糧食斷絕，可憐的人們束手無策，只好等待餓死。在絕境時依靠神是人之常情，不分國之東西、時之古今。但人們雖向神祈禱求救了，不幸卻毫無效果。

「神應該要解救我們的悲慘困境啊，我們一起以赤誠祈願，但神卻沒有應許我們，祂是多麼無情……」

群眾裡有一人以熱烈語氣如此呼喊，大家也激動地吶喊附和他。

「是的，我們不應該再依賴這種沒有慈悲心的神，我們自己的事，應該要由我們自己解決。」

「醒來吧，同胞們！起來吧，諸君！」

人們的情緒高昂到了極點，殺氣充滿天地，被沸然的氣氛包圍。此刻，兩位青年推開群眾走到前面，然後說：

「諸君！請勿擔憂，我們兩人現在就去射殺太陽。希望各位忍受短暫的痛苦，等待今日的悲憤化為歡喜的日子到來。」

話說完，這兩位青年便帶著小米與朱藥，英勇走向征伐太陽的旅途。長途跋涉幾萬里，歷經星霜幾十年，他們在辛苦艱難中終於抵達世界的邊界。志氣昂揚勇敢無懼的兩位青年站在崖邊，拉開弓箭，迫不及待等候太陽的升起。不久後，熾烈宛若熔鐵般的赤紅太陽出現在海的彼方。勇敢的兩青年，抓緊機會迅速射出箭，兩支箭毫無偏差射中了太陽中心。場面悲壯悽慘，眼見淋漓鮮血如急流般落下，海上泛著紅色浪潮。可憐的是其中一位青年被太陽的血沖進海裡而喪命。倖存的那位青年毫無射落太陽的喜悅，在失去同伴的悲傷裡，悄然一個人寂寞地踏上歸途。兩人在征途的路上丟下的朱欒果實，如今已長成大樹，樹上果實纍纍，青年將它當作已故友人的悲傷回憶，循著這個路標，終於回到家鄉。當初送青年出征的父母已不在世，在門口迎接的老人是他的朋友，他訝異之餘，心裡感念父母在世時的種種。

「迎接我們的救命恩人吧！」

「我們多虧這位恩人才得到夜晚，得到了涼爽，有了夜晚，人生才是快樂的，有了涼爽，作物才會結果。」

「是啊！讓這個光榮的功績流傳千古吧。」

在皎潔的月光下，人們帶著歡喜與感謝舉杯互敬暢飲，一位老翁站在臺上仰天說道：

「諸君！諸君知不知道現在我們頭上閃亮的月亮與星星啊。在曾經有兩個太陽而沒有夜晚的過去，在天上照耀的，只有讓我們痛苦的太陽。然而，這位勇敢的青年，射落一個太陽時，散落四方的血潮留在天上成為了月亮與星星。今晚，我們可以享受月光的清朗與欣賞星座的美麗，全是拜這位青年所賜。」

掌聲如雷響起。就在涼風不停吹來清香的綠蔭下，狂歡的人們忘記時間已晚，不斷舉杯慶祝。

日、月、星的故事

父親砍倒據說有樹靈的巨大老檜，鬆了口氣，不久便對專心搬運的兒子們說：

「總覺得渴到不行，你們去溪邊取水過來吧。」

兄弟聽從父親的命令，帶著竹筒往溪谷間走去，但平常潺湲清澈的溪流，卻在這天，沒有降雨竟也烏黑混濁。兄弟看到這水流雖感訝異，但也未繼續深究，便空手回去告訴父親。父親只是苦笑，沒有回答。不久太陽便西沉，這天也結束了。翌日，他們又按照父親的命令去溪邊，溪流仍然像前日一樣混濁。又過了一天，他們第三度前往，水卻愈發混濁。父親聽到兄弟的報告之後，皺起眉頭，片刻後緩緩開口：

「那一定是因為上游有惡作劇的人。是牛？是豬？還是人？你們兩個去，不用手下留情，把他的頭砍下吧。」

於是，兄弟心氣昂揚前往溪谷間，接著往上游溯尋，果然如父親所說，那裡有一個男人，將頭夾在股間，正在弄濁溪水。兄弟見狀，趁他不注意時，憤怒地將他打倒馘首。但仔細一看，這是怎麼一回事？那個人頭竟是命令他們砍頭的父親。兄弟知情後，又是驚訝得快發狂，又是哀嘆悲傷，但事到如今也無可奈何。他們哭著回家告訴母親，母親說：

「你們既然有獵父親人頭的勇氣，那獵別人的頭應該就很容易吧。去吧，現在立刻去馘首吧！在獵到數百個人頭之前，不准回家……」

母親帶著怒氣粗暴地把兄弟趕出門。兩人俯首淚下，不久，弟弟撫摸哥哥的肩膀說：

「哥，既然如此，我們就必須聽從母親大人的話，多獵人頭，至少要安慰已故父親大人之靈，並解除母親大人對我們的責罰才行。聽說卑南社的人們勇猛，只要看見敵人，就是天涯海角也會追到底，我們去利用他們的特性，將他們誘引到加納納谷，然後設石柵一舉獵得數十個人頭吧！」

「喔喔，老弟！你的主意真不錯。那我們即刻出征吧。」

於是兄弟兩人在深山幽谷裡獵殺豹，帶著牠的血前往卑南社，確認蕃童正熟睡，便出其不意開槍，打中其中三人。聽到突如其來的槍聲而驚醒的蕃社人們，馬上發現兄弟，於是帶著槍械前來追捕。兄弟心想成功了，將帶來的豹血滴在逃跑的路上，假裝他們負傷，以誘導他們。同時在溪流兩岸，像橋一樣地掛上藤，其上安置大石，再一口氣將籐切斷，隨著轟然巨響，一舉殺了追捕而來的數十人。他們帶著這些人頭回家，供在父親的亡靈前，並向母親謝罪，與妹妹一同在靈前舞蹈。

結果，不可思議的，兄弟妹三人先是腳掌沒入地下，接著是小腿淹沒，甚至及腰。就這樣身體逐漸沉到地下，連人頭都快要淹沒的時候，三人齊聲向母親說：

「我們如願祭拜父親大人的亡靈，安慰母親大人的心，已經沒有任何遺言要說，那麼，我們就這樣一邊唱歌跳舞，一邊沉入地下。今晚躍升山頂上的月亮，是哥哥。明早升至東方天空的，是弟弟（在此不可忽略的是像〈征伐太陽的故事〉一樣，以月為主，以日為從）。而在天空中的幽暗裡閃亮的大星星，是妹妹。那麼母親大人，祝您永遠健康快樂……」

不久後，三個人一邊唱歌，一邊沉入地底。冬天日落較早，暮藹煙霞瀰漫時，東邊山岳邊緣出現皎潔的月亮，須臾片刻後，光亮柔和的星星也開始閃耀，雞鳴抖擻報曉時，熾盛的太陽便在東方天空升起。……據聞像這樣一個月一次，哥哥的月亮，與弟弟的太陽，會互相接近問候對方，這個無盡的過程將永遠循環下去。

變成雷電的故事

從前在某個山村裡，住著一戶感情和睦的親子三人。但有一日，那對父子一早出門打獵後，直到傍晚都沒有歸來。母親在昏暗的燈火下，擔心他們是不是被可怕的怪獸吃掉了？還是掉入深溪？其女人特有的心緒擔憂著丈夫與孩子。到了夜晚，兒子一人悄然歸來。

「啊，你終於回來了。媽媽多麼擔心你。來，快上來吧。咦？你父親呢……」

被問及父親時，兒子抽抽搭搭哭了出來。

「我們兩人迷路了，結果我找不到父親，就這樣好不容易一個人回到這裡。」

「什麼！你把父親獨自丟在山上一個人回來？你這個不孝子。就算看不到父親，叫喊他的名字，也應該會有回應吧……」

「沒有，我叫了好幾次了，都沒有父親的回應。」

母親聽了這話後怒氣沖沖，獨自將火把點上，衝進夜霧裡去尋找丈夫。然後終於在一個溪谷間找到丈夫，她狂喜地擁抱丈夫。

「啊，你活著真好！那個不孝子真是的！」

父親回到家，因為聽了妻子的報告，於是粗聲責罵：

「你這個不孝子，你說你叫我，我沒有回應，難道我這個父親的聲音傳不到你耳裡嗎？這聲音響遍整座山！你這麼大聲呼喊，我這個父親怎麼可能不回應。聽吧！這個聲音、這個聲音！」

他大肆咆哮後，便牽著母親的手升天了。在那之後，父親變成雷，母親則變成電。也就是說，那時候父親的聲音是雷鳴，母親的火把是電光，此說流傳至今。

舉天王鳥的故事

高砂族祖先的時代，天就在不遠的地方，人們無法到地面上，只好在地下挖掘洞穴生活。因為這樣極為痛苦不便，無論如何都想在廣大的地面上愉快生活，於是有天他們召開協議會。然而，沒有人願意出來完成這個任務，席間只是迴盪著深沉的嘆息。結果末座有位少年走上前開口說道：

「要去除太陽的苦熱，除了把天舉高之外別無他法。為此，住在地面上的我們人類和獸類，是毫無用處的。完成此重責大任的，除了在天空遨翔的鳥類之外，沒有別的了。希望先召集所有的鳥，再進一步想出更好的辦法。」

大家不禁為這個少年的奇智鼓掌喝采，於是長老向天上大聲呼喊：

「全世界所有的鳥兒們！你們趕快過來參與我們謀劃的事吧！」

聽到這聲音的鳥兒們好奇是怎麼回事，爭先恐後聚集到人們面前。於是長老嚴肅地告訴牠們：

「鳥兒們！如你們所見，今天的天地距離非常近，每天因太陽而焦死者多得數不清。因此，我們也像這般在地下挖洞生活。我想你們也不希望有這樣的痛苦與不便。是的，如果天高一點的話，你們就可以盡情遨翔雲際。我們也可以自由走出地面。為了我們和你們，請把天舉高，讓大家脫離這種熾烈炎熱之苦吧。」

於是，首先第一個出現的是老鷹。

「那是舉手之勞。我只要在空中振翅二三次，就可以把天搧飛到高處去。」

高傲的老鷹這般大言壯語，然後飛衝上天啪嗒啪嗒地振翅，但天毫無驚慌之貌。於是老鷹搔搔頭飛了下來。接著出現的是烏鴉。

「哈哈哈哈……各位，看看這位說得到做不到的老鷹君的樣子吧。我原本在太陽裡生活，所以身體才如此焦黑，我跟太陽交情就是這麼好。那麼我就直接找他商量去吧。」

於是烏鴉飛向太陽，但過了很久都沒有回來。

「烏鴉果然也不行哪！」

人們面帶愁容。剛剛的那位少年也面露不安之色，環視在場的鳥兒們。結果在那裡，有隻名叫Tatachiyu

（タタチユ）的小小鳥兒，小步小步走了出來。見狀的其他鳥兒們，互相拉拉袖子……喔不，是翅膀，嘲笑著他。

「看，笨蛋無藥醫。那個小呆子Tatachiyu竟然厚著臉皮走出去。」

「真是沒有自知之明的Tatachiyu，不知羞恥也不知別人怎麼想，倒覺得他這樣很可憐。連那勇猛的老鷹君都失敗了，而且就算是跟太陽感情極好的烏鴉君也沒有平安回來……」

Tatachiyu對這些鳥兒們的嘲笑聽若未聞，接著以他小小可愛身體，使出渾身力量啼叫：「他啾卡、他啾卡、他啾卡……」。那個聲音清亮、純淨、遼朗。人們忘我地沉醉。結果這聲音逐漸往四方傳響擴散，天地為之震動，天便迅速地往上層升去。

現在我們能夠在地面上安穩生活，實是拜小鳥所賜。於是這Tatachiyu成為萬鳥之王，歷經幾千年星霜，直到今天，被尊為神鳥而受到崇敬。

風、雨、雪的故事

有一天，風、雨、雪聚在一起，開始誇耀自己的力量。

「在這世上，應該沒有像我力量這麼強大的了。凡是我所到之處，宇宙萬物沒有不風靡的。」

首先這麼說，然後高傲地抬起不怎麼高的鼻子抽動著的，是風。其後，搶著接話的是雨。

「我沒有像風君那麼粗魯，不過，這個漸漸滲透土地的力量，連大山都能崩解。比起我們，雪君只有像女人般的白臉，完全不行吧！」

「是啊，雪君做為我們的朋友，實在太過貧弱，哈哈哈哈……」

雪默默聽著雨和風的嘲笑，這時首度開口。

「我的身體的確像女人般的白，而且不像風君一樣無法捕捉，也不像雨君一樣潮濕陰沉。凡是我所到之處，全都變成銀色世界，那樣的寒冽一定是刺骨的。依我來看，你們的力量只不過是小把戲。」

雨和風聽到這話後，面紅耳赤，憤怒異常。

「好吧！那我們來實際較量三人的力量吧。」

心急的風話一說完，便卯足丹田用力一吹。結果天地為之鳴動，石飛樹倒，雲像急流般飄動，呈現出相當駭人的光景。

「喂！看我的厲害，我的力量很偉大吧，哈哈哈哈……。雨君，你也大顯身手嚇嚇雪這傢伙吧。」

雨說了聲好啊，便沛然落下，瞬間溪谷暴漲，濁流如瀑布般往下沖。

「嘿嘿嘿嘿，雨君的本事真是令人佩服。」

風雖然鼓掌，但還是說著這種惹人厭的話。雪笑吟吟地看著他們的樣子，這時輪到自己了，他靜靜地、沉沉地，如灑白羽般落下。結果原本青蔥的草木瞬間枯萎，望眼山野，所見之處無不白皚一片，水結冰，薯物結凍，身體逐漸冰冷，原本在巖窟裡嘲笑風雨的高傲的人們，害怕顫抖，最後跪在雪前。見狀的風雨，原先的氣勢都不見了，偷偷摸摸地逃走。

住在高山不知害怕風雨的高砂族，是多麼害怕寒冷，從這個小故事裡可以窺知。

*原刊於《臺灣警察協會雜誌》第八十八號，一九二四年九月二十五日

（三）

開始狩首的故事

天皇在位，光芒普照大地，連南溟孤島深山的雜草都能蒙受惠澤，實是可貴。距今三千年的過去，一位叫做Nibunu（ニブヌ）的神降臨新高山，在此首度創造人類。當時的人類，由於是神親手所造，極為純潔，被允許擁有幾近不老不死的長壽。因此，倘若不小心喪命，也能依靠Nibunu的神力復活。而這樣勞煩神力多達五次後，就被視為在這世上已無用處而遭到放棄。那或許是因為即使不小心，但連續喪命五次的人，神便認為他不珍惜生命，因而拋棄他吧。

閒話休題，有一天Nibunu神因為有急事，把一個第二次喪命的人直接留在家中便出門了。其後，一位叫做Soesoha（ソエソハ）、非常好管閒事的神來到祂家，抱著亡者痛哭不已，於是在那個家裡挖洞將屍體埋葬，覆蓋土於其上，然後倒伏哭泣。事情忙完回到家中的Nibunu見這光景大吃一驚，但因為Soesoha神已經哭了，所以無可奈何。星霜推移三千年，他們將死者埋在家裡，在上面悲泣的習慣，至今仍沒有改變。

從此之後，人類擁有任何時候都可能即刻死亡的光榮。但因為人類繁殖能力實在驚人，其粗製濫造的結果，產出了性質不佳的傢伙。因此Nibunu神為了去除這些惡人而降下大洪水，使四方瀰漫濁水。結果丘陵也瞬間被濁水吞噬，人們好不容易才逃跑，再度聚於新高山頂。

「真是駭人的水。」

「望眼處都是濁流狂奔，這不是很令人愉快嗎？」

「喂喂！不要在那裡說不停，會得罪神喔。」

那個時候，就已經有插科打諢的吊兒郎當之人了，也有把神視為萬能而行為神經質的人。

「肚子餓了呀。」

一個人忽然想起似地這麼說，其他人就抱著肚子附和說：「餓了呀」。當時沒有穀類，而是狩獵野獸作為常食，因此在此大水的情況下，根本無法覓食。於是一個壯者殺死自己飼養的狗。剛剛插科打諢的那個人見狀，便將狗頭插在竹竿上，在人們之間揮舞行走著。雖然其中也有人皺起眉，但許多人都覺得很有趣而歡快地鼓掌。

「你看那竹竿上的狗頭。」

「雖然只有頭，卻像樣地睜著眼吔。」

「沒有身體反而很奇特很有趣呢。」

那位打諢之人聽了人們的話之後，愈發得意忘形，這次殺了猴子，將猴頭與狗頭交換。人們愈來愈感到有趣，讚賞他的新奇。

「光是猴頭就這麼有趣，若這是我們人類的頭，會多麼的好玩呢！」

「哼，過去很囂張跋扈的傢伙突然死掉，將其蒼白的臉曬在竹竿前端，不知會多麼痛快。」

「好玩、好玩！」

已經充滿殺氣的眾人，把當時部落裡受憎惡的惡童殺死，並將他的頭插在竹尖，忘我地瘋狂跳舞。或許這馘首舞符合神意，大水轉瞬減退，丘陵和原野都再度重現眼前。

「水已經退了，我們前去良地吧。然後我們組一隊伍，狩集其他部落人的首級吧。連我們部落人的頭都這麼有趣的話，不知獵敵人的頭會有多麼愉快。」

人人手上拿著武器，衝向黎明的雲霧，離開了新高山。

開始分家的故事

從前有一個很孝順的年輕獵人，名叫Tomaikoru（トマイコール）。無論颳風的早晨，或下雨的傍晚，他都會上山狩獵，同時也下田耕作，並將其所獲獻給父親，他將此事視為最大的喜悅。某日，他一如往常扛著槍械，踏著星光出門，那天早上，霧像雲般深深包圍著山路。一邊喘氣一邊登山的他，吸入那些霧氣，不禁打了一個噴嚏。結果，在霧中有個人同樣打了噴嚏。

「咦？這山裡應該除了我之外，沒有其他人才對，剛剛的噴嚏真奇怪哪。」

Tomaikoru一個人自言自語，一邊探看四方，但仍未見人影。

「奇怪哪！」

此時，在霧中又聽見同一句話。他循著這個聲音尋找對方，結果彼處有棵盛開怒放的百日紅。Tomaikoru站在那前面，凝視著花，不久對其開口：

「原來剛剛模仿我講話的是你啊。」

結果，百日紅同樣回覆：「原來剛剛模仿我講話的是你啊。」聽了這話的他又說：

「你這樹淨模仿人話到底想做什麼！」

話沒說完，他便拔起腰邊的刀，結果紛紛散落的百日紅花朵中，傳出了一個聲音：

「請等一下……」

「年輕的大人！就算砍樹也請不要傷害我。」

此時他才發現樹中有人，他把百日紅從根砍倒。果然從切口處出現一位美麗女子。

「咦？您怎麼會在這裡？」

Tomaikoru感到詫異，美麗的女子莞爾而笑說：

「我，是這個百日紅的精靈啊。我一直希望到這世界來，不過無論如何都無法離開這棵樹。結果今天多虧了您，完成我一直以來的心願，沒有什麼比這更令人高興的了。為了報恩，我要當您的……不，請您允許，讓我當您的妻子。」

於是在百日紅散滿地的樹下，他們結為夫婦，並就地搭造一個簡單樸素的草庵。然而孝順的Tomaikoru，沒有因為夫婦愛而忘記父親。無論早晨或傍晚，他都會從這個草庵涉溪回父親家，在那裡耕作，然後到了夜晚，返回愛妻等待的草庵。見狀的父親感到非常不捨，有一天把他叫來膝前，說道：

「Tomaikoru啊，你無微不至的孝行，我這個做父親的非常清楚。但你不用再像過去那樣每天回父親家了。像最近下大雨，溪水應該會暴漲。不管怎麼說實在太危險了。所以，以後如果你在山上獵到鹿的話，再把牠的頭帶過來就好。你們兩人永遠相親相愛生活，這就是對我這個父親最好的孝行。」

Tomaikoru往後只要抓到鹿，一定會探訪父親的家，然後那天就在父親家度過。歲月如流水般逝去，Tomaikoru如今已年邁，連涉溪都有困難。因此父親送他一個神像，命他出去打獵時，以野獸的頭骨祭拜神，於是父子便完全分開為兩個獨立的家，靜靜度完餘生。據說這是他們高砂族開始分家的由來。

獨木舟的故事

關於漂浮於現今成為臺灣電力株式會社施工的問題中心、自太古以來湛滿碧水的日月潭上的獨木舟，流傳著這樣的故事。

從前從前有五個感情極好的青年。有一天，這五人一起深入中央山脈狩獵，但不知為何，那天連一隻獵物都沒有。但太陽已毫不留情西傾了，蕃山的山壁瀰漫紫色煙霞。筋疲力盡的五人，坐在某個大岩石上，茫然眺望夕陽西下的景色。然後，五人宛若融入深山的沉默般閉口無言。就在那時，不知道從何處來的一隻白鹿，電光般從他們面前跑了過去。原先動也不動的五個年輕人，見狀後馬上起身追捕，白鹿最後跑到日月潭，然後如飛鳥般跳進水裡，又沉又浮游到湖上的浮島。年輕人站在湖邊，像作夢一樣凝視水面，不可思議的，在那裡出現坐在樟楠木片上的老鼠。五個年輕人看到牠，終於首度開口：

「喂喂！水上的老鼠先生，你為什麼坐在那小小木片上都不會沉下去？你是怎麼往前的呢？」

老鼠聽到年輕人的聲音，回頭瞪了一眼，但始終保持沉默，將自己的尾巴當作船舵，往前划啊划的。

「真不可思議啊。」

「到底怎麼做才能浮在這麼深的水上？」

「水深不知幾百尺的湖泊，怎麼橫渡啊？」

「不對，那是神。千萬別懷疑。」

「是的，我們模仿那位神的啟示，橫渡這個湖吧。」

於是五人便刳剖大樹製作木舟，削木板製作船舵，讓它漂浮在夕陽映照的潭水上，木舟在湧來的小波中靜靜搖晃著。五個年輕人興致高昂跳上木舟，這種輕飄飄的感覺，對在山岳裡赤腳爬上爬下的他們來說，有著從未體驗過的愉快。年輕人們像小孩般興高采烈，一邊划著船側的水，一邊迅速來到浮島。然後順利捕捉到先前逃跑的白鹿，回到原來的岸邊。有一個土人在樹間窺見這一切，等年輕人們從木舟上來後，便跑出來對他們說：

「那個東西非常方便呢，請問可以讓給我嗎？」

「喂，是怎麼了，突然講得這麼大聲。」

「啊，失禮。其實，我想你們帶著這種東西根本不可能越過那高山回去，所以我這裡帶來很好的肉。

來，這個跟你們的木舟交換吧。」

「喂喂，不要把我們當作笨蛋。那種小氣的肉，怎麼能和這個木舟交換？我們沒那麼笨。啊！那個坐船的感覺啊！我們要坐著它回家。」

年輕人一邊這麼說，一邊把木舟拉到陸地上。然後立刻跳上船，不過這次木舟一點也不輕飄飄，完全沒有舒服的感覺。於是他們拚命地划著手，木舟還是絲毫不動。五個年輕人互看彼此，表情像是快哭出來的樣子。土人見狀，使壞地說：

「哼，那我要回去了。你們就坐著它越過那高峰回去吧。」

五個年輕人搔搔頭，交換了木舟與肉。然後消失在暮色漸暗的樹林間。至今仍漂浮在那湛藍水面且富有詩意的獨木舟，當水力電力施工完成之際，終將毫無痕跡地消失無蹤吧。

預言者的故事

Kasautamo（カサウタモ）逐漸衰弱，他感覺自己已將不久於人世，便從病床爬起，趴跪在父母面前說：

「父親、母親，謝謝你們長年來的照顧，我終究無法康復並繼續侍奉你們。身為人子，沒有比這更不孝的吧。不過，我絕不會就這樣拋棄父母。假使我的呼吸就這樣斷了，身體變得冰冷，只要右手大拇指仍會動的話，我就一定會重生，對你們盡孝道。萬一手指沒有動靜的話，到那時候，你們就當作我永遠死去了吧……」

他這麼說完，便靜靜閉上眼，睡著般斷了氣。然而，那大拇指不可思議地微微動著。父母雖然深感哀傷，但至少還抱著兒子再生的期待，他們小心呵護照顧他的遺體。從第一天到第三天早上，那手指的活動逐漸微弱，但到了第三天午後，活動稍微變快，到了第五天傍晚，才看到他微微開始呼吸後不久，他便帶著微笑甦醒了。父母與兄弟驚喜萬分，人們包圍著他祝福其再生。

「父親、母親，以及各位兄弟，我五天前斷氣身亡，神從天降臨，呼叫我的名字，並牽起我的手，就這樣帶我升天。我首次看到天上的美麗與珍奇，實在無法言喻。閃亮宮殿中的眾神多麼尊貴。天女身穿金襴輕快跳舞，是多麼美麗。簡直是下界人們連想像都想像不到的佳麗歡樂境！」

「唉呀！你一直跟神在一起嗎？」

「母親，請為我高興。我度過了如夢似幻的五天。」

「你也許過得很開心，但自從你斷氣之後，我們是多麼擔心你啊」

「父親，請您放心。以此為代價，我被傳授了下界人作夢都想不到的奇術。」

「奇術！奇術！」

「各位兄弟，請你們靜靜聽。在剛剛說的綺麗宮殿裡，有個特別顯目威嚴的神把我叫過去，對我說：『你就成為人類的預言者吧。我現在就把必備的奇術傳授給你。』接著便親手將那些神奇的法術傳授給我。於是我離開令人難捨的天國，回到這個下界。」

人們都覺得不可思議，不禁想一窺那樣的奇術，但Kasautamo說：「神術是天啟，沒事的話不能施展。」不願輕易施展奇術。然而在那之後，他預知在人界裡將會發生的各種現象，而救人免於災禍，卜知外出打獵時獲物的有無及多寡，並占測一年是豐收或歉收、失蹤者的所在，每每都會說中。

原來這位Kasautamo，就是預言者的始祖，他們高砂族相信預言占卜是神的奇術。

*原刊於《臺灣警察協會雜誌》第八十九號，一九二四年十月二十五日

（四）

二神變成鶴的故事

從前從前，高天原有一男一女名叫Madabira（マダビラ）與Risun（リスン）的神。有一天他們降臨南方某個高嶺，生下四男二女。不過母神懷有次女時，從腹部綻放出燦爛的光，因此體內如水晶般透明。後來足月誕生下來的，果然是不違背此奇蹟，比花還要美麗的女神。父母二神格外寵愛地養育這個次女，歲月如流水般流逝，她已迎來十八歲的春天。某日，她如往常般一個人去谷間取水，不可思議的，那裡佇立著一位從未見過的美少年。女孩見狀想逃跑，他往前抓住她的袖子說：

「我絕不是怪人，其實我受海神的命令來迎接您。只有這麼說的話，您可能不懂，其實是海神深切希望迎娶您到他的后宮。五日之後，我會再度來這裡迎接您。懇請您做好準備等候。」

話一說完，美少年便突然消失。不知世事、仍很純潔的她，把這件事一五一十告訴父母。父母驚訝無比，立刻製造木箱，把她關在裡面，並緊緊封住蓋子。然而從她體內發出的光，燦爛地穿透那個木箱，洩漏到外頭來。即使再增加二層、三層的木箱，她美麗的樣子仍可從外面一覽無遺。於是他們這次在地下挖洞掩埋她，但燦爛的光仍舊如水晶般照耀那土地。父母兩神坐在上面徹夜不眠守著她，到了第五天傍晚為止，沒有發生任何異狀。於是父母兄弟感到安心，兩個哥哥出來院子開始搗小米。

結果，杵臼的觸擊聲迴響於傍晚的天空，突然烏雲密佈，樹木被風吹得彎下身，瞬間如山般的巨浪席捲而來。房子和人都被這濁流吞沒，幸好他們親子逃到山上。然而，在那些孩子當中，始終沒有看到那心愛的次女。父母二神瘋狂般地呼叫女兒的名字，從山上眺望遙遠彼方的海，結果，清楚地看到她被海神帶走的身影。父母兄弟竭聲大喊，她似乎聽見聲音，回頭遙望山上說：

「父親大人，母親大人，以及各位兄弟，我已經覺悟了，一切都是命運。就算現在如何悲傷哭泣，我也無法從海神手中逃離。和父親大人、母親大人、各位兄弟一起快樂生活的日子，永遠都不會再有了。不過一切都是命運。請你們不要再哭泣。對了，把這個當作紀念吧。」

她這麼說完，便切斷自己的手腕投入海裡。結果這手腕變成一條魚，深深游進浪潮裡。

「父親大人，母親大人，各位兄弟，我到海神那裡之後，必須每天搗米。我搗米的杵聲，會升天變成雷。今後，看到天上的閃電，聽到雷鳴的話，請你們就把它們當作是我一個人正孤伶伶搗米吧。」

她美麗的身影就這樣深深沒入海裡。他們全家人一邊瘋狂哭泣，一邊等待水退去，但濁流水勢卻愈來愈大。於是大家翻山越嶺，尋找前所未見的小米豐收之地。兄弟在途中感到疲累，便留在某個地方，但父母二神仍越過北方的山嶺，終於抵達某個低地。二神把他們的腳踏入這個水地，眺望女兒身影沒入的深藍之海，不可思議的，他們身上長出了翅膀，不知不覺變成了美麗的鶴，朝著天空高飛而去。

因此，據說直到今天都看不到孤鶴，牠們出現時一定是成雙成對飛舞的祥瑞畫面。

少女入月的故事

從前，加禮宛社有一位美麗的女孩。幼時就被繼母養育的她，如世間恆例般，沒有一天不是哭著度日。在她十七歲春天的某日，朋友邀她去附近的海岸拾貝，途中令人難以忍受的臭味不時撲鼻而來。姑娘們笑著罵說：「誰放屁？」到了海岸，太陽早已高高昇起。大家等待退潮的時候，打開隨身攜帶的便當。結果，她的便當雖然外觀是美麗的容器，裡頭竟然裝滿了人糞，大家見狀放聲大笑。

「剛剛路上才覺得很臭，原來便當是糞啊。」

「我都沒有食糞的榮幸呢。」

「糞沒關係啊。任何人的肚子裡都有，呵呵呵……」

被其他姑娘們嘲笑的她，不禁面紅耳赤，雙眼撲簌簌流下熱淚。無心的女孩們看到她可憐的樣子感到過意不去，自責方才毫無同情心，而這樣的心情化為憐憫的眼淚。

「真是可恨的女人。」

「真的是啊，壞心眼也該有限度吧。」

「我們一起來報仇吧……」

原本默默哭泣的她，此時打斷朋友的話，說：

「大家，謝謝妳們的心意。不過這不是母親的錯，是我的錯……。只要我不在家的話，母親一定會成為善良的人。是的，我現在就升天，從此安樂地生活吧。各位，五天之後看看夜晚的月亮，如果看見裡頭有伸著腳、籠子放在一旁，安穩休息的女孩的話，妳們就把她當作我吧。我今天就在這岩石上，等待升上月亮吧。再會了大家！」

女孩們了解她的心情，因此沒有阻止她，她們一邊帶著眼淚互道再見，一邊離開。隔天，她的父親聽到此事，瘋狂般地來到海岸四處尋找，但終究不見可愛女兒的身影。他哭著回家，焦急等待五日後月亮升起，他站上岩石上仰望，看到皎潔月面上可憐女兒的身影。至今部落裡無論老少都在流傳述說她的身影，因此月影總是令人哀傷寂寞的。

少女變成鷲的故事

再來談一個繼母與女兒的悲傷故事吧。有一天，繼母趁丈夫出門打獵，命令女兒Kaboshi（カボシ）

去汲水。Kaboshi順從聽話地出門，但柔弱的女兒身越過幾重山峰，卻怎麼也找不到可以汲水的溪流。她漸漸感到飢餓，好不容易回到家，跪在母親面前請求說：

「母親大人，我肚子餓得受不了。求求您，給我一碗飯吧。」

繼母聽了之後怒目說：

「給妳這種人的飯一粒也沒有。妳出去汲水太久，所以剩下的飯都餵狗吃了。」

Kaboshi聽了繼母這番毫無同情的話，脆弱的女兒心終於忍不住，伏身放聲大哭。不久後，心情稍微平靜的Kaboshi，心想與其侍奉這樣無情的母親，不如變成鳥，自由自在翱翔天空，於是她下定決心。她來到院子，將掃把帶在腰上，兩手拿起竹箕揮了兩三遍，結果不可思議的，可愛的Kaboshi突然變成鳥，翩翩停在庭木的小樹枝上。

不知情的父親回家後不見女兒的身影，於是把妻子叫過來詢問。

「Kaboshi怎麼了？我出門打獵後，因為只有妳和女兒兩個人，所以妳一定知道Kaboshi的去處才對。」

聽了丈夫的話，妻子帶著怒氣指著院子的樹木說：

「是的，你可愛的Kaboshi變成鳥了。你看，在那樹枝上的，就是不孝Kaboshi的下場。」

想都沒想過女兒會變成鳥，父親聽了之後十分傷心，哭得痛不欲生，隨即拿著獵到的肉走到那棵樹下，哭著說：

「Kaboshi！Kaboshi！我帶來妳喜歡的肉，求求妳變回原本的樣子吧。」

然而，父親充滿慈愛的話，卑微的鳥是無法理解的，女兒化身的鳥，翅膀動也不動地瞪著樹下。父親過於悲傷，只是茫然站在那裡，結果不可思議的，父親的頭竟然自己咚的一聲落下。

照理說無情繼母的頭才要咚的一聲落下才對，竟然讓沒有任何罪過的慈父人頭落地，即便是變成鳥類，這種行為也太過卑劣了吧。閒話休題，那個女兒Kaboshi化身的鳥，就是今日世上的鷲的祖先。

女人森林的故事

從前有一位年輕獵人，他踏過早晨的露水，進入某個森林深處，那裡有一個從未見過也未聽過的蕃社，蕃社裡盡是美麗的女人。而這些女人們演奏樂器的美妙聲音，在安靜的森林間如夢般迴盪，形成一個難以言喻的神秘世界。年輕獵人在這不可思議的光景裡渾然忘我，茫然凝目注視。這時候，一個女人跟其他女人低聲說了什麼之後，眾女子便如蝴蝶般華麗地包圍住獵人。

「喂喂，年輕獵人先生，您究竟從何處來？」

「我是住在這森林外的人，不小心迷路走到這裡。話說回來，不可思議的是妳們女士們的樣子……」

「呵呵，我們是這個森林的精靈喔。這個森林叫做女人森林，是我們的自由天地，唉呀！您不要那麼驚慌。真是稀客！來，大家，我們來好好來招待這位稀客吧。」

女人們強拉著他的手，將獵人帶進屋裡。所有窗戶都是關著的，不久之後走出走廊的獵人臉色發青，原有的蓬勃生氣都消失殆盡。不過相反的，女人們嘻笑吵鬧，豔麗的弦歌不時打破森林的沉默。

「咦？還想說你去哪裡了？原來你在這裡。」

「年輕獵人先生，我們不會再欺負你了喔，這次真的會好好招待你。」

「真的，真的，跟我們一起……」

她們一邊這麼說，一邊帶獵人去食堂。但不可思議的女人們，只吸蒸氣，對鍋裡的肉和薯，碰也不碰。獵人心想，也許女人們不懂得肉與薯的美味，於是先從鍋子裡夾了一片肉吃。結果女人們臉色一變，互看彼此的臉，然後一個女人不快地說：

「您說您是獵人，是假的吧。您說您是這個森林外的人，全是騙人吧。」

獵人聽到這番令人意外的話，丟下筷子說：

「沒有，我不會說謊，我確實是人。」

「別再裝了，我們只吸蒸氣與空氣而活，同樣是人類的您，怎麼會吃肉，吃肉的是豬，吃薯的是豬，是的，你是豬！竟然不知道你是豬而招待你，我們真是可悲，我們真是愚蠢……」

激憤的女人們，原本的愛意頓時變成憎恨，她們將獵人丟進棚子裡。到了那天夜晚，沒有一個女人靠近那裡。獵人想，一切都是命運，於是繼續保持沉默，但定神一聽，突然聽見不知何處傳來的微弱歌聲。

戀人夫妻間怎麼會有謊言呢
我的雙眸是活著的
如果有謊言的話
我手上有刀……

這奇異歌聲的主人是誰呢？藉著樹葉間流瀉而下的月光一看，那裡佇立著一位美麗女子。

「喂，外來的獵人先生，您在這裡生命有危險，請您趕快逃跑吧。」

「啊，請問您……」

「噓！聲音太大了。」

「您是在我遭受眾女人欺負時，一人寂寞站在遠方樹木後的人！是的，在清澈的眼裡泛著一層霧露的人！這樣的妳，怎麼會來到這裡？」

「我原本不是這個森林的女人。不小心迷路走進這個森林，之後變成這森林女人的僕人，如此生活到今天……」

「啊！所以妳果然跟我一樣是人！跟我一樣是人！」

「我看到您的身影，開始想念故鄉的父母……」

「那是一定的。跟我一起逃離這裡吧。」

「不行，我根本無法逃離，我已經覺悟這一切都是命運。唉呀不好了，屋裡的女人們似乎醒過來了。您再管我的話，您的生命會有危險，請您快逃吧。」

「謝謝，您的恩情，我至死不忘。」

「不用道謝，這都是森林女人們的惡作劇造成的。來吧，快從這柵欄的縫隙逃走吧。」

獵人說著「再會」，快速奔逃而出，他依依不捨回頭看，即使在夜晚的視線裡，還是可以清楚看到黑暗裡她白色的臉……。

*原刊於《臺灣警察協會雜誌》第九十號，一九二四年十一月二十五日

（五）

穿山甲與猴子的故事

猴子智慧[4]——有這樣的說法。自古以來人們大都認為猴子有小聰明。在某個山村，住著穿山甲與猴子。有一天，牠們扛著釣竿去附近的河流釣魚，那天大豐收，得到一大籠滿滿的獲物，牠們興高采烈回到家。不過穿山甲口渴得不得了，於是命猴子去取水。猴子立即會意般地出門，不久便帶著竹水筒回來。穿山甲拿到那竹筒，正要喝一口，結果臭氣衝鼻。

「喂你！這不是小便嗎？」

「不要說傻話了，我才沒有取小便呢。這的確是泉水，為什麼對你來說那麼臭呢？該不會是你自己漏尿吧。通常肚子受涼了，就會不自覺尿出來……」

「喂，你到底要取笑我到什麼程度啊。事實勝於雄辯，你來聞聞這惡臭吧！」

穿山甲受不了猴子故作糊塗，說完話之後便把竹筒湊到猴子的鼻子前，不過猴子不予理會。穿山甲拿牠沒辦法，不做多想，便自己出去取水了。目送其背影的猴子，露出奸詐的笑容，自言自語說：「人真好騙。」便獨自把籠子裡的魚吃光了，還把穿山甲的箭頭弄鈍，故作不知情的樣子。然後牠對回來的穿山甲說：

「喂，你不在的時候，一隻大鳥飛來，把魚通通吃掉，我很生氣，想射殺那隻鳥，但不可思議的是那

[4] 譯註：日文「猿知恵」是小聰明的意思。

支箭對鳥沒有用，箭頭變得這麼鈍。」

穿山甲聽完奸詐猴子的話，不知在想什麼，拿起一支枴杖，身體輕快地跳上屋頂，又跳回地上。俗話說，猴子喜歡模仿別人，不服輸的猴子，不知自己被設下陷阱，立刻拿起枴杖，像穿山甲一樣跳上跳下，結果滿肚子的魚和糞尿全都爆洩出來。證據確鑿，就算是厚臉皮的猴子，一句抗辯也沒有地認罪了。然而光是這樣穿山甲還是無法息怒。有一天牠們上山燒茅草，心裡打著主意的穿山甲，指著熊熊大火的彼方說：

「誰敢進去那火中呢？你是與生俱來的懦弱者，應該連看火都會害怕吧。」

不服輸的猴子被說成懦弱者，憤怒得全身發抖。

「你辦得到的事情，對我來說也是輕而易舉的事。」

穿山甲聽完猴子的話，就躍進茅草裡，被猴子放的火所包圍。不久後，火一熄，牠便若無其事從灰燼中衝了出來。

「喂，你為什麼沒有燒起來？」

不知道穿山甲潛入地下的猴子，覺得不可思議而這麼問。

「只不過身上穿著乾茅草。」

猴子相信穿山甲的話而模仿他，結果不用說，他再度出現時已變得焦黑。穿山甲剖開焦死猴子的肚子，割除牠的肉，再將其縫回原貌，念了幾句咒語，結果不可思議的，猴子復活了。醒過來的猴子發現自己肚子異常空虛，因此津津有味吃起掉在身旁的肉。見狀的穿山甲一邊罵：「吃自己肉的瘋子！」一邊鑽進土裡。猴子沒辦法，到河岸釣魚，但那天不知為何，一條魚也釣不到。牠茫然凝視著水面，結果出現一個眼睛烏黑的大怪物，猴子沒命似地逃了回去。那時穿山甲已帶著笑容在家裡等他。

「哈……喂！你為什麼這麼狼狽？」

「唉呀！真是嚇死我了。我從來沒看過那種怪物。」

「啊，那條河的怪物嗎？可能是因為你個性太差，所以水神生氣了。不要再去河邊了，以後兩人一起上山採果實吧！」

「真開心，果然還是知己好。」

隔天，兩人一起上山。那裡有棵大樹，纍纍結滿成熟的紅色果實。猴子迅速地從樹幹爬到樹枝上，獨自猛吃著看起來很美味的果實。在樹下等不及的穿山甲對猴子說：

「喂，你給我一個吧。」

「咦？我以為你已經回家了，原來還在那裡。請稍等，給你一個甜的！」

猴子把夾在自己胯下的果實丟下去。不知情的穿山甲很高興，馬上撿來吃了一口，結果一點也不馥郁香甜，而是一股臭氣撲鼻而來。在樹上見狀的猴子放聲哈哈大笑。——所謂宋襄之仁，指的就是穿山甲吧。

開始刺青的故事

太古時代，山野長滿蒼鬱的樹木，在成熟的纍纍果實四季都不間斷的和平世界裡，有一位美麗的女子獨居生活。她早晨在綠蔭下唱歌，夜晚鋪設各種百草為床，有一天，她孕懷大地恩澤，足月後生下一個玉般的男孩。

「真是又小又可愛的孩子……」

她從未看過自己以外的人類，一邊貼著他的臉這麼說，一邊餵他吃美麗的果實。歲月如流水，其後二十年的歲月如夢般流逝。年輕的她，已經是三十五歲的母親，曾經是小小嬰兒的男孩，也成為二十歲的盛年男子。有一天，注視著母親工作的兒子，突然想起什麼似地對母親說：

「母親！妳只有我一個人，不會感到寂寞嗎？我呢，最近因為只有跟母親兩人，總覺得寂寞不堪。」

母親盯著兒子的臉，過了一會兒之後說：

「你啊，真是個膽小鬼。母親雖然是女人身，但出生後十五年間，一直都是一個人生活，自從生下你之後，又過了二十年，說感到寂寞什麼的，連一次也沒有。而你明明是個男人，竟然如此膽小……」

「不過母親，我最近每晚都作夢喔。」

「夢！夢！」

「咦？母親也作夢嗎？我呢，每晚都會做美麗快樂的夢喔。」

「夢！夢！！那個夢是……」

趁母親嗆到時，兒子臉紅地說：

「那是即使在母親面前，也不好意思說的美麗快樂的夢。我呢，從那個夢醒來之後，就感到非常非常寂寞。」

她再也不願意聽下去，心想，我是多麼不懂人情的人哪。因為自己是自然誕生，所以沒有體會過這種感受，不過兒子是從自己肚子裡生出來的，年紀到了，應該會產生戀心。是啊，我得來尋找兒子的伴侶才行。下定決心的她，從翌日起，便每天每天撥開野草，穿梭在山裡的樹林間尋找，但是一個女人都找不到。失望的她，坐在某個岩石上思索什麼似的，不久後，她突然拍了一下膝蓋，然後起身。

「既然如此，只好由我變身，成為兒子的伴侶。」

那天，她帶著久未有的開朗心情回到家，然後對兒子說：

「今天母親找到很適合你的伴侶，所以明天早上你去那山谷對面的岩石上吧，那裡一定有位跟你一樣懷抱寂寞心情的美麗新娘在等待你。而我這個母親呢，在你娶妻之後就沒有用處了，所以我會前往距離這裡好幾座山峰遠的地方。你們兩人要永遠永遠和睦生活喔。」

母親這麼說後，便離開了那個家。兒子感到不可思議，隔日早上，他按照母親的指示，走到山谷對面，那裡有位把臉染黑的（刺青）的美麗女孩盛裝等待。

「啊，您是我的丈夫！」

「啊，您是我的妻子！」

二人緊緊握著手，這是結為永不變心夫婦的盟約。也就是說，身為母親的她，為了騙自己的兒子，於是在自己臉上刺青。星霜荏苒過了幾百年，據說至今他們子孫的高砂族女人，在成為有夫之婦時，一定會在臉上刺青，這樣的習俗即源自這個故事。

無人島的故事

兄妹兩人好不容易漂流到某個孤島的岩石旁，一邊互相把被海水淋溼的衣袖擰乾，一邊靜靜回想剛剛所見的可怕光景。眼看山岳轟然崩塌，火焰沖天，日月無光，人畜悲鳴，與山河震動的巨響合而為一，在此悽慘時刻，滔滔的洪水吞沒了一切。沉著的兩兄妹，在此激變動盪下，立刻砍倒一棵樹作成木舟，坐上它，一邊漂流在浪濤上，一邊撿拾飄過來的小米穗，把自己的生死交給了天運。不可思議的，他們九死一生，在接近傍晚時漂流到這個小島。於是兩人感謝神明暗中護佑，鬆了一口氣。

「哥哥，這是什麼島？」

因為妹妹出聲詢問，這才回神過來的哥哥，凝神望向四周，但那裡連看似房屋的東西都沒有，除了他們之外，沒有任何人影。

「嗯，望眼所及什麼都沒有，這裡可能是無人島。」

「無人島！無人島！！」

「對啊，這裡一定是無人島。妹妹啊，用不著這樣哭泣。逃離那個可怕世界，漂流到這個島，再怎麼說都是神明暗中保佑。太陽已經下山，四周都暗了，今晚就在這個岩岸上小睡一下吧。」

兩兄妹互相握著手，在寒冷中睡著。醒來後，發現熾盛炫目的太陽已經高高昇起。二人心想這裡或許有人居住，於是到處探看，不過最後徒勞無功。瞭解情形後的哥哥，鼓勵妹妹合力建造小屋，開墾田園，並將先前沒吃完的小米灑下，在這裡開始了簡單的生活。此後送日迎月幾十回，在四顧茫緲的孤島，不是只有妹妹感到寂寞，在某個夜晚，哥哥對妹妹說：

「妹妹，我們是多麼不幸的人啊。失去父母不久後，被那悲慘的歷史之舟帶到這個島嶼，考慮到將來，這寂寥的孤島生活，對我們兩人來說，絕不會是幸福的生活。當兩人年老，感到手腳不便時，誰會照顧我們呢？或是生病死亡的話，誰會悼念我們的靈魂呢？妹妹啊，千萬別驚嚇，我說的話是世上史無前例的。我們兩人結為夫妻，追求幸福與繁榮，我想這或許是可行之道，能報答救助我們的神，不，我是這麼確信……」

妹妹聽了哥哥這席令人意外的話，滿臉通紅，身體一動也不動，兩人之間頓時陷入沉默。皎潔月亮不知何時隱入雲間，孤島的夜晚在深沉的海浪聲裡過去了。歲月如流水，過了十多年後，兩人已有十幾個子女。然後這些子女又相互結為夫妻，分灶各自成家，終於形成一個部落。有一天，以鑄鐵為業的一對兄妹正在鑄鐵，但那日不知為何，鐵變成了火粉四處飛散。而以農為業的一對兄妹在擣小米飯時，也碎裂飛出臼外。看到這怪現象的兩對兄妹，擔心禍及自身，把鐵類、穀類家財載入舟中，並向父母兄妹道別：

「父親，母親，各位兄妹，被惡魔詛咒的我們，要到天涯海角的遙遠之邦，想想這許多年來已住慣的島，今天是最後一面了。儘管如此，我們會航行到那未曾見過的國度，在那裡開拓新的村落。那裡有繼承父母親溫暖血流的我們兄妹，會感謝生之喜悅。再會吧……」

在南風中揚起船帆，不久後船就駛離了令人懷念的故鄉之島，消失在遙遠的海路上。留在島上的，是高砂族的祖先，離開島的，則是臺灣人的祖先。因此，今日我們高砂族鐵少，他們臺灣人鐵多，這是不足為奇的。老頭目說完後，拿起了杯子。

祭祀夜晚的故事

從前，在某個山村裡，有位非常美麗的少女，名叫Sawa（サワー）。有一天，她被母親Bugo（ブゴウ）帶著，和哥哥Arimoro（アリモロー）一起到山裡的田地除草。不過柔弱的少女Sawa筋疲力盡，倦困至極，不知何時在一棵樹下沉沉睡去。不久後她醒來，發現自己不知何時已被安置在一個從未見過、也未聽聞過的大房子裡。她茫茫然，如作夢般好奇環顧四周，那裡有一位魁梧的頭目慢悠悠來到她面前。

「少女啊，從今天起妳就是我們的家人了。好不好？就是要成為我的女兒喔。」

Sawa聽完後感到恐懼，抽抽搭搭哭了起來。

「少女啊，不用哭成這樣嘛。比起當那個寒酸家庭的女兒，當我這個頭目的女兒不知道要好上多少。妳真是個幸福的人。」

此時Sawa首度開口說：

「請問頭目先生，我為什麼來到這裡？」

頭目聽Sawa這麼問，原本溫柔的臉色頓時大變，聲音也變得粗暴，他怒氣滿面，紅著臉怒吼：

「這種事情妳用不著知道。嗯，妳想知道的話就告訴妳吧。妳在那樹蔭裡睡覺時，我就這樣把妳抱回來。妳毫不知情，在我懷裡帶著微笑熟睡，而妳的母親與哥哥卻瘋狂般陷入混亂，哈哈哈……」

事已至此，Sawa也無可奈何，唯有聽天由命。月日如流水般，送春迎秋了好幾回。如今Sawa已是閉月羞花的十八年華，在某個夏夜，有位青年突然造訪她家。Sawa按當地習俗，取水來到客人面前。這位青年眼睛眨也不眨地盯著她的臉，然後靜靜開口說：

「冒昧請問，您的芳名是？」

正值含苞待放妙齡的Sawa，聽到年輕人這麼問，臉上微微浮現如紅葉散開般的羞色。

「我叫做Sawa。」

「Sawa！Sawa！」

「咦？您聽到我的名字竟然這麼驚訝，是因為……」

「妳就是我尋找多年的妹妹啊。」

「啊！所以您是我哥哥！我多麼想念您啊，我……」

Sawa講到「我」，就因為過於開心而說不出話來。

「Sawa，妳再也不用擔心任何事了，我有個不錯的計謀。」

哥哥Arimoro在妹妹耳邊悄悄說了一些話，妹妹Sawa雖然眼睛泛著淚水，臉上卻露出清朗的笑容。此事發生後經過數日，在某個夜晚，這個部落舉行了盛大的小米祭，部落裡的年輕人們全都出來喝烈酒，他們讓美麗的Sawa站在他們中間，並且瘋狂般地跳舞。就在這時候，眼看背後的刺竹，在無風的情況下也搖晃著，竹木頂端站著一位身穿華麗服飾的青年，隨著竹木彎曲而躍進人們中央，他快速抱起那位美女，然後又跳上高空，消失在暗夜裡。眾人被奪走了年輕人歡樂焦點的美女Sawa，如夢醒般互看彼此反應不及的臉。

「喂，剛剛從空中穿著華麗衣服跳下的是什麼？」

「我怎麼知道。」

「那抱著Sawa又跳上高空的神技，根本不是人類辦得到的。」

「是啊，那一定是神。」

因此他們收起酒宴，代之以肅穆的祭壇，然後人們跪在祭壇前祈禱。天空閃耀著如灑下金鋼石般的星星，蕃社的夜晚靜靜地深沉了下去……。

附記：這些故事繼續挖掘的話還有很多，不過若連載太久，可能會造成讀者諸君的困擾，所以先在此結束〈傳說的高砂族〉。待過完新年之後，再重新構思寫點什麼。

*原刊於《臺灣警察協會雜誌》第九十一號，一九二四年十二月二十五日

臺灣蕃人的傳說

臺東廳大武支廳　川上沈思　著
鳳氣至純平、許倍榕　譯

我先前的駐在所，距離支廳約二十町[1]，轄內是排灣族的三個部落，戶數有一百二十多戶，是南臺灣數一數二的勢力頭目所在地。二三天前整理舊資料時，發現幾張皺巴巴的稿子，那是去年八月中旬，受H警部命令調查、即在此要介紹的傳說。僅是一小區域的神話，當然沒有什麼，不過若讀者能當作笑話來閱讀的話，也是我的榮幸。

翻閱日本史，若注意開頭幾頁，大家都會對上古奇談怪傳的真偽感到困惑。至於支那史，則是由奇生怪，白龍盤據白雲，忽地又是黑闇下鬼神聚集。那麼排灣族的傳說又是如何？想必有奇異之物。我抱著這樣的興致，訪問住在山上的老翁，告知其來意後，他便帶著「我就是蕃人的稗田阿禮[2]」般的得意笑容不慌不忙道來。

古代與禽獸沒什麼兩樣的人類，在各處設立部落棲息，但不知是由誰先開始，天墜地覆的謠言四處流

1 譯註：一町＝一〇九・〇九〇九一公尺。
2 譯註：日本《古事記》的編纂者。

傳，導致人們日夜昏懶貪眠、荒淫無度，無所事事。此時，原定居天上一隅的群神，陸續遷移至地上某處，神宣稱是來監視人類行動，喜愛施善的勤勉家，排斥不道德的怠惰者，是人類的支配者。人類放縱無度的行為，不可能躲過神的慧眼，於是謠言不再是杞憂，而真的發生了。轉瞬間，神憤怒的眼神射遍六合，狂風暴雨侵襲、大地震發生，不到十天，人畜悉數毀滅。原本綠油油的陸地如今變成一片湛藍海原，只有一隻日夜孜孜耕耘的蚯蚓，被賜予草葉與一塊土砂，逃過了這個厄難。不可思議的，牠的排泄物在海裡一塊塊堆積起來，逐漸擴大，形成了今天的土地，但除了蚯蚓之外，毫無人類的蹤跡。

當時大武山上有一族蕃人棲息，其中有一對感情如蜜的戀人，男的是Tsuzui（ツヅイ），女的是Saurarui（サウラルイ）。他們兩人雖誓言白頭偕老，但不知因何緣故，雙方父母與部落的人都不同意。他們感慨人世無情，決意同生共死，因為不想辜負青春好時光，期待他方也有月亮照耀的土地，於是兩人在某個夜晚，含著眼淚，攜手離開寒氣逼身的大武山，來到距離此處約十里的丁社，將那裡作為永居之地。

有一天，他們眺望四方，東方丘陵層疊，遙望大海，後方高峰直逼天際，一抹白雲掠過山腰，那是充滿回憶的大武山，北方被峨峨連山擋住，只看得到遠方黑雲密佈，回頭望眼南方，平靜無雲，蔚藍晴朗的天空，讓兩人頓時有置身樂園的感覺。

他們想起那蝶舞鳥唱、纍纍果實壓彎樹枝的景象，不禁有戀慕之思，於是兩人再度啟程前往憧憬之地。他們涉過清澈的小河，翻越荒草繁密的小徑，偶然之間，走進了蒼鬱密林，聽見微微的人聲。在一個白晝時也顯得陰暗、人跡未至的山中，沒想到聽到這樣的人聲，他們兩人互視彼此的臉，同時留意那聲音說著什麼、是什麼樣的人在那裡，但除了受到驚嚇而飛起的鳥兒之外，什麼也沒發現。他們走到一棵大百日紅樹下，人聲便愈發聽得清楚，但不可思議的，連個人影都沒有。兩人將驚訝的眼神投向百日紅樹，只見樹幹微微顫動，大樹便裂成兩半，忽然出現身長不及三尺的一男二女。此時，從樹梢滴下幾滴血在男子頭上，因而他自稱是Jiyamoku（ジヤモク）（血），妻子名為Sarirun（サリルン），另一位則是Moakai（モアカイ）。其問起吃驚的兩人：「你們從哪裡來？」Jiyamoku注視兩人片刻後，仰望天，俯視地，然後指著天緩緩開口說：「此處是由天神授予，作為我們子孫的永居之地，不允許他族侵入，請勿再此地躊躇逡巡，以免遭受厄難。」話未說完，在遙遠的上空，忽然出現白衣白髮的神群，指著兩人，催促他們趕快回去。Tsuzui夫妻憂慮神罰，於是悄然踏上歸途。

Jiyamoku、Sarirun、Moakai三人在大樹下約一個月後，便移居到現在的P（現今仍有神居住之地的名稱）。在短短年月間生下數十個小孩，其後兄妹相婚，以求子孫繁衍之道。或許因為天神對這種悖倫感到憤怒，結果惡疫流行，且極為猖獗。Jiyamoku夫妻先行死去，遍地的痛苦呻吟撼搖大地，橫躺的死屍慘不忍睹。於是Moakai絕食向神謝罪，好不容易搶救了剩餘的人。這讓Moakai頓時大悟，她向群眾說：「我遵循神的指示，帶著創造人類的印綬，我現在要完成這個使命。」她來到正竹大樹巨石下，全神貫注祈禱，很神奇的，從裡頭誕生了人類。因為這個不可思議的現象，後來許多人將Moakai稱為神的化身，拜她為師，學習祈禱的方法，這就是祈禱的嚆矢。

當時的人都如猿猴般爭食果實草葉維生，但隨著人口增加，糧食逐漸不足，一種對未來的不安襲向人們。因此Moakai齋戒沐浴祈禱數日，向神許願，祈求賜予子孫永遠食物無虞，或許這不惜賭上性命的心意打動了神，於是神從天邊投下少量的小米、豆子、甘藷、芋頭。Moakai欣喜若狂，哭著感謝神，並祈願人類的幸福，然後將其平均分配給群眾，告誡他們說：「眾人聽著，我們在天上的父親慈愛深切，像這樣把子孫萬年之寶賜予我們，眾人必須覺悟，以努力報答神，千萬別怠惰而惱怒了神，自己要食用時，必須先供奉神。」眾人誓言勤勉，播種之後，獲得驚人的豐饒收穫。於是他們舉行第一次的小米祭，跟著Moakai

的歌聲，大家舞蹈感謝神的恩惠，並祈求未來的豐作，此乃小米祭的由來。

如神般的Moakai也對天命無可奈何，在一個風荒雨大、濤聲響振的夜晚，她沒有遺言也沒有痛苦，如沉睡般去世了。眾人不堪哀傷，三天三夜在她枕邊，一邊歌頌她生前的偉功一邊哭泣，悲哀之音招來烏雲，仰天哭地的聲音迴響在林間空谷，宛如鬼神都出現了。他們想，事到如今再哭也無補於事，因此鼓起勇氣把遺體葬在Jiyamoku夫妻的旁邊，在周圍種植竹子，獻上安息的祈禱。他們認為住在靈地是釀成神罰的原因，於是向墳墓訣別，離開這個令人戀慕的出生之地P，搬遷到現在的三部落。（P地雖已找不到墓跡，但蕃人睡覺時，絕不會把腳朝向那個方向，當時移植的竹子，如今已繁衍成大竹林，據說若不慎誤入此地，會受神的詛咒，立即被夾在竹間而喪命）。

老人說到這裡，擦拭如瀑布般的汗水，喝了一碗水，又繼續說下去。

連續豐年，使得緊張的心情逐漸鬆弛，女人貪圖安逸，男人耽溺飲酒，荒蕪的田地引來猴群。適逢接近第五年小米的收穫期，有一天忽然烏雲密佈，暴風雨來襲，折斷樹木，吹走石頭，吹倒房屋，一夜之間，穀類悉數遭殃。在飢渴交迫中，心想除了餓死已別無選擇的一群人帶著弓箭出獵，他們在途中看到蛇類橫躺，不祥之鳥的叫聲嘈雜刺耳，觸及耳目的，只有樹梢的風聲，而所獲的，也只有勾到樹根而掉落谷間的負傷者。此時，天邊傳來奇異的聲音，那聲音對他們說：「你們懶惰的罪責不輕，應交出一名犧牲者來謝罪。」眾人商議決定尋求犧牲者，但沒有人自願。這時候，他們聽說平地有異種族居住，認為機不可失，於是數十名壯丁發喊連天，出草取得一個首級，唱著凱歌回到部落，將其獻給神，並且三天三夜不吃不喝，持續舞蹈，致力消解神怒。

「天神啊，我們的祖先啊，懇請寬恕罪孽深重的我們，我們本應報答五年前今月今日您惠賜的物品，那時您透過天之子Moakai呼籲我們勤勉的聲音，如今仍留在耳際，但我們卻忘記了，嗚呼！罪過……。不過神啊，請您相信，我們誓言自新未來的誠懇言語，請您聆聽，我們覺醒的歌與澎湃心潮的鼓動，請您諒察，您眼前我們的悽慘模樣，這磨難、這苦痛，啊，神啊，我們的祖先啊。」

沐浴在月光下，歌唱的白頭老人的身影，跟著歌聲舞蹈的一群男女，宛如亂魔在草原上發狂般。隨著月傾夜深，哀切之聲森然作響，高低婉轉，傾訴哀傷的女人擺動幽微衣袖，眾人晶瑩閃耀的眼神，泛著如玉露般的淚水。（出草五年祭的起源）

祭祀結束後，部落全體動員出獵，結果諸獸到處出沒，他們如滿月般地張起弓，射出的箭所擊斃的獵物多到數不清，眾人的歡呼聲震動山林。

從此，神的觀念牢牢浸潤腦中，他們相互提醒、勉勵，在小米收穫之際，以慎重為旨，禁止放歌雜談，洗淨身心，在無言中，專心摘穗，若有疏失，小米就會沉入地下消失。飲酒時，首先以酒杯將少量酒灑向天，默誦：「降下雜穀的神啊，我們現在不得不舉行酒宴，請寬恕我們，也請保佑下次小米能豐收，即使我們露出醉態，但誓言的心是清淨的，請您佑護，莫讓殘暴的事發生。」（這就成為今天我們每日所見的蕃人慣習）

老人時哭時笑，有時掐著手腕，有時閉著雙眼，說到這裡，感慨萬分般地吐了一口氣，原本宛如在夢境的我，也不禁深深歎了一口氣。

時間已是六點多，夕陽西傾，在充滿暮色的猿公社，四周嘈雜，不知何處傳來蕃婦流暢的歌聲，令人追想往古般的，又長又遠又近，飄盪在風中。即將離去告辭時，老人拿出蕃酒勸飲，喝完一杯後，感謝其款待，約定下次見面並起身，老人拄著枴杖，帶著微笑目送我離開。

在晚霞裡，東方的天空出現了二三顆閃爍的星星。

*原刊於《臺灣警察協會雜誌》第六十四號，一九二二年九月二十五日

童話

生蕃童話

英塘翠 著
鳳氣至純平、許倍榕 譯

樹果的大將——嘉義鄒族的童話

生蕃童話第三篇將介紹嘉義鄒族的童話。第二篇介紹了花蓮港阿美族童話，特地選擇和我們的童話《浦島太郎》很近似的故事。在鄒族童話中，也有類似我國無人不曉的《桃太郎》童話。這很有趣，而且此時節應挑個英勇的故事，因此選擇這個童話。生蕃人的童話裡有類似浦島太郎、桃太郎的故事，是多麼耐人尋味的事啊。而生蕃桃太郎是位什麼樣的豪傑呢？其手下是否也有狗和猴子呢？請各位讀讀看吧！相異之處想必也是很有意思的。

一

富士山過去被稱為日本第一、三國第一的高山，臺灣有座比富士山還要高的山，那就是眾所周知的新高山。現今它已是日本第一高山。這座新高山的西邊是阿里山，那裡有許多扁柏、紅檜、亞杉等優良材木，甚至被美稱為臺灣寶庫。以阿里山為中心，北方是陳有蘭溪，南方是荖濃溪，而住在這兩條溪流之間高嶺地的蕃族就是鄒族。此童話是流傳於這個蕃族之間的故事。

居住於以紅檜與亞杉聞名的阿里山蕃人，支那人稱之為達邦大社的蕃人。他們在鄒族當中是最強、最優秀的蕃人，因此至今仍有勢力。鄒族分成北部與南部，而達邦大社的蕃人是北部最強、最優秀者。

不知是什麼年代，那是鄒族蕃人首度來到現居土地，是從前從前太古時代的事，當然，那時代也尚未被支那人稱為達邦大社，不像現在擁有強盛勢力。當時這個蕃社有一對年邁的夫婦，他們誠實又仁慈，是很和藹的人，因此蕃社無論男女老幼都稱呼他們老爺爺、老婆婆，對他們又敬又愛。但或許可說是個缺憾，這對老夫婦至今仍沒有小孩，已年近六十卻膝下無子。他們頭髮逐漸斑白，卻連一個可愛的孩子也沒有，這對什麼也不缺、和睦生活、無憂無慮的夫婦而言，是唯一感到遺憾的事。

有一天，老婆婆很有精神地做著她拿手的刺繡，老爺爺不知從何處歸來，面帶笑容拿著未完成的藤器。他對老婆婆說：

「哈哈，好有精神啊！真佩服。這個藤籠我做到一半。對了，妳之前說的那個Chiron（チロン），他們家又生了個男孩呢。」他邊說邊坐到老婆婆身旁，然後動手做起藤籠。

「是嗎，真不簡單。Chiron應該非常高興吧！」

「嗯，非常高興……」老爺爺這麼說了之後，好像開始思考什麼事似的。

「喂，老伴，我們家沒有孩子，真覺得無依無靠，聽到Chiron家的事更是……」老爺爺神色寂寞，連聲音都很低沉。

「我也是啊，只能看著頭髮愈來愈白……」

「是啊，無論我或是妳，我不記得我們年輕時吃過獸類的頭啊？」

「話是沒錯，但我也已是老婆婆，而你是老爺爺了。」

「嗯，所以趕快有一個人，哪怕只有一個也好，希望有個小孩，男孩女孩都好，是不是啊，老伴！」真心渴望小孩的老爺爺激動地說。

這些蕃人，女人會織布刺繡，技術很好，他們身穿的衣服都是親手製作的，從以前這就是女人的工作之一。話說，適才老爺爺和老婆婆聊到白髮時，提及若年輕時吃過獸類頭部頭髮就會變白，這是他們的迷信之一，無論男女，只要看到年輕人的白髮就會說：「那個年輕人頭上已有白髮，一定是吃了獸類的頭。」。

說來鄒族的男女本有分工，男人從狩獵、開墾、建築、土工，到鞣製獸皮、製作藤竹用品以及簡單的武器等，祭祀與戰鬥是男人的工作；女人則是農作、裁縫、煮飯、打掃、洗衣、育兒，以及織布刺繡、飼養雞豬等。巫覡則男女皆有，但以男人居多，捕魚也是男女皆有。他們在古時候曾製作土器，但現今已無。

老爺爺、老婆婆聊了那些話之後的第五天，他們和鄰居們要一起去捕魚，因此老爺爺忙著準備，將一種名為魚藤的蔓莖壓碎製作白液，而老婆婆則忙著修繕漁網。

「喂，老伴，後天會不會有漁獲呢？」

「嗯，希望有呢。如果像去年那樣歉收的話，難得去這麼一趟也很沒意思，而且那些期待捕魚的蕃社年輕男女們實在可憐。」

「是妳對他們說因為小米收穫祭典快到了，所以勸他們一起去的。」

「沒錯啊，我是這麼想的。我昨晚在我們家後面的田地撿到一條不知是誰遺落的織布，正高興時，才發現原來是夢。我想這一定是個幸運的徵兆。」

「哈哈，真是個貪心的夢啊。不過那是個吉夢，確實讓人感到幸福。好吧，我會好好努力的。」

「那就拜託你啦。」

夫婦兩人說完後相視而笑。

此蕃族的習俗，是在小米收穫時舉行祭祀，他們稱之為Aasuhu（アアスフ）。他們相當重視這個祭典，是最期待的時節，祭祀期間絕不可吃甘蔗、豆類、魚類、鹽、蕃薯。因此在此祭典之前，蕃人通常會去河裡進行最後一次捕魚。這個蕃族的居住地在山上，離海很遠，因此他們到溪河捕魚，規模不大。但即使如此，春天至夏天河水較淺時，蕃社人們還是會一起去捕魚。他們捕魚的方法叫做毒流，把一種稱為魚藤植物的汁液放入河裡，將魚弄昏後再捕撈起來，這是他們常用的方法，此外好像還有釣魚、在河中做堰捕魚等。

二

終於到了捕魚的日子，老爺爺、老婆婆各自做好準備，將便當繫在腰邊。老爺爺提著裝有手製毒液的壺，老婆婆也很有精神地將漁網掛在肩上，待同伴們一到就能出發。蕃社人們對這天充滿期待，各自做好準備後，來到老爺爺家集合。他們看到老夫婦很有精神的樣子，心裡覺得踏實，每個人都很雀躍地等待出發。不久後，人都到齊了，於是老爺爺帶著笑容說：「來吧！出發了！」於是站到前頭去。他走了幾步後，好像突然發現什麼似的，環視眾人說：「對了，我忘記了！」他伸出右手指著遠處說：「這才想到，我們去集會所參拜赤榕吧，我差點忘了呢。」這麼說完後他就朝那裡走去。於是眾人跟在後頭，肅靜、一言不發地前去。

所有蕃人都一樣，鄒族也深信吉凶禍福皆為神靈的庇護與懲罰，凡有凶兆便萬事謹慎，絕不輕舉妄動。他們說這神靈是祖先的靈魂，相信蕃社裡種植於集會所（祭祀場所，戰時本營，或其他時候的集會所，也是未婚青年的集訓場所及手工場）的赤榕，一定是祖先的靈魂，神靈寄宿在那裡。一有什麼行動時便會去參拜這棵樹，這是他們的習俗。

在神靈寄宿的赤榕前，眾人依老爺爺的指示參拜，結束後每個人都開心地笑著，一邊愉快聊天一邊前進。同行者約有三十人，年輕女孩居多，他們的聊天聲、笑聲很熱鬧。目的地的溪流距離蕃社沒那麼遠，只要越過一座低矮的山就抵達了，是在路程大約一小時的地方。蕃人和我們不同，女人的腳也很勇健，完全不覺疲累就已抵達。還沒到雨季，河流的水乾涸許多，是很適合捕魚的季節。眾人都高興得不得了，將攜帶的物品放在河邊，爭先恐後跳入河裡，每個人都帶著笑容，滿面歡悅。高地帶的深山裡，他們在河流上游嬉戲，天氣還不是很熱，輕風徐徐，晴空萬里，是很適合從事這種活動的天氣。

發起人的老爺爺、老婆婆看著眾人愉快且滿面歡悅聚在一起，深感滿足。他們在河邊卸下行李，一邊抽煙草，一邊高興地看著眾人的開心模樣。

「今天做了好事！唉，看大家開心的樣子，我就沒話說了。啊，心情真好！」老爺爺藏不住喜悅的神情。

老婆婆也是，她笑著說：「真的是啊！今天心情前所未有的好，看他們這麼開心我就滿足了。就算沒捕到魚也沒關係。」她這麼說，忘我而高興地看著人們在河裡盡歡的樣子。

此時，溪流遠方不知發生什麼事，「哇」的一陣歡聲，那裡有一群人雀躍不已，不久後一個女孩手上抓著一隻鯉魚叫著：「老爺爺！你看這個……」，朝這裡跑了過來。見狀的老夫婦高興地稱讚說：「哇！抓到了，我看看！好大啊！」

「老爺爺，你還不抓魚嗎？我們可是拚命抓呢，大家一起做堰，把溪流弄乾……」

「這樣啊，我是用毒流的方法，像這樣……」他笑著指向那個壺。在一旁的老婆婆也不甘示弱地說：「我也是這樣。」接著展示漁網。「老爺爺先讓毒流白液流入河裡，魚會被白液弄昏，漂浮在水上發暈時，我就撒網，哈哈，應該可以捕到很多魚喔！」她高興不已。

「老爺爺，那我要去嘍。待會還要捕很多很多……」這麼說完，女孩就跑回去了。

「啊，這樣啊，好好捕魚嘍！老伴，我們也來努力吧。」

「好，來跟那些年輕人一較高下吧。」
「嗯，真有意思！先來做毒流吧。」
「好啊，那我到那邊撒網。」
「哈哈，妳要跟年輕人一較高下啊。」他拿著壺站了起來，老婆婆則將漁網掛在肩上起身，他們互喊「來吧！」於是老爺爺往上游、老婆婆往下游分別走去。

如此一來，各處的人們開始競賽，每當捕獲一條魚就會出現「呀～！」的歡聲，整個溪邊顯得熱鬧非凡。發起人老夫婦無論自己是否捕獲魚，見這愉快的光景，就高興得滿面歡悅。不過這對健朗的老夫婦也不輸年輕人，老爺爺從上游某棵樹下的岩石倒入精心製作的毒汁，他專注看著白汁流下去。老婆婆平時對自己的力氣相當自豪，她精神抖擻地一邊看著白汁流入後的水面，一邊俐落地灑網，於是網子「啪」地一聲在水面上漂亮散開。其他人見到這畫面，渾然忘記自己的工作，讚嘆聲此起彼落，「你們看，老婆婆灑網了！好厲害！」因為這對夫婦如此有活力，一副不想輸給年輕人似地拚命幹活，他們無論做什麼都很專注，於是整個溪邊充滿幹勁。本來就很熱鬧的地方，加上這股幹勁，呈現前所未有的蓬勃生氣，每個人看起來都愉快而有精神，但這對老夫婦的精力卻令所有人甘拜下風，尤其是以力氣為傲的老婆婆，在蕃社也很有名，此時在大家眼前，她的硬朗令人嘖嘖讚嘆。這對老大婦從不喊累，也沒有倦容，他們精力充沛忙上忙下。然而似乎一無所獲的樣子，他們那裡尚未聽見任何歡呼聲。老爺爺仍舊在岩石上放毒流，老婆婆也仍舊在下游頻頻俐落灑網。

接下來究竟會發生什麼事呢？

三

初夏深山的河畔別有一番風味，在沉靜的天地之間，只聽見水聲，一塵不染的清澈溪流，宛如來到仙人之鄉，人心悠然，快樂無盡。加上今天又來河邊捕魚，玩樂一整天，每個人都神采奕奕活潑愉快。各個地方一捕到魚時都會發出歡呼聲，人人精神旺盛，熱鬧至極。發起人老爺爺、老婆婆都心滿意足，同時也不甘示弱大展身手，但不知為何，來到這裡之後，他們連一條小魚都沒捕到。即使如此，兩人還是不服氣，拚命放毒液、灑網，換了許多地方，但或許運氣不好，終究是徒勞無功。於是在下游釣魚的一個人拿著釣竿走到老爺爺身旁說：

「怎麼了？發生什麼事了？一無所獲呢。」他猛然坐到岩石上，一邊抽煙一邊親切地說：「先休息一下吧，這麼賣力會疲累喔！」

「哈哈，謝謝你。這沒什麼，我年輕時常去出草，那時候的活動量不知是現在的幾倍呢。雖然到了這把年紀已經沒辦法那樣了，但現在這沒什麼。」他笑著說，繼續把壺裡的白液毒汁放入河裡。此時他突然看著遠方說：「你看我老伴那麼有活力，身為男人的我，不能因為老了，就對這種程度的工作感到疲累，哈哈，不能這樣。」一副精神充沛的樣子。

那個人聽了老爺爺的話之後望向彼方，剛好看見老婆婆使力灑網，漁網漂亮散開，這位年輕人很吃驚，也由衷佩服，他接著說：「好厲害！老婆婆很有精神，真了不起，實在令人敬佩。」

「哈哈，過獎了。」老爺爺露出很得意的笑容這麼說。「那是因為身體健康才能這樣。現在的年輕人缺乏活力，凡事努力最重要，嫌累的話什麼也做不來的，如果努力之後還是沒辦法做的話，就當作運氣不好而放棄吧。哈哈，我到現在一條魚都沒捕到，這麼努力仍捕不到，就當作運氣不好吧。」他這麼說，毫無不滿的神情。

年輕人心想，果然是備受尊敬的老爺爺老婆婆，真令人佩服。他不禁對老爺爺、老婆婆的精神感到驚訝，也對現在的自己感到羞愧。於是說：

「真是對老爺爺您的勇氣甘拜下風啊。」這麼說完後起身，又望向老婆婆那邊，然後說：「老婆婆也真的很了不起。」正準備跑走時，老爺爺說：

「啊，你太會說話了。」

「沒有，這是我的真心話。」

「哈哈，現在的年輕人嘴巴真甜。」

「你說嘴巴甜，哈哈，這太令人惶恐了。」他露出驚訝的神情，接著說：「我去找一下老婆婆吧！」點個頭便離開了。

老爺爺相當愉快，將壺蓋上，用右手抱著。對前方的年輕人說：「喂！Jiyurohaa（ヂユロハア），你說要去找老婆婆？」

「是啊，我要去找她。」

「是嗎，那我也一起去！沒看到老婆婆那裡的魚獲，有點擔心，到現在連一條魚也沒網到。」他擺出苦瓜臉。

「走吧，我們一起去。」於是兩人一起出發了。

至於老婆婆那裡，她正專心看著水面賣力撒網，但今天不知為何，連條小魚都沒網到，老婆婆也覺得不可思議，不知道為什麼會這樣。她左思右想，這時候剛好那兩人走過來，各自問道：「怎麼啦？」「您怎麼了？」老婆婆回頭說：

「啊，老伴、Jiyurohaa。」接著又說：

「到底發生什麼事了，一條魚也捕不到……」開始討論起捕不到魚的事。

「怎麼一回事呢？平常不會這樣的。」老爺爺也歪著頭思考。

老婆婆說：「真不知道發生什麼事了，我想應該是運氣不好。你看那邊又有歡呼聲了！」她指著聲音的方向接著說：「真是大豐收啊。」畢竟是女人，露出羨慕的神情。接著將焦點轉向Jiyurohaa，然後說：「喂！Jiyurohaa，你呢？」

「我嗎？」他有點難以啟齒地說：「我這邊還好啊。」

「你捕到魚了吧，這樣啊！」她很高興，接著又說：「那太好了，如果像我們這樣連一條都沒捕到的話，感覺實在很不好，哪怕是小魚，只要捕到就好。」然後又很有精神地看著對方說：「真的是這樣呢。」可見她是位有著不服輸靈魂的女人。

特別容易感受到晝長的春天早就過了，現在都已是初夏，原本以為還有一段時間才會天黑，但不知不覺太陽已經西下，四周也呈現傍晚時分的天色。於是分散在各處的人們各自帶著獵物，慢慢聚集到老爺爺、老婆婆與年輕人所在的地方。他們發現老爺爺夫婦今天很反常，連條魚都沒捕到，感到吃驚又不解。投網好手老婆婆，與以毒流法自豪的老爺爺，他們一起大展身手竟然……？他們由不解轉為同情。

老爺爺夫婦聽到他們說著「好奇怪」、「不可思議！」、「怎麼有這麼奇妙的事呢？」等，連條魚也沒捕到，可能有點失去顏面，於是他們決定再試一次。

「喂！老伴！」老爺爺鼓起勇氣對老婆婆說：「怎麼樣，再來一次吧，試試我們的手氣吧！」說完看著老婆婆的反應。老婆婆同意說：

「好啊！應該還可以再試一次吧！最後再試一次。」她拿起漁網準備撒下，見狀的眾人再度對夫婦旺盛的精力嘖嘖稱奇。

於是要試最後一次了，老爺爺精神抖擻抱著壺跑向上游，老婆婆則拿著漁網站在河畔。在旁觀看的眾人屏氣凝神注視著他們。不久，上游的老爺爺從壺裡倒下最後的毒液，白汁跟著水往下流。聽到老爺爺號令的老婆婆，已經準備好漁網，專注看著水面，在白汁從眼前流過去一段時間後，她想「就是現在！這是最後一次了！」做好準備後，便用力將網子撒下，漁網再度漂亮散開，觀看的眾人不禁發出「啊！」的喝采聲。

四

「咦？怎麼了？好重啊！」老婆婆慢慢把漁網拉起來時，發現漁網異常沉重，她一邊自言自語：「怎麼會這樣？」，一邊靜靜地將它拉上來。放毒液的老爺爺等不及，來到老婆婆身旁，仔細看看漁網裡有沒有魚。

「喂，老伴，不知道是怎麼了，好重啊！」

「是嗎？太好了！」爺爺滿面笑容。

「你竟然說太好了……」老婆婆使出全力把它拉上來，她說著「好重啊！好重啊！」，稍做休息後又接著說：「不知怎麼了？怎麼會這麼重呢？可能不是魚吧！」老婆婆想來想去還是茫無頭緒。

「妳說很重很重，是多重啊？」於是換老爺爺試著拉拉看，結果他也很驚訝，眼睛睜得大大的，不禁大喊：「這太驚人了，實在太重了……」他使勁試著將它拉上來，但不知道裡頭有什麼，實在很重，連老爺爺也沒話說了。

於是說：

「啊，這真的重死了。」他繼續努力地拉，旁觀的眾人朝老夫婦身邊圍過來，他們也在想，到底捕到什麼了？但也都想不出所以然。老爺爺受不了，停下來休息一下，失望地說：「啊，受不了，實在太重了。」他環顧眾人，然後說：「好驚人啊。」說完後嘆了一口氣。不過他的耳朵仍在注意周遭人的議論，

「什麼？木屑？別開玩笑了？木屑怎麼可能這麼重。」

「那會是什麼？魚嗎？那也很奇怪。」某人這麼說。

「對啊，不是魚也不是石頭。」

「那……老爺爺，該不會是鰻魚吧？」

「什麼？」老爺爺皺起眉頭，「你說鰻魚？哈哈，別說傻話了，如果是鰻魚或鼈的話那就糟了！」他很生氣地說。

此鄒族蕃人，從古至今將鰻魚和鼈稱為凶魚，他們都說吃這些會早死，因此誰都不吃，也忌諱吃。難怪老爺爺這麼生氣。

拉著漁網的老婆婆，也聽到其中一個年輕人說到鼈和鰻魚，這個強悍、活力充沛、不服輸，比男人還剛強的老婆婆，怎麼可能默不吭聲。她接著老爺爺的話，責罵這位年輕人：「你這瘋子！這怎麼會是鼈或鰻魚，就算是的話，這漁網裡的東西怎麼動也不動。我這樣拉，再怎麼愚蠢的鼈或鰻魚一定會動，你看，完全不會動，沒什麼動靜呢。」她這麼說，一邊拉著漁網，一邊將它左右搖擺，但一點反應也沒有。縱使如此還是非常重，老婆婆很不服氣地拚命拉著，但其實她也感到疲累了，緊閉著唇垂下頭來。她喃喃自語說：「唉！這下可麻煩了，竟然捕到這麼重的東西。」接著又說：「看它完全不動，應該不是魚，鼈或鰻魚……不對，不可能是這些東西。」她停下手來，「也不是樹枝」，歪著頭說：「是石頭嗎？」想了一下

又說：「會是什麼呢？」她這麼說完後點點頭，想到什麼似的，忽然環視溪邊，終於有了頭緒的樣子，笑著望向老爺爺的方向說：

「喂，老伴，我知道了！」

「妳說妳知道了？哈哈，了不起！」老爺爺驚訝地反問，露出笑容，眾人也對老婆婆的話感到吃驚。老爺爺很得意，在滿佈皺紋的臉上露出喜色。

「所以，妳知道裡面是什麼？」

「我覺得是石……石……石頭。」

「什麼？石……石頭？」老爺爺一臉意外的樣子。

「對啊，我覺得是石頭，你看溪流周圍不是有很多石頭嗎？所以我覺得是石……石頭……」

「嗯，原來如此……石頭啊……好像是這樣……」

老爺爺不是沒有疑惑，他半信半疑，所以沒有很明確地回答，也無法斷言。

眾人從老婆婆的嘴裡聽到「石頭，石頭」的時候，對這個意想不到的答案感到吃驚，也覺得有道理，甚至有人就這麼相信了。

這樣停下來休息好一陣子的老婆婆果然是個聰明的婦人。精力大抵恢復後，她又再度使力，因為心想裡面是石頭，於是小心翼翼拉網，以免讓漁網受損。眾人也很關注是否如老婆婆所說，裡面是石頭，還是什麼？會不會是先前有人提起，結果被老爺爺、老婆婆斥責的鼈或鰻魚？萬一裡面有不祥的鰻魚、鱉的話，那會怎麼樣呢？光想到那對不服氣的老夫婦火冒三丈的樣子就感到害怕。當然固執的老爺爺一生氣起來可能會責罵那個說話的人：「你這個傢伙！竟然烏鴉嘴。」然後敲他一拳。敲一拳的話還好，到底會有什麼樣的懲罰還不知道呢。無論如何，一定會是一場大騷動。每個人心中都有個預想，然後帶著好奇和擔心看著事情的發展。他們專注盯著老婆婆拉網，眼看就快拉上來時，彷彿惡作劇般，老婆婆停了一會兒，對眾人露出微笑。漁網裡到底撈到了什麼呢？是樹枝？鼈或鰻魚？還是石頭呢？

五

這引人矚目的撒網，就在眾人面前，老婆婆使力將它慢慢拉了上來。老婆婆咕噥著：「好重！好重！」，一邊將網子拉上來。她不顧溪水飛濺，頻頻拉搖著網子，但不知為何，什麼也沒出現。只見漁網一直滴水，眾人也覺得不可思議。然而別說石頭了，連根樹枝也沒有，眾人愕然，於是又開始議論：「到底是怎麼一回事」。

使出全力拉起漁網的老婆婆，見狀也感到不可思議，她自言自語說：「怎麼會這樣？」再度檢查漁網，還是什麼也沒有。

「怎麼會這樣？它那麼重，應該有什麼才對，竟然什麼也沒有。」她對著漁網發出牢騷。身旁的老爺爺也附和，覺得奇怪。他想老婆婆這麼辛苦拉上來，竟然什麼也沒有，實在太可憐了，因此老爺爺仔細檢查漁網，但還是什麼都沒有。

「真是不可思議啊！它那麼重，應該有什麼東西在裡面才對……」他歪著頭安慰老婆婆，接著又說：

「該不會是拉到一半時掉下去了吧？」

「什麼？掉下去？怎麼可能！如果掉下去的話，我的手也會感覺到啊。」

「說的也是，妳沒感覺到嗎？」

「沒有啊！」老婆婆像是洩了氣的皮球，她喃喃自語，露出哀怨的表情，拿著漁網呆立在河畔。至此已毫無辦法的老爺爺與眾人，感到洩氣又不可思議。無論如何裡頭什麼也沒有，老婆婆仍然搖著網子左看右看，還是沒有任何東西。不久後眾人也放棄了，準備起身回去時，老婆婆奮力甩乾漁網時，竟有什麼東西從漁網裡被甩了出來。老婆婆立刻將它拿起來看，發現是個小樹果，她很高興地叫住走在前面的老爺爺：「等一下等一下，你看，有個這樣的東西。」

老爺爺停下來問：「什麼？」，老婆婆很高興的樣子，跑過來說：「你看，跑出來這個東西！」她將樹果拿給老爺爺看。老爺爺說：「是嗎，我看看……」他笑著把它拿過來看，是一個小樹果，他覺得很不可思議。

「真是個奇妙的樹果，我活到這把年紀從沒看過也沒聽過。」他拿在指尖上反覆端詳，但還是不知道那是什麼樹木的果實。連老爺爺、老婆婆都不知道，更別說其他人了。沒辦法，最後他們決定將它帶回蕃社詢問老人們，老人們也不知道的話，再問Ruiho（ルイホ）。於是大家終於離開河邊。

Ruiho是巫覡，以男人居多，在蕃人社會備受尊敬，他們會占筮、祈禱、念咒語，祈禱讓病人治癒、占卜旅行或婚姻等吉凶，他們懂得各種神術，並可以做判斷，因此深受信賴，很有勢力。

以老爺爺老婆婆為中心的一夥人，興沖沖回到蕃社，他們將獵物當作下酒菜，喝完慶祝酒後解散。但老爺爺和老婆婆身上還有個令人疑惑的樹果，於是前去拜訪頭目和其他耆老所聚集、稱為Kubaa（クバア）的集會所。老夫婦給他們看了那個樹果，但在場的人都不知道，也沒聽過。既然如此，那就必須麻煩Ruiho了。他們派在場的年輕蕃丁去找一位Ruiho來。等了一陣子後，那個被派去的蕃丁帶著一位雖年長但非常博學的Ruiho回來，他名叫Korujin（コルヂン）。

頭目代老爺爺將那個樹果拿出來，請Ruiho看看，然後將老夫婦今天遇到的事情一五一十向他說明。Korujin這個Ruiho將樹果放在手掌上，一邊觀察樹果，一邊頻頻點頭聽著頭目的說明。但他也未曾看過，更別說聽過。正當感到不可思議的時候，他忽然拍了一下手，高興地握著老爺爺的手用力說：

「老爺爺！你真幸運，將會有好事發生喔！」老爺爺對這突如其來的話感到意外。他驚嚇萬分，一時還搞不清楚狀況，就只是呆然地睜大眼說：「那個……」

見狀的頭目也覺得不可思議，心想Korujin說了很奇怪的話。於是問：

「喂，Korujin，你為什麼這麼說？」

「你說為什麼？頭目，哪有這麼奇妙的事情。他們說光是這麼小的樹果在漁網裡，漁網就重得驚人。那一定是神賜了東西給老爺爺。」

「是神嗎？你說神？」頭目驚訝地睜大眼睛。

「是啊是啊！」Korujin頻頻點頭說。

於是老夫婦受到眾人的祝福，他們很高興，按照Korujin所說的，小心翼翼將樹果帶回家放在櫃子上，他們心中有著莫名喜悅。而且很神奇，這樹果散發著不可言喻的香氣，似乎非常美味。於是隔天老婆婆對著將要出門種田的老爺爺說：

「唉呀！好香，應該很美味。」

「哈哈，想吃嗎？應該很好吃吧。」老爺爺笑著回答。他走了兩三步之後，又說：

「不過老伴啊，妳吃了應該會發生大事喔，那可是神賜的東西呢。」說完後就出發了。雖然老婆婆很想吃，但因為老爺爺這麼說，只好忍耐下來，於是這天就平安地過去了。然而老婆婆食慾仍舊難以消除。

六

這是多麼不可思議的樹果啊！那美麗的顏色和香氣令人垂涎三尺，明明是一把年紀了卻很貪吃的老婆婆，因為那香氣實在太誘人了，因此雖然知道是神授與的禮物，也知道神的懲罰很可怕，但這就是人類。老婆婆怎麼也無法忍受，剛好這天老爺爺不在，即使知道是做壞事，還是戰戰兢兢地將一小塊塞進嘴裡，結果那美味簡直讓她下巴都快掉下去了。

「啊！好好吃！這是什麼味道啊，實在不可思議。」她忘我地驚嘆著，一塊接著一塊，回過神時發現已經不小心吃掉一大半，但也難以挽回了。不過俗話說小偷總有自己的道理，老婆婆已想好如何自圓其說，於是就安心了，她自言自語：「這是神賜給我們的，吃掉也不會有懲罰的，沒關係。」然後擅自做了一個結論：「嗯、嗯，老爺爺回來後就給他一個，不對，一半好了。」

老爺爺毫不知情，在山上工作了一天，那天傍晚很有精神地歸來。一如往常，他吃了老婆婆料理的豐盛晚餐，又喝一杯酒之後，心情大好。老婆婆帶著笑容走過來，突然說：「喂，老伴，先前得到的樹果啊……」她指著櫃子上剩下一半的樹果說：「那個實在太好吃了，簡直下巴都要掉下去了！」她承認自己吃掉一半，老爺爺很驚訝地說：「那可不得了啊，妳竟然不聽我的話，會有神的懲罰喔！」老婆婆試著平息老爺爺的怒吼，她說：

「是那樣沒錯，但你想想看，那個樹果不是神賜給我們的嗎？」

「是呀，所以妳亂來的話就會有懲罰。」

「不過你這樣想也不完全是對的啊，你想想看，神都賜給我們了，一直這樣放著，萬一被老鼠之類的動物吃掉，那才會有懲罰吧！我覺得賜了食物給我們卻不吃，這樣反而不好。」老婆婆搬出一套說法，聽了覺得有理的老爺爺也心服口服，最後就照老婆婆說的，將另一半吃了下去。果然好吃得下巴都快掉下去了，他心滿意足。於是二人便心情愉快地入睡了。

結果很驚人的，那晚即將接近黎明時，老婆婆突然很不舒服，發出難受的聲音翻來覆去。老爺爺嚇了一跳，想盡辦法幫助痛苦的老婆婆，但那痛苦反而變本加厲，老爺爺說：「所以我說不能吃。」但後悔也來不及了，老婆婆肚子痛得沒辦法，祈禱、念咒語什麼的，夜晚也不方便，老爺爺只能說：「天亮之後去找Korujin來吧！」不管怎麼樣，如果是神的懲罰也無可奈何，老爺爺還是用盡辦法照顧老婆婆。不過即將天亮時，老婆婆突然開始用力，讓老爺爺嚇了一跳的是，老婆婆竟生下一個他們長年來夢寐以求的孩子。而且還是個男孩子，很不可思議的，他一出生就會走路，不僅如此，還會說話。他說：「老爺爺，老婆婆」老夫婦驚訝得不得了，什麼話也說不出來。

「老爺爺、老婆婆，你們很吃驚吧？我剛出生，是你們的小孩。」

「咦？你嗎？」夫婦睜大眼睛，帶著各種疑惑打量他。老爺爺不可置信地說：「你是我們的小孩？到底是從哪裡來的？」

「你說從哪裡？我是從老婆婆的肚子出生的啊，我是你的小孩。」

「是嗎？我的孩子嗎？」

「我會孝順你們的，我什麼事都可以做。」

他就是這麼充滿活力，明明剛出生，卻比七八歲的小孩還要懂事聰明，而且很貼心。老爺爺老婆婆很高興，覺得他是神賜的孩子，要很珍惜、很珍惜地養育他。

後來老爺爺覺得無論如何必須把事情始末告知頭目及其他蕃社的人們，於是神采奕奕來到集會所，在眾人面前一五一十報告神賜予小孩的事。大家聽了也感到驚訝，認為這是蕃社將會繁榮的吉兆，眾人紛紛予以祝福，並立即前往老爺爺住處想要一窺那個孩兒。他們看到小孩剛出生就會說話，也會站起來走路，沒有人不為之吃驚，消息也隨之傳開。

這個神賜的小孩出生後，依照蕃社習俗，必須聽鳥聲選擇吉日取名，因此第二天父母為他命名為Peyonshi（ペヨンシ），當日即舉辦盛大宴會。這位Peyonshi一出生就走路、說話，似乎真的是神之子，沒有人叫他Peyonshi，而是喊他「神之子」。Peyonshi與生俱來強健體魄，擁有相當於三人的力氣，是一個很驚人的少年。而且是個聽一知十的聰明男孩，沒有人不讚賞，大家都覺得他將來會成為偉人。老爺爺、老婆婆用心養育他，也不自禁很寵愛他。這小孩很聽話，個性溫和。雖然還是個孩子，但已經可以幫忙很多事情，老夫婦感到很欣慰，他們就這樣過著很快樂的生活。小孩日日成長，雖然年紀還小，但已經和十六、七歲的年輕人一樣，依照蕃社的習慣，住在集會所接受各種教育與訓練。無論狩獵或耕作，都做得比任何人好，讓大家嘖嘖稱奇。他總是活力充沛，工作量相當於三個人，因此大家都很看重他，深獲人緣，而這時候他才快滿五歲。

七

廣受好評的Peyonshi不管做什麼都會讓人驚嘆，而且確實都做得很出色，令人無可挑剔。如今他的地位僅次於頭目，這是他十三歲時候的事。某日，蕃社發生一場騷動。原來就是所謂馘首，人稱出草。別說現在，大約兩百年以前，此鄒族蕃人打從那吳鳳俠人事件以來就已不再馘首了。所以在臺灣的生蕃當中，只有鄒族不馘首，這是多麼令人佩服的事。關於吳鳳的事蹟，以後有機會再介紹。然而鄒族曾和其他生蕃一樣馘首，與泰雅族相同，以馘首展現其武勇，而後來則是為了復仇或炫耀強勇。通常都是秋天或春天農閒季節，溪水降低時行動，這一點所有蕃族都一樣。

蕃社發生此事件，是在這個秋末之際。有五六個蕃社的年輕人到山上狩獵，回程時遭襲擊，襲擊者是向來敵對的布農族年輕人。在激鬥之後，由於寡不敵眾而輸了。好不容易有一個人返回蕃社，向大家報告其他人都被馘首了。眾人聽了後，心想「可惡的布農族！」便緊鑼密鼓準備出戰。結果這群英勇出征的人再度遭對方擊潰，連頭目也開始擔心，正打算親自出征時，那位神之子Peyonshi前來，一再請求讓他出戰。他勇敢地說：

「讓我去吧！只要有五個人就能打贏。」

「五人？只有五個人嗎？」

「是的！只要五個人就可以。」

因為Peyonshi的力量無人不知，因此頭目在種種考量之後，便將出戰的事情全都委託給Peyonshi，十三歲的總大將就此誕生，也安排好五位手下。不過所謂人氣這東西還真是可怕，很多人都喊著說「我要去！」「我也要去！」「Peyonshi擔任大將的話就不用擔心了」，結果別說五個人，想要當手下的竟有二百多人，於是從中篩選了五十人。

根據軍事頭目Eojiyomu（エオジヨム）的夢占是個吉夢，於是他們做好準備等待出征的日子。三天後，終於來到出發的時刻，他們準備了兵糧的餅、生薑、火把用的木材，背負的籠子裡裝著凱旋時穿的新衣，以及用芙蓉樹皮綁好的槍砲、弓箭、長槍。據說這是向軍神請求守護的祈禱，至今仍有這樣的習俗。他們走到某個地點，摩擦一種蕃名叫做Popususa（ポプスサ）的樹木來生火，以此除魔、祈禱戰勝，接著便出發了，這也是現在仍留存的儀式。假設途中野宿時做了凶夢，或是聽見不祥的鳥叫聲，或看到山貓、蛇的話，就會認為不吉利而中止行動。尤其放屁是個大禁忌，出外時放屁，甚至察覺別人放屁也是不吉利的。幸好什麼也沒發生，他們差不多接近敵方，先鋒已經交戰時，在Peyonshi的頭上華雀「Hi、Hi」叫著往右方飛過去。於是Peyonshi拔起劍呼喊說：

「你們看華雀發出Hi、Hi的聲音往右方飛過去了！這是勝利的前兆，大家不用擔心。」

他站在前方殺了過去。受到突襲的敵人很狼狽的逃往山的另一邊，於是他們緊追在後開槍，結果大獲全勝，眾人不禁連發三次歡呼聲。假設這華雀在路的右方，發出「Tsuchi、Tsuchi、Ryu、Ryu」的叫聲的話則是大凶，那麼就別想打仗了，必須立刻回去。

連戰連勝的Peyonshi，捕抓了很多俘虜，也取得數不清的首級，他很滿意。不僅如此，他們這方沒有一個人受傷，真是可喜可賀的結果，而且也替年輕蕃丁們報仇了。於是他們各自從籠子裡拿出新衣，把楓葉的嫩芽插在頭上，正當他們意氣洋洋即將凱旋時，有人拖出一個俘虜說：

「我抓到這個傢伙。」

此人似乎是這個蕃社的頭目。他已經沉默地投降了，於是饒了他一命，將他列為屬下，他們帶著各種戰利品回去。

眾人士氣昂揚地歸來，在蕃社外，蕃社人們也把楓葉插在頭上，喊著「萬歲！萬歲！」的歡呼聲慶祝戰捷。將楓葉嫩芽或葉子插在頭上意味著慶祝戰捷。

如此一來，Peyonshi的英勇深受好評且名聲日益高漲，眾人口口聲聲說：「他一定是神」、「是神化身為小孩吧！」「他當頭目的話一定會很強盛。」不久後，現任的頭目過世，於是這位十三歲少年便成為達邦社的頭目。這是此次凱旋之後的事。

凱旋的眾人聚在集會所，將馘首的首級排在首棚上，各自用手指沾酒，噴在首級嘴邊，然後學老鼠的叫聲後，唱了凱旋之歌，舉行了一個載歌載舞的盛大祝宴。

至今達邦社仍是勢力最強者，他們的頭目代代都稱為Peyonshi，應該是想承襲這位神之子Peyonshi的力量吧。再也不會馘首的鄒族，其童話裡有類似桃太郎的故事，不覺得很有趣嗎？據說現今在Tepura（テプラ）社的廣場，仍有這個桃太郎坐過的岩石。

（完）——大正三年十一月二十八日

下一期是布農族的童話。

*原刊於《臺灣愛國婦人》第七十四號，一九一五年一月一日

矮小男物語——南投布農族的童話

生蕃童話第四篇將介紹南投布農族的童話。這個童話是生蕃矮小男征伐一寸法師之國的英勇故事。因為覺得很有意思，所以從衆多的童話裡選擇它。一寸法師的童話也出現於日本的傳說，為大家所熟悉。這是生蕃一寸法師矮小男的故事，是什麼樣的內容呢？敬請觀賞。

一

臺灣第一大河叫做濁水溪，河川的濁水流啊流向大海，而源流則來自很遠很遠、越過一座山又一座山的蕃界，這個蕃界是布農族的居所，也就是在此要介紹的童話裡的蕃族。支那人稱之為巒蕃、郡蕃，或丹蕃、卓蕃等，有各式各樣的稱呼，但每個都是指布農族。其所在地位於此次討蕃事件後出名的埔里社的深山，是至今都不會有暴亂行為的生蕃人。然而他們是以強悍勇猛聞名的蕃人，擅長戰鬥，也有稱之為出草的馘首，若有其他種族入侵的話，其警戒心很強，一個小小的意外往往就會釀成爭鬥，而且據說自古以來就是這種作風。

不知道是什麼時候的事，據說是很遠古很遠古以前的事，沒有時間概念的蕃人根本不知道大約是什麼年代的事，因為蕃地沒有曆法，所以不得而知。他們只說這童話是父親告訴我的，或是從祖父那裡聽說的父親告訴我的，總之是相當古老的故事。在漢人稱為丹蕃的Takebatan（タケバタン）部族裡，有位年輕人叫做Yorudan（ヨルダン），他是個精力旺盛、力氣強大且擅長射箭的人，時常上山狩獵，捕獲許多鳥獸後歸來後到處炫耀說：「怎麼樣，厲害吧！」

這是春天四月的事。一個祭典——驅除襲擊人畜的病魔並祈禱一族健康，這裡暫稱驅疫祭，其剛剛結束，耕作的事也告了一個段落，於是Yorudan提議出草。布農族蕃人很愛祭典，像是小米播種祭、封鋤祭、狩獵祭、嬰兒祭等，幾乎每個月都舉行祭典。這些結束之後，趁著春天或秋天，耕作狩獵等工作尚未繁忙時，他們總會意氣風發地出草，且絕不會一個人去，而是組隊分批出去，因此據說是氣勢凶猛的行動。在臺灣的生蕃人當中，布農族喜歡馘首的程度僅次於北部的泰雅蕃人。真是，不覺得是一群很麻煩的人嗎？

就這樣，Yorudan穿上英勇的服裝，心想什麼時候是吉日呢？如此等待著出草的日子。結果同行一個叫做Saruyon（サルヨン）的青年帶著笑容來找他，拍了拍Yorudan的肩膀說：

「喂！不錯喔！明天出發吧。準備好了嗎？我們讓Karujin（カルヂン）擔任出草行動的隊長吧。」這麼說完後露出愉快的表情。

「嗯，明天啊……」Yorudan也露出笑容，接著說：「都準備好了，不用擔心。」

「喔！是嗎？那就明天吧！我做了吉夢，是上上吉呢。」

「是嗎？吉夢啊？那很好。做了什麼樣的夢？」

「嗯，那個夢啊……」Saruyon輕輕回答：「是這樣的，你聽我說，就是那個老爺爺，白鬍子的，對，就是那個老爺爺，他給了我山豬肉。」

「咦？山豬肉？」

「對呀，而且還有酒。」

「請你喝酒啊？那是夢？是你做的夢吧？」

「對啊。我很高興喝了一杯時，就發現是在作夢」他大聲笑了出來。

「是嗎？那的確是上上吉，我們明天出發吧！」

於是他們決定要出發了。生蕃人在這種馘首、狩獵之前或途中有各種迷信，且對其深信不疑。此布農族蕃人也是，以夢決定出草的日子。他們將別人贈送肉、請喝酒的夢，或是客人來、狩獵時獲得許多獵物等視為吉夢，會因此就興高采烈出門。所以Yorudan一行人便以Karujin為隊長出發了，他們途中在山上的溪邊停下來，將攜帶的一塊小米餅放在岩石上，再把另外一塊抛往即將前去馘首的方向，一起祈禱馘首成功，是夜便露宿於此。聽說這是慣例，至今他們仍會這麼做。翌晨，他們一行人圍坐著談天說地，其中一個叫做Birubon（ビルボン）的人說：「我昨晚夢到我射中鹿喔！」

「你嗎？那是吉夢呢！」

他們這樣聊著的時候，一個叫做Kariyon（カリヨン）的人不知從何處回來，他說：「你們看，那個岩石上放著一塊小米餅！」眾人見狀很雀躍，甚至有人覺得這是好兆頭而開始喝起慶祝酒。

這塊小米餅的事與吉夢的事，都被視為這群人的好運與成功前兆，他們為此而高興。然而在出草途中，若有一種像綠繡眼、名叫Kasukasu（カスカス）的鳥在左右鳴叫，或是有人放屁、打噴嚏、看到山貓或蛇，都會視為是凶事而停止行動折返。但如果這Kasukasu在左方叫出長聲的話就是吉利的，他們便會勇往直前。Yorudan一行人受到吉夢鼓舞，翻過一座又一座山，跋涉溪流，前進了幾里，走到深山中的深山。他們正要横渡某條溪流時，聽見左方有那綠繡眼Kasukasu的叫聲，於是大家不禁說：

「啊！Kasukasu！」

他們高興得開始喝酒，然後在此處整隊後繼續前進。他們在山的彼方發現一個部落，於是停下來觀察，但不知道是什麼人的部落。他們經過種種討論後仍然沒有結論，那Yorudan好像想起什麼似地說了句：「嗯，原來如此。」接著說：

「那應該是Saruso（サルソ），沒錯，一定是！Saruso！Saruso！」

於是他們下了結論，認為這個部落就是Saruso。當時布農族居住地的深山處住著矮小的異種族，叫做Saruso。Yorudan知道，所以他這麼說。

「嗯，原來那個是Saruso，好小啊。」他們從遠方看著那個部落，然後正在進行種種討論時，不知從何處，也許是森林裡，也許是山的後方，也許是岩石後，突然咻地一聲飛來一支箭，插進附近樹木的枝杈。「小心！」他們互相提醒，立即開始準備戰鬥。接下來究竟會發生什麼事呢？詳情請見後章。

二

一度被突如其來的箭驚嚇到的Yorudan一行人，各個都是勇猛的強者，他們心想「來了！」於是迅速進入備戰狀態。結果對方浩浩蕩蕩竟有四五十人，喊著口號殺了過來，而這邊也就位應戰，雖然他們面對大敵襲擊，但很英勇地奮戰。這Saruso果然是小人國的人，每個人都非常矮小，大約二尺左右。他們生活在險峻的深山，身輕如猴，在樹間跳躍、攀岩的技術簡直不是常人所能及，而且也擅長射箭，是很麻煩的對手，若追殺在後，他們便會逃到遠處射箭，是很不容易打敗的。不過這邊也集結多位強者，他們不顧射過來的箭，繼續追殺在後，因此矮小人終於認輸，丟下同伴的屍體一哄而散。Yorudan他們想應該是贏了，於是吶喊歡呼，砍下對方首級當作禮物，風風光光回去了。然而戰敗的Saruso也非就此作罷，部落的人聚在一起討論各種復仇計畫。由此可見他們是多麼不甘心。

有一天，三位Saruso族人來到Yorudan他們部落，他們並非特地來打探敵情，此時剛好遇到小米收穫初祭。小米收穫初祭在蕃語叫做Shiyoraan（シヨラアン），是小米收割之前的初祭。他們會先做好小米酒，於祭典當天早上，由各戶家長到田地，摘下四五個小米穗帶回家，將它們插在屋內穀物置放處的左右與屋舍前，然後揮著以山豬骨製成、叫做Somusomu（ソムソム）的念珠，感謝祖先保佑他們豐收，並用竹槍斜穿過豬的背部，以小米祭拜祖先，這個祭典大約是在六、七月時舉行。

Yorudan的蕃社正熱熱鬧鬧進行這個祭典，三個Saruso充滿興味地在一旁觀看。其中一個人說：

「喂喂！這很有趣呢，布農族的傢伙們一年到頭都在祭祀。」他身邊的人說：

「對啊，他們明明一年到頭都在祭祀，卻還是像之前那樣有人出來馘首。」

「是啊，神在做什麼？」說了這話的人接著很憤慨地說：

「嗯，對啊，之前真是讓我們吃了苦頭。」

「是啊，做了場惡夢呢，怎麼可以被他們打敗呢？別開玩笑了。」

「不過他們確實相當強呢。」

「別說這種沒用的話了，我們這就去鬧一鬧他們吧！」

「還是不要亂來吧，我們只有三個人，對方可是有幾十人……」

「哈哈，你怕了嗎？」

「不是害怕，但少數面對多數，多數畢竟還是有優勢啊。」

「不會輸的啦，如果輸了的話，也就只是跳樹逃跑而已啊，他們正在喝酒，所以不用擔心，來吧，我們來把這祭典當下酒菜喝一杯吧。」

竟然有這種不像話的人，他們之間明明有敵對關係，而且明知寡不敵眾，卻大膽地在敵人面前喝酒，真是勇猛的強者。

非常嗜酒的Saruso小人邊喝酒邊參觀祭典，因為周邊都沒有人，所以愈喝愈多，醉了之後開始發酒瘋，大聲高談闊論。這時不知何時何處來了一位布農青年，對他們說：

「喂！不要那麼大聲！今天是祭典的日子，安靜一點！」Saruso這方趁著酒意回嘴：

「啥？要我們安靜一點，哈哈，這音量很普通啊！」

「普通？哈哈，當我們是笨蛋嗎？來到別人的地盤，喝著酒看人家的祭典，這樣也太亂來了吧！」

「亂來？說什麼亂來！你才要安靜點吧！」

「什麼啊，你這個臭矮子！」

「臭矮子？混蛋，給我記著！」

就這樣你來我往互相叫囂，眼看愈演愈烈，強者Saruso終於在敵人之間，甚至是敵人眼前，藉著酒意講了一堆布農族迷信忌諱的話語，他們大聲怒吼，一發不可收拾。布農族的人紛紛圍了上來，在三人的周圍形成人牆，氣勢相當驚人。

這些Saruso故意說了很多布農忌諱的話語，因此血氣方剛的布農族青年相當憤慨，紛紛喊著：「上啊！」、「殺啊！把他們殺了！」等。那三人也不甘示弱叫嚷，但其中一人不知道在想什麼，什麼也沒說就往圍觀人群的間隙處衝過去，因為出乎意料，群眾也乖乖閃開讓出一條路。那個人說：「好啊！來大幹一場吧！」瘋狂地跑了出去。群眾喊著「追！」緊追在後。結果Saruso的另一個人也跟著跑，群眾雖然搞不清楚狀況，但還是追著他們，於是只剩下一位Saruso。因為事出突然，他沒辦法反應，就留在原地靜觀其變。

衝出包圍的兩人，逃跑時把祭典裡供奉的小米穗奪走，在祭壇周邊繞了三圈之後，就拋下小米穗，在眾人眼前笑著對小米穗撒尿。唉呀！結果事情越來越嚴重了。

不可原諒！竟然對拜神祭祖的重要小米穗撒尿！起先眾人被敵人驚人大膽的舉動嚇出一身冷汗。雖然如此，極為重要的小米穗被糟蹋，這關乎蕃社的面子，於是人人怒氣沖天，叫喊「放肆的傢伙！」，眼見就要大開殺戒了。此刻Yorudan出現，憤怒握著拳頭神色猙獰地說：

「這傢伙！可惡！」

一說完揮出一拳就將對方打死了。接著其他人也喊著：「這傢伙！真可恨！」然後圍毆另一個人，將他打得半死。這時候有人說：

「還有一個人喔！別讓他跑了，上！」

他們發出「哇」的一聲，朝著那個正在觀望的人跑去。他心想，無論如何三十六計走為上策，以其輕巧身手像猴子般從這棵樹跳到另一棵樹，就這樣逃跑了。眾人只能唶聲跺腳。雖然有人射箭，但怎麼可能射中呢？那人快速地從這頭樹枝跳到另一棵樹，再從樹上跳進溪流，最後從溪流竄入山裡，其速度之快令人目瞪口呆。

如猴般的這個人逃走之後，回去向同夥的人報告，結果引起大騷動，於是又將展開一場激戰了。

三

由於一直以來就是敵對關係，因此這麼一點小意外很快就掀起軒然大波。不僅如此，兩方都是兇暴野蠻的生蕃人，事情就這樣一發不可收拾。那兩個Saruso很快就被殺了，剩下一人即便強悍也寡不敵眾，想報仇，但僅憑一己之力也沒辦法，只好飲恨回蕃社，他決定詳細報告事情始末之後，動員蕃社征伐布農雪恥。於是他丟下朋友的遺體，抱憾逃回蕃社。幸好他矮小的身軀敏捷如猴，一眨眼就從這樹枝跳到那樹枝，順利逃了出去。雖然布農的青年們拚命追殺他，但不知不覺就跟丟了那矮小身軀。他們很遺憾，但沒有繼續追殺就回去了。一如往常，將殺掉的兩人首級砍下放在首棚上，然後痛快喝酒慶祝到爛醉。

此刻Saruso那方，經過九死一生逃回去的倖存者，還來不及喘口氣便衝去找部落老大，一個叫做Saruta（サルタ）的人，他上氣不接下氣向老大報告：

「糟……糟……糟了！」

Saruta一家人感到吃驚，全都跑了出來，問他：「什麼事？你說糟了……」話都還沒問完，那個人又說：

「糟了！糟了！被殺掉了！」

「什麼？被殺掉了？誰被誰殺掉了？你先冷靜下來，來，先順口氣。」

那個青年吸了口氣，露出苦悶的神情說：

「那個……啊，好難受……」他神色狼狽地說：「大事不好！」

接著一口氣將發生的事情說了出來，聽到的人都大驚失色，尤其是Saruta聽完後勃然大怒，問他：

「嗯，所以你們三個都被布農的傢伙追殺？」

「是啊！不僅殺了那兩人，連我也差點……」

「是嗎？這很嚴重！」

「所以，雖然我很不甘心，但想要告知事情始末……」

「嗯，你做得很好。布農的傢伙們真是不可原諒！該死！」Saruta面露殺氣怒吼，他起身說：

「好！不用擔心，會為那兩個人報仇的！走！出征吧，去通知大家！征伐布農！快去準備。」在老大的命令下，蕃社上上下下都動員起來各自張羅著。老大鄭重地對那個青年下令：

「來吧！去打仗了！你要帶路喔。」

終於要出發了。

Sarusa和生蕃一樣有各種迷信，尤其出門打仗時，眾人會聚在一起形成圓陣，占卜者站在中央祈禱，向神許願他們的武運與勝利。結束後，大家發出三次類似「萬歲」的喊聲，然後就英勇出發。此時他們的儀式結束，正要喊三聲出征時，中央的占卜者對Saruta說：「喂，老大！」Saruta停下來回過頭，此時占卜者說：

「很好！這場仗贏定了。」

他說完後露出笑容。因為出征前聽到這話，Saruta也很高興地環顧眾人，看大家都精力充沛的樣子，他感到很滿意。

「是嗎？會贏啊，那真是可喜可賀！」

他舉起手回應占卜者。

「太好了！出現了好的徵兆，那就是我在一個群花盛開蝴蝶飛舞的地方睡著時神出現了，怎麼樣，是個吉兆吧。」

「喔！花開蝶舞，那是上上吉！各位聽好，神會保護我們！不會輸的，前進吧！」於是他們勇氣百倍，個個精神抖擻地出發了。

來勢洶洶的Saruso一群人，吵吵嚷嚷精力充沛地翻山渡溪，不分晝夜，踏過沒有路的深山，來到了布農蕃社附近的山腳處，已經可以看到敵方屋舍。於是在此紮營，派哨兵偵察對方動靜，暫時停留下來。

此刻，布農族那方的祭典已經結束，他們各就崗位努力工作。男人是狩獵、開墾、農耕、建築土工、鞣製獸皮、編製藤竹物、鍛鐵、製造武器等；女人則是農事、煮飯、打掃、裁縫。某日蕃社青年在狩獵歸途時走到一個山腳處，聽到吵鬧的人聲，他好奇前去探看，結果眼前出現矮小人群，手上拿著鎗弓刀行進而來。

「喂！那是什麼啊？」其中一個人指著進軍的人群這麼說。

「嗯，好奇怪，他們朝這裡過來，啊呀，好矮啊，對了！是Saruso那些傢伙，他們殺過來了！喂喂，Saruso打過來了！」

「對啊！Saruso們好矮啊！有沒有到我的肚子呢？唉呀，矮小也要有個限度嘛！那副德性還要打仗，真好笑。怎麼樣，他們打過來的話，我們輕輕一吹他們就倒了吧，哈哈哈哈……」一個人很輕蔑地笑著說。

「嘿，不過不要小看他們喔，別看那個樣子，實力相當強呢。」

「是啊，這一帶就屬他們最強呢。不能太大意，別看那個樣子，射箭的話我們遠遠比不上他們。」

「對啦，是這樣沒錯，不過無論如何他們這麼矮小，不用那麼緊張吧。」

「最好小心點喔，皮還是綳緊一點吧。」

「唉！不要緊的，我的話就只要輕輕一踢就可以解決了，啊哈哈哈……」

「不管怎麼樣，他們畢竟是多數，我們要馬上回去報告，走吧！」

於是他們立刻回去報告。翌日，Saruso的隊伍井然有序進軍，並佔領了山腳下一處好據點。

聽到Saruso侵襲過來的消息，布農族人聚在集會所，頭目分別交代每個人的任務。他們心想，絕不可輸給矮小的Saruso。無論老人或年輕人，手上都拿著劍戟弓矢英勇各就各位。Yorudan和Karujin兩人擔任大將帶領部隊出征。因為這兩人是勇士，負責前往距離敵人最近的地點，他們頻頻派遣哨兵偵察敵情。

這場戰鬥的結果如何呢？

四

整裝待發的兩軍都不輕易出戰，謹慎伺機而動，雙方極為小心，手腳動也不敢動，他們如此徒然對峙好幾天。雙方都有等不及的人，明明大將尚未下令，卻擅自提議進軍。擅長射箭的Saruso，將其矮小身軀躲藏於樹木之間或枝葉茂密處拚命放箭。沒想到就這樣布農那方已出現了負傷者和死者，布農這邊有些敗勢，因此別說Yorudan和Karujin等勇猛大將，連屬下們也對Saruso那些傢伙咬牙切齒憤怒至極。他們認為不能再默不吭聲了，於是這兩人去找總大將的頭目，抱著必死覺悟請求下令突擊。結果頭目很佩服兩人的氣概，只說了一句：「很好！」然後二話不說就下達命令。兩人非常高興，立刻回到陣地商討各種對策。眾人引頸等候頭目的回覆，結果看到那兩人喜色滿面、精神抖擻回來，不禁高興地鼓掌歡呼。

Yorudan雖然很年輕，但很有活力又聰明，而且是個勇者，眾人都很崇拜他，他走到人群中央，聲音宏亮地說：

「你們聽好！聽好喔！已經獲得頭目的許可，要開始大展身手了，好好幹！可別輸了！為了蕃社，要抱著必死的覺悟，絕不可逃跑，逃跑就砍頭！走吧，出征了！出征了！」

他這麼說完後，不顧己身安危站在最前方，揮著劍抵擋飛來的箭矢，在險峻無路的山坡上前進。眾人勇氣倍增，以驚人的精力跟在後頭。見狀的敵方也不甘示弱，拚命放箭，很有氣勢地殺了過來，於是雙方展開一場超乎想像的激戰。就這樣，終於等到這一刻，雙方大舉展開戰鬥。「呀！」、「哇！」的聲音迴響山林間，雙方都死傷慘重，一方前進一方後退，在這交互進退之間勝負難分。儘管如此，射箭高手雲集的Saruso，其弓箭之勢相當驚人，結果精力旺盛的布農這方反而出現較多死傷者，讓那些大將們也束手無策。

Saruso的老大眼見有致勝機會，於是使出全力大聲激勵同伴說：

「我們要勝利了！神守護著我們！你們看，在我方箭矢攻勢下敵方屍橫遍野，我們就要勝利了！一鼓作氣殺過去吧！」

矮小軍聽了之後頓時勇氣百倍，他們大喊：「殺啊！」團結一致，巧妙利用矮小身軀前進奮勇戰鬥。雖然他們的身體像一寸法師一樣，只到布農族人的跨下，但卻相當強悍，帶著勇往直前、死也不退的氣勢，比起較大的布農族，Saruso那方占上了優勢。雖然勝負未定，但太陽快要下山，於是今天暫且休戰，雙方各自離開，說起來這天的戰鬥布農其實是戰敗的。

雖然雙方帶著旗鼓相當的氣勢與勇氣交戰，但畢竟敵人以射箭高手雲集聞名，其箭矢攻勢讓布農毫無辦法，造成許多死傷，於是他們這晚趁著休戰時，主力的大將們聚在頭目的住處籌議。圍著頭目而進行的商討出現了各種議論，但沒有一個可行，最後決定明天再戰，戰後再討論。結果隔天又是布農失利，因此有人提議和解，但血氣方剛的年輕人們都反對，甚至不少人憤慨得要求斬殺倡議和解的人。於是最後又決定明日再戰。正當在座的人起身時，始終一句話也沒說的Yorudan突然站起來叫住大家：「請等一下！」眾人停下腳步，目光好奇地集中在這位年輕人身上，全場鴉雀無聲。

Yorudan環顧眾人，展現出下定決心的態度說：

「我想和解……」

眾人感到很意外，不禁目瞪口呆，但因為是Yorudan，他雖年輕卻是蕃社最厲害的智者、聰明人，且具有人望，因此儘管大家很錯愕，想立即反駁，責備他的卑怯，但還是決定暫且聽聽他的說法。

「你說想和解？」真不虧是頭目，他不僅面無怒色，甚至還露出笑容問：

「所以你有什麼想法嗎？」

被頭目這麼一問，Yorudan輕輕點頭，但沒有立刻開口，他仰天祈禱後，很有男子氣慨地說：

「是，我有腹案。」Yorudan是少見特別矮的男子，可說是蕃社的一寸法師，但比起Saruso的話還是高出許多。

「有？」頭目接著說：「我們絕不會投降喔，你說你有什麼想法？」

「什麼？投降？我Yorudan也是男人，怎麼可能投降！」

「是嗎？有什麼不錯的點子？」

「有！」他明確回答，然後暫時閉目，好像已經決定似地點頭說：

「能否順利就交由上天決定了。」想了想之後又說：

「先假裝和解，然後引誘敵人，用陷阱將他們一網打盡。」

「什麼？將他們一網打盡？」頭目和眾人都驚訝得接不上話。Yorudan露出得意的笑容說：

「先和他們談判和解，然後設酒宴，聽好喔，好好把他們灌醉，再殺他個措手不及，如果順利的話就能將他們殲滅。這不是很有意思嗎？哈哈哈……」

「那談判呢？」

「嗯，我來，我一個人就可以了。」

「只有你一個人？」

「沒問題的，一切交給我吧。」看著眾人目瞪口呆，他還是若無其事地這麼說，由此可見他的決心。於是頭目與眾人決定將一切交給他，Yorudan便承擔下這個任務。

Yorudan對眾人說：

「那麼就讓我來試試看吧。若失敗的話我就沒命了，剩下的事就交給Karujin。」然後對Karujin說：

「好嗎？拜託你了！我們當使者，這就出發吧！」

雖是深夜，Yorudan和友人Karujin還是從容出發前往敵營。據說送行的人都對這富有勇膽智謀的Yorudan嘖嘖讚嘆。

五

勇氣令人嘖嘖讚嘆的Yorudan，在Karujin的陪同下，即便沒有成功也會有一番作為的，頭目與眾人都抱著這樣的希望等待他們歸來。然而卻始終沒有他們的消息，雖然頭目等人因此而暗自欣喜，認為應該談判成功了，但尚未看到兩個人露面之前還是很擔心。結果快到黎明時，他們看見兩人精神充沛歸來的身影而雀躍不已。頭目立刻向前握住Yorudan的手，只說了一句：「如何？」

「別擔心，一切順利！」

他們兩人帶著微笑這麼說，眾人終於安心，一切都平靜了下來。

「很順利，因為對方遠道來戰，若持續打下去的話兵糧將會匱乏，他們沒有察覺我們的計謀，二話不說便答應和解了。」

「喔，答應了啊，太好了！」

「接下來可有得忙了，宴會明天或後天……後天好了，在此之前會很忙碌。」Yorudan喃喃自語，接著對大家說：「來！現在趕快去濁水溪上架橋吧。」

「咦？架橋？」眾人感到意外。

「你們不是說一切交給我嗎？別管那麼多，你們快去！」

他將人手分成兩隊，派一隊當先發，讓Karujin擔任指揮，向他交代一切事項後，他們就出發了。剩下的人準備酒宴，像是酒啊、蕃薯啊、稗餅，還有鳥獸肉和魚肉，布農蕃人很珍惜鳥獸魚類的肉，只有酒宴時才會用。另外他們的飲料除了酒之外只有水，當然沒有茶。由於男女都喜歡抽菸草，所以也準備了。會場是集會所前庭，在那裡擺滿了珍味美肴，相當豐盛壯觀。不知道自己被設計的Saruso透過哨兵知道他們準備的情形，感到幸運又高興，紛紛討論饗宴的事情，完全沒注意到架橋工程。知道此事的Yorudan，對計畫順利進行一事暗自高興，趁著沒有人時偷偷向頭目告知他的計畫。什麼樣的計畫呢？頭目聽了之後頻頻點頭，滿意地說：「嗯，這樣啊！很好，好好幹吧！」

「就請放寬心吧，Saruso那些傢伙不知道我們的計畫，看到我們熱鬧張羅酒宴正開心呢。」

「是嗎？所以他們不知道橋的事情嗎？」

「聽說目前還不知道。」

「嗯，這樣啊，那就好。對了，橋那邊還順利嗎？」

「很順利，那裡有Karujin在。」

「就他一個人嗎？」

「我都交代好了，所以沒問題。」

「是嗎？可是啊，那裡可是最關鍵的地方，還是麻煩你去一趟吧，這裡的事我一個人處理就好。」

「這麼說也是，那我這就去。」

「嗯，橋那邊不趕緊完成，要是被他們發現的話就棘手了。」

「沒錯，如果慢吞吞，最後被他們發現的話，那真的很麻煩，我這就去看看，橋那邊完成的話就立刻邀請他們。」

「很好，拜託你了。」

「好！這裡的話……」

「別擔心！」

就這樣，Yorudan一個人暗自前往架橋的地方。

橋的那邊一切按照Yorudan的交代，由Karujin擔任總指揮，每個人都希望盡早完成而拚命趕工，因此工作進度比想像還要快兩倍，Yorudan抵達時已經大致完成。Yorudan從橋上往下看，那堪稱臺灣第一的濁水溪上游，其溪流水勢相當驚人，滔滔水流沖擊石頭發出聲響，濺起雪花般的飛沫，有人說那急流的水勢令人毛骨悚然，確實如此。Yorudan見此畫面，不禁露出微笑，似乎想到什麼似的，一個人回憶往事而笑了出來。

Karujin來到他身旁，也看著下面的水流，會心一笑說：

「一切都很順利，按照計畫進行，如果他們從這裡掉下去的話……」

「順利的話就會全滅，最好先解決上面的人。」

「對呀，殘黨很好處理。」

「是的，但盡可能一併解決。」

「那就分兩次、三次處理吧。」

「嗯，真麻煩，那只好架三座橋吧，反正是一樣的功夫。」

於是在此處又架起三座橋，總計完成了四座吊橋。雖然花費三天時間，但幸好未被Saruso察覺，這讓Yorudan、Karujin、頭目等人很高興。

橋完成了，酒宴也備妥了，這次換Karujin擔任使者，邀請Saruso明天前來。等待已久的Saruso非常高興，心想可以品嚐久違的美肴好酒，他們幾乎都快坐不住，等不及明日的到來。他們是不是很天真？

雖然一直以來是對峙的兩方，但蕃人很單純，不知道Yorudan是如何談判，此時雙方已放下所有仇恨，開心飲酒作樂，看起來像是好友，昨天為止的事，也就是那場戰鬥，好像從來沒有發生過。每個人都醉著歌唱，手握著手，促膝談笑，歡樂的笑聲此起彼落，原本的修羅場變成了歡樂場。心中有所盤算的Yorudan和頭目討論好此次方針，即全蕃社總動員，準備酒、菜餚、菸草來款待Saruso，想辦法灌醉他們。而Saruso也正中圈套，喝得酩酊大醉、高聲唱歌，甚至全體站起來拍手、舞蹈。Yorudan心想太好了，他喜色滿面，主動起身帶頭跳舞，其他人也都跟著盡情舞蹈，場面極為狂歡熱鬧。

Yorudan和頭目伺機離開瘋狂跳舞的人群，暗自躲在樹蔭裡竊竊私語，頭日點了幾次頭說：

「嗯，好！這邊我負責，你到橋那邊等吧。」

「那麼我去橋那裡。」Yorudan這麼說，然後想了一下後又說：

「對了，我到橋那邊生火做暗號。」

「好，了解。」

Yorudan帶著三四個人趕路前往橋的所在處，不久後橋那邊起火了，頭目看準時機，握住Saruta的手，一臉高興地說：

「啊！太開心了，這樣和解之後喝酒又瘋狂跳舞……」

「沒錯沒錯！沒有比這還開心的事。」

「那太好了，我也很欣慰，不過啊，這裡已經有點膩了，我們到別的地方喝吧。在那個懸崖上。」頭目這麼說，指著橋對面的懸崖。作夢都沒想到自己被欺騙的Saruta喝酒喝得興高采烈，馬上同意說：

「好！那我們走吧！」他邀集幹部們一同前往。頭目眼看計謀成功，不禁露出微笑，暗地裡吐出大大的舌頭。

從Saruta到其幹部、屬下都喝得大醉，他們在頭目帶路下，拖著蹣跚步伐搖過來又搖過去，看起來沒有一個人能平安走過吊橋。Yorudan和頭目見狀，在橋邊互看一眼，彼此示意「我們成功了！」而露出得意的笑容。

眾人到橋邊時，Saruta和幹部由頭目帶領行走中間的橋，其他人則由別人帶路走別條橋。帶路的人心中都有盤算，因此不顧後頭，快速過橋等待敵方走上橋後做暗號。待敵方各自上橋，他們便做暗號，Yorudan舉起手下號令，把吊橋的吊繩砍斷，橋就掉了下去，橋上的人掉落到激流中，很快就被沖向下游而消失。布農人忘我地發出歡呼聲，甚至山河都為之動搖。如此一來，他們順利打倒敵方，穩固了布農族的根據地。可喜可賀。

如今距離此蕃社遙遠的下游、濁水溪的溪谷間，仍有矮小的蕃人居住於此，他們被視為Saruso殘黨的子孫而受到輕蔑。據說這個布農族認為矮小的男人有智慧，如今仍有每個家庭都喜歡矮小男人的風氣，這是因為Yorudan是矮小有智慧的男人。這個童話到此結束。

（完）——大正四年一月二十日

下一期是澤利先族的童話。

*原刊於《臺灣愛國婦人》第七十五號，一九一五年二月一日

祖母的湯匙——臺東普悠瑪族的童話

生蕃童話第五篇將介紹臺東普悠瑪族的童話。現今普悠瑪族和澤利先族都歸類於排灣族，那是因為這兩族無論風俗、習慣、骨骼等，都和排灣族一樣，但過去曾區分為排灣、普悠瑪、澤利先。普悠瑪族指的是世人所稱的卑南蕃，將居住於現今臺東附近的蕃人稱為普悠瑪族。生蕃童話依照此古老區分，將分別介紹普悠瑪族和澤利先族的童話，因為這兩族有其相當特別的童話。

一

臺灣東海岸以海浪洶湧聞名的臺東廳，其城市名為臺東，往昔稱為卑南，很早就有支那人等移入，和附近的生蕃人——稱為卑南蕃的普悠瑪族有所往來。因此這一帶的生蕃人受到影響，其知識程度較高，現今和臺灣人一樣耕作，成為良民聽從官廳的命令，與其他生番人不可相提並論。

從前從前，不知道是什麼時代，此生蕃人所在的卑南社，有一位叫做Karikari（カリカリ）的女子，以其一頭美麗長髮聞名，蕃社青年都希望獲得這位Karikari的青睞與讚賞，為了豐盛的獵物而賣力出外狩獵，在山谷溪流間跋涉，為了種出可以獲得讚美的小米，冒著汗水拚命耕田。當時正好是Karikari招婿的年紀，而且Karikari家是蕃社中的名家，據說先祖是神，創造了這個蕃社的人，因此Karikari的夫婿將會成為頭目（老大）。很多人想要入贅成為頭目，於是陸續出現了競爭者，宛如是我們所稱的一女八婿的情形。

此蕃社的風俗，規定婦女不嫁人，而是招婿繼承家業。於是青年們為了成為這位美麗的Karikari的夫婿而競爭。加上這個家是Parahi（パラヒ）、Pakorashi（パコラシ）夫婦之神的子孫，無論是誰，只要能入贅就是光榮的事，實際上只有蕃社中有勢力者才能入贅，不僅如此，Karikari本人也希望對方是有能力成為頭目的人。在這個蕃社要成為頭目，第一必須力量強大，第二是擅長狩獵，第三無論什麼事都能聰明應對且口才好的人，這些是主要條件，因此，青年們為了符合這些條件而拚命工作。然而這位Karikari果然是名家之女，此蕃社本來在男女分際上就非常嚴格，而Karikari尤其謹慎，面對費盡各種心思的青年們都不為所動，不過也八面玲瓏對待所有人。因為她沒有父母親，從招婿之事到家中事務，全都交由Mairan（マイラン）這個階級的一位年邁叔父，她則一個人過著純潔清靜的生活。

過了三年，雖然蕃社沒有年曆，但在一個山上的樹花三度開了又落、落了又開的春天，Karikari在屋外賣力織布，此時叔父帶著笑容來訪，他開口說：

「唔，很好！很有活力呢！」

說完後坐在一旁的石頭上，一邊吐出菸草的煙霧，一邊看著Karikari織布。

Karikari聽到叔父的聲音後回頭一看，一臉「唉呀！」的樣子，靦腆露出微笑說：

「啊！叔父！」

她輕輕點頭，接著又高興地說：

「今天天氣真好，你要去哪裡呢？」

「妳說我嗎？我哪裡都不會去，我就是來找妳的。」

「來找我？」

「是啊。」他莞爾點頭說：「我說，Karikari，我是來找妳的啊，哪裡也不去，哈哈，妳很驚訝嗎？」

「沒有……」Karikari雖然有點吃驚，但還是搖搖頭掩飾自己的心情。

「唉呀，你特地來找我……」

「是啊。」他說完後環視四周，又說：

「但什麼都不用擔心，我們慢慢聊，妳繼續工作吧，別客氣。」

他用手示意要Karikari別停下來，老人家很愉快看著Karikari順從地繼續工作。不久Karikari停下手來說：

「嗯，叔父，我還是很在意。」

「很在意？哈哈，為什麼？」

「因為你特地來找我，應該有什麼事情吧？」

「有事情？有啊，當然有啊。」

「那請說啊，我洗耳恭聽。」

她停止織布，然後坐挺身子。這時候老人家張開雙手制止她：

「啊，不用這樣，一邊工作一邊聽就好，不是什麼大事。」他說到這裡欲言又止。

「好了、好了，妳就輕鬆聽聽吧。」

「可是，這樣的話實在太……」

「這樣說起話來比較方便。」老人又看了看四周圍說：

「都沒人吧，蕃社的青年……」

「是啊，一個都沒有，叔父請放心。」

「是嗎，那很好，沒有人在真是太好了。」

「是啊，最近都沒有人來，因為我是這麼對他們說的：『蕃社對於年輕的獨身女子和男子說話有嚴格的規定，而且被叔父知道的話很麻煩。』結果大家都嚇得不敢來，不像以前那樣。」

「哈哈，這樣啊。」叔父露出得意的笑容。

這個叔父，階級雖然是Mairan，但壯年時期因戰爭有功勛，擁有和頭目一樣的勢力，因此現在負責監督蕃社的壯年男子，就是因為如此，青年們只要聽到這位叔父的名字就嚇跑了。

叔父聽到Karikari這麼說，笑著頻頻點頭說：

「然後呢，Karikari啊，我有事找妳商量。」他又阻止Karikari停下作業。「唉呀，妳就這樣聽著就好，不用緊張，隨意聽聽。」他先抽一根菸，側著臉看Karikari，笑意更深地說：

「我今天是來聽聽妳的想法。」

Karikari聽到之後，心想這不是輕鬆的生活話題，雖然叔父說得很輕鬆，但一定是很重要的事，不能隨便聽聽的。於是說：

「等等，請等一下！雖然叔父說不是什麼大不了的事……」她停下工作，轉過頭來認真聽叔父說話。

見狀的叔父仍舊帶著微笑說：

「那也好，就先停下工作聽我說說吧，唉，我們之間實在不用這麼客氣。」

他終於開始進入今天的主題，不用說當然是Karikari招婿的事，接下來將會如何發展呢？

在後園裡一種名為Mananagan（マナナガン）的鳥發出Hi Hi Hi的鳴叫聲。

二

叔父正要討論Karikari的婚事時，聽見後園院裡Mananagan「Hi Hi Hi」的叫聲，覺得是祥兆而感到高興。

「妳聽！Mananagan發出Hi Hi Hi的叫聲！」

在這蕃社，當一種叫做Mananagan的鳥「Hi Hi Hi」鳴叫時，表示萬事皆吉，人們會為此而高興。事情順利時，這種鳥會「Hi Hi Hi」鳴叫，反之，若是「Te Te Te」的叫聲，則是凶兆。所以叔父大悅，而Karikari也露出欣喜表情。

叔父因此受到激勵，更有精神也更起勁地說：

「我說啊，妳的父母親不在之後，身為叔父母的我們就是妳的親人，而且妳的事情一切由我來處理。」他這麼重申後，又說：「然後，妳的婚事……我是認真的喔……我覺得妳也已是獨當一面的女子了，必須招婿。雖然蕃社的青年們在那裡說三道四，但Karikari的丈夫一定要是能夠成為頭目的男子。所以我也想了很久，結果二天前的晚上，我做了個夢，夢見被神帶去很氣派的神殿。是的，是夢裡，受到各種款待，還得到了菸草，那是一場夢。妳說這是個吉夢吧！所以天一亮我就去找Yaurasu（ヤウラス，即巫女）的Barikari（バリカリ），請她判斷，結果她說，將會找到正在尋找的事物中最好的一個。我認為這意味著會找到妳Karikari最優秀的丈夫，於是我就很高興地回家了。昨天，頭目Sahabari（サハバリ）老大來訪，對我說他因為年紀大了，希望把頭目的位置讓給別人，但在蕃社的青年們裡找不到好的人選，讓人傷腦筋。後來終於找到了，想讓Karuberi（カルベリ）當頭目，他為此找我討論，我對他說，我也覺得很不錯，於是頭目就開心地回去了，妳覺得那個男人當妳的丈夫怎麼樣？如何？」

叔父說得很起勁。Karikari果然是女人，不禁面色羞赧，但這確實是喜事，而且提到了Karuberi的名字，她又高興又害羞，整顆心怦怦然。因為這位Karuberi是蕃社裡出名的傑出男子，也受到頭目的青睞，在Karikari眼裡，常聽說他是個可靠的男人，她自己也覺得是如此。然而，這位男子和其他青年不一樣，不會狎暱毫不拘禮來找她，也沒什麼機會交談，頂多在路上遇見時會相視而笑點點頭。從純潔的女人心來看，這個男人是一位正直坦然的人，多少打動了她。

因為如此，Karikari聽叔父說起Karuberi的名字，心頭一震。

「你說那個擅長射箭的……」她的神情彷彿在說「啊，那個可靠的男人」。

「是啊，就是那個男人，在蕃社很有名的……妳也知道吧，怎麼樣？」

「嗯……」笑著點頭的Karikari將美麗的秀髮往後撥，顯得吞吞吐吐。

用心良苦的叔父老人家，發現Karikari沒有馬上答應，是因為害羞的關係，所以只是莞爾而笑，結果似乎心裡琢磨著什麼的Karikari突然紅著臉說：

「叔父，我昨晚也夢見被蛇咬。」

夢見被帶去美麗的地方接受款待、獲得香菸、被蛇咬到等，都是吉夢，做了這樣的夢，他們認為萬事都會上上吉而高興，尤其是年輕女子夢到被蛇咬，表示將會找到好對象，這是蕃社所有人都深信的夢占。

叔父聽到Karikari夢見被蛇咬，輕輕拍著她的肩膀說：

「這樣啊，那是上上吉，神將Karuberi賜給妳當丈夫。哈哈，反正一切都交給我吧。打擾妳很久了，近期會把事情辦妥，好嗎？妳就先等待消息吧。我這就走了。」

於是叔父心滿意足地回去了。被留下的Karikari看起來很高興，但又有些放心不下，遲遲沒有動手再織布，只是呆然想著事情。雖然如此，但她確實很高興，蕃社裡最受好評、未來要當頭目的男人，將要成為自己的丈夫！而且她自己也覺得那個男人是很可靠的。

過了三四天，叔父帶著Karuberi來找Karikari，Karikari又高興又害羞，但還是盡心款待他們。她送走客人回到房間後，發現Karuberi坐的椅子完全沒有移動，見狀的Karikari高興地露出笑容看看下方，結果發現椅子下放著用腹圍包裹的檳榔果實與Bira（ビラ），Karikari不禁紅著臉說：「唉呀！真的是Karuberi

啊。」客人離開時，不被那家人察覺而暗地裡將這樣一包東西放在椅子下，且椅子沒有移動，即表示客人回去後，其家人將會向對方的女兒求婚，這麼做是一種通知的舉動。依這個蕃社的習慣，客人回去時，一定會將自己坐的椅子稍微移動，也就是說，沒有移動就是為了傳達前述訊息。

知道此事的Karikari急忙跑去叔父家，經過種種討論後，終於決定招婿。Karuberi家以五部車載著檳榔果實運到女方家，女方家則要備酒款待。女婿還要備齊新娘的衣物，結束後，女方會帶著餅造訪男方家並接受款待，就這樣雙方成為夫妻。話說，他們有個不可思議的風俗，這個蕃社的夫婦在孩子未出生之前不會同居。首先，新婚之夜新郎會站在新娘家門口，新娘則將檳榔果實放在院子中央，呼喚丈夫進來。新娘的家人見女婿進來後，都會佯裝不知而就寢。如此，女婿沒辦法，只能獨自咬著檳榔果實等待黎明第一聲雞啼。此時新娘會說：「為什麼那麼客氣？」然後答應讓他進門。翌日深夜，新郎便會前去找新娘，這樣持續到小孩出世為止。不覺得是很奇怪的風俗嗎？如果生了小孩，大家都會說夫妻感情很好，贈送他們各種禮物。

Karikari和Karuberi這對夫妻雖然沒有小孩，但還不到一年，感情好得令人稱羨。這期間，Karuberi被頭目任命為副頭目，好事連連，也讓叔父心滿意足，他希望接下來這對夫妻會有可愛的孩子，因此日夜向神祈禱。失去父母後一直將叔父當作親人溫柔以待的Karikari，其夫婦的真情讓老人家高興落淚。

三

然而世事難料，俗話說福禍相依，蕃社人們稱羨的Karikari夫妻身上發生了不得了的事。婚禮舉行後約一年半，在某個夜裡，Karikari很高興告訴丈夫她懷孕了，夫妻很欣喜，立即通知叔父。這件事情很快就被蕃社人知道而引起關注，有人贈禮、有人祝賀，從各方送來了許多禮物。依照此蕃社的風俗習慣，新婚夫妻懷孕時，會致贈他們兩樣東西，一個是Babawan（ババワン），以長一丈六尺的竹子，大的二十支、小的十支，和長五尺寬一尺三寸厚二寸的Romo（ロモ）當作地板而製成。另一個是稱為Kiyarugan（キヤルガン）的床，是以小竹組成六尺窗簾，和寬二尺八寸的Irai（イライ）、Romo板組裝而成。這些物品在Karikari家堆積如山。Karikari家也連續好幾天因為招待客人而忙得不可開交。

招待客人的事告一段落，夫婦兩人都筋疲力盡，正開始過著快樂的日子，此時卻發生了戰爭。據說是北方的敵人要進攻過來，於是整個蕃社為了準備戰爭忙得昏頭轉向。特別是此次戰爭，因為頭目年老，將由副頭目的Karuberi擔任總大將。Karikari為了張羅丈夫出征所需而忙東忙西，叔父夫妻也過來幫忙，悉心照料他們。

「喂，Karikari！這次戰爭Karuberi擔任總大將，一定會順利取得勝利的！」叔父一個人興致高昂鼓舞Karikari。雖然Karikari擔心丈夫離家出戰，但也說服自己丈夫的能力很強，因此她勤奮工作支持丈夫。Karuberi因為成了Karikari的丈夫，曾引起蕃社青年們的羨慕與嫉妒，但實際上他既有實力也有人望，加上頭目出面勸說這些青年們，因此年輕人之間的心結就解開了。現在大家都已下定決心，要在這位大將的帶領下為蕃社盡力，因此他們士氣大為奮發。

即將出征時，總大將Karuberi向眾人大喊詢問：

「喂，你們當中有沒有人連續三晚做吉夢啊？」結果其中一位壯丁走出來說：

「有。」

「嗯，你嗎？做了什麼夢？」

「是！我最初夢到有人送我檳榔，是一個老人說要給我的。」

「嗯，然後呢？」

「接著是一個很美的地方，像是一座寶殿，被前一晚那位老人硬拉去。然後第三晚，不知從哪來的子彈，打中了我的肩膀！」

「嗯？你說中彈？這的確是吉夢，那就由你來祈禱吧。」

Karuberi說完之後，把手上裝著青色琉璃珠、青色小石與水的葫蘆拿給他，這位壯丁拿著它走到附近集會所的院子，向四周唸了咒語：

「我們現在要去討伐敵方，期望我社取得勝利！」然後對著天空祈禱：「日神啊，祖先啊……」

於是在Karuberi一聲令下他們開始進軍。蕃社的老人、婦人祈願他們凱旋而來送行，其中也包含叔父夫妻和Karikari，他們都來歡送英勇的Karuberi。

像這樣進軍是這個蕃社的習慣。

Karuberi所率領的軍隊以旺盛的氣勢前進，他們翻山涉谷，幾十天之後終於抵達敵方的陣地附近。山腳下的河川前有棵老樹，當眾人在樹下休息時，三個哨兵飛奔回來，告知目前已相當接近敵方，於是眾人士氣昂揚。此刻Karuberi叫喚出征時做了吉夢的壯丁，對他下令：

「喂，已經接近敵陣了，來吧！還是由你來祈禱吧。」壯丁立刻準備，完成後，走到眾人面前開始祈禱。首先將叫做Tatobukku（タトブック）的容器拿出來進行祈禱，另外也拿出以茅草做的槍、刀、長槍，以及仿效蜂窩的製品。最後祈禱結束後，把這些物品視為敵方的東西而全數毀壞，用力扯開茅草，再將青色琉璃珠與青色小石綁在茅草中央，然後連同Tatobukku一起用力踩壞，最後再把這些東西丟向敵人的方向。接著就要展開一場箭矢滿天飛、和敵人正面交鋒的激戰了。

以Karuberi為首，眾人抱著必死覺悟奮戰，朝著敵人的陣營拚命突擊。連當時在北方有名的強軍，也無法抵擋氣勢凶猛的進攻，他們喊著：「快逃啊！快逃啊！」在山上如鳥獸散。聰明的Karuberi阻止乘勝追擊的眾人，那天他戰勝了，於是在當地紮營，一方面向蕃社傳送捷報，一方面以酒、豬等戰利品舉行祝宴。

四

此時蕃社那邊，留守的老弱婦女不分晝夜，誠心誠意向神祈求戰勝，殷切期盼捷報到來。結果Karuberi派遣的第一位使者帶著捷報回來，於是蕃社的人們動員起來慶祝謝神。此後Karuberi的使者接二連三回來，每個都是我軍大獲全勝的通知。人們心想他們即將獲勝凱旋歸來了，大家只要聚在一起就討論凱旋的事情。一邊留守一邊貼心照料出征家庭的Karikari也很期待見到凱旋歸來的丈夫其英勇之姿，終日翹首盼望。

不久後，最後的使者回來告知，再打一場，我方就會勝利歸來。接著下一個使者回報，將會於四五日後返回。整個蕃社為了迎接此次的大勝凱旋而忙著張羅，很快地，這四五天的等待就在忙碌中過去了，他們一切都已備妥，只要一個號令就可以出發去迎接。就在凱旋預定日的早晨，一個少年到部落的郊外，聽到「砰砰」的槍聲和「喔！喔！」的歡呼聲，他想「凱旋回來了！」於是馬上回去通報。聽到消息的老弱婦女，每個人都拿著一瓶酒，走到蕃社外某處。一抵達就聽到附近有凱旋勇士們發出的槍聲與「喔！喔！」歡呼聲，眾人已經迫不及待。凱旋勇士途中頻頻開槍與發出歡呼聲，以及聽見後人人各拿一瓶酒出來迎接，都是這個蕃社的風俗之一。

就這樣返回的一行人在村外受到迎接，在那裡稍做休息，痛快喝下迎接者帶來的酒，頓時精神為之一振，瘋狂跳起舞來，然後所有人一起回到蕃社。由出征時祈禱的壯丁先向神——包括太陽、月、七星，與祖先報告戰爭結束，獲勝凱旋。凱旋儀式於是結束，接著就是豪飲、歡唱、狂舞。他們依規定，婦人來歡迎時，別說她的手，連她拿的東西都不可直接碰觸，若要拿取的話，必須先放在地上再拿。儀式結束後，久違的Karikari夫婦很愉快手牽著手回家。Karuberi擊敗敵方立下奇勛，勢力如日中天，成為一位了不起的人物。

然而不知是否因戰場苦勞所致，Karuberi突然病倒，情況很不樂觀。不只Karikari和叔父夫妻，蕃社人們都很擔心，他們行巫術、祈禱、準備藥與食物等，盡心盡力做了各種努力。但也許是命數，雖然Karikari悉心照料，但仍回天乏術，最後Karuberi還是過世了。蕃社所有人都哭泣悼念，失去可靠丈夫的Karikari，失控地日日悲嘆不已。周邊的人都很不捨，但也不知道該如何安慰她。儘管如此，他們想總不能一直這樣下去，於是蕃社的人們一起合力舉行葬禮。說是葬禮，當然沒有墳墓，通常是病人臨死時，家人們呼喚他的名字、大喊詢問「你為什麼會死？」，病人呼吸停止後，將他的頭轉向房子後方，臉對著天空，枕邊供奉米，當日家人禁食。之後蕃社的男人們會集結過來，合力在屋內挖掘洞穴，用布包裹屍體後將其埋葬。然後在門口插放一支長槍，分別於左右供奉一顆檳榔果實，在屋內撥開檳榔果實，裡面放入琉璃珠，然後放在芭蕉葉上。巫師先向天報告死訊，並祈禱亡靈不要回來惹禍，在家人、親戚頭上灑下些許水，原地轉三圈後，再繞著屋子周圍走，家人跟著巫師走到外面，走了大約三町後[1]，巫師會丟棄檳榔果實。接著走到河邊，向河神告知死訊，並祈禱死者親戚、家人們來此洗衣時請勿發怒，左手持茅草沾水潑灑在身上。然後巫師會將茅草尖端束起來，放在路中央，跨過茅草吐下口水許願，請天靈不要再追過來，

[1] 譯註：一町＝一〇九・〇九〇九一公尺。

接著頭也不回地歸去。遇此突如其來的災難，Karikari也一一完成了這些令人不快的儀式。

Karikari為丈夫的凱旋與功勛而高興才沒不久，就發生了這樣的事。不僅如此，她突然感到陣痛，生下了如珠般的女兒。之後不知怎麼，可能是瘋了，她對生下這個孩子感到痛苦，緊閉家門不願和任何人見面，就只和孩子兩人一起過日子。光陰似箭，她生下的女兒已經長大，如今七歲了。然而母親Karikari並未對女兒的成長感到喜悅，深信丈夫的病死與女兒的出生，一定是自己年輕時造孽的懲罰。她打算為贖罪而拋棄女兒，下了如此可怕的決心。在某個夜晚，她決定先將女兒拉來膝邊，向她說明理由後便將她拋棄。她先製作了一個箱子，把女兒放進裡頭後對她說：

「女兒啊，Anshiu（アンシウ）！妳現在要去別的國度了！妳要好好聽我說，母親我年輕時造孽太深，我所受的懲罰，就是將妳捨棄，必須做出這種可恥的事。只要我活著的話，我們應該還有機會見面，那時候我們就用這把湯匙當作信物吧！」

她說完之後，給女兒看了看大湯匙，此時她已極度發狂，不顧女兒大喊哭泣。竟有這種可怕的母親，將裝著女兒的箱子扛在肩上，前往河邊，打算將它流放到海裡。但也許終究還是有罪惡感吧，她閉上眼用力將它丟入河裡。我想她應該是個力氣很大的女子。竟有這麼狠心的女人，眾人聽聞此事後，都覺得她已徹底發瘋，從此再也沒有人理會她。

五

被母親裝箱丟棄的女兒流啊流向大海，在波浪間漂啊漂的，很幸運，在海上漂流的第五天抵達近鄰的知本社海岸。剛好在那裡集合的年輕壯丁們發現箱子，將它打開後，發現箱子裡竟有位美麗的女孩面露微笑，他們感到很吃驚。女孩也終於放心了吧，試著安撫這些驚訝吵嚷的人，然後說：

「請別那麼驚恐，我從卑南漂流過來，今後將成為此社的人。」

她說明自己的來歷，眾人聽了之後感到同情，將她帶回蕃社。他們先將此事告知頭目，頭目也很同情她，他將女孩叫到跟前，發現是個比傳聞還要美麗可愛的女孩，他心想，竟丟棄這麼可愛的女兒，簡直是惡魔母親。於是將她當作自己的孩子、女兒，非常疼惜她。結果這個女孩一年一年成長，成為一位很聰明、被公認是蕃社最美麗的人。頭目很寵愛她，如悉心照顧蝴蝶、花朵般地養育她。

女孩漂流時才七歲，一轉眼如今已是適婚年齡。她成為一位既善良又美麗的女子，讓蕃社年輕人們各個春心蕩漾，就像她母親年輕時一樣。曾經從母親那裡聽聞而得知母親過去的這個女孩，依照頭目的意思，讓副頭目Shigashikao（シガシカヲ）入贅為丈夫。那是因為經過各種考量後，認為不應步上母親後塵，因此二話不說便聽從頭目安排而結婚了。這對夫妻感情非常好，三四年間就生下兩個男孩Aepoan（アエポアン）與Naonai（ナヲナイ），他們這一家愈來愈繁榮，接著又生下兩個女兒，眼看已是四個孩子的母親了。

哥哥Aepoan今年已十七歲，弟弟Naonai也十五歲了，母親Anshiu看著院子附近檳榔樹蔭，不禁自言自語說：

「啊，檳榔樹！不知道母親是否安康？」剛好在那裡的兄弟聽見了，好奇地問她：

「咦？母親的母親？她現在人在哪裡？」

被這麼一問的Anshiu感到吃驚，但也不能否認，而且心想她在鄰近的卑南社，或許可以和她聯繫。於是對他們說：

「是啊，是我的母親，你們的祖母。」

「咦？我們的祖母！她還在嗎？」

「嗯，不知道還在不在，我很小的時候就離開她了。」

「所以妳也不清楚啊。在……在哪裡？」兄弟認真追問。

「在哪裡？你們的祖母應該在鄰社卑南社。」

「咦？卑南？」哥哥這麼說，弟弟也湊過來追問：

「那個鄰社？」

被追問之下，母親也很想知道孩子們的祖母是否健在。

「對啊，雖然是鄰社，但是我因為某些理由而無法前去……」她這麼說，眼眶泛著淚水。於是兄弟認真商量起來，不久後兩人相視點點頭，哥哥開口說：

「母親，我們有個請求，請妳讓我和弟弟去找祖母，我們去看看她過得好不好。」接著弟弟也按耐不住地說：

「請妳讓我和哥哥一起去！我們去拜託父親吧。」

儘管他們這麼說，Anshiu仍舊無法答應，雖然他們的提議讓她感到高興，但這種事情不好跟孩子的父親商量。然而兄弟一起開口了，到底該怎麼辦？各種想法與煩惱在女人小小的內心裡翻來覆去。

「好不好？」

弟弟這麼說，哥哥也鼓起勇氣說：

「沒關係吧，孫子去見祖母，而且鄰社卑南社和我們關係友好，不用擔心，好不好？請妳拜託父親。」

母親依然躊躇不決，急性子的弟弟便慫恿哥哥說：

「母親這麼躊躇，那就算了，我們這就去拜託父親吧！」

正當母親急忙阻止打算出門的兄弟時，父親剛好從外頭回來，於是兄弟不等母親開口，異口同聲說：

「父親！請你讓我們去找祖母！求求你。」

毫不知情的父親被他們圍著請求，對這突如其來的要求也只能目瞪口呆，於是母親告訴他事情經過，也說明孩子的祖母，即她母親的事。父親頻頻點頭說：「原來如此，我知道了。」最後終於答應兄弟的要求。父親將此事告知頭目，頭目也覺得有理而大力支持。決定派兩名壯丁當隨從，兄弟兩人也各自做好了準備。

做好準備即將出發的早晨，兄弟和兩位壯丁穿著輕裝，心情雀躍面帶笑容，他們向前來送別的頭目、父母親及蕃社人們一一道別。即將出發時，又喜又憂且忍著眼淚的母親衝了出來，突然牽起兄弟的手說：「去吧，一路上小心……。你們別忘記喔，好嗎？你們到卑南社之後，要尋找的目標，是院子有檳榔樹的屋舍，那裡就是祖母的家，千萬別忘了喔！」她重複這麼說，可能心情難以平復，一個人掩面跑進屋內。於是兄弟一行四個人，在蕃社人們的送別下，很有精神地出發前往卑南社。

他們越山涉溪，這樣趕路下來，比預定時間還快，過了兩夜後的早晨，便抵達了卑南社。他們拜訪頭目並說明來意，頭目很佩服他們，特地安排帶路的人。兄弟向頭目鄭重道謝，充滿喜悅地隨著帶路的人抵達目的地——祖母的家。如母親所說，院子裡有兩棵老檳榔樹高聳參天。兄弟感到欣喜雀躍，馬上登門問候，結果有位白髮老婆婆聽到他們的聲音後，停下手邊正在忙的事，走了出來。兄弟心想，這位就是他們思慕已久的祖母，仔細一看，發現她的五官容貌和母親極為相似，於是跑向前一齊說：「祖母！」那位老婆婆大吃一驚，看著兩人說：

「你們是從哪裡來的？是誰的小孩？」老人以困惑的表情看著跪抱她的兄弟。

「祖母！我是您的孫子，Anshiu的兒子，我們請求母親讓我們來找您。」於是將所有他們所知道的事情一一告訴她。老婆婆也回憶起往事，心想，他們雖然說自己是那個裝箱流放的女兒Anshiu的兒子，但她還是懷疑女兒是否還活著？於是說：

「你說是我的孫子？哈哈，我的女兒很久很久以前就死了！」哥哥拚命搖頭說：

「沒有沒有，我們的母親，也就是妳的女兒Anshiu如今人在知本社。」

「知本社？啊哈哈，說什麼傻話，她確實以前就死了。」她這麼說完後，似乎想了很多，然後怒眼瞪視他們並大聲嘶吼說：

「你們這些混蛋，竟然騙我這個老人，快滾！快滾！」想把他們趕走。事情到這裡來，無論兄弟說什麼，老婆婆都聽不進去了。既然如此，至少要拿個信物，於是兄弟不顧憤怒的老婆婆，擅自進入屋內東翻西找，最後找到一把大湯匙，兄弟把湯匙和檳榔果實取走便逃回去了。老婆婆覺得他們拿走那個湯匙，或許真的是自己的孫子，原來女兒還活著，當初實在不該做出那樣惡劣的事，她為自己的罪行感到恐懼而俯身痛哭。

兄弟帶著信物大湯匙和檳榔果實回來，一五一十報告此次卑南行的狀況，並向母親出示他們取得的大湯匙。母親想起這是自己被裝入箱子拋棄時作為信物的大湯匙，不禁回憶起許多往事，同時也為母親發瘋一事感到悲傷，在這種又喜又悲的情緒下，不久後她就過世了。於是兄弟再度拜訪卑南社的祖母，想通知她母親的死訊。但他們找不到祖母，詢問鄰居，得知前陣子有兩個男子來訪，將重要的湯匙與檳榔取走，過兩天後就生病過世了。鄰居說：「發瘋的老婆婆終於死了。」兄弟很失望地回去，從此將大湯匙視為祖母和母親的遺物而珍藏。

其後，在一個清晨，去河邊洗衣服的妹妹遭蛇吞食，兄弟為了殺蛇替妹妹報仇而磨刀等待，但蛇不知躲去哪裡，找也找不到。某日，一位蕃社壯丁來報告，說蛇在河流上游的Muranaoran（ムラナヲラン）。疼愛妹妹的兄弟兩人摩拳擦掌，各自帶著三把磨好的刀前去收服蛇。Muranaoran這個地方是在兩塊大岩石之間，蛇在那裡以鏡子般的眼睛瞪著他們，牠吹出毒氣，讓勇士們感到頭暈目眩。結果不知從哪裡出現一位老人，他「喂喂！」地呼喚兄弟，接著說：

「這條蛇是你們祖母的化身，快去拿湯匙來！快去拿湯匙來！」他話還沒說完就消失了。那是神明護佑！哥哥讓弟弟看守著，急忙回家拿出那把大湯匙，然後又飛奔回來。結果發現弟弟的刀都已被蛇折斷，眼看就要被吞下去，在這千鈞一髮之際，哥哥大喊：「你這傢伙！看過這把大湯匙吧！」將湯匙丟了過去。結果很不可思議，毒蛇被湯匙一擊便斃命了，他們終於順利為妹妹復仇。

此事不僅在蕃社內，也傳到周邊蕃社，所有人都稱讚兄弟的武勇與溫柔純潔的心，因此他們名望日重。由於這樣的聲譽，卑南社的頭目與蕃社人們協議，蕃社名家Karikari家族就讓有血緣關係的孫子繼承，於是央請弟弟到卑南社，弟弟帶著祖母視為信物的珍貴大湯匙前來，並繼承了祖母的家。往後愈來愈繁榮，最後甚至成為頭目。據說如今卑南社仍將這把大湯匙視為寶物而珍藏。可喜可賀。

（完）——大正四年二月八日

*原刊於《臺灣愛國婦人》第七十六號，一九一五年三月一日

下一期是澤利先族的童話。

七人同胞——阿緱澤利先族的童話

生蕃童話第六篇將介紹阿緱澤利先族的童話。如上期所述，由於現今風俗習慣等相當類似，其與普悠瑪族一同歸類於排灣族。尤其澤利先族分布在阿緱廳下，所以與普悠瑪族在臺東卑南一樣，他們皆與以往被稱為排灣的蕃族，在風俗習慣上有些不同，因此流傳的口碑童話也各自不同。在此特別選取該族童話一篇列入生蕃童話裡。而且這個童話是澤利先族特有的，不是更應該好好珍惜嗎？

一

南臺灣有條被稱為臺灣第一大河的下淡水溪，地理書可見記載，而且在臺灣是無人不曉的河流，其下游是名為阿緱的大城鎮，河上有一座人稱東洋第一、很長很長的鐵橋[1]。下淡水溪的上游是四社溪，在尚未到荖濃溪的地方，看得到東方矗立一座名為南大武山的高山，那座山是相當高聳的山，鄰近於緊接蕃界的六龜里小鎮南方。此處所記述的童話，便是以這座山為舞臺。據聞，澤利先族的蕃人都把這座山視為尊貴神聖的山而崇拜，因為這些蕃人認為他們的祖先起源於大武山，從天降臨來到此山，並讓大家在這個地方住下來。因此他們都說這座山是很重要的山。

[1] 一九一三年完工，一九一四年（此連載前一年）正式啟用。

不僅此族蕃人，其他地方的生蕃人，視為神而崇拜的，首先是太陽與月亮，再者是祖先。他們深怕做壞事會受祖先懲罰，是以無論好壞，都將其視為神而崇拜。因此他們對於神——祖先的土地，是相當誠心誠意的，壞事不用說，任何骯髒的事絕對不做，他們訂定如此嚴格的規約，且很謹慎，任何人都不能違反。縱使在其他方面會做壞事，對神、神明，絕不會做出任何壞事。若有人不知情違反或不小心污衊，便要死要活喧鬧，甚至請求祈禱者在神前拚命道歉。即便是智識落後的蕃人也都如此重視這件事，是相當令人敬佩的。澤利先族的蕃人也不例外，對此老老實實堅守。

在這個被視為神聖而受到崇拜的南大武山，不知何時，是在很遙遠很遙遠的過去，無論問哪位澤利先族人，他們都會說是遙遠的過去，那時還沒有人類居住，只有山、雲、河流、樹木與草，連一隻獸類和禽鳥類也沒有，是開天闢地的時代。他們蕃人是尚未開化的野蠻人，只知道自己看過、聽過的事，只知道自己住處周圍的事情，甚至連臺灣四周有海也不知道。因此有山、雲，以及河流，但他們不會提及海，這是多麼可笑愚蠢的事。他們智識落後，見聞狹窄，簡直跟井底之蛙自豪說「再也沒有井底這麼廣大的地方了」沒有多大差別。所以說，所謂要增廣見聞，就是指這種情形吧。

就在這麼個沒有人類、沒有獸類的開闢時代，不知何時、由誰、從何處降臨，在山林中出現一位稀有的人類。他頻頻仰天、環顧四周，像是來到一個陌生土地般張皇失措呆站著。看看這個人，是位令人驚奇的人，完全就是現在我們所謂的仙人，白鬚老人用白布圍住身體，赤腳拄著枴杖。他的白鬚很長，頭髮也又白又長，眼睛炯炯有神，發亮得令人害怕，是這般樣貌。如果不小心在山中碰到的話，任誰一看都會大吃一驚，多半會昏倒，是這般非常非常可怕的老人。老人一副呆然困惑的樣子，他的背靠著森林裡一棵大樟樹的老樹幹，兩手交疊在拄著的枴杖上，不知想起什麼，突然枴杖用也沒用，飛快走向森林出口處，望著天，眷戀似地說：

「嗯，天氣真好，啊，就在那裡，嗯嗯，原來如此……」不知道他在說什麼，他一邊頻頻點頭，看著天空的一方這麼說，然後獨自點點頭。

不久後，老人舉起手上的枴杖，揮舞了兩三遍，又看了天空的一方，這次他莞爾一笑，大聲呼喊：「喂喂！快……」

一副好似呼叫伙伴的樣子，然後又頻頻望著天空，大聲說「喂！喂！喂——」並揮舞著枴杖。大約邊呼喊邊揮舞了十遍後，不可思議的，從遠方天空有個坐在雲上的人急忙往這方向過來，老人見他逐漸接近，欣喜得不得了，更加精神抖擻，繼續大聲喊：「喂喂」。

坐著雲來的一定是魔物，或神，或仙人。他看起來很年輕，但奇怪的是他和老人一樣，只用布圍住身體，而且把長長的白髮束綁在頭上。年紀輕輕卻是白頭髮，這位想必也是仙人。

在雲上跑似乎比在路上跑還要快很多，才見其影子，馬上就清楚看到他的模樣，才看到他的模樣，他就已經來到老人身旁，然後說：「嘿，我來了！」，而且氣也沒喘，一臉沒事的表情。適才那位也是仙人。總之，這裡有兩個仙人從天降臨。

前面揮著仙人枴杖的老人已掩飾不住喜色，撫摸長白鬚說：

「嗯，你真快！我以為沒那麼快，不過剛剛看天空，就聽到你的腳步聲……」他高興笑著。

「喔，是嗎？」這人好像也很高興，笑著說：「聽說您要帶我去，所以我很開心，原本要一起去的，不過因為朋友來道別……」

「這樣啊？不過現在已經會合了，沒關係。」他點點頭，看起來很愉快，拍拍對方的肩膀說：「怎麼樣，是不是一個好地方啊？」

正環顧四周光景的他，被老人這麼一問，於是說：

「啊，景致完全不一樣了，跟原本聽說的完全不同，嗯，是個好地方。這裡就是下界……」
「嗯，對啊，不過這裡是高山，住的地方在下面。」
「喔？在下面？」他感到吃驚，一頭霧水地東張西望，老人笑著說：
「是的，從這高處下去，你看那裡，有藍色的東西吧？那裡就是我們的領土。」
年輕人看著老人所指的河流，說了聲「嘿」，有種被老狐狸欺騙的感覺。
「所以我們要去那裡嘍？嗯，有吃的嗎？」
「有，什麼都有，只要我稍微用這枴杖，不用說人類，什麼都可以製造出來，所以沒問題，走吧。」
老人說要出發後，年輕人阻止他，驚訝地說：
「用那枴杖？」
「嗯，是啊。這是神賜給我的，馬上好喔。」
「所以是真的嗎？」
「真的啊，難不成還懷疑上天嗎，哈哈哈……，說什麼傻話！！」
於是，這兩位從天而降的人……不，仙人便下山了。

二

在雲上走路很快的仙人，畢竟是走山路，尤其在這天地剛開闢的時代，當然沒有什麼路，因此他們似乎走得很辛苦，下山一陣子之後，腳程落後而走在後頭的年輕仙人問：
「還沒到嗎？我們走很久了。」

「已經差不多了，不過還得繼續走。」

「是嗎，還蠻遠的呢，跟坐雲不一樣，很累呢。」

「哈哈，你累啦，那休息一下吧，應該還有一點路。」

「還有多長呢？」

「嗯，我也是第一次來，所以不太清楚。應該沒那麼久吧。」

「不過，有這麼多樹和草，要我怎麼走。」

「是啊，和雲上不一樣。」

「對呀，真讓我意外。」

「哈哈，你真沒用，像我這樣的老人都沒說什麼，你講那麼多喪氣話怎麼行呢？」

「因為真的不習慣……」

「是啊，雲上國的人第一次來下界，當然受不了走難行的路，我也感到困擾啊，不過這種時候就是要忍耐，再忍耐一下，就可以走到好地方，到時候就輕鬆了。」

被老仙人這麼鼓勵，年輕仙人只好再度啟程。

忍耐真的很重要，兩人拖著疲憊的步伐，相互鼓勵「再一下、再一下」，渡過谿壑，在山峰與山谷間爬上爬下，終於來到森林和河川附近開闊的地方。

「差不多到了吧，我們走很久了。」年輕仙人疲憊不堪地說。

「哈哈，你累啦，請放心。」

老人笑著撫摸白鬚這麼說。不過年輕仙人沒那麼悠哉，他很希望對方說已經到了，因此說：

「你說我累了，可不只這樣，我已經筋疲力盡了……」

「哈哈，明明那麼年輕，真是可憐啊，不過還蠻佩服的，挺能忍耐的呢。」

老人還是不說就在這裡，所以年輕仙人焦急而憂慮地問：

「到底怎麼樣，你佩服不重要，請快點說那個好地方在……」

「唉啊唉啊，別那麼急嘛。」

「不過，我已經無法再往前了。」

「沒關係，我就說沒關係嘛。」

「但我還是很擔心……」

「哈哈，那麼擔心嗎？」

「你問我那麼擔心嗎？別開玩笑了，我拚了命走到這裡，到此為止了。」

「是是，不用那麼擔心啦。」

「不過如果還要走的話……」

「已經不行了嗎？」

「對……」年輕仙人精疲力竭又帶有怨氣這麼說，顏面那些都不顧了，已經失望透頂，就只是猛嘆氣。光看那樣子，真是可憐極了。

老人見狀，覺得他很可憐，但如果在此同情他，對他說體貼話，因為還有一些路，這樣反而會讓他更喪氣，所以覺得非鼓勵他不可，因此突然改變態度，很嚴厲地說：

「喂，只有這麼一點路，不要說喪氣話，你看老人家我，你這樣子真是……」

老人怒氣沖沖喝斥他。原本落寞沒精神的這位年輕仙人，或許對老人的元氣又驚訝又羞愧，突然虛張聲勢地說：

「等、等、等、等一下！我也是個男人，是天國之人，即使是神群裡的小輩。聽您剛剛說那番話，我再也不能默不作聲毫無作為。只不過是這麼一點小事。」於是他提起精神。

見狀的老人心想他終於提起精神而感到欣慰，但仍假裝驚訝地說：

「哇！好有精神。」拍著他的肩膀問：「聽我那番話，你那麼不甘心啊？」

「是啊，真的很不甘心。」從他的表情明顯看出他的懊惱。老人心想一切都如他的計畫，因此暗自竊喜。微笑頻頻點頭說：

「是嗎，那麼我就放心了。所以可以繼續走嘍？」

「對啊，可以走……」年輕人雖然振作精神，但那其實只是虛張聲勢。

「這樣啊，真的嗎？」

「對啊，沒問題。」

「沒問題啊？這樣啊，那麼走吧！不過，前面還有山還有谷，沒問題嗎？」

「是啊，沒問題，叔父，您說話好囉唆啊……」他語帶火氣。

或許老人聽姪子說話的樣子覺得可笑，所以放聲哈哈大笑說：

「哈哈，我那麼囉唆嗎？但我總有點擔心。唉，這是一種老人的雞婆心吧。不過話說，你突然提起精神，說起話來很了不起的樣子，先前那副德行是怎麼一回事啊？說了一堆喪氣話，老人會擔心也不無道理吧，是不是？」

薑還是老的辣，老人巧妙切中要害，年輕人不禁臉紅，老人露出調侃的笑臉，雖然如此，年輕人既然被抓到罩門也就沒話說了。但還是不能這麼默不作聲下去，因此他說：

「啊，叔父，剛剛是剛剛，我已經改變心意了，這樣沒關係吧，我已經沒問題了！出發吧！」

這次由他主動說要出發。

「啊，等一下。」

老仙人用手阻止他。

「不用才說完就立刻行動！接下來沒什麼大不了的，你那麼有精神的話，我就放心了，不用走路了！用不著走路了。」

這次老人說了莫名其妙的話，那位年輕仙人心想，這次又說了奇怪的話呀，於是露出不解的表情說：

「您說不用走，這麼說很奇怪呢，剛剛才說要走要走……」

老人完全不聽他的話，一副年輕人說到重點似的。

「嗯，我想你會覺得我說了很奇怪的話，哈哈哈，也難怪啦，先聽我說吧，是這樣的。」

老人說明如下：

因為既然從天國下來開拓國家，忍耐是最重要的。所以，雖然你疲憊不堪很可憐，但我想，就這麼一點事就被打敗，這樣不行。因此為了鼓勵你，實行了剛剛的計畫，計畫如預期順利進行，所以接下來就用這支魔法楞杖呼喚雲吧。年輕仙人聽了這番話，為老人的想法感到欣悅，緊緊握著老人的手，很有男子氣慨且決然地說：

「啊，謝謝您。我會抱持這樣的覺悟，不再說喪氣話。」

於是老人揮舞了那支楞杖，結果不可思議的，雲就降落下來了，兩人便坐上它飛向遠方。

三

坐上雲的兩位仙人，神情悠閒帶著笑容，年輕仙人牽著老人的手，在老人的前方很有活力行走著。後面的老人也愈發有精神，有時候好像說了什麼有趣的事，雲間還會傳來哈哈哈哈、啊哈哈哈的笑聲。那裡相當好走，行程有大幅進展，原本在眼下渺小的樹、一片漆黑的森林、像白布條的河流等，很快就近在眼前，樹木高聳得令人驚訝，原本看來一片漆黑的地方是森林，看起來像白布的河川，如今已可聽見其轟轟震耳的流水聲。

或許因為走在雲上一點也不累，那位年輕仙人格外有精神地說：

「叔父！太輕鬆了。」

見狀的老人呵呵笑說：

「啊哈哈哈…，你還真是有精神呢！」

「是啊，聆聽叔父的話之後，我就精神百倍了。」

「哈哈，是這樣啊，那太好了。怎麼樣？雲上的路很輕鬆吧。」

「嗯。」年輕人這麼回答，然後又嘿嘿嘿笑著說：

「當然啊……」

「很輕鬆吧。」

「很輕鬆啊，跟之前完全不一樣。」

「哈哈哈，這樣啊。嗯，快到了。」

「快到了，快到了嗎？」

「對啊，就在那裡，你看得到那黑色蒼鬱的東西吧，那黑色的……」

「啊，就那黑色圓圓的……」

「嗯，是啊，那是森林，你看到右邊那看起來像鋪白布的吧？」

「有啊，像一條雲一樣。」

「是的，那就是河川溪流。」

「啊，那就是河川？是這樣啊。」

「是啊，那是河川！那河川和森林之間，就是我們現在要去的地點，你看，就在那裡。」老仙人用枴杖指著它。

年輕仙人看著老人指向的地方，那裡有寬敞、像是草原的地方，他心想，以後我們兩人將在那裡建立據點。結果他們已經來到目的地的上方，年輕人說：

「已經快到了，就在那裡，嗯，就是那裡吧。」

他用手指著老人告訴他的地方。

老人頻頻點頭。他們逐漸接近那個地點，年輕人忽然很用力地牽著叔父的手說：

「叔父啊，都沒有人吔。」

他這麼說，很不可思議般地從上方觀望那裡，像自己一樣形體的東西一個都沒有。因此問：

「怎麼一回事呢？都沒有人。」

「嗯，當然沒有人，只有我跟你兩個人。」

老人若無其事這麼說。

「咦？只有兩個人？叔父！」

「是啊，這裡又不是天國，怎麼可能有我們的伙伴？」

「你這麼說也對，但沒有人真是寂寞。」

「嗯，的確很寂寞，但是由我們來開拓這個地方，應該很有趣吧。」

「是啊，那的確應該很有趣，但從天國來到這裡，總覺得奇妙。」

「當然奇妙啦，下界也有下界的好處，哈哈哈哈……」

老人悠閒笑著。

不久後，兩人平安無事抵達目的地，於是安心了，他們以森林為家，以果實果腹，終於在此地建立據點，聽說這就是至今仍存在的Batain（バタイン）社。

因為此處是兩人受天國女神命令而降臨開拓的地點，因此兩人以森林為家，做了種種努力，各自擴大領地。老人的魔法枴杖非常便利，需要時使用那枴杖，只要一揮，任何需要的東西就會出現眼前。凡兩人一想到需要什麼，老人便會在口中喃喃自語，專心揮舞那枴杖，便能輕易變出需要的東西，任何東西都如願出現，至今無論是食物或其他物品，應有盡有。兩人非常樂在其中，從未想過要返回天國，專注而拚命地開拓土地。

過了一段時間後，某日，早上就外出的年輕仙人帶著不解的神情回來，老人問：

「喂，你怎麼了？」

年輕人被這麼一問，原本不解的神情又加深一層，他說：

「叔父啊，發生了奇怪的事。怎麼說呢，真不可思議。」

他一個人又說不解、又說不可思議，於是老人追問：

「到、到底是怎麼了？你一個人在那邊說不可思議，我根本不知道是什麼事情不可思議，你說，到底怎麼了？」

於是年輕人終於稍微冷靜下來，他說：

「對了，叔父，您曾說過這裡是下界，沒有像我們一樣的人吧。」

「嗯，對啊，我說過。」

「對嘛，所以我才說很不可思議。」

「為什麼？」

「你說為什麼，請聽我說，我剛剛不是去森林的另一邊嗎？結果聽到從來沒聽過的奇怪聲音，心想不可思議，往那聲音的方向走，結果嚇死我了，那裡竟然有像我們一樣的人，而且有七個人。」

「咦？七個人？」

老人也感到驚訝，完全出乎意料，頻頻側著頭，覺得不可思議。

「像我們的人？嗯，照理說是沒人的，七個人？是大人嗎？」

「不是，還是小孩。」

「他們聽得懂我們的話嗎？」

「是啊，聽得懂！」

「什麼！竟然聽得懂？」

他更加驚訝，眼睛瞪得又圓又大。

「聽說這七個人是兄弟姊妹。」

「嗯，你說七個人，然後是兄弟姊妹？是嗎，他們在哪裡？」

「就在這附近，在森林的另一方。」

「是嗎，那麼明天去拜訪他們。」

老人想著什麼似的，露出難以置信的神情。

四

隔天老仙人由姪子帶路，穿越森林，來到另一邊。果然如姪子所言，在某個山邊的岩石旁，有形體和他們一樣的七個人。

「喂，你說那些人嗎？你說的那七人兄弟姊妹嗎？」

「是，就是他們。別看他們那樣，他們聽得懂我們說的話。」

「是喔，那真令人佩服！他們看起來感情很不錯，你先跟他們搭話看看吧！」

「你說我嗎？」

「是啊，什麼都好。」

「不過，他們是什麼人啊？傷腦筋哪。」

「傷腦筋？沒關係，說什麼都好。」

老人一這麼說，好像想起什麼似的，拍了拍膝蓋說：

「對了，你呼叫他們『喂喂』吧！」

「要叫嗎？」

「是的。」

「那我要叫嘍！」

「好啊！」

於是姪子大聲呼叫，對方似乎聽到了，七人當中看起來是兄長的人來到他們面前。姪子問：

「喔，聽得懂？」

「你不是叫我們嗎？」

「是啊，我叫了，叔父啊，他們聽得懂吔，我叫了，他就來了！」

「是喔，那太好了！」

老人慢慢走到他們身邊。

那個小孩一見陌生老人，驚訝得想逃跑，於是老人說：

「等、等一下！不用逃跑，沒什麼好害怕的，哈哈哈哈，你沒看過老人吧？別怕，我不會把你吃掉，不用逃跑啦，別擔心、別擔心。」

雖然老人這麼說，但出現一個從未見過的怪人，小孩還是感到無比害怕而手足無措。姪子說：

「喂，別擔心！別害怕！」

「真的嗎……？」

他終於停下腳步回答姪子。於是姪子立刻走到他身旁，說了一些安撫的話，終於讓他放心，姪子將他帶到老人面前，老人說：

「哈哈，你終於放心了，哈哈，我不會把你吃掉，也不會把你殺掉。」

「是嗎，真的嚇死我了！」

「唉呀，那真是可憐。」

老人帶著苦笑，然後接著說：

「你應該很驚訝吧，我聽說你們的存在時也感到很驚訝。」

老人對他這麼說，他還是盯著老人默不作聲。老人拿他沒辦法，問了很多問題之後，又問：

「你是長男嗎？」

結果，他首度回覆：

「是的。」只回了這句，老人又問：

「所以後面有六人，是嗎？」

他回答：「是。」，然後忽然露出很猙獰的表情，抖著聲音說：

「你到底是誰？從哪裡來？」

他神情嚴肅詢問老人。結果連老人也很驚訝，不過他還是說：

「哈哈，我們從這個森林的另一方來。」

「森林的另一方？是在那裡出生的嗎？」

「不是，是天，天國喔。」老人這麼說，用枴杖指向天。

少年聽他這麼說，忽然很驚訝似的，眼睛瞪得又圓又大，他說：

「天？是天國嗎？」

年輕人泛著淚光。

「你是天國的仙人啊？是這樣啊……」

他重複說著，然後又說：「跟我們一樣啊。」

「你說一樣？你也是嗎？」

「是的，我們從天國來，很久很久以前，我們和父母親一起下來的，老么出生不久後，父親就過世，後來母親也過世，如今只剩我們七個人。」他流著眼淚這麼說。

「這樣啊，真可憐！」

連老人都被打動了。

「是嗎，那真是可憐，你們很困擾吧。」

「是啊，最小的妹妹很可憐。」

「啊，對噢，真是的。」

老人深切感到同情，用手擦拭眼淚，說：

「所以，是你這個哥哥照顧他們吧？這樣啊，真是辛苦。」

「是的，不過因為有我和長女，所以還好。」

「喔，還有一位姐姐，這樣啊，那不錯。好吧，要不要把他們都帶過來，如何？」

少年的心防已然卸下，不疑有他地說：

「好，那我去把他們帶過來。老先生請您等一下，我會馬上帶他們過來！」

不知道少年在想什麼，只見他神情果敢地出發了。

老人與姪子兩人在某棵樹下一邊等待一邊討論今日不可忠議的奇遇，結果，可能是哥哥已經向他們說明過，兄弟姊妹七人都很高興似的，迫不及待跑了過來。

帶頭的是剛剛那位少年，他一看到老人就雀躍地說：

「大家都來了！」

連同他，所有人排成一排。

「哇！歡迎你們來，真不簡單。」

老人莞爾看著每個人的臉，說：

「這樣啊，七個人都到齊了。來，你叫什麼名字？」

他問長女。長女靦腆地說：

「我，我叫Mokai（モカイ）。」

於是他接著問兄弟姊妹們的名字，七個兄弟姊妹的名字分別是：長女Mokai，長男Sakinu（サキヌ），次男是Burarugan（ブラルガン），三男是Buraruen（ブラルエン），次女是Rarumugan（ラルムガン），三女是Karui（カルイ），四女是Tesaraban（テサラバン）。

「嗯，真是一群好兄弟姊妹。」

老人頻頻稱讚，最後決定將這七人作為姪兒的養子而認養。

五

俗話說得好，神會保佑老實、正直、感情和睦的家庭。這些純良的兄弟姊妹被救助之後，很長一段時間都過著很快樂的生活。白髮老人很久以前就過世，如今七個人與姪子仙人一起生活，身為父親的他受到家人的敬重。這是一個很和睦的家庭，誰都不會口出不平之言，因此家裡如春天般悠適快活，開懷與歡樂的笑聲總是不斷。

有一天，父親仙人不經意地在森林裡遊走時，看到次男Burarugan呆然站立，專心思考著什麼，父親向他搭話：

「喂，Burarugan！」

發現父親叫他，他望向父親，跑了過來。

「父親大人！怎麼辦？」

這麼說的他，突然抱住父親的大腿。父親感到驚訝，問他：

「怎麼了？這麼突然，到底發生什麼事了？」

他流著眼淚說：

「那個……我……有人要我回天國。」

「回天國？是誰說要你回天國呢？」

被父親這麼一問，他忽然看了看四周，然後說：

「那個，剛剛我在森林裡，祖父跑過來對我說：『Burarugan，你是天之子，要回天國去。』」

聽到此事的父親也感到驚訝，說：

「那個祖父嗎？」

「是啊，是他。」

「就是那位我們家的祖父嗎？」

「是的，他說他跟您提過。」

聽了這番話後，父親也大吃一驚，因為父親前一晚做了同樣的夢，在夢裡叔父出現，對他說：「次男Burarugan是天之子，所以讓他昇天。三男Buraruen就讓他隨河川往南流。這是天國女神的命令。」因此，聽到兒子這麼說，他非常驚訝，但這是天國女神的命令，無可奈何，而且老仙人也已向次男本人說過，所以他也看開了。

「我已經看開了，這是我們主人女神大人的御命。Burarugan，沒辦法啦，如果拒絕遭到懲罰也不好，來吧，回去向大家道別吧。」

於是他可憐兮兮地哭著回家。

被父親帶回家的Burarugann，哭著坐在手足們面前說：

「我要去天國了！」

聽了這話的兄弟姊妹們，因為突如其來的報告而感到非常驚訝，只說：「咦！」

後來姐姐Mokai終於開口說：

「唉！怎麼這麼突然……」

於是父親仔細說明前因後果，曉諭他們「這是女神大人的命令，沒辦法！」雖然大家接受了，但總感到依依不捨。

父親為大家的決斷感到欣慰，雖然不捨，但凡事由天國的大王與女神所支配，其命令不可違背，這位向來以正直、親切、老實聞名的天國仙人，其可愛的孩子昇天，無疑是受到女神的厚愛，儘管捨不得，但這種情形也不能多說什麼。而且想到Burarugan與父親、手足離別的決心，他也豪邁地做了決定。到了終於要昇天的日子，父親很有氣概、沒有眷戀似地說：

「喂，Burarugan，你終於要去了。」

Burarugan很有精神地說：

「是的，我要出發了！父親大人，謝謝您的照顧，姐姐、哥哥！弟弟、妹妹！」

即將昇天時，父親阻止他：

「等、等一下！就要離別了，沒有什麼話要說嗎？」

於是他想了一下之後說：

「對了，有個願望想拜託您！以後的今日，每五年殺一隻豬給我，只有這樣。」

他一說完，就坐上降下來的雲，然後消失在遙遠的雲間。這個澤利先族的蕃人，每五年舉行大祭時，一定會殺一隻豬供奉，此習俗至今仍未斷絕，據聞這是源自於Buraragan的故事。

次男Buraragan昇天後的第三日，三男Buraruen也因女神的命令而即將前往南方。據說父親去釣魚的回程，在森林裡Buraragan曾經佇立的那個地方，看到三男和陌生老人站在一起，於是向三男打招呼，結果旁邊的老人走過來說：

「是你嗎？這小孩的父親？」

雖然父親覺得不可思議，但回答說：

「是，我就是這小孩的父親。」

「是嗎，那太好了，請聽我說，其實我受女神天國主人的差遣，來迎接這個孩子Buraruan去南方，你應該也知道吧？」

父親聽了很詫異，誠如昨夜的夢，他早就知道此事，心想這也是女神的命令，無可奈何接受之後，先帶三男回家，和當初Buraragan一樣，讓他與家人道別。

即將出發時，Buraruen來到父親面前，向他鄭重道謝：

「父親大人，謝謝您的照顧。」

接著，他握著父親的手，拜託他一件事。

「和哥哥那時一樣，我離開之後，第三度大祭時，請找來一隻五色毛的豬，將牠投入河流讓我享用！這是我的願望。」

留下這話之後，三男Buraruen就沿著隘蓁溪往南，從此不知去向。在這個蕃地，至今仍有殺豬並以肉投河的習俗，據聞即來自這個傳說。

七個手足裡已經少了兩個人，不知何時，姐姐與最小的妹妹也不見蹤影，引起一陣混亂。根據三女Karui所說，次女Rarumugan聽到她們在討論造人的事，於是到後面的小屋窺探，結果令人驚訝的是，她們兩人以肚子膨脹的狀態死去，製造中的人也已死去，這下糟了！這引起很大的騷動。結果不可思議的，不知從何處來了一隻猴子，照顧已死去的兩人，在猴子的細心照料下，不僅她們兩人復活，甚至還多了一個小孩，因此長女Mokai搬遷到Rabaru（ラバル）蕃的Tabasan（タバサン）社，創立了該社。至今此蕃社仍有Bakutabai（バクタバイ）的家庭，據說他們是Mokai的子孫。

長男Sakinu與姐姐、弟弟們離別，不知道是不是有什麼想法，其後隱居於Chiyarishi（チヤリシ）社上方三丁左右的森林裡，再也不出來，數年之後，有人說看到他昇天。至今這個森林，一說是Sakinu（サキヌ），一說是Barishi（バリシ）之林，是一個神聖的地點。

第四個女兒Tesaraban一度死亡，但因猴子的慈悲而復活，留在Bakain（バカイン）社，致力於造人，並生下很多小孩。據說她的小孩創立了排灣社，Mahariyuu（マハリユウ）的家庭，是Tesaraban的子孫。七個手足的子孫都繁榮至今，可喜可賀。

（完）——大正四年二月十日

下一期是雅美族的童話。

*原刊於《臺灣愛國婦人》第七十七號，一九一五年四月一日

太陽國征伐——臺北泰雅族的童話

生蕃童話第七篇原訂介紹紅頭嶼雅美族的童話，但因材料蒐集上有些不便，因此將延後刊登，此次改登泰雅族童話。從地圖上可以清楚看到，泰雅族蕃人居住地是從本島南北分界（濁水溪流域與埔里社窪地）到北部山地，是相當勇悍的蕃人，以協力討伐生蕃聞名的卡奧灣蕃也是其中之一。他們廣泛分布於臺中、新竹、宜蘭、臺北等蕃界，無論是哪個地區的泰雅族，臉上都有刺青，與賽夏族、賽德克族統稱北蕃。由於這群蕃人以勇悍聞名，因此在其眾多童話中選擇一則勇猛的童話。

一

這是在從前從前一個遙遠時代的事。據聞泰雅族祖先居住的某山地，那裡有許多高聳直到天際的山群，岩上激起白色泡沫的滔滔河流，以及蒼鬱繁茂的森林，景觀令人驚異。但比這些高山還要高的天空裡有天國，那個國度由兩位大將所支配。支配者的大將其實是至今仍閃耀的太陽，也就是現在人稱太陽公公的赤日。天國有兩個太陽實在是很不可思議，雖然現在只有一個，但以前古老的年代曾有兩個，那時倒是沒有月亮。於是在泰雅族祖先生活的那時代，兩個太陽交替出現，他們高舉手上又熱又亮的寶珠，照射著人們居住的地界，一個下去後便換一個上來，因此只有白天沒有夜晚。後來那時被稱為五勇士的人征伐太陽，平息太陽國，從此太陽變成一個，並多了月亮，像今天一樣有了白晝與夜晚。在此將記載這個勇猛的太陽國征伐故事。有兩個太陽！那不是相當有趣的事嗎？而且竟然還有征伐它的勇武事蹟（？），不覺得很有生蕃人的作風嗎？

勇猛的故事由此展開。

有一天，從蒼鬱森林裡跳出一個蕃人，他對突然照射頭上的激烈陽光感到訝異。

「啊！好熱啊！照得這麼強烈真令人受不了，只能在森林裡工作，但麻煩的是在森林裡太暗看不清楚，傷腦筋啊！而且他們都不間斷，一個下來一個上去，那些太陽公公可以輪番休息所以沒關係，但我們下界的人真受不了，而且這麼熱實在無法幹活。看那家也有人生病，這家也有人生病，蕃社所有人差不多都要生病了，真是被打敗了。啊，熱啊，真是熱！明亮雖然好，但這麼熱實在令人不敢領教。」他頻頻說著這類抱怨的話。

結果，從河流上流的地方來了個蕃人，他也一副被太陽照得受不了的樣子，在樹蔭下休息一會兒再往前走，然後走了一會兒又休息，有時跳進河流裡冷卻身體的熱。不久後這個蕃人走到那位從森林出來的蕃人身旁時，從森林出來的蕃人看到這男人便開口說：

「喂，Yumin（ユーミン）！不覺得很熱嗎？我已經投降了。」

「嗯，好熱啊！」這個叫做Yumin的男人回答。接著又說：

「是啊，真令人無言，這樣不間斷，怎麼受得了，難怪都出現病人了。」

「對啊，不過話說回來不覺得很令人生氣嗎？這又不是我們要求的。」他這麼說，一臉不滿瞪著太陽。瞪著太陽又有什麼用呢？這點真像蕃人的作風，據說以前把太陽當作人看待。

瞪著太陽的蕃人一臉無奈，粗聲說：

「這根本不是我們要的，真是多此一舉。這樣不間斷真讓人受不了。」他愈說愈生氣。

「話也不能這麼說，不過呢，這和以前的約定不一樣，一開始我們說不用毫無間斷，只要一次一人就好。但太陽國的傢伙好像為了讓我們痛苦、逼我們投降似的，我們明明沒有要求，卻像這樣照耀不停，害我們生病，最後滅亡。也許他們是這麼盤算的。啊，不管怎麼樣，真是熱得受不了。」

「真傷腦筋，而且你看最近的病人真多！」

「嗯，真多。而且最近更熱，草木都枯萎，牲畜也死了，不能再放任不管了。」

「是啊，愈來愈嚴重，怎麼辦呢？」

「你說怎麼辦，我們得好好想一下。」

兩人因為擔心而討論了很多事，此時又從這方森林、那方森林，紛紛跑出來許多人。跑出來的人們個個都嚷嚷好熱好熱，淨說些抱怨炎陽的話，大家頭上戴著樹葉，或用竹子編造的粗斗笠等。但無論如何，連草木禽獸都會熱昏，人類當然也受不了，儘管頭上戴著斗笠還是相當熱。更何況連斗笠都沒戴的人，簡直快被曬死，再怎麼樣也幾乎快中暑。由於草木枯萎、禽獸死亡，首先面臨的問題就是糧食缺乏，大家開始擔心今後如何避免餓死而愁眉苦臉。其中一人說：

「怎麼辦？這麼熱，不管做什麼身體都受不了。」接著另一個人說：

「不只是身體的問題，草木都枯萎了，豬和水牛等禽獸都消失的話，就不能狩獵，也沒東西可吃。」

「是啊，這下我們糟了，必須想辦法才行。」

「沒錯，所以我們蕃社的頭目派了使者去找太陽那傢伙談判。」

「嗯，說談判，應該是抗議，我沒說錯吧，他做了這種擅作主張的事，結果那個談判結果如何？」

「雖然不知道結果如何，但應該不會有好事，因為他們故意讓我們這麼痛苦。」

「是嗎？那他們應該有某種野心吧？真不可原諒。」

「好像是如此，不過總不能一直在這裡自顧自地發牢騷，我們現在一起去找頭目聽聽狀況，再來思考對策吧，再這樣下去也不是辦法。」一群眾裡一位高大突出的男人提出不錯的建議，眾人都贊成，於是在此處集合後一起出發去找頭目。

二

頭目家距離他們聚集的森林不遠，在山腳下沿著河畔走，會看到一棵大榕樹，頭目家就在那裡，是一個寬敞的住處，看起來就像是頭目住的地方。被尊為頭目的這位蕃人，名叫Shiyatsurawa（シヤツラワ），是位勇猛強悍的人物，如今已上了年紀，深受眾人尊敬。這位Shiyatsurawa壯年時期曾無數次出草馘首，不僅和敵方激烈刀戰，甚至是肉搏，一次也沒輸過，每次都取得好幾個人頭歸來，因此不僅蕃社的人，連附近蕃社的人都對他的勇猛強悍感到折服。他也被稱為Mibin（ミビン）——擁有人頭的意思。是相當勇猛的強者，至今仍精神充沛，勇悍的程度也與壯年時期沒有兩樣。據說他有一個妻子及一男二女的孩子，是個相當慈祥的父親。從他被選為頭目之後，為蕃社盡心盡力，因此不管什麼事，眾人都會找頭目商量。

話說這件關於太陽的事，並不是現在突然發生的騷動，也不是很久以前就有的，而是從今年年初才開始。據說一位太陽國的人從天上降臨時，某蕃丁不小心潑水在這位天降之人身上，因此聽聞此事的太陽國大將覺得不可原諒且感到憤怒，馬上以熱力襲擊。不知情的這一方，屢屢派使者前去抗議，但不僅沒有什麼效果，使者們都受到很惡劣的待遇而逃回來，因此這方也覺得不可原諒，心生憤怒、怨恨。如此一來，已經到了必須以打仗決定勝負的地步了，但思考較周到的Mibin，打算發出最後通牒，到時若真的得戰的話就開戰吧。於是這次他派了一位叫做Tauyai（タウヤイ）的人作為最後的使者。

這時候他正期待Tauyai談判成功歸來，聽到彼方有人聲與腳步聲，心想「啊！Tauyai回來了嗎，不知道談得如何？」於是看著聲音傳來的方向，結果那人聲與腳步聲不是他正等待的Tauyai，而是蕃社的人們一起朝這裡走來。見狀的Mibin察覺好像有什麼棘手的事，身為頭目的他陷入種種思慮中。

於是那群人走到了Mibin的住處。頭目不禁自言自語：

「希望Tauyai早日歸來，不知道發生什麼事了？該不會懶得談判，或是被俘虜了？看來是沒辦法避免打仗了，就算如此，若Tauyai真的被俘虜的話，實在可憐。」他一個人在那邊沉思擔憂著，但聚集的人們毫不知情，他們將頭目團團圍住，心想要和他討論太陽國的事，他們個個都顯得很有幹勁，但又期待別人先開口，互相望著彼此的臉。結果其中一個人似乎發現頭目的樣子有異，於是溫柔詢問：

「頭目，你怎麼了？看起來很擔憂的樣子，發生什麼事了嗎？」聽到這話，Mibin高興得露出笑容，一臉終於等到對方詢問的表情。他說：

「嗯，發生很麻煩的事。」他的回答聽起來相當失落無力。

「麻煩的事是什麼？」另一個人這麼說。大家露出又驚又憂的表情。

頭目看到大家的舉動似乎很高興，露出一個快心的笑容說：

「嗯，你們也認識吧，就是那個Tauyai。」

「Tauyai，他怎麼了？」

「如大家所知，我派他當使者。」

「Tauyai有什麼疏失嗎？」

「你說疏失？他不可能會有疏失，因為是以我的眼光判斷而決定讓他當使者的。」

「嗯，對啊。像頭目說的，他不可能有疏失，他是蕃社裡的聰明人。」

「是啊，在頭目面前這麼說也許有點奇怪，但我相信如果是他的話，一定可以順利完成使命。」因為他們是很正直的蕃人，所以毫不掩飾說出他們的真心話。他們都異口同聲讚美Tauyai是個優秀的人。因此頭目聽了之後很得意。

「對呀，就像你們說的，Tauyai的事情一點都不用擔心。但是他至今仍未回來！」

「什麼？他還沒回來？」大家聽到Tauyai還沒回來，不禁感到訝異而發出驚呼。

「應該差不多要回來了吧，但還沒回來。難道他們很卑鄙地將他拘禁起來了？這是我正在擔心的事。」

「你說拘禁？」

「是啊，他是我們最後派出的使者，我交代他，下次就得靠武力戰鬥了，所以這次必須強勢一點，所以我相信他在交涉上應該很強勢。或許因為這樣，他們是不是惱羞成怒把他拘禁起來了？我是這麼想的。」他一邊說一邊看著眾人，深深擔心Tauyai的命運。

「對啊，若是如此真不可原諒。他們都已經這麼卑鄙，照耀得讓我們受不了，這次我們一定要跟頭目商量，不對，應該說請求，一定要想盡辦法解決才行，否則我們蕃社的人都會非常困擾。」一個人這麼說完，另一個人從背後走出來說：

「真的要想辦法解決才行，草木枯萎，禽獸也都死了……」

「實在是沒辦法了。」

接著又有人要開口時，頭目安撫他說：

「這樣啊，我知道了！真的很傷腦筋，過去不僅交涉了兩三次，也曾找出一些抗議的理由，這是大家都知道的。這次原本終於決定要靠武力戰鬥了，讓他們無話可說，但又想到戰鬥殺人實在也沒什麼好處，盡可能和平解決。因此雖然覺得交涉也沒什麼用，還是派Tauyai前去，結果如大家所見。如今就不必再多說了，看來就要衝進敵國打一場仗了！」他很有氣勢地這麼說。大家也跟著勇敢喊出吆喝聲。

此時，其中一個人看到彼方的山出現眾人等待已久的Tauyai的身影，不禁高興大喊：「喔！Tauyai！Tauyai！Tauyai！他回來了！」於是頭目與眾人都看向彼方，果然是他們等待已久的Tauyai。他們高興得舉起手來歡呼，頻頻招手迎接他。這裡的歡呼聲似乎傳到他那裡了，他舉起雙手示意，邊揮手邊跑過來，而這邊也更加起勁揮著手。

三

不久後，大家等待已久的Tauyai氣喘吁吁跑回來，頭目與眾人都非常高興，不斷慰勞他的辛苦，也慶幸他平安歸來。

大家都很擔心，詢問他跟對方交涉談判的結果如何？終於冷靜下來的Tauyai一臉憤然地說：「實在是不可原諒的傢伙！我盡可能壓低姿態向他們開口，結果他們很囂張，態度非常無禮，淨說些讓人惱怒的話。不管我說什麼，因為是一人對多人，他們那瞧不起人的態度，如果我是笨蛋就算了，但我畢竟是個男人，怎能默不吭聲？我真的很憤怒、很火大……」

他一臉無奈，狠狠瞪著天的彼方，那是太陽國的方向。

「是嗎，實在是不可原諒的傢伙啊。」雖然頭目也一樣生氣，但沒有特別表現出來，心中似乎在琢磨著什麼。

很多蕃人開口責罵敵人，就在這時候，Tauyai突然緊緊握住頭目的手說：

「頭目，Mibin，我真的好不甘心！」此時Tauyai的心情悲憤極了，他用力說到這裡，已是淚湧腸斷。

如果有以心傳心這種說法，這時頭目默默點頭，此舉動毫無疑問是已察覺Tauyai的心情。圍繞兩人的其他蕃人們看到他們的樣子，驚訝之餘，也察覺接下來似乎會有什麼發展。於是每個人的表情都帶著某種預感般。

頭目沒有放開Tauyai緊握的手，保持一段時間的沉默後，他說：

「好！我決定了，別再擔心了，我了解你的意思。」

「謝謝您，請您做決定吧！但請先聽我說，事情是這樣的……」他說到這裡，突然環顧眾人，再次強調：「大家，好好聽我說吧！」接著說：「事情是這樣的，我以使者身分前往太陽國，與他們的大將談判，但他們實在很過分，什麼都不願意談，只說要下界的我們投降，不投降的話就熱死我們。你們說，這不是很不可原諒嗎？」他說完後，以憤慨的拳頭擦拭眼淚。

「對啊，真的不可原諒，我們這邊如此溫和，結果他們倒是得意忘形了。好吧！那就進攻吧！」他們慷慨悲憤，殺氣愈來愈高漲。

Tauyai看到頭目已做了決定，因此在痛恨的心情當中，多少有種心願已了的感覺。

「那麼就來一場……」Tauyai這麼說，示意頭目可以做決定了。結果頭目似乎也已下定決心，他說：

「好！終於要來一場……」然後看著眾人說：

「你們來到這裡，敞開心胸跟我商量，我也招架不住。我知道要想辦法才行，要解決當然得打仗，如果要打仗的話，必須先想清楚。而且Tauyai，我派你出使前去，雖然也預想可能會是這種結果，但又想，還是等你回來再做決定，結果你遲遲未歸，我擔心，而他們更是擔心，萬一你被拘禁，雖然聰明如你應該不會遇到這種事。哈哈，總之是我杞人憂天了。實在不可原諒，那就好好來打一仗，給他們一點顏色看看吧！」

聽到頭目這席話，大家都很高興，終於要打仗，整個蕃社都沸騰起來。現在要去征伐太陽國，眾人氣勢高昂，給那些長期肆虐橫行的惡黨們看看我們的厲害吧！這些與生俱來勇悍的泰雅族人，馬上團結起來，高喊：「衝吧！」一副馬上就要打仗的氣勢。

但麻煩的是，敵國在天上，如果像今天一樣，已經發明了飛行機、航空機等便利機械的話，在天空飛翔絕非難事，但他們畢竟是野蠻的生蕃人，而且是很久以前的年代，不可能說要進攻就進攻。也許有人會說：「即使是傳說童話，Tauyai去天國應該是虛構的吧！」，但據說這個童話的時代，有一條通往天上的路，但一次只能一人，且必須相隔幾日。這場仗的困難就在此。

大家只好討論各種可能的進攻方式，最後他們邀請蕃社裡的博學者——一位名叫Raban（ラバン）的巫師。巫師的蕃語是「Pahauni」（パハウニ），據說當他生氣時，會利用叫做「Haune」（ハウネ）的魔鳥附身在那個人身上，並施以詛咒，其後那人便會發燒死亡。這個Pahauni通常都是博學的人。

巫師Raban受到徵召，連他也對太陽國的行徑感到憤慨，不過先前大家聚會時，他因為有事不在場，因此這次被徵召後馬上前來。

「實在不可原諒！這樣啊，終於要開戰了，哈哈，太好了！」他從頭目那裡聽到事情的始末，頻頻點頭。但說到通往天國之路的事情時，他皺起眉頭低吟幾聲，然後說：

「是這樣啊，那蠻麻煩的，我利用Haune來加入大家的行列吧！真傷腦筋啊。」他經過一番思慮後，雙手拍了一下，想到好主意似地微笑著，然後牽起頭目的手說：

「頭目，Mibin，我有好點子了，我來想想出征的好辦法吧！」他許下堅定的承諾後，便不顧其他人的阻止而先行離開了。

四

這件事情發生後的第五天，那位巫師Raban笑著出現，頭目似乎正為這個問題相當苦悶，因此一看到Raban，便主動前去牽起他的手，迫不及待問：「那件事情怎麼樣？」

「啊，那個啊！我想到好辦法了！這次打仗我們一定會勝利。」

「咦，你說我們會勝利？」

「是啊，因為打仗一定有勝負，我說我們最後會贏。」

「嗯，你說會贏！這固然不錯，但你為什麼這麼說？」

「哈哈，理由嗎？是這樣的，我昨晚做了一個夢。」

「什麼？你說做夢？」

「對啊，我真的做了一個夢。」

「你夢到什麼了？還不快說！那個讓你判斷我們會勝利的夢。」

被頭目這麼說，因為Raban也很興奮，便開始陳述他夢到的內容。蕃人不管哪一族，都以夢占卜吉凶，泰雅族蕃人也是如此。因為這是決定蕃社命運的一仗，頭目非常積極詢問。

Raban所說的夢境內容如下。

Raban某日去釣魚，不小心掉進水裡，他拚命游向岸邊，好不容易快抵達岸邊時，又湧來一波水流將他沖走。他心想完了，結果從某處丟來一條粗繩，他很高興，立刻抓住它，其後某人把他拉到岸邊。他鬆了一口氣之後，高興地環顧四周，尋找自己的救命恩人。這時他看到有一個人，於是一邊鞠躬表達謝意一邊走向那個人。但因為那個人一直往前走，他怎麼也無法跟上，實在沒辦法，最後只好呼叫那人，然後就醒過來了。

「哈哈，這樣啊！那是吉夢啊。」頭目聽完之後非常開心，重複說：「這樣啊！這樣啊！」

一般而言，他們認為掉進水裡溺水是凶，但被人救起是吉，所以他們兩個人都相信這是勝利的徵兆。

頭目首先為此吉兆感到高興，不禁大笑，然後再度詢問：

「話說回來，Raban，那件事情該怎麼做呢？」

「從神明那裡聽說？」

「對！對！那個啊，我有好方法。我從神明那裡聽說……」

「是的，神明也是站在我們這邊的。」

「嗯。」

「這不是很值得高興的事嗎？是神明教我們的，關於行軍方式。」

「啊，這樣啊。那太好了，真是感謝啊！祂怎麼說呢？」

「嗯，神明說要我們只派祂安排的五個人出征。」

「什麼？只有五個人？」連頭目都感到驚訝。

Raban微笑看著頭目的樣子，輕輕揮手說：

「哈哈，很驚訝吧！祂說只需五個人。」

「當然很驚訝啊！你想想，以寡敵眾不是很難贏嗎？」

說到此，Raban很有氣勢地說：

「是的是的，神明要加入正義軍了。」

「哈哈，是嗎？你說神明會加入，真感謝祂啊！」頭目高興地流下男兒淚。

泰雅族生蕃人常說這種玄妙的話，蕃語的「ottofu」（オットフ）、「rutofu」（ルートフ）主要指的是死者的靈魂，有時也把無形的東西稱為神。這次Raban所說的神明，當然是後者的神。

「那應該派誰去呢？」

「我想想。首先大將是頭目，也就是說您是其中一位。另外從蕃社挑選，怎麼樣呢？」

「嗯，這樣好了。那麼先下令召集蕃社的蕃丁吧！」他說完後，不知道為何走到山腳，發出叩陀叩陀的聲音，隨著這個信號，爭先恐後出現了武裝蕃丁，轉眼便增加到幾十人。

頭目向大家解釋事情始末，先選五位先發，其餘則五人一組作為預備。結果那些血氣旺盛的蕃丁們，個個吵著要當那五位先鋒，差點演變成大騷動，幸好頭目一聲令下，他們就安靜下來了。

泰雅族蕃人至今仍是如此，是驍勇善戰的生蕃。他們自幼便善於奔馳山野，跋涉溪流，攀爬岩山，潛行草叢，身體強健且動作極為敏捷，對敵人動靜非常敏銳、嚴密警戒。由於他們善於行走草木繁茂之處，避開敵人耳目，且在樹根、岩石間行走與跋涉河流時，也盡量不行於沙地上，而走在石頭上，因此在戰術上相當具優勢，從古至今都一樣。卡奧灣蕃討伐時也是以此聞名。總之，他們是臺灣生蕃中最為英勇強悍的一群。因此，這次征伐太陽氣勢也相當高昂，每個人都渴望參戰。而且泰雅族幾乎是人人皆兵，除了老弱、病人、幼兒之外，男人都使用武器，從白髮老翁到十四、五歲的孩子，都勇於奮戰，婦女雖然不使用武器，但為了準備糧食或看護傷者而上戰場，相當英勇。也難怪為了五人先發隊，競爭如此激烈。總覺得這讓人有點懷念羨慕。

武器的話，主要是槍、刀、盾，現在已有槍枝，所以弓箭僅用於狩獵，盾已沒什麼機會使用。

競爭激烈的五人人選是相當棘手的問題，不過這些人很可愛，什麼都聽頭目的命令，因此困難的五人人選也依照頭目的想法，首先選三名最勇壯的蕃丁以及另一個人，再加上頭目，五人為第一組。接著以副頭目為大將的第二組，繼而第三、第四等，共編了五組，終於成軍。被選上的人們相當奮勇，各自備好足夠的武器與兵糧，然後迫不及待頭目下令。

終於要出發征伐太陽國了。

五

他們心想，太陽國，可惡的太陽！這下可要給他們重重一擊。頭目底下被選上的四人拿著武器，腰上繫著兵糧，準備周全後，一同在蕃社人們歡送下即將勇敢出征。

正要出發那一刻，不知從何處來了一位陌生白髮老人，他叫住最前面的頭目說：「喂，Mibin，等一下，我給你一個忠告，先等等聽我說吧。」頭目望向那個老人，結果是位不認識的人，他一臉不解，心想這人是何方神聖？但老人卻親暱地說：「喂！別露出那種表情，我是你曾祖父的亡靈。」他這麼說並露出笑容，頭目雖然驚訝，但確實如此。於是說：「原來是曾祖父，雖然我只聽過而沒見過您。」老人頻頻點頭說：「我聽說你們要出征，於是來到這裡，你先聽聽我的話吧。」他極力勸導，因此謹慎的Mibin決定聆聽他的忠言。

老人很滿意，走到他們身旁，眾人也都一副不可思議的樣子。

「聽我說，那太陽國的傢伙們很卑鄙，好像聽到風聲知道你們要去，因此已經退到很遙遠的地方。」

「什麼？你說他們已經退到遠方？」頭目很驚訝，不過他繼續聽老人說話。老人把手放在頭目肩上說：「所以啊，這場戰鬥雖然你們會勝利，但也要耗費很久的時間，所以要做好準備。首先當然要帶很多兵糧，不妨準備沿路播種的種子，以及小孩。」眾人聽到小孩時，感到很驚訝，他們一臉困惑，心想這老人在說什麼。結果老人哈哈大笑。謹慎的頭目不知道在想什麼，向他深深道謝後，決定各自背著小孩出發。老人非常滿意，呼喊三次「這樣我們一定會大勝！」，在呼喊間便消失了。

於是按照老人的指示，他們各自背著小孩，氣勢高昂地出發了。蕃人的戰術經常使用詭計，因此他們也很小心翼翼注意敵方的詭計。他們善於偵察，且攻擊敵方時一定如此。這次也是，出發前便派遣一個腳程快的人前去探查。他們進軍了一段時間，先發的偵察者匆匆忙忙歸來，向他們報告：「這下糟了！如老人所說，他們已經退到很遙遠的地方。」

「是嗎？那我們加快腳步前進吧！」於是一行人毫不退縮繼續前進。但因路程遙遠，遲遲無法抵達。就這樣過了大約五十年的時間，仍舊什麼事也沒發生，他們持續前進。五十年！？他們這麼描述，真是奇怪的事。他們所說的五十年，當然不是我們所認為的五十年，只不過說明這是一段很漫長的歲月。

在這漫長五十年間，他們循著雲路往天上前進。雖然蕃人習慣在山野溪流行走，但走在天空的路上，情形好像不太一樣，因此連蕃人都感到非常艱難。終於其中一人——他是一行人中最健壯的一個，竟然生病了。雖然以頭目為首，大家都用盡心力照顧他，但因為來到一個連藥物也沒有的地方，因此最後大家也都束手無策，眼看他可憐死去。

「前面的路還很遙遠，真是傷腦筋。」連頭目都開始擔心了，其他三人也感到困擾。由於事先編有預備軍，因此決定讓那偵察者與另一人先回到蕃社。頭目則帶著剩下的另一個人繼續英勇前進。

「沒關係，只要殺了一個太陽的大將就好！」他們精神奮發地這麼說，於是便在此告別。

趕路的兩人一路平安回到蕃社。他們逐一報告，迫不及待等待結果的蕃社人們，也是人人爭先成為支援隊。這隊大將是副頭目Iban（イーバン）。

這個繼而前往的支援隊氣勢旺盛前進，但路途相當遙遠，而且按照先例，他們也各自背著小孩。因為路途遙遠，且可能還有下一個後續部隊，因此沿路播種攜帶的柑橘、小米種子。就這樣繼續趕路。結果看到前方有兩位陌生白髮人，他們心想，不可思議，會是頭目他們嗎？但這兩人都是白髮，於是疑惑的副頭目從後方呼叫：「喂！Mibin！」在前方趕路的兩人回頭，結果他們正是頭目Mibin和另一人。

「你們來了，太好了！」已是白髮的頭目和另一人，感到很懷念似地跟後方的人們緊緊握手。

「我看你們變成白髮老人，真是嚇了一大跳。」

「哈哈，這樣啊！後來我們做了各種偵察，因此遲遲無法前進，已經過了五十年了。」頭目這麼說完，發出一個信號，結果出現幾個看起來相當強健的勇士。他們都是出發時背上的小孩。

爾後一行人相互鼓勵並繼續前進，但畢竟在雲上，凡事無法如意進行。而且太陽國也知道他們來征伐，因此讓天氣忽熱忽冷，忽亮忽暗，以此方式干擾他們。結果生病的人愈來愈多，在他們終於抵達目的地的太陽國陣地附近時，只剩下頭目與副頭目，及其他三位勇士，其餘的人都病死了。據說他們的路程相當艱難，而且這三位勇士都是當時背負來的小孩，是不是很有趣？

終於要打倒怨敵了！首先這三位勇士拉弓，以全力發出第一支箭，但因為光線太亮，結果射偏了。太陽的大將之一躲在西邊，換另一位大將從東方出現，這次頭目和副頭目拉弓，射了第二支箭，頭目的箭正中太陽的中心，副頭目的箭則射中大將拿在右手的寶珠。結果從太陽臉上有很大的血塊掉落在天的彼方，殘酷地砸死其中一位勇士。大將因為寶珠被射中，因此原本發亮的光突然消失，只剩下蒼白的光。太陽國的人，以大將為首，經歷了一次慘敗。雙方開始談判，從此以後晝夜分明，白天明亮熾熱，晚上黑暗冰冷。Mibin及其他人順利讓敵方投降，凱旋回到蕃社。現在他們蕃人看著月亮，流傳說那是被我們祖先射中的太陽國大將之一，是日輪的其中一個，那時被射中的太陽所流下的血跡，則變成了星星。他們至今仍相信以前天上有兩個太陽而口傳這樣的童話。你們不覺得這是有趣而稀奇的童話嗎？

太陽國征伐的故事到此為止。

下一期是賽夏族的童話。

（完）——大正四年四月六日

*原刊於《臺灣愛國婦人》第七十八期，一九一五年五月一日

神奇木葉——新竹賽夏族的童話

這次生蕃童話的第八篇，將介紹賽夏族的童話。賽夏族蕃人居住於從新竹廳樹杞林南五指山附近，經南庄到紙湖的蕃界前嶺。據說其由來是曾住在新竹苗栗平原一帶的所謂平埔蕃之一道卡斯族，因一部分族人鄰近生蕃界，未受支那人感化而維持舊態。另一說是鄰近以強猛聞名的泰雅族，因此形成蕃人之風。於是他們與其他生蕃的由來全然不同，有人稱之為南庄化蕃，或南庄蕃等，與其他生蕃加以區別。然而他們畢竟是毫無疑問的蕃人，因此在這裡介紹該族的故事。將泰雅、賽德克、賽夏三族統稱為北蕃，這些族的人都有黥面。在此介紹的童話，是支那人來臺前、很久很久以前的故事。據說是流傳至今的童話中最古老的一個。

一

從前從前，不知道是什麼時候的事，不知從天上降下，或從地下湧出，或從樹枝分岔處長出來的，無論如何，這個賽夏族祖先的一群，居住於海拔三千五百尺，聳立雲間的美麗五指山南方某處，是一片很和平的土地，樹木蒼鬱，溪流清澈，草木繁盛，禽獸眾多。四周的山儼然是天然城廓，便於防衛外敵侵入，難以進攻，是所謂要害之地。據說定居此處，是祖先所信仰的鬼神引導他們來的，當時依據鬼神的力量能夠做出各種事情。那些鬼神多數在中央山脈的高山，他們蕃人稱之為Babaku（バーバク）的大霸尖山，高一萬零七百九十七尺的山上，祂們有時會從山裡出來施惠。至今每二年一度，各社共同舉行稱為Basutaai（バスタアイ）的鬼神祭，正是這個原因。舉行祭典時，由Teteun（テーテウン）的人擔任司祭，當天老幼都聚集過來，屠殺牛豬，備好酒、餅、珠裙等招來鬼神，舉辦一個載歌載舞的酒宴，眾人盡歡。祭典為期四天，期間除了狩獵與農耕暫休之外，最忌諱發生口角，因此默許一些脫序行為。然而至今也許某些鬼神已經與惡魔同流合汙，因此有些雖是鬼神，但已被視為惡魔，這些當然不會在Babaku上被祭祀。已經成為惡魔的鬼神，身長三尺，穿著白或黑的衣服，通常以深山中的深山、陰鬱的樹上為家，有時乘著雲霧飛行。據說只要有人遇到，那個人回家後就會死亡。但俗話說，疑神疑鬼，草木皆妖，沒有人實際驗證過。將鬼神視為惡魔，可見蕃人之間也有一些時代思潮的變化，不覺得很有趣嗎？

話說，這群受到鬼神恩惠的蕃人，在花香鳥語的和平土地上過著安樂的生活，相當繁榮，每個人都很歡樂，不知不覺過了好幾代，已經形成祖先相關的傳聞與故事。也許是天佑或神惠，他們從未遇過外敵侵入，過著如夢般的太平時代。在一個天氣逐漸轉熱的時期，聳立於蕃社入口的一棵老樹下，一群蕃丁偶然聚在一起。其中也有地位相當於頭目的大將的兒子Ozeyo・Naporon（オゼヨ・ナポロン），這位Ozeyo・Naporon年齡才二十六、七歲，是位相當有活力與決斷力的強壯青年。蕃社裡的年輕人都稱他Naporon、Naporon，受到相當的敬重。俗話說，稻穗愈豐實，頭垂得愈低，他絕不會誇耀自家或父親的事，無論對誰都很親切。

年輕蕃丁們為了打發時間開始角力。他們生蕃的角力當然沒有土俵，也不是手或膝蓋著地就分勝負。果然他們是很野蠻的，兩個人先蹲下，然後站起來開始以力相競，把對方壓到地上就算勝利，這是他們最喜歡的遊戲之一。順帶一提，他們蕃族的遊戲還包括射擊、射箭、槍術、角力、舞蹈、吹笛等。聽說不管是那個項目，只要贏得勝利，就會得意洋洋在蕃社內昂首闊步。

經過二、三場比賽後，現在蕃社以力氣自豪的Tanohira（タノヒラ）與Hayawan（ハヤワン）兩人正

要開始比賽，結果Naporon不知從何處歸來，手上拿著一枝花木，面帶笑容從森林裡走了出來。他看到以力氣自豪的兩人正伺機而動，勇猛的Naporon當然也喜歡角力，心想「要開始了！」，不禁跟著使勁，緊盯著那兩人，一步一步靠近他們。其他蕃丁因為這場有看頭的比賽，也嚥著口水使出力氣，沒有人發現Naporon逐漸走過來。不久後一較勝負的兩人見時機成熟，「呀！」地一聲站起來，在旁使勁觀察的Naporon，也不自覺高喊：「呀！加油！上啊！」，幫雙方加油。因為他是被視為頭目等級的大將家族之接班人，於是不能偏坦任何一方，聰明的Naporon當然很周到，同時為雙方打氣。

觀賽的群眾們意外聽到一聲高喊，不約而同說：「咦？Naporon吔！」，而把眼光轉向聲音來源。於是發現是手上拿著花木的Naporon，他如往常般一臉充滿活力，正專注看著角力的那方。但因為眾人的視線移向自己，連他都感到不好意思而臉紅。

觀賽的其中一人想找他打招呼，直直朝Naporon走過去，拍拍他的肩膀，親暱地說：「喔！Naporon，你去哪裡？好漂亮的花啊，是誰給你的啊？」

「喔，我還想是誰呢！」應對周到的Naporon，將目光從角力那方轉過來面帶笑容說完後，又趕緊轉向角力的方向。觀賽的群眾都注意到Naporon手上的花，而且大家都紛紛討論起那枝花，這群人又討論人又討論花，相當忙碌。角力比賽非常猛烈，一上一下翻來覆去，兩人爭得你死我活，脹紅著臉激烈肉搏，龍爭虎戰勝負難分。觀賽的群眾們因為比賽很激烈而顯得興奮，各自為支持的那方加油，場面相當熱烈，儼然就像我們熱中相撲一樣。勝負未定，但雙方都筋疲力盡了，因此決定暫時休息。兩位勇士氣息奄奄地將疲憊的身軀靠在樹根上，一臉痛苦稍作休息。就在此時，其中一位勇士Tanohira發現Naporon手上的花，覺得很美麗又稀奇，讚美說：

「Naporon，那是什麼花？真美啊。」結果另一位勇士Hayawan也注意到並說：

「是啊，好稀奇的花啊！Naporon，你從哪裡採來的？」

「這個啊……」Naporon指著手上的花笑著說：「它就在山谷間，剛剛從山上回來時，在仙人窟，在那裡看到這種花且只有一枝，我也不知道它是什麼花。」

Naporon這麼回答後，仔細觀察手上的花，發現有種無法形容的香味，於是愈來愈引起注目。從四處傳來「好美的花啊！」、「好稀奇啊！」等聲音。最後終於有人開始討論要不要把這枝花當作角力的獎賞，觀賽者的提議最後也讓Naporon決定這麼做，他將花高舉起來說：

「好！那就把它送給勝利的那方。」

那時正在休息的兩人再度燃起鬥志，觀賽者拍手喝采，兩位力士更加奮起，整個場面比起先前又更加熱鬧喧騰。

二

獎賞是美麗又稀奇的花！相競勝負的兩位勇士幹勁如何？圍繞於此注視勝負之爭的觀眾興致又如何？啊！以勇猛為傲以及喜歡勇猛是常人之情，雖然是野蠻人，生蕃畢竟也是人，這種興致讓觀眾的心情沸騰，鬥士們也因而奮起。大家都吞著口水觀察著最後由誰榮獲這枝花。勢均力敵的勇士用盡力氣爭勝，因此難分優劣，又上又下繼續角力。此刻，彼方森林入口的老樟樹，不知為何在無風的情況下發出巨響，樹幹上端斷裂掉落下來。發生這意想不到的怪事，眾人不約而同將目光轉向聲響的方向。眾人多少感到恐懼，但也只能面面相覷，每個人都露出擔憂的臉色，各自抱著困惑。於是角力比賽暫時停止，眾人議論紛紛，等待著被派遣去探看的人歸來。因為這件事，只好讓原先興致高昂的角力比賽自然中止，他們決定那枝獎賞的花即使枯萎了，也當作下次的獎賞。

「怎麼一回事？這個無風的好天氣，嗯……」一個人這麼說。

接著另一個人歪著頭說：「嗯，實在太奇妙了，不可思議哪！」

「真是奇妙，明明沒有風，那樣的樹竟然會倒下。」

「是啊，實在太不可思議了。」一個男人說完，不知在想什麼，頻頻環顧四周。

無論是原本興致勃勃的觀眾，或剛剛力戰的勇士，都多少露出擔憂的臉色。因為他們是野蠻人，生蕃人的智識都很幼稚，面對這種不可思議的現象不免感到恐懼，甚至擔心會不會是某起事件的前兆。

每個人都擔憂著，心裡設想種種不安的事，原先的興致也煙消雲散了，大家感到沉重而頻頻眨眼。此時，被派遣的蕃丁急忙歸來，他走到Naporon跟前報告，大家的心情都一樣，圍繞在他們身邊。其中一名被派去的蕃丁一臉不可置信的樣子，頻頻說：

「實在不可思議！太不可思議了！」歪著頭重複說著。

「不可思議！嗯，真的不可思議啊。」宛如到了不可思議國一樣，連Naporon都開始說著「不可思議」。

「是啊，實在是不可思議，樹枝折斷發出聲響掉了下來，應當有什麼原因，但無風又無地震，我們趕緊跑去看，但別說會折斷樹的猴子，連一隻禽獸都沒有，發生了這種事，這不是不可思議，那什麼才不可思議呢？大家怎麼想呢？」他環顧圍繞他的眾人這麼說完後，大家只是異口同聲說：「嗯，不可思議！太奇怪了！」他們的心情愈發浮動起來。

原本保持沉默的派遣隊員其中一人，也帶著不可思議的表情皺起眉頭說：「是啊，不得不說不可思議，沒有原因的怪事，是天？還是鬼神？我想應該是其中一個吧。」

「什麼？你說天……」一個人這麼說，另一人又接著說：

「你說是鬼神造成的？」眾人聽到後不知作何感想，睜大著眼睛，心中的驚愕、恐怖與不安又加深一層而顯得心情低落。也難怪，蕃人非常害怕天與鬼神的憤怒，因此深感危懼。

一開始主張是鬼神行為的蕃丁愈發相信自己的說法，極力主張這件怪事是鬼神的作為，於是進而加油添醋說：

「這一定是啦！應該是因為冒犯鬼神，祂才會做出那種事情來。」這種臆測往往會愈來愈誇張，另一個人也很了解似地說：

「唉呀唉呀，這不是開玩笑的事啊，你們想想嘛，雖然我們沒有做什麼觸怒鬼神的事，卻很不可思議的，在無風情況下，那麼大棵的樹發出巨響而斷落，這真是不得了，我們應該小心，免得遭遇凶事。」儘管他是個平常風評不佳的人，但這時候卻沒有人否定他的說法。

事情發展到這裡，很奇妙，又出現了種種臆測，其中一人這麼說：「我今天早上去河流取水，經過森林時，聽到Shishiku（シシク）在啼叫。」

「咦？Shishiku啊？」

「是啊，Shishiku那傢伙頻頻啼叫，牠在我往前的路上亂飛，從右到左，又從左到右。」他一臉不悅地說。

「啊，Shishiku那傢伙啊。」他這麼說完後，另一個人接著又說：

「我做了惡夢……」

「什麼啊，又是不好的事啊？」有人這麼責備。

那人說：「是啊，是不好的事，但既然如此，我也要全部說出來。」他苦笑看著對方皺起眉頭。接著說：「哈哈，別露出那種苦瓜臉嘛，先聽我說吧。我出門出草時，因為下雨，於是急急忙忙跑進一間屋子裡休息，不經意看前方，結果發現牆壁是白色的，沒錯，是白牆喔！」他這麼說，突然拍了身旁人的肩膀，被拍肩的人很吃驚，說：「啊！嚇了我一跳！」不禁顫抖起來，然後說：「別……別……別開玩笑了！」責罵那位蕃丁，對方也覺得可笑，於是笑了出來。

「然後呢，唉呀，你別生氣嘛，先聽我講完吧。」他這樣安慰對方後說「然後我也驚訝得說：『啊！糟糕了！』這麼大喊之後就醒過來了。」他說到這裡，便抬頭仰望天空。

「白牆的夢啊？那可不好呢。」

「所以要好好小心。」

「是啊是啊！」

眾人愈來愈感到不安。

無論是哪裡的蕃人都如此，雖然判斷方法有所差異，但他們都利用夢或鳥叫聲判斷吉凶禍福。像這個白牆的事情，是占夢的一種。出草的前一晚夢到進入白牆屋子，是大凶的夢，表示如果出草的話，將被敵方馘首，因此進入白牆屋子是非常不好的夢。另外，鳥叫聲的占卜是這樣的，有人出門時，若這稱為Shishiku的占吉凶之鳥靜靜從右邊飛到左邊，然後愉快啼叫時，是最吉祥的。反之，若左右亂飛並啼叫的話是不吉的。他們至今仍這麼相信。

俗話說一犬吠形，百犬吠聲。接著陸陸續續又有人說出各種不吉利的事。Naporon這位年輕而有器量的人覺得不妥，於是試圖安撫眾人。他說：「到這裡就好，別再說了，我們先回去，向鬼神祈求消災解厄吧。」

他這麼說完後，便帶頭走回去，眾人的頭上都插著莓果的樹枝，據說惡魔最害怕莓果，於是將它插在頭上來驅魔。

Naporon的一句話稍微解消了剛才的紛擾，眾人各自在頭上插著莓果樹枝來驅魔，謹慎至極，別說一言不發，甚至連咳嗽都不敢，小心翼翼不發出任何聲響，屏氣凝神走回去。回到部落時已經傍晚，由於夜晚禁止消災解厄的儀式，於是眾人站在Naporon父親面前，由Naporon把今天的事一五一十告知他。決定明天早上進行祈禱、消災解厄等儀式。然後大家便異常靜肅地各自回家。

三

翌日，按照約定，在Naporon家前面設置祭壇，由Naporon父親代表進行祈禱。昨日那些蕃丁們謹慎在旁形成行列。供奉於祭壇的樹枝當中，Naporon父親拿起葉子較多的一枝，恭敬將它舉起，口中重複唸著禱詞，站在蕃丁們前，眾人恭敬跪下來，低著頭向天祈禱。Naporon父親則以手上的神木進行消災，儀式順利完成，於是眾人們鬆了一口氣，露出安心的神情。

其後四五天都沒有發生任何事情。但第六天夜晚開始便是可怕的暴風雨，那可怕的程度無法以筆墨形容，是天地開闢以來前所未有的大風雨。蕃人的房子被風吹倒，山上的樹木也被風吹斷、吹倒，山崩地裂、溪水暴漲，呈現慘不忍睹的狀態。天地任由瘋狂的風神、雨神肆虐，眾人都束手無策，房子悉數倒塌，樹木傾折，這可怕的巨響地鳴籠罩整個山谷，日月失輝，整個世界都已變形似的，在那些慘烈的聲響裡，交雜著人的哭喊聲，實在只有一個慘字能形容。人們失去房子，只好聚集在巨大的老樹下，他們憂心未來，戰戰兢兢、抱著恐懼與將死的心情，毫無辦法地看著自然的暴威。

從夜晚到白晝，從白晝到夜晚，暴風雨不僅沒有停歇，反而變本加厲，風神雨神彷彿生氣般，又颳風又下雨，如此持續了十天、二十天、三十天，完全沒有停下來的跡象。溪谷的水一天比一天高漲，發出淒厲的聲音，混濁的溪流宛如要將岩石沖走，連蕃人都束手無策。眾人只能聽天由命，已經沒有東西可以吃了。從遷居至此到這場暴風雨之前，這裡簡直是樂土仙境。眾人懷念過去，但此時連懷念的餘裕都沒有了。

「要不要祈禱呢？」其中一人和Naporon的父親討論，連Naporon父親也不敵天命，正在煩惱未來將會如何。因此他說：「嗯，祈禱，也好。」這麼說完，在稍微思索之後，他突然說：「嗯，好吧！還是祈禱比較好，萬事拜託了！好吧！」感慨似地靠著樹嘆了一口氣。

於是他們迅速準備停雨的祈禱，眾人聚集在老樹下按照形式進行。因為是在暴風雨下的儀式，因此和平常不一樣，較為簡略，但心意更重要，因此眾人都衷心祈禱。今日那些乾旱降雨等祈禱，是由蕃姓的年長者為代表，在戶外供奉羌的肉、皮，以及少量的小米、米等來祈禱。但這是很久以前的事，所以可能沒有這麼盛大，但總之還是進行祈禱，只是這個童話中的情形，是個非常時刻，供品等無法備齊，只能聊盡他們的心意。

結果不知發生什麼事了，遠方傳來山鳴，也許是山崩，也有可能是水流暴漲的溪流水聲，總之，傳來很不尋常的聲音，讓眾人心驚膽跳。他們心想，天究竟在憤怒什麼，要這樣折磨我們？我們做了什麼壞事，讓鬼神這樣懲罰我們？聽那可怕的山鳴巨響！他們心想，我們讓祂們生氣得即使誠心誠意祈禱也無法將心意傳達給天和鬼神嗎？人心愈發不安，前陣子無風樹倒，是不是也是一個前兆？他們日夜苦悶的心情愈發沉重。

那天夜深時，風停了下來，四周異常安靜。人們稍微放下心來，但雨還未停止，而且仍不時傳來可怕的山鳴，且愈來愈靠近。這情形依舊令人不安，或許是人類的無力，每當聽到山鳴就感到驚懼，他們也對這降下的雨感到憎恨。也許連天都感到悲憫，令人憎恨不已的雨在黎明時停了下來，眾人高興地鬆了一口氣。人類很現實，他們很快就恢復活力，但家園已殘破不堪，令人一籌莫展。只好趁著雨停時趕忙整理屋子、採收糧食，眾人多麼欣悅，簡直就是歡天喜地。然而，這只是一時的喜悅，可怕的災難即將再度降臨，想想他們似乎罪孽深重。

眾人充滿活力地從屋裡取出糧食，吃到了久違的食物，正愉快用餐時，又傳來那可怕的山鳴巨響。而且這次是從很近的地方傳來，讓眾人不寒而慄，他們不禁露出不安的神情。有人高喊：

「啊！是山鳴，好近啊！」也有人站起來說：

「不是，是溪流的水聲。」

在眾人感到驚訝的時候，不知剛剛去哪而不見人影的Naporon趕緊跑過來說：

「糟……糟了、糟了！！」他一邊指著後方一邊說：

「是溪流的水！是溪流的水！要沖過來了！要沖過來了！你們看！」

就在這時，伴隨著淒厲的聲音，水勢一瞬間吞沒了山、樹、人，一切所有的事物，眼前變成一片大濁海，只剩海拔一萬七千多尺的高山——即大霸尖山，Babo Papak（バボー　パッパーク）[1]的上半段，是這麼嚴重的大洪水，人與所有事物都被淹沒了。因此至今仍有一個迷信，即無風時樹木斷折是凶事的前兆。

四

大洪水來襲！無論山、溪流、樹木、房屋，別說人類，連蟲都逃不了，迅速被淹沒，成了一片海。快得連說「啊」的時間也沒有，簡直只有鬼神能辦到，原本的樂土仙境，如今都沉入海底。因此那群幾百多

1　譯註：泰雅族語，大霸尖山與小霸尖山的合稱。

位的人們無一倖存，但或許是天命，那位Naporon活了下來，他是唯一的倖存者，避難於Babo Papak大霸尖山的山腰。想想真的很幸運！

幸運兒Naporon和其他人一樣，陷入沖向他們的激流漩渦中，但幸而發現附近有高樹，他把握機會拚命爬了上去，結果可怕的水流終於也將這棵樹沖倒，他掉入激流裡又浮又沉，但緊抓著那棵先前攀爬上的樹，受激流沖擠了好幾夜，身體已疲累如綿，但他仍用盡力氣，漂著漂著最後幸運漂流到Papak的山腰。

Naporon拖著疲憊的身軀在山腰某棵樹下休息，張開眼睛後發現是個陌生的地方，環顧四周都是渺渺蒼茫令人感到可厭的濁海。他感到不可思議，呼喊著父母親、兄弟的名字，但毫無回應。他更加困惑，此刻腦中浮現大洪水的來襲。他想了想，意識到只有自己一個人不可思議地脫險來到此地，不禁百感交集，既高興也悲傷，既恐懼又無奈。他想起父母兄弟及蕃社的人們，那洪水的可怕，那可怕，簡直讓他不寒而慄。他開始思考接下來的事，但空著肚子什麼事也不能做，於是看看四周，很高興發現有平日食用的樹果，因此痛快地飽餐一頓。吃飽之後，他開始思考接下來該怎麼辦。他決定先在這座山上尋覓一個居所，但因為是陌生之地，別說方向，連應該住哪裡都毫無頭緒。就算是Naporon也感到困惑，不久後他想到什麼似的，拍了一下手，然後自言自語：

「對了對了！不錯喔，就這麼辦！」

他東張西望搜尋，馬上找來一根竹子，將它做成竹管並裝入水，然後走到左右分岔路時，便吹出竹管的水，吹出來的水，較大的二個水滴落在右方，他便以此作為判斷前進。這種判斷方法至今仍在使用，是一種叫做Tenbe（テンベ）的占卜法。據說平常尋找失蹤者、家畜行蹤時會使用此法，但偶爾也會用在行至分岔路無法判斷時。

雖然是陌生的路，但Naporon希望盡早找到安身之處，於是不顧疲憊繼續前進。即使是山，但和他們平常熟悉的土地不同，是相當難行的山路。不過他鼓起勇氣繼續前進，走到某個岩石邊時，突然聽到有人呼叫他的名字「Naporon！Naporon！」他對這種地方有人喊叫自己的名字感到不可思議。因為他以為族人當中僅自身存活下來，沒有人知道他的名字才對，但竟然有人喊叫Naporon！他這麼想著，於是裝作沒聽見而繼續趕路。結果又聽見有人喊叫「Naporon！Naporon！」，他感到訝異，停下腳步張望四周，但不見任何人影。他心想：

「啊，我知道了！惡魔那傢伙，因為還沒滿足，所以欺騙我，想讓我喪命，我知道了！等著瞧，我也是個男人！」

他壯起膽子，以連自己都驚訝的聲量說：

「喂！我是Naporon。誰叫我的名字？快出來！在暗地裡叫，我也不會理你！我就是那個Naporon！」他這麼說著，一個人用力使出聲威氣勢。此刻颳起一陣風，然後在前方，出現了神話裡常見的白鬚老人。他頻頻安撫Naporon說：

「唉呀，你是Naporon啊，是嗎？是我呼叫你，來，先靜下來，別這樣瞪著我，我不是惡魔，是上天的使者。」但Naporon仍覺得他是怪物，試圖揭開其真面目，毫不鬆懈繼續狠很瞪視他。

老人似乎知道Naporon的心思，於是試圖解開他的疑念。他說：

「來，冷靜下來吧，你先聽我說……」。老人不顧對方的回應，開始說了起來。據他所說，此次洪水不是上天的意思，而是居住雲間的惡魔所造成。上天同情Naporon一族人溺死，因為看在Naporon的為人而救了他，然後老人又補充一句說：

「怎麼樣？上天很有慈悲心吧？」

Naporon聽完老人的話之後，雖然頻頻點頭，但也提醒自己不要輕易鬆懈下來。他說：

「唉！是值得感謝的事。祂既然這麼有慈悲心，死者已矣，但能不能讓我這個倖存者回到已經退水的原居地？」他提出這個說難不難、說易不易的要求。結果那位老人一副了解似地露出得意的笑容說：

「嗯，祂應該會這麼做，但在此之前對你還有一個要求。」

「要求？」Naporon楞了一下。

「嗯，是一個要求。人類必須正直又有慈悲心，這個洪水也快要退去，所以你聽我說，要求就是這個，要你救人。」

「你說要我救人嗎？」

「是的！這個洪水裡應該還有即將溺斃的人，所以上天說如果完成這個要求的話，就讓你如願回到故鄉。好嗎？你別忘記這個要求！」

老人重複叮嚀，說也神奇，他一說完就消失無蹤了。

五

太不可思議了！那個老人的消失讓Naporon感到驚異而呆立原地。他心想，他到底是神的使者，還是惡魔的化身呢？總之這是不尋常的事情，但也不想再耽誤時間，於是即刻起身出發。走了幾步之後，發現彼方怒濤澎湃的濁流裡，有一個黑影又隱又現、又浮又沉，而且還聽見一個細微的聲音，不可思議的，那是透亮的女聲。Naporon停下來定睛看，不禁訝異老人所說屬實。好吧！救人吧！他攀爬上身旁的岩石，看見一位蕃婦被激流沖得又浮又沉，而且愈來愈靠近。

「啊，是蕃婦！好可憐啊！」Naporon這麼自言自語，同時也盯著水面，迅速做好準備，「呀！」地一聲跳進激浪中。勇敢的Naporon水性很好，他不怕這種程度的激流，現在和剛才不同，已恢復旺盛元氣。他拚命游啊游，靠近那位蕃婦，但蕃婦半死半生，任憑激流沖擠。很有活力的Naporon，心想天神的話是真的，他相信有神佑，於是湧現力量，勇氣十足，奮戰於逆向捲來的浪潮，面對激流，他又進又退，終於拉住那位蕃婦的身軀，將她帶到岸上，也就是那個山腰，他鬆了一口氣。那個蕃婦是位年輕且以美貌聞名的Binai（ビナイ），這也是天命，她似乎是獲救了。

Naporon看著靜靜橫躺的蕃婦，立刻察覺此人是Binai，不禁驚呼：

「喂！Binai！Binai！是Binai！」在那天地只有他們兩人，沒有其他知道他們的人了。Naporon對這個奇遇又喜又驚又感到怪異。他先讓自己的身體休息，再設法照顧她。由於他的照料，Binai從死亡般的沉睡中醒來，睜開她美麗的眼睛，環視周邊。她發現一個人身處陌生土地，彼方是那可怕的濁海！怒濤！激流！她茫然楞在那裡。結果聽見有人呼叫她：

「喂！Binai，沒事了嗎？」

Binai感到詭異，朝聲音的來源看去，發現是那令人懷念的Naporon！她高興得情不自禁跑向他。

「Naporon！你……」

她還不知道Naporon是她的救命恩人，只覺得很親切。Naporon抱著Binai問：

「妳沒事了嗎？」

「對啊，已經沒事了。」

於是Naporon感到放心而笑了出來。「這裡是哪裡？是Papak嗎？真不可思議！我是怎麼來到這裡的？是我死了之後……」Binai感到疑惑，但看看Naporon的樣子，於是又說：

「真的令人驚訝啊！是你在跟我說話吧？真不可思議，到底是怎麼了？」

爾後他們互相訴說這之前的所有事情，深深對這際遇感到神奇。尤其女方感觸很深。Binai似乎有感而發，緊握著Naporon手說：

「Naporon，只剩我們兩個人，真的是難……難……難以置信啊！」

她露出欣喜的神情，Naporon原也以為這世上僅存他一人，多少感到寂寞，結果很神奇，竟意想不到出現了另一個人，而且是女人，還是自己親手救起來的人。這也是個緣分，他高興地向上天道謝。他心想，從此之後自己和這位女子在這天地間，作為僅剩的倖存者繼續生活下去，兩人將相依為命。但他又疑惑這位女子是從何處來的？她並非出身於他們的蕃社。於是他說：

「請問妳，既然我們兩個人是僅有的倖存者，必須互助互救。那淹水的狀態不會一直持續下去，神也會息怒，而且祂會同情我們，讓我們回蕃社吧。因此到時候我會送妳回蕃社，妳的蕃社在哪裡呢？」

「啊，我的蕃社嗎？在那五指山的山麓，不過現在只有我一個人，回去也沒什麼意義。」她這麼說完後，露出羞澀的表情，接者又說：「因為如此，所以想拜託你，請你帶我去你們的蕃社，否則我也活不下去。」無論Naporon怎麼安撫，她都聽不進去，那女子心意堅定，感動了Naporon，於是他們約定要結為夫婦，迫不及待水退去後回蕃社的日子。

過了一個月，水終於退了，而且出現了一條路，他們出發後，在途中遇見白鬚老人。老人一看到兩人便笑著說：「你們要出發啦！」一副和他們很熟稔的樣子，讓他們有種奇怪的感覺。於是老人又說：

「唉呀！你們別擔心啦，我是天神的使者，做了善行的Naporon，因為你的功德，所以我要賜給你一個孩子，他會出現在路上，你們把他帶走吧。你們可別忘了啊！」然後接著說：「對了，在路上發現孩子時，你們不妨占卜確認他的好壞，占卜的方法是這樣……」他教導他們現今仍通行的Sararumu（サラルム）占卜法。然後老人就這樣消失了。他們手上留有一枚樹葉，於是將它作為紀念而珍藏，接著又繼續往蕃社趕路。

兩人持續這個愉快的旅途，翻越山嶺，忽而左忽而右地避開殘留的濁流。途中走到一個淺流處，發現有一個從未見過的織布機漂了過來。他們將它撿起來，發現裡面有個嬰兒正莞爾笑著，他們欣喜若狂。他們原本打算馬上收養他，但回想起老人先前所說的話，於是便施以Sararumu占卜法。首先在攜帶的木碗裡裝水，將竹管插在裡頭，如果立起來的話，事情便會成功。兩人試著這麼做之後，竹管順利立起。「我們成功了！成功了！」他們不禁發出喜悅的叫聲，可見他們是多麼高興。

兩人帶著上天賜予的小孩興高采烈回到蕃社，並將此地作為自己的領土。過了一陣子後，在某日，他們將老人留下的記念品，也就是那片樹葉拿給孩子，孩子很開心地揮著它。結果真是太驚奇了！真是太不可思議了！或許可以稱做神奇木葉，每當他一揮，就出現一個小孩，於是很快就有二百個小孩！呈現和以前一樣的熱鬧景象，據說這就是繁榮至今的賽夏族的祖先。可喜可賀。

（完）——大正四年五月二日

下一期是賽德克族（太魯閣蕃）的童話。

*原刊於《臺灣愛國婦人》第七十九期，一九一五年六月一日

驅除巨怪漢——花蓮港賽德克族的童話

此次生蕃童話第九篇將介紹賽德克族童話。賽德克族蕃人也是泰雅族支流，和賽夏族並稱北蕃蕃人，居住於北自宜蘭南大濁水溪，南至花蓮港花蓮溪的東部海岸。他們是去年前總督佐久間任總大將討伐的太魯閣蕃。討伐太魯閣蕃！各位讀者應該記憶猶新。他們是臺灣蕃族當中最強猛的，所以流傳的童話也多為勇猛的故事。在此要介紹的這篇也不例外，是關於驅除巨人的勇敢事蹟，類似我們古代賴光驅除大江山酒吞童子的英勇故事〈大江山〉。總之，將這兇蕃勇猛的童話作為太魯閣蕃討伐的紀念，僅以我的拙筆記錄。

一

太魯閣蕃討伐時常聽聞的立霧溪，位於新城這個地方——從花蓮港出發，朝北而行（西邊是四千八百四十一尺的加禮宛山）會抵達。此處是討伐隊立霧隊本部的所在地，離花蓮港大約三里多。因為是立霧溪的出海口，所以有個稱為立霧社的蕃社。從新城沿著立霧溪往上游前進，前方是一山又一山的蕃界，可說不知何處是山的盡頭。在這一山又一山的蕃界，指向蕃山，沿著河流前進的路上，有一座蒼鬱的楓樹林。在楓樹林裡，有一座小丘，聽說連蕃人也不敢進去。這神奇的森林叫做Rinamai（リナマイ），據聞裡頭住著惡魔，人們不敢在這附近行走而總是繞路。你可以問問同行的生蕃人：

「喂？那座森林是什麼？」連臺灣生蕃中最獰猛的太魯閣生蕃，一聽到這個楓樹林，都會不禁心驚膽跳，很畏懼地說：

「那……你說那個嗎？那是叫做Rinamai-Rinamai的地方。」

「是喔，那我們到那裡休息一下吧，那裡樹林茂密很適合。」如果你這麼說的話，那可不得了，對方會嚇得睜大眼睛，連忙揮動雙手阻止你說：

「不行啦！千萬不能去那個地方，會發生不得了的事！」拚命搖頭抗議，不知情的人會感到疑惑，於是繼續追問：

「為什麼？那裡樹林茂密不是很適合休息嗎？」

蕃人聽了會更加吃驚，覺得你是個狀況外的冒失鬼，頻頻搖頭說：

「那裡不行！有可怕的惡魔，Rinamai會把你吃掉！」

「嗯？惡魔？就是Rinamai嗎？」

「是的。嘴巴很大、手長腳長、眼球發光，是個可怕的巨人，而且力氣很大，大到可以拔山，甚至連在洪水來時，還可以把他的陽具當作橋樑，是這麼驚人的男人喔。」

「嗯，這樣啊，的確是怪物。」

「怪物！沒錯，那恐怖又可怕的怪物為所欲為，無論女人或小孩都是一口吃掉，真是讓人頭痛。」光是提到他就感到恐懼了。

「那他還在嗎？」這麼問他們時，生蕃似乎對其現今是否存在也半信半疑，微妙露出困惑的神情回答：

「我們沒看過，那個森林是Rinamai的居住地，因此沒有人進去過。父母親都叮嚀我們不可以去，那裡很可怕，父母也是從祖父母那裡聽來的，從以前到現在都是如此，所以也不知道他現在是否存在。但我聽說很久很久以前，有人驅除Rinamai，不過那個森林就叫做Rinamai，說不定死去的Rinamai又復活了，所以至今仍沒有人敢去那裡。今天Rinamai不會出來，讓蕃社的人能安心生活，如果你硬要去的話，就你一個人自己去吧，你不管給我們什麼，我們都會堅決拒絕，即使送給我們喜歡的東西，就唯獨這件事情真的沒辦法。」

他們會這麼回答，然後堅持不走那裡而寧可繞路。即使偶爾有人去探險，他們或許也會好奇詢問這個楓樹林的事，但絕對不會有人去那附近，所以探險者經常提到這些生蕃人的說法。他們這麼害怕，一定是因為迷信的關係，他們從小聽到大，所以深信不疑並感到恐懼。因此若有小孩哭泣，像我們常說的：「你看，怪物來了！」一樣，他們只要說：「你看，Rinamai怪物」，小孩就會停止哭泣。真正驚人的是迷信的力量！可見這些兇蕃多麼害怕怪物Rinamai，今天他們所說的怪物便是這樣的東西。

據說眾人害怕的Rinamai是身體很粗壯巨大的男人，長得和蕃屋（生蕃的房子）差不多高，具有怪魔般的力氣，走一步路就可以跨過大河，走五六步就可以抵達雲上的高山頂峰，腳程快得驚人，才見他在此處，瞬間就已在彼方。他出沒的速度無人可捉摸，總之是個奇特的男人。不僅如此，他很喜歡惡作劇，一個蕃婦在室內織布，Rinamai躲在岩石後或樹蔭下，伸出長長的手，用指尖輕輕戳她，那個女人「啊！」一聲就倒地喪命。在溪流暴漲，眾人無法橫渡時，他便說：「嗯，我來幫忙！」然後用他的陽具當作橋樑，讓眾人渡河。他在蕃人狩獵的路上等候，待蕃人一來，便張開大嘴用兩手搧風，別說山上的鹿、山豬，一切鳥獸都在颶風般的聲音裡被吸進他口中，然後很美味似地大啖一番。因此狩獵的蕃人在山上走了一、二天，連一隻鳥或一隻野獸也未見，讓他們一點辦法也沒有。這簡直遠遠超過大江山酒吞童子的麻煩程度，也難怪生蕃說他是怪物、惡魔，對他感到畏懼。你們不覺得這個Rinamai是個非常可怕的怪物嗎？這個Rinamai四處肆虐之後終於被驅除，是很久很久以前的事，此勇敢事蹟在這些獰猛蕃人之間流傳至今，兒童們雖然害怕，還是聽得津津有味。不過，他們還是深信Rinamai被驅除後，在森林裡復活了，因此兒童們做壞事的話他就會出來，這是不是很有趣？來吧！現在開始談談臺灣版大江山的魔鬼驅除記，也就是Rinamai驅除記。

二

即使是四季不分的生蕃人，也面對食糧問題，無法悠哉度日。此事無論現在還是以前都一樣，他們不僅不會忘記種植米、小米，而且對他們來說，播種與收割是非常重要的年度例行活動。雖然他們因種種因素而四季不分，連自己的年齡不清楚也不在意，但他們對種植作物的季節是非常確切了解的，全蕃社的人都出來耕種。稻米是後來才種植，而小米是從過去就有的。如今小米仍是居於首位的食糧，相當於我們不可或缺的稻米。不知道這個Rinamai驅除記是什麼時代的事蹟，但看起來那個時代似乎已經種植小米，也有流傳已久的播種收割祭祀。

這群沒有曆法的生蕃人，是依據種種現象來掌握播種收割祭祀的季節。例如：附近高山有沒有雪？竹筍、幼竹是否冒出或發芽？而這些太魯閣蕃則又更高雅喔！雖然和我們的花相異，但他們觀察深紅色的深山櫻，以其開花時節為播種時機。蕃界的深山櫻！各位不覺得很高雅嗎？儘管和我們國人引以為傲的櫻花全然不同，但深紅且形狀相似的這種花，堪稱是蕃山櫻，他們據此判斷對他們而言是很重要且能藉以知道年月遞嬗的年祭，讓人感受到某種莫名而有意思的情趣。

話說在這個重要的播種祭期間，別說出門，也嚴禁其他蕃人或異人種的人進入。他們停止工作、淨身、侍奉天神，因此規定像馘首出草、狩獵等會看到不淨之血的事一律禁止，而且嚴格遵守。不過這祭祀結束，就意味著播種完成，因此農事暫告段落，蕃社的蕃丁們便會開始狩獵，爭先恐後到溪流捕魚、到山上獵捕禽獸，各自成群結隊出發。他們回來後還會互相較勁說：「看！我捕到這麼多！」、「還好吧，看我的才多呢！」，他們如此為了競爭而出門打獵。而且在Rinamai肆虐的時代，比起收割種植的小米，他們更依賴在山上、溪流等狩獵捕魚，以及摘食到處都有的野生樹果，因此狩獵相當盛行。

見到山櫻花開的鮮紅花色，這時候因為是蕃社的播種季，人們過著數日嚴謹生活，蕃丁們這五六天是非常痛苦的，迫不及待可以狩獵的日子。一天、二天……，時間就這樣過去了，從昨日開始便是令人欣喜的狩獵日，那些興奮的蕃丁們各自做好準備，呼朋引伴即將出發。有一個人心情愉快地問其他人說：

「嘿，你們聚在一起要去哪啊？」被問的那些人異口同聲笑著說：

「哈哈，當然是山裡啊。」接著其他人也開始鼓譟起來說：

「我們要去山裡，我們對鳥類沒什麼興趣，至少要獵個鹿、山豬、羌之類的。」

結果要去前方山中的一群人也跟著鬧烘烘說：

「是嗎？你們說要獵鹿，哈哈哈哈，鹿有什麼了不起，我們要去獵熊。」

「什麼？熊？」聽到的人驚訝地說。大言壯語說要獵熊的那群人氣勢高昂出發了。此刻，一個蕃丁從彼方的山蔭出現，往他們的方向跑過來，由於是這個時間，因此正要出發的這群人前進了一些距離，便停下腳步等待這位蕃丁。蕃人，尤其是太魯閣的蕃人，晚上不會出門，現在正從彼方跑來的蕃丁，是昨天第一個出門去溪流捕魚的男人，雖然是附近的溪流，但昨天到晚上沒有歸來，蕃社的人們都很擔心。結果現在看他漁網等補具什麼也沒拿，空著手匆匆忙忙朝這裡趕過來，他們心想是不是發生什麼大事了，因此連那些興奮出門的人都感到某種不安，決定不再前進而留在原地等待他過來。

那個男人跑過來，終於來到等候的人群前，他呼呼喘著氣，似乎發生了緊急狀況，於是其他人異口同聲問：「發生什麼事了？」但那個人因為拚命跑來，無法馬上回答，好不容易氣息稍微平緩後，他驚訝看著眾人，不用說臉色早已蒼白。其他人再度問他：

「怎麼了？」結果那個男人睜大眼睛：

「你們問我怎麼了？大事不好了！」這麼說完之後，一副想起很可怕的事情似的陷入沉思。

「你說大事不好？光說大事不好，我們怎麼聽得懂？」一個人這麼說，接著另一個人也順勢說：

「對啊，你只說大事不好，我們也毫無頭緒。」那個男人聽了之後稍微恢復冷靜，吸了一口氣後說：

「嗯，也是。唉！別這麼說嘛，因為真的發生大事了。」

「你又說發生大事，已經說得夠多次了！」一個人笑著這麼說之後，其他人又接著說：

「好啦好啦，你快說，到底發生什麼事了？」

於是那個男人頻頻點頭說：

「嗯，我說我說，先等我一下，因為我剛跑過來……」他喘了口氣後便說：「好可怕！」身體不禁抖了一下，其他人見狀也悚然地皺起眉頭。

「喂，你那是什麼反應啊，不要一直發抖……」接著另一個又說：

「對啊，你是男人吧！是什麼事情那麼可怕嗎？」

那個男人被眾人這麼一說，戰戰兢兢環顧四周，然後說：

「真的好可怕！那個Rinamai出現了！真的好可怕！」他再度回想起當時可怕的情景。

「什麼？那個Rinamai嗎？」一個人這麼問[1]，

「我說：『因為抓不到獵物，請等一下！』，結果他說：『不聽話的人就給你好看！』，用那隻長長

1 譯註：此處前後文疑有脫落。

的手要抓我，於是我逃了回來。而Rinamai就往山上去了，所以勸你們不要去山上打獵，如果被他發現可不得了，所以還是別去了！我沒騙你們，快回去吧！」雖然他這麼說，但其他人好不容易可以出門打獵，因此沒有人打算回去。

結果從蕃社有一位使者來告訴他們，一個以美貌聞名的蕃婦Yaukai（ヤウカイ）猝死。那個人說：

「很奇怪，Yaukai原本在織布，結果發出『啊！』一聲便倒地死亡了。」

「嗯，這的確很奇怪，怎麼一回事？是患了急病嗎？」

「是那個怪物吧！」

眾人聽完後不寒而慄，開始注意四周，Rinamai有著眾人都知道的怪魔力量，是個可怕的男人，一旦被盯上，就會有生命的危險，大家都很懼怕他。因此他們一聽到怪物就覺得糟了！心想大家都有可能會喪失生命，除了這個蕃社之外，太魯閣的蕃人都採取敬遠主義，提心吊膽避開他。眾人環顧四周，確認沒有異狀，鬆了一口氣，他們想繼續聽那個人說明，於是問他：

「然後那個Rinamai怎麼了？」

那個男人仍然心驚膽跳地說：

「然後啊，不知道他在生氣什麼，他走到我身旁，把漁網裡的魚一隻不剩地吃光光，真受不了！真希望他吃完後就離開。」因為又發生了這件怪事，所以眾人便聽從這個男人的話，中止今天的狩獵行動而返回蕃社。至於那位美人Yaukai發生了什麼事？這是回程蕃丁們心中的疑問。那個男人猜測是Rinamai搞的鬼，因為那個男人逃離時，無意間聽到Rinamai喃喃自語說：

「好吧！再來一個惡作劇吧！」

真是個令人頭痛的巨人Rinamai。

三

那些太魯閣蕃的蕃人們，到溪流捕撈的魚全被Rinamai大口吃掉，美人Yaukai無辜被不見身影的魔怪力量一擊而斃。這些意外造成蕃人們的大騷動大混亂，蕃社的蕃人們一傳十、十傳百，四處聚集起來頻頻討論如何對應，但他們都想不出什麼好辦法，最終也只是陷入一團混亂嘈雜。見狀的頭目覺得不妥，於是下令將蕃社的蕃丁們集合起來。除了老弱婦孺之外，那些血氣方剛的蕃丁聚在集會所樟樹下的草地，整個蕃社充斥浮躁的氣氛。

頭目望向聚集的眾人露出滿意的臉說：

「大家很快速聚集起來，很好！」他神情安慰地說完後，接著又以遺憾的口吻說：「話說，最近蕃社裡頭總是不平靜，之前發生Yaukai的事件，真的是無法原諒。」他內心似乎有種難言的感受。

「對啊對啊！真的很不可思議吔！什麼也沒做，就突然發出『啊！』一聲被擊倒，總之太奇怪了。」一個人這麼說完，接著當時第一個目擊的人說：

「真的很奇怪，因為那時候我在距離最近的田地，因此聽到『啊！』一聲，好奇衝過去，就看到那個場景，實在不可思議，明明沒有人。」

接著被視為蕃社智者的Tauyai（タウヤイ）說：

「說奇怪還真奇怪，你們看過Yaukai的遺體了吧？我看到時就想，那個該不會是……」他小心翼翼環顧四周之後，壓低聲音說：「那個，是不是Rinamai搞的鬼？」

蕃社第一智者這麼說，因此在場的眾人都驚訝得睜大眼睛，壓低聲音異口同聲說：「是那個Rinamai嗎？」

頭目畢竟是大將，不知聽到Tauyai的話之後有何感想，輕輕點頭後說：

「你有什麼證據嗎？對方可是Rinamai，隨便說的話，之後的詛咒可是不堪設想的。」他說完後，等待其他人的回應。

蕃社第一智者Tauyai對頭目話裡的深沉用意感到敬佩，於是說：

「是的是的。」他點點頭又說：

「的確別人的事情不應該隨便猜測，你說證據嗎？確實沒有什麼證據，那是我實際看到之後的判斷。」

「嗯，是你實際看過之後的判斷啊，那具體來說是什麼呢？說來聽聽。」頭目的身體朝他靠近了一點。

「其實也沒什麼，那個Yaukai死亡時，胸口有個被手指戳過的痕跡，是一個黑色的痣，而且形狀與手指的戳痕一樣，我想這一定是有人用指尖戳的。曾經也有四五個蕃婦死於類似的情形，我後來聽到Rinamai很得意說那是他的惡作劇，而且能夠用指尖留下這麼大的痣，除了Rinamai之外還有別人嗎？所以我才說是Rinamai搞的鬼。」他如此侃侃而談，其他人也都聽得很專注，認為他說得有道理。眾人覺得Rinamai似乎想起過往的惡作劇，如果那怪魔力量開始肆虐的話，將會一發不可收拾，若繼續視而不見，他會愈來愈囂張。最近他又現身，大家覺得很麻煩，此時發生這些事件讓他們深感頭痛。然而這個美人Yaukai的事件，無法確定是否為Rinamai的惡作劇，但他們仍然認為十之八九應該是他的傑作。於是眾人共同商議解決之道。

就在這個時候，從蕃社的後山出現一群逃向這裡的蕃丁，個個臉色蒼白，露出恐懼的表情。他們擔憂地頻頻回頭看剛剛逃過來的地方，身體因害怕而顫抖。眾人望向他們，卻沒有人開口。不久後頭目故意瞪著那群逃回來的人，怒叱一聲：

「怎麼了？」接著又說：「你們那是什麼樣子？」說完後看著四周，露出不屑的笑臉說：

「嘿嘿，真是沒用的傢伙，看你們臉色蒼白又抖成那樣……」這麼數落譏笑後，對方也按捺不住了。「你說我們沒用？」一個人辯解似地說。「那個……」他注意周遭後又接著說：「Rinamai那傢伙發威了。」然後看著大家。

眾人聽到後不禁異口同聲說：「Rinamai發威了？」

「嗯，事情是這樣的……」逃回來的其中一人開始敘述剛剛可怕的遭遇。那經過如下。

在播種祭的隔日，他們搶先外出上山狩獵，第一天安然無事，而且發現許多獵物，大家都精神抖擻前去打獵，結果不知從何處出現兩隻巨大的腳，讓眾人一驚，接著又出現像暴風雨般巨大的聲響，結果令人驚訝的是那個Rinamai現身了。他們心想，「啊！遇到很麻煩的傢伙」，不出所料，他吃光所有獵物，連大隻的鹿都被他一口吞下，他們很害怕，準備起身逃跑，正在大口吃著獵物的Rinamai目光炯炯有神盯著他們說：

「遲早會去你們的蕃社喔……」

他要是真的來的話就糟了，因此他們為了通知蕃社的人而連忙趕回來。

「不知道他什麼時候會來？什麼！已經來了？Yaukai被殺死了？那太危險了，要小心才行。」結果那些剛逃回來的人也引起大騷動。這下不好了！這群蕃人的命運陷入危境，接下來會如何發展呢？生蕃的討伐魔鬼行動要開始了。

四

令人頭痛至極的惡魔就是這怪物Rinamai。他擁有巨大的怪魔力量，只要招惹他就會遭到殘酷暴行，因此他不管到哪裡都惹人厭，但大家害怕事後的詛咒，所以睜一隻眼閉一隻眼，實在令人困擾。那個以溫柔性格聞名的Yaukai死於非命，以及那群出獵者的災難，讓大家都對這麻煩怪物Rinamai的行為感到憤慨。然而他神出鬼沒，不小心說了他的壞話，說不定會在哪裡被他聽見，所以不管多麼憤慨，別說懲戒了，連抗議都說不出口。但這次情況不同，蕃社所有蕃丁都對Rinamai的行為感到憤慨，大家怒氣衝天，鼓起幹勁想要討伐Rinamai。

「不要再拖了，趕快打倒他吧！」一個人揮舞著蕃刀這麼說。另一個意氣風發的人也說：

「什麼也別擔心了，他再怎麼強大，我們十個人、二十個人跟他拚命，一定沒問題的。」然後又一個人回應：「對啊對啊！」緊接著便說：

「走吧！不管了！頭目，我們要上了！」這個人短刀直入向頭目提議。但頭目陷入沉思，一句話也沒回，只是靜靜閉著眼睛。

「你在想什麼？可以吧！來打一場仗吧。輸贏沒什麼大不了的，只要我們下定決心的話，就什麼都不用怕了。」有個蕃丁按捺不住這麼說，猛烈揮起蕃刀將身旁的樹枝切斷，也算是消消氣吧。

頭目畢竟是總大將，考慮到種種事情，甚至是後果，更不用說對手雖然是只有一個人，但他一人就相當於百人、千人的力量，是非常強大的怪物，因此擔心輕易出手會失敗，一想到之後的詛咒更加可怕，就無法輕率決定出征。雖然如此，對Rinamai的可恨行為若繼續默不吭聲的話，最可憐的就是Yaukai，那一定是Rinamai的惡作劇，必須想辦法復仇才行。在他人看來，頭目似乎很冷靜，但其實他卻是苦惱萬分，因此他才沒有輕易承諾。

因為頭目閉著眼睛思索很長的時間，也沒說贊成或反對，開始焦躁的蕃丁們未察覺頭目的苦慮，對他的優柔寡斷感到憤慨。

「您到底在想什麼？是擔心打輸嗎？別擔心啦，怎麼可能會輸，您只要同意就好，頭目，您留下來，我們去就好！畢竟他只有一個人，即使他有千人的力量，我們也不會輸。」這個人如此大言壯語，接著又說：「我們出發吧！」頭目急忙舉起手來喊住他們：

「等……等……等一下！」他望向眾人說：「交給我吧！我會好好處理，所以先稍等一下吧。」這樣安撫後，拍了一下手說：「喂，Tauyai在嗎？」他看看周圍，發現Tauyai的身影，便將他叫過來，在他耳邊說了什麼之後，對大家說：

「好，你們就先等到明天早上，現在我拜託Tauyai去察看Rinamai的情形，然後我也請他去確認Yaukai的事，我也是男人，是頭目，聽完Tauyai的回覆之後再來決定吧！」頭目慎重宣布之後，那些血氣旺盛的蕃丁們不敢不接受頭目的命令，那就等待明天的回覆吧，於是大家便解散各自回家。

頭目一邊目送順從他命令而回家的蕃丁，一邊將手放在Tauyai肩上，帶著苦惱的心思吐了一口氣，然後說出心中的痛苦：

「請你了解，我也很困擾。」聰明的Tauyai回答：

「的確是。我了解啊，你應該很痛苦吧！接下來怎麼辦呢？要開戰嗎？」

「嗯……」頭目沉思著，然後語氣沉重地說：

「傷腦筋啊！」他仍繼續思考該怎麼做才好。接著又說：「實在很頭痛！不過明天必須有所回覆，而且說不定那個神出鬼沒的Rinamai在某處聽見我們的話，既然如此，乾脆……」他說到這裡，但覺得己方沒有勝算，於是又開始動搖，陷入思索中。

「唉呀，到底有沒有什麼好方法呢？」又說：「好吧！」歪著頭思考，接著點頭說：「嗯！那麼就來打打看吧！這樣也好。」他帶有深意地說。

「嗯！那就這麼辦吧！」他的語氣突然變得很有氣勢，但話說到這裡，又開始注意四周，然後再也沒有掛礙似地問Tauyai：「想出什麼好方法了嗎？」Tauyai默默看著頭目的樣子，果然是蕃丁中的智者，似乎想出了什麼方案。他拍著手說：

「好的！從明天傍晚開始準備，在後天午餐時就將這件事處埋好吧！」

「咦？你想出方法了？後天嗎？」頭目非常高興，緊緊握住Tauyai的手，熱切表達感謝之意。

「一切交給我吧！」Tauyai說完後仰望天空，接著說：「對方畢竟擁有相當於千人、萬人的怪魔力量，因此比力氣的話，即使幾十個人一起進攻的話也不會成功，那就以智取勝吧。巨人的腦力沒那麼周全，哈哈哈，用個計略討伐他吧！沒什麼好擔心的。」Tauyai似乎心裡有譜，他在頭目耳邊小聲說了一些話，兩人都點著頭，Tauyai拍拍頭目的肩膀說：

「別擔心了！」兩人露出意味深長的微笑後便道別了。

接著終於要討伐怪物Rinamai了，智者Tauyai到底用了什麼奇計呢？讓我們繼續看下去。

五

蕃社數一數二的智者Tauyai心中已有征伐Rinamai的計略。因為Rinamai貪婪卻缺乏智慧，比起以力取勝，應該以智致勝。Tauyai打算先找到Rinamai的住處，然後利用他的慾念來誘惑他。於是立刻出發前往尋找Rinamai的住所。首先準備的是蕃酒，因為Tauyai知道Rinamai一見蕃酒就會著迷，因此應該會很快嗅到酒味，如此就能找到他的住處。

Tauyai這個聰明人，攜帶蕃酒前往時，刻意讓酒香飄散。還沒翻山涉溪，在蕃社後山就聽見可怕的聞嗅聲響，聰明的Tauyai心想：「咦，好像有奇怪的聲音。」然後繼續前進，結果又聽到一樣的聲響，也聽見Rinamai說話。

「啊，好甜啊！啊，真是香得讓人受不了！好想喝一杯。」

Tauyai不禁心喜，一邊笑著一邊佯裝不知情地走過去。貪婪的Rinamai也毫無察覺危險即將降臨己身，他蠢動著鼻子叫住Tauyai：

「喂！那不是Tauyai嗎？你要去哪？先等一下！啊，好香！」

被叫住的Tauyai心想「成功了！」卻裝傻說：

「喔！原來是Rinamai，遇到你真好……」

「嗯，我一聞到酒香就受不了……」Rinamai馬上前去討酒。

「你要酒嗎？好啊，來一杯吧。」

「嗯，你給我喝一杯啊？真感謝啊。」他已喜笑顏開。

「來，來一杯吧！」Tauyai拿出攜帶的酒杯，倒了一杯酒給Rinamai，然後說：「只能喝一杯喔，剩下的要拿去別的地方。」他笑著這麼說，故意吊他胃口。結果貪杯的Rinamai聽了之後感到吃驚，覺得大事不妙。

「唉呀，別這麼說嘛，真香甜啊！可以再給我一杯嗎？你說什麼要拿去別的地方，哈哈，不行喔，既然被我發現了的話……」他舊態復發，如此霸道地說完之後，Tauyai又使心機開始故弄玄虛。

「你說不行，那也太霸道了吧！」

「我才不管什麼霸道不霸道，哈哈，你如果不聽我的話，我可是會再搞戳人的惡作劇喔！」Rinamai如此輕率說出Yaukai的事。

「原來是你戳了Yaukai啊？」

「是啊，因為看到很美麗的臉龐，想讓她轉過來看我，因此戳了一下，結果她就倒地死亡了。」

Tauyai聽到這裡已忍無可忍，下定決心「由我來報仇吧！」但又假裝平靜，爽朗地說：

「別再做這種惡作劇了，要不要再來一杯呢？」

Rinamai一聽就毫無抵擋之力，他說：

「你要給我酒，那真是太好了！」話還沒說完，就舉起酒瓶將酒飲盡，喝得津津有味。

「還想喝嗎？哈哈。」心中有所打算的Tauyai這麼問。

「嗯，還有嗎？我好想喝啊。」

「現在已經沒有了，明天早上再帶來給你喝吧！」

「謝謝你，那我就等你來。」

「那麼就在這裡喔。」

兩人就這樣沒事般地道別。Tauyai回程時吐了吐舌，心想萬事成功了！

到了隔日，終於要征伐Rinamai了。一切都按照Tauyai的指示，這個計略是：首先他會讓Rinamai盡情喝酒，將他灌醉後，騙他說有熊肉或羌肉，哄他吞下燒過的木頭或岩石來殺死他。於是蕃丁們興高采烈地在後山的山頂著手準備。

Tauyai面帶微笑，讓二名蕃丁準備了很多酒，搬運到約定的後山處，貪婪的Rinamai已經在那裡迫不及待笑著等候。

Rinamai看到Tauyai讓蕃丁運來很多酒，蠢動著鼻子說：

「哈啊，太好了！」又是喜笑顏開，十分雀躍。

Tauyai看到Rinamai高興等待著，心想計略成功了，他露出笑容說：

「喔！你在等我啊？今天帶了很多酒來，你就盡情喝吧，喝完我會再準備。」

Rinamai這號大人物毫無察覺自己被設計了，還一副很欣喜的樣子。

「哈哈，真的太感謝啦！嗯，今天好多啊，應該很甜吧，我已經渴望得受不了啦……」然後發出「嘿嘿」的誇張笑聲。

「今天你一定喝得夠！」

「這樣啊！那我就不客氣了。」他將Tauyai幫他倒的一大碗酒一口氣喝光。然後很陶醉地說：「啊！好甜啊，今天特別甜。」這也不奇怪，因為裡面下了藥，味道比較甘甜，愈喝身體愈沉重。

Rinamai說著「好甜啊！好甜啊！」一杯接著一杯灌，於是開始爛醉，身體變得沉重起來。此刻Tauyai發出指示，蕃丁們在後山山頂各自做好準備開始燒木頭。嗅到氣味的Rinamai似乎覺得有股怪味，於是說：

「嗯？這是什麼怪味啊？」

Tauyai一副想起什麼似地說：

「啊！對了，我忘記了，因為總不能光喝酒，所以我派人在後山山頂狩獵，然後將獵物烤來給你吃。」他撒了一個謊。

「是嗎？那太好了！酒肴嗎？哈哈，太好了！」Rinamai這麼說，覺得身體很慵懶，不想動了。於是提出任性的要求說：

「我可以在這裡張開嘴巴，讓他們把那些烤好的東西丟下來嗎？」

「哈哈，你真懶惰。」Tauyai心裡偷笑著，然後說：「那就在這裡張開嘴巴等吧！我會發出指示的。」

一切都按計畫進行，所以Tauyai很高興，馬上讓同行的蕃丁對山上的人做出信號，燒得紅通通的木頭滾了下來掉進Rinamai的大嘴巴裡。

「啊！」連Rinamai都感到吃驚，忍受著燙傷，繼續朵頤大嚼。

「好奇怪啊，這是什麼肉啊？」

「那個嗎？那是羌肉。」Tauyai笑著回答。

「是嗎？好奇怪啊。」然後還是繼續嚼食著。

「來，接著是熊肉。」

「熊嗎。那應該很甜美吧！」

他張開大嘴等候著，Tauyai發出指示，這次是燒得紅透的岩石落入他嘴裡，Rinamai「啊！」一聲想逃跑，但身體十分沉重，接著無數的燒石又陸續掉下來，這下已無生路了，Rinamai終於一命嗚呼。

就這樣，那麻煩的Rinamai被打敗了，於是蕃社恢復平靜，眾人得以安心生活，此後愈來愈繁榮。

生蕃版的大江山魔鬼驅除記到此結束，可喜可賀。

（完）——大正四年五月三十一日

下一期是雅美族[2]（紅頭嶼）的童話。

*原刊於《臺灣愛國婦人》第八十期，一九一五年七月一日

2 譯註：原文為「ヤミ族」，故譯為「雅美族」，即今「達悟族」。

岩男與竹男——臺東雅美族的童話

生蕃童話第十篇將介紹雅美族童話[1]。雅美族蕃人居住在名為紅頭嶼的孤島，其位於東部海域上，距離卑南的東南方五十海里遠的地方。這個孤島與其他地方沒有往來，另成天地，他們被視為幾乎是原始人般的未開野蠻蕃人，但確實可說是非常樸素可愛的生蕃人。他們有著不喝酒、不馘首的風俗習慣及生活狀態，因為與其他蕃人如泰雅、阿美、布農等相隔於另一世界，因此完全不同。他們有很多有趣、稀奇的現象，在此記錄的童話，是在他們蕃人間流傳的為數不多的童話之一，我想從海上孤島蕃人流傳的童話裡，可以窺見這住在另一世界的蕃人之特性。敬請讀下去！

一

在波濤猛烈拍打海岸的臺灣東部海上，坐在往來於海面、向東可眺望渺茫太平洋海天景色的船上，乘客們不經意看見旅行導覽附錄的地圖，目光掃向蕃薯形狀的臺灣島東海岸南邊，發現東部臺灣舊都，這裡以前設置卑南廳，現在則是以臺東廳所在地聞名的卑南，距離此地東南海上五十海里處，是搭乘汽船五、六個小時會抵達的島嶼，這個島就叫做紅頭嶼。紅頭嶼周圍九里二十八町[2]，面積二方里，大部分都

1 譯註：原文為「ヤミ族」，故譯為「雅美族」，即今「達悟族」。
2 譯註：一里＝三・九公里；一町＝一〇九・〇九〇九一公尺。

是山地，很少有平地，西洋人稱之為Botel Tabagoland，這個島上的人就是雅美族蕃人。共有七個蕃社：Imoronamon（イモロナモン）、Imarosotsuku（イマロソツク）、Yayu（ヤユ）、Iratai（イラタイ）、Iwatasu（イワタス）、Iwaginu（イワギヌ）、Iwanomiruku（イワノミルク），蕃人數計有一千四、五百人。在七個蕃社當中，最多有兩三百戶的土地，少則只有九戶。因為他們只知道紅頭嶼這個另成天地的小島，與世隔絕，其野蠻至極的生活狀態，與其他蕃人可說有著雲泥之別。那是因為他們與其他蕃人沒有往來，其無知相當驚人，一個月一次或兩次靠岸的汽船停泊在海岸附近，他們蕃人便乘著自製但不太精美的獨木舟（今稱為紅頭船，已成為當地特色之一），來販賣水甕、茶碗等容器，以及粗糙玩具般的雕刻品。他們賺取銀幣的目的不是為了累積財富，而是將它們作為身上的裝飾品，他們根本沒有賺取財利這種進步思想，非常可愛。於是不管那些貨物的大小巧拙，一個貨物十錢銀幣，不覺得很有趣嗎？他們將那個銀幣製造成身上的裝飾品，如頭飾、手飾等，甚至有一位頭目（老大）把銀幣鑄造成頭盔而得意洋洋。因此他們很討厭金和銅，得到銀才會滿意，這也是很有趣的現象。

這些蕃人無論出身哪個蕃社，都不約而同說：「我是石之子、竹之子！」深信自己的祖先是石頭和竹子，因此很珍惜竹子，他們認為用竹子可以製造出各種東西是祖先的恩惠之一。另外，他們的住宅主要是利用岩石，採取穴居形式，很有趣。他們甚至認為，這岩石是祖先的安排，才能完成這種居所，因此，將竹子拿給紅頭嶼的蕃人，問他們：

「這是什麼？竹子嗎？」他們會莞爾笑著說：

「是的，是竹子！我們祖先從竹子誕生，石頭也是我們祖先的源頭之一。」他們會很認真地這麼說。不覺得很可愛嗎？這來自他們口傳的傳說，現在就來介紹這個童話吧。

不知道是什麼時代，這個紅頭嶼距離Imarosotsuku蕃社東南二十町處，有一座山叫做Ribaputsu（リバプツ），雖不是很高，但樹木蒼鬱。這座山的山腰有一個巨大的岩石，由下往上看這巨岩，宛若快要觸碰到天空和雲，所以不知從誰開始稱它為Rariran（ラリラン），至今蕃人也是以Rariran稱呼它，但無論是巨岩或那座山，現在沒有人知道它位於何處。Rariran是祖先的意思，傳說祖先由此巨岩裡誕生，這是他們何以會說「我的祖先是石頭！是竹子！」的原因。

這個時代，是紅頭嶼上尚無人類蹤跡的創始時代，是一個無人島。有一天，颳起了大風，海岸上有山一般的波濤逆捲而來，天地震動，山河鳴響，宛如世界末日，幸好沒有人，否則就完了，他們會悉數全滅。據說是很可怕的強風，這是天上的神似乎有什麼不開心的事而發威，據說因為有這個傳說，他們至今還是天生就非常害怕暴風雨。

這個可怕的暴風經過一兩天都沒有停歇，到了第五天的傍晚終於停止，隔了一段時間，到了深夜時，Ribaputsu山的山腰發出可怕的巨響，噴出了紅色舌頭般的火焰，應該就像讀者在照片、明信片上所見過的前幾年爆發的鹿兒島櫻島大噴火一樣。波濤洶湧的海洋中，另成世界的紅頭嶼，打破了無人之境的寂靜，赤紅火焰高漲，成了焦熱地獄。

然而不可思議的，在這個悽慘天地，在將要天亮的時刻，不知從何處湧出，還是從何處降臨，有一個傳說中總會出現的白髮老人，鼻子高如天狗，額頭上只有一隻可怕的大眼睛，卻有著非常小的嘴吧，是個長相非常奇特、獨眼妖般的怪老人。他僅以樹葉圍住腰身，露出瘦得只有皮包骨的身體，赤著腳，以樹枝當作枴杖，在岩石後面看著這可怕光景，但他真是個神奇之人，面對這悽慘的光景，他竟然一副很開心似的，皺巴巴的臉上露出很快心的大笑容，不知是魔物還是怪物還是惡魔還是鬼神？無論如何，毫無疑問的，那是一個陰森森的怪老人。

已經天亮了，陽光開始照耀著山河草木，連天上的神好像也累了，那可怕的暴風以及後來的噴發也逐漸平息，天地即將恢復寂靜時，那位怪老人睜開他的獨眼，頻頻環顧四周，不久後，好像感受到了什麼似的，突然啊哈哈的大聲笑出來，這位在山上的怪老人真是奇妙的人。

「哈哈，看我的臉就逃跑了啊！」他瞪著天的一方這麼說，又開始哈哈大笑。

說什麼「看我的臉就逃跑了啊」，根本沒有人逃跑，老人瞪著天的一方這麼說，說完還莞爾一笑，只能說這個怪老人真的很奇妙，的確是個魔物、怪物、惡魔、鬼神。

這位哈哈大笑的老人，不知是魔物、怪物、惡魔，還是鬼神，總之是一個異於常人的怪老人，他在天神安靜下來之後，拄著手上的枴杖一步一步走近那個噴出火焰的Rariran巨岩，以獨眼瞪著它，然後舉起手上枴杖，嘴裡喃喃唸出不知是什麼的話語，開始像山上修行者般祈禱，這個怪老人到底要做什麼呢？

二

以獨眼瞪著巨岩並如山上修行者般祈禱的怪老人，似乎已經完成祈禱。他「赫！」的一聲，以舉起的枴杖敲打眼前巨岩，這個怪老人應該真的是惡魔鬼神怪物魔物吧，他枯瘦的臂腕使勁力氣，對著誰看了都會驚訝的巨岩重重一擊。結果這怪老人枯瘦臂腕的力量真是可怕，那巨岩很快又被剖成兩半，巨大的岩石輕易被怪老人的一擊切開了，是個具有多麼強大怪力的老人啊。

不知道這位老人從哪裡出現，從天上降臨還是從地下湧現，實在是不可思議。不僅如此，他還會使用這種剖開巨岩的魔法，簡直就像獨眼妖的老大一樣，是個可怕的怪物。而且說來奇怪，怪老人一擊就分為兩半的巨岩，其分別倒向左右的岩石發出可怕的聲音與地響，在分裂倒地時，或許從巨岩裡誕生的吧，裡頭跳出了一個強健、赤裸的男子。大家都知道從桃子出生的桃太郎故事，而竟然有人從岩石間誕生，真稀奇。

從岩石誕生，或可稱之為岩男吧，輕輕彈跳出來的這個男人，一出來就跑到獨眼老人身旁說：

「啊，老伯！」

老人看著這個男人的樣子，對他說：「喔，你來了。」一副很滿意地露出高興的笑容說：

「歡迎你來，原本想早一點讓你出來，但直到剛剛為止都有大騷動，就算你出生也不能做什麼。所以我想不如等騷動平息後再讓你出來，其實我剛剛還算是客氣的，結果天神那傢伙很懶惰，一直都沒有鎮定下來的意思，於是我瞪了他一眼，這卑鄙的傢伙就倉皇而逃了。哈哈，因為這種情形所以才拖到現在。沒關係，以後這裡就是你的世界了，我會陪你，不會有事的，沒問題，放心吧。」

這位終於顯現魔神真面目的獨眼怪老人，得意洋洋對他說了這些。一直聽著這些話的岩男，心想，這真是個奇怪的老人，但無論如何，就按照他的命令去做吧，所以唯唯諾諾聽從他。

這個岩男自從靠著怪老人的怪力從巨岩跳出來之後，已經和這個怪老人一起生活了好幾個晝夜，他從岩石出來時身上一絲不掛，但誕生的第三天，怪老人說：

「喂，你什麼都沒穿吔，就這麼做吧！那個神，就是天上的神，說不定哪天看到什麼又會失控，照我說的做吧，好嗎？」

他這麼說，便教他以樹葉圍住腰身。至今紅頭嶼的蕃人，男女皆以植物纖維製作如葉片般的東西，再以此做成無袖的短衣，他們穿著這種短衣。但很多男人全年都只穿著丁字褲，他們都說這是繼承祖先的作法，真可疑。儘管如此，這也蠻像生蕃人的說法，是不是很有趣？

連用樹葉圍住腰身這種事都需要教的岩男，當然沒什麼事可做，而他自己也沒有主動去做，肚子餓了便隨手摘樹果來吃，想睡的話，不管在草地或沙子上，就躺下來進入夢鄉，過得相當悠閒。在這廣大世界只有他和獨眼怪老人兩人，從來沒看過和自己類似、疑似人的身影。岩男感到奇怪，有一天他去找獨眼老人聊天，然後提出疑問：

「喂，老伯，好奇怪啊，這麼寬廣的土地上，除了老伯和我之外都沒看到人，這裡沒有其他人嗎？」

結果怪老人用他的獨眼看著岩男的臉，意味深長地笑著說：

「哈哈，你在說什麼啊？是那個啦，這樣也沒什麼奇怪。」他的語氣似乎是想要打消對方的疑問。岩男接著說：

「不過，人類……像我這樣的人，哪裡都沒有嗎？」

「你說人類啊？」沒把這事情當一回事的怪老人，再度看著岩男的臉，然後說：「人類，人類啊……」他重複了幾次之後，開始反問岩男：

「你知道人類這東西啊？是聽誰說的？」

「說是誰？」岩男有點難以啟齒的樣子，他回答說：「那個人類……有關人類的事情，就是老伯啊，聽你說的啊。」怪老人聽完之後一副很驚訝的樣子，然後說：

「什麼？是我？什麼時候？」

「是啊，老伯，你在前幾天……大約兩天前，我問你說我是什麼，結果老伯那時不是說『你是人類』嗎？所以我才認為我是人類。」他如此確切回答，老人感到有點訝異，但已經說溜嘴也沒辦法。

「嗯，這樣啊，原來是我說的。」他語帶含糊。

「對啊，確實是老伯你說的啊。」

「是喔，哈哈，我不記得了啦。」

「這樣啊，沒關係，但除了我之外沒有其他人嗎？」

「是啊，一個也沒有。」

「是嗎？所以在這個天地間只有我一個人類嗎？」

「對啊，只有你一個人，你會寂寞嗎？」怪老人這麼說，露出落寞的笑容。

「是啊，很寂寞呢，因為沒有其他人。」

「這樣啊，你想要有其他人嗎？如果想的話，要不要再讓一個人出來呢？」

「你說再讓一個人誕生？」因為岩男不知道自己出生的事情，所以感到吃驚，老人哈哈笑說：

「你說誕生，你還不是這樣跳出來而誕生的。」

岩男聽完之後，露出原來如此的表情。

「所以可以再讓一個人誕生嗎？」

「當然可以啊，馬上就跳出來喔，好嗎？」

「啊！真是太好了！希望趕快實現。」

「是嗎？那就讓他出來吧。我會有些事需要交代和要求，這個待會兩人一起說。」他這麼說完，手上拿著那根枴杖往彼方竹林的方向出發，岩男很開心地跟在怪老人後面。這個怪老人又要讓一個男人從竹子裡誕生，這是下一回要說的內容。

三

怪老人帶著岩男到竹林，又要使用魔法讓一個人出來。跟在後頭的岩男，一路上都在想，接下來將成為伙伴的會是什麼樣的人呢？他心中帶著種種想法跟在怪老人後頭。走了一段路之後，他問：

「喂，老伯，你這次變出來的也是人類嗎？」

「是啊，是人類。」

「是嗎，所以跟我一樣嘍……」岩男說，微微露出奇異的表情。

「對啊，一樣啊，也是人類……」老人帶著微妙的笑容這麼說，心中似乎有什麼打算。岩男聽到將會出現和自己一樣的人類，一方面覺得有伴，一方面又有種莫名的不安。然而目前為止，所有事他都聽從老人的命令，確實也沒有經歷過任何痛苦，且受益不少，這次將出現什麼樣的人呢？總之一切就聽從老人的安排吧。他這麼下定決心，沒有再多說什麼，跟隨著老人專注前進。路程似乎相當遙遠，走了很久還沒抵達，明明已經走了很久……

走在前面的老人實在很神奇，不管走多久都一副若無其事的樣子，一點也不像老人，非常壯健，毫無疲態，走再久都一樣。因此走在後頭的岩男，對老人的活力又驚訝又佩服。走了一段時間之後，他從背後對老人說：

「已經走很久了吔……」那個怪老人哈哈笑著回頭說：

「怎麼樣，你累了嗎？人類真脆弱啊。」他炫耀自己強健能走遠路的腳力。

岩男也是個不服輸的人，被取笑身體脆弱，可不會就此默不吭聲，於是說：

「怎麼可能累了呢？才那麼一點點路。」雖然他其實有點招架不住了，但還是逞強地這麼說。

「哈哈，你還真是不服輸啊，再忍耐一下就到了，走吧！」明明是個老人，卻精力充沛得令人討厭。

他們翻山越嶺涉谷渡溪，走了一段路之後，終於來到目的地的竹林，是相當茂密的竹林，很罕見的地方。

「到了，就是這裡。」老人停在竹林角落休息，跟隨而來的岩男也在那裡休息喘氣。

「哈哈，走了很久呢，累了吧？我好像也有點累了。」這位怪老人終於說出真心話，於是陪伴的岩男忍不住見縫插針說：

「哈哈，你累了啊？因為是老人家嘛。先好好休息吧，別急。」他說了似乎別有意味的話，這個男人有點不夠厚道。

「哈哈，好有氣勢啊！好吧，先好好休息再說。」怪老人其實知道岩男不過是虛張聲勢大言壯語，這老人也不遑多讓，露出笑容回報一箭。

然而不巧的，太陽已隱沒在西山後，彷彿對他們說「再見！」。於是四周逐漸被傍晚的雲靄包圍，這位使用魔法的怪老人不太喜歡夜晚，於是說：

「啊，太陽已經下山，天色已暗，今天沒辦法了。好吧，明天清晨早一點進行，今晚就休息吧，躺在這裡睡一下，明天早一點……」他話還沒說完，才一躺平便感到全身疲憊，很快就睡著了。主導全局的師父都這樣了，跟隨在側的岩男也一樣，一躺平就呼呼大睡，原來這男人亦疲憊不堪了。

天一亮，怪老人就起身去了哪裡，回來後把岩男搖醒，對他說：

「該起來了，你看這裡有很多美味的水果，起來了起來了！」

岩男被搖醒後，揉著惺忪睡眼看著四周，發現怪老人正津津有味吃著不知從哪裡採收而來、看起來像是水果的東西。

「哈哈，早啊！」岩男這麼說著，走到怪老人身旁。

「那是什麼，看起來很好吃。」他伸出手想拿一個，老人哈哈笑說：

「你說這個嗎？很好吃喔，你也吃一個吧！」然後將其中一個成熟紅透的果實拿給他。剛起床還空著肚子的岩男立刻吃下它，覺得非常好吃，不禁大聲說：「這真好吃！太棒了！」

「哈哈，好吃嗎？再給你一個吧。」

「謝謝！」他又拿了一個，然後說：「這是從哪裡來的？真好吃！」他吃得非常高興。

「哈哈，你說那個嗎？賴床的人就採不到了。」他笑著用那支枴杖指著彼方的竹林說：「你看那邊，就在那個竹林裡，因為每天早上只有五個果實掉在地上，所以除非早起去採收，否則吃不到，是一種很神奇的果實。」他這麼說，取笑岩男的貪睡。

「是嗎？原來如此，真是稀奇的水果啊，我從來沒吃過。真好吃！真好吃！真是好吃的東西哪！」他激動得不得了。

「對啊，這一定好吃的啊！它叫做Rusarutsuku（ルサルツク），是竹林的落果，嗯，就是那個竹林，我們即將前往的地方，那裡叫做Rusarutsuku竹林。」

「這樣啊，所以是在那個竹林……」

「對呀，我們待會兒會去！然後再變出另一個人類來。」老人充滿興味地這麼說。岩男也興致勃勃說：「走吧！我們出發吧！」於是他們兩個開始準備前往。

結果不知道怪老人在想什麼，對著直說「走吧！走吧！」的岩男重複叮嚀：

「我們現在要出發了，另一個人類出來後，你要好好珍惜，好好相處喔！好嗎？如果你們有爭執的話，你可是會沒命的喔，你的命掌控在我手裡，知道嗎？」說完後，兩個人便出發前往Rusarutsuku竹林。

四

或許可稱之為不可思議的竹林吧。這個Rusarutsuku竹林，位於巨岩東南方的海濱，是一個很茂密的竹林，即便是白天也偏暗。因為在海邊，浪濤聲不絕於耳，又因為很寂靜，海濤的聲音更顯得嘈雜。這裡原本是無人島的海濱，如今卻出現了岩男與怪老人。

「到了，就是這個竹林。從今天起會多一個人了，怎麼樣，高興吧？」

怪老人笑著這麼說，在竹林裡看東看西，似乎在尋找什麼，岩男觀察怪老人到底要做什麼，聽到老人問他是否高興，他笑著說：

「當然高興啊！因為一個人很寂寞。」

「哈哈，是嗎？那麼這就來變個人出來吧！」

怪老人在竹林裡發現了什麼似的，快步走進竹林裡。岩男心中帶著疑惑，但還是跟在後頭。在竹林中間有株又高又粗、直立聳天的竹子，怪老人站在竹子前說：

「我們到了！裡面有你的同伴，就是這竹子！在這竹子裡喔！」然後用那根楞杖指著竹子。

「哇！在這竹子裡嗎？」岩男很吃驚，老人以取笑的口吻說：

「是啊，會從這竹子裡跳出來，就像你從巨岩裡跳出來一樣。」

「我……」岩男驚訝得頻頻眨眼說：「從這個竹子……」

就像被視為日本最古老的小說《竹取物語》一樣，從竹子裡誕生了一個人。所以這個怪老人相當於竹取翁。

「好了嗎？要跳出來了喔！跳出來後你要好好珍惜，好好相處喔。來！」他用那支楞杖對竹幹敲了三次，結果發出了可怕的巨響，竹幹分裂倒地，岩男聽到這意外的巨響感到吃驚，摀住耳朵閉上眼睛，嚇得縮成一團。結果不知是何時跳出來的，他的眼前出現了一個人。

「你看，跳出來了！你幹嘛縮在那裡？快來吧，你有一個同伴了喔！喂！」

聽到怪老人這麼說，岩男終於放心睜開眼睛，看到了一個和自己一樣的人類，不知何時跳出來，而且似乎已經被教導和自己一樣以樹葉圍住腰。

「啊！跳出來了啊。」他很驚訝，好奇地看著這位新來的人類。

「哈哈，嚇一跳吧！」

怪老人一副很滿意似地笑著，然後對著那個跳出來的男人說：

「喂，這個是從巨岩跳出來的人類，是你的同伴，要好好相處喔。」

於是他們兩人便和睦共處。很奇妙的，僅僅大約兩分鐘時間，他們就已經感情好得像兄弟一樣。因此老人非常滿意地說：

「來！以後你們兩人就在這裡生活吧，好嗎？不能忘記喔，你是從巨岩誕生，所以叫岩男。你是從竹子誕生，所以叫竹男。好嗎？我現在要去一趟天上，還會再來的，你們等我吧！」

「咦？老伯，你現在要離開了？要去哪裡？」竹男很膽小地這麼問。岩男也接著說：「老伯，我也要去，請你帶我去！」他同樣顯得依依不捨。

「哈哈，別這麼說嘛，暫時而已，所以你們等我吧。岩男！你是哥哥，去那個山腳下吧。竹男，你是弟弟，要跟著哥哥岩男，那裡是塊什麼都不用擔心的土地，你們去吧！以後會有別的同伴，只要你們好好相處的話……」

老人試著讓他們回到Ribaputsu山，但兩人都不願意離開，東說西扯就是不想離開怪老人，因此就連怪老人也覺得掛心而感到依依不捨了，要去天上的決心開始動搖，嘴巴說要離開，但遲遲沒有動靜。

結果，在原本如鏡面般的海上，看到有個東西正在飛翔，岩男、竹男發現之後不禁說：

「啊！好像有什麼東西在飛？」他們指著海上，猶豫不決的怪老人聽到這聲音，也望著海面，發現許多飛翔的魚。那應該是飛魚吧。然而這兩人不知道飛魚的存在，所以很稀奇似地看著海上。

「咦？又飛了，那是什麼？」

「好奇怪啊！」

岩男和竹男分別這麼說。

「啊哈，那個啊……」怪老人看到兩人因那奇怪的飛翔物而感到吃驚疑惑，於是笑著說：

「你們不知道那個啊？那是好吃的東西啊！」

「咦？那個東西好吃？」岩男驚訝得睜大眼睛。

「那個可以吃？真好笑啊！」竹男似乎不相信怪老人的話。

「對呀，可以吃啊。」怪老人覺得這兩人的反應真有趣，接著說：

「怎麼樣，要不要讓你們吃吃看？」

「讓我們吃？」兩個人又睜大眼睛。

「真的嗎？」他們這麼說，愈發疑惑。

也難怪他們有這種疑惑，他們根本不知道魚的存在。

「真的啊，我們這就去那裡，讓你們吃吃那在飛的東西。」

「所以是真的嗎？」

「真的啊，你們先等一下。我先製作前往那裡的道具。」

怪老人環顧四周後，使出全力揮著那支枴杖，將一棵大樹砍倒，在樹木的一面用枴杖的尖端挖了一個很大的洞，三人一起將它扛到海上，於是大樹順利漂浮在海面。

「你們上來吧！不過先說好，讓你們吃美味的東西之後，我就要去一趟天上了喔，可以嗎？」

在此三人達成協議，他們出海補捉那飛翔的東西，而且吃得津津有味。

「好吃吧！我現在要出發嘍，以後若想吃這好吃的東西，就用這支枴杖來製造這個道具吧！」他話一說完，應該就已經去天上了吧，怎麼也找不到怪老人的身影。據聞紅頭嶼的蕃人至今還是把漁業當作首要的謀生方式，主要是這個原因。

岩男和竹男告別了這位不可思議的怪老人後，有什麼後續嗎？他們是否乘坐獨木舟在海上漂流？接下來我們說一下這兩人如何成為紅頭嶼蕃人雅美族的祖先。

五

岩男和竹男乘坐著想當然是他們未曾見過也未曾聽過的獨木舟，很高興地吃著不知道那是名為魚的東西，感到十分疑惑，然後又莫名其妙被怪老人拋下，漂浮在這渺茫的海上。他們是不是乘著海風漂流到某個地方呢？其實沒有。怪老人消失之後，他們感到孤單無助，因為在來的路上已學會獨木舟的操作方法，於是他們划回海岸。幸好一路平安抵達Rusarutsuku竹林附近，他們聽從怪老人的吩咐，同心協力前往Ribaputsu山腳下，從此過著安樂的生活。

結果不知怎麼了，在某一天傍晚，天空一片異常的赤紅，到了深夜之後，颳起大風，將土砂吹飛、樹木吹斷，是一個猛烈的強風。這兩人被狂風吵醒，但在一片黑暗中只聽見那可怕的風聲，不知道發生什麼事，於是帶著不安的心情相互擁抱，全身戰慄。終於等到天亮，看清楚四周的情形，此時風勢已大幅減弱，他們鬆了一口氣。

「真是可怕的風啊，我不知道會發生什麼事，還在發抖！」岩男帶著蒼白的臉對著同樣在發抖的竹男這麼說。竹男回答：

「真的很可怕！我也不知道該怎麼辦。」

「是啊，真的很可怕，風還在吹呢，不知道什麼時候會停下來。」

他們只能茫然待在那裡，想必感到莫大恐懼，兩人還是一副很擔憂的樣子，然而風不僅沒有停下來，甚至又逐漸增強起來。

「喂，我們這樣下去會沒命的，得找個地方避難吧。」竹男這麼提議，於是兩人便出發尋找避難所。四處尋找後，在某個山蔭下找到一個洞穴。

「喂喂！這裡好了，好像還不錯！」發現洞穴的竹男先走進去後這麼說。後面的岩男也贊成。

「嗯，這是個好地方，在這裡就放心了，我們就待在這裡吧！」

於是決定把這裡作為住所。如今雅美族蕃人仍然在山腳斜坡挖掘洞穴，前方與左右疊起石頭當作牆壁，用草製造簡單的屋頂。這點和其他的蕃人完全不一樣，顯見其未開野蠻之風。

這樣就放心了，兩人一起和睦生活。某日他們一如往常吃著樹果的時候，兩人的右膝不小心碰觸，結果發生了驚人的事，一個男子就這麼誕生了。兩人感到吃驚。

「喔！又有一個人類出生了！」他們很驚奇地看著這個誕生的人類，結果左膝碰觸後，又生了一個人類。

「哇！又變出一個人類了！」因為實在太不可思議了，岩男仔細觀察剛誕生的人類，急忙呼叫竹男：

「喂喂，不好了不好了！」竹男不知道發生什麼事了，驚訝地問：

「怎麼了？你說『喂喂』，發生什麼事了？」岩男神色驚恐說：

「你看，很奇怪，這次的人類有一點奇特，跟前面的人類不同。」

他再度不解地看著那個新來的人類。

「奇特？哪裡不一樣嗎？」

竹男也看著那個人類，結果發現從頭髮到身體的形狀，有什麼地方總覺得不太一樣，他們愈來愈疑惑。因此問了新來的人類：「喂喂，你是什麼？」第一個跳出來的人類回答說：「我嗎？我是男人。」

「什麼？你是男人？是這樣啊。那你呢？」

另一個人則說：「我是女人。」這下兩人更是一頭霧水。

「喂，他們一個說是男人，一個說是女人。」岩男一副很不可思議地這麼說。竹男也露出困惑的表情，看著自稱是男人的那個人說：「什麼？男人？」然後又看著女人說：「你是女人？」顯然他們真的感到疑惑。

這兩個人此後還是一如往常和睦共處，在洞穴裡生活的每一天都熱鬧而快樂。但讓岩男和竹男感到驚訝是，那兩個新來的人陸陸續續又生了好多小孩，但很奇怪，這些小孩都是盲人。因為他們什麼都看不見，在洞穴裡亂走，讓兩人感到很無奈。

「不知道是怎麼一回事，那麼多人走來走去，真受不了。」

「嗯，實在太驚人了，所有人都是看不見的。」

「真讓人頭痛。不知道有沒有什麼好方法，希望可以找之前那位老伯商量，真傷腦筋。」

兩人如此抱怨，暗自皺著眉頭。然而這件事實在毫無辦法，那對男女後來又陸續生了好多人，結果洞穴也變得狹窄起來。於是兩人終於決定前往他處而開始著手準備。結果那對男女來找他們，以驚人的語氣說：

「請問你們在做什麼？」面對他們的詢問，聰明的竹男隨口說：

「我們嗎？我們要去找洞穴，這裡這麼多人，不是已經住不下了嗎？而且其實我們的老大，也就是那位白髮老人，正在後山等我們。」結果很討厭白髮老人的那對男女，一聽到這事就害怕得逃走了。二人鬆了一口氣，立即動身離開此處。至於這對男女為什麼討厭白髮，這我們無法得知。

離開的岩男和竹男漫無目地走著，他們毫無計畫隨性而行，剛好走到後山時，聽到有人呼喚他們，於是回頭一看，發現那位獨眼老人正站在那裡。他笑著說：

「怎麼樣？很繁榮嗎？」

「啊！老伯！」兩人喊了一聲後，便輪流詳細說明至今的種種。

「這樣啊！你們真辛苦哪！好、好。」老人點點頭接著又說：

「嗯，那這麼做吧，因為你們是從岩石和竹子誕生的，所以還是從岩石和竹子來繁衍子孫吧！」他揮著那根枴杖，敲打附近的岩石與竹子，結果變出了不是盲人的一對可愛男女。不可思議的，那個老人又消失了。後來這對男女生下許多子孫，並且繁榮至今。據說這就是雅美族的祖先，可喜可賀。

（完）——大正四年七月五日

長期連載的生蕃童話，到此篇為止已經完結。以往是從各族篩選一篇有趣的故事來介紹，筆者手邊還有許多有趣的童話。因此接下來計畫以「續生蕃童話」為題，每個月介紹一篇，請讀者繼續支持。

最後感謝高山主事與加納編輯主任的厚意盛情，以及幾位人士為此著作提供了種種建議與材料，尤其我所尊敬的豬口、森、栗田等諸位前輩。

*原刊於《臺灣愛國婦人》第八十一號，一九一五年八月一日

續生蕃童話

英塘翠　著
鳳氣至純平、許倍榕　譯

雞的王妃——阿美族的童話

長久以來受到愛讀的生蕃童話暫告一段落了。接下來將以「續生蕃童話」為題繼續連載，期待能獲得讀者更多好評。總的說來，生蕃人也和我們一樣，有相當多民間口傳的童話，事實上我手邊所採集的就不下二十、三十，數量甚多。因此，首先以「生蕃童話」為篇名，從泰雅、阿美等各族選一個在他們族裡流傳的童話，以一族一話的方式來刊登。按照計畫，上一期已全數刊登完畢，原本以為此連載可以結束了。不過，留在手邊的童話裡還有相當有趣的故事，難以捨棄，因此與編輯加納君商量後，決定以「續生蕃童話」為名再度連載。這次不是一族一話，而是隨意選擇有趣的故事刊登。此處刊登的阿美族童話即第一篇。

一

這是鄰近臺東廳卑南的馬蘭社蕃人所流傳的童話，是雞化身為支那婦人（小腳纏足婦人）並成為王妃的故事。

雖然說是從前從前，但已是相當開化後的故事，生蕃人與移住到卑南街及其附近的支那人（清國人）有所往來，於是也開始獲得種種知識而變得聰明，比起其他生蕃人還要開化進步，用現在的詞彙來說，他們已成為時髦人。

此處的馬蘭社蕃人，有一名叫做Rubahe（ルバヘ）的年輕人，個性頗為溫順正直，是無人不讚揚的好人。他的父母、兄弟姊妹很早就去世，這世間只有影子陪伴他，每天過著寂寞的日子。而且很不幸的是，他的家庭極為貧窮，每天過著有一餐沒一餐的生活，實在是非常可憐的人。然而他是正直又聰明且相當勤奮的男人，不以貧窮至極的生活為苦而拚命幹活。但因為生蕃人的悲哀，再怎麼努力也無法立刻擺脫貧乏，日子只是比以前稍稍輕鬆一點，很少有什麼幸福的事。

不用說我們日本人，任何國家的人都如此，世界上總有一些心地不好的人，無論對方善惡，只要是貧窮人就不當一回事，有這樣的風氣。生蕃也是如此，很可憐的，因為是貧窮人，Rubahe被蕃社那些毫無同理心的同輩與其他人所蔑視。人們說：「他是窮人，不用理他……」大家既討厭又瞧不起他，沒有人願意和他一起出海捕魚，也沒有人與他一同上山狩獵。因為沒辦法，所以孤伶伶的Rubahe以影子為伴，上山、出海、狩獵，偶爾透過鄰居或頭目的介紹，耕作別人的田地維生。然而，這位善良的青年一向都不介意別人的眼光，很努力工作。儘管如此，他畢竟是人，有時候在一個人孤伶伶從海、從山回家的路上，不知不覺嘆氣說：

「啊，我是個孤單的人，沒有人理我。」不只一次抱怨說：「一切都是因為貧窮、貧窮……」你們說這不是很可憐嗎？

儘管這樣孤伶伶寂寞生活，不但沒有口出不平，反而還帶著笑容，開朗、不辭勞苦努力工作，因此有心人都會讚揚他，也有人安慰他說：

「唉，唉，你先忍耐吧，總有一天好運會來的。」

有一天，因為天氣太好了，Rubahe心想，好吧，今天出海吧！於是從家裡拿出生蕃人以草纖維製作的手工漁網，看到拿出的舊漁網上的損壞處，他感到錯愕而自言自語：

「啊，糟了！太久沒用變成這樣了，唉呀！有大洞，這裡有一個，那裡也有一個，真傷腦筋！唉，沒辦法，其他漁網都用得差不多了，沒有其他漁網了，好麻煩啊……」

然後又仰望天空說：

「還好，時間還早，如果趕工修補的話，應該還來得及，好吧，開始動手吧！」

他悠哉悠哉的盤腿坐在屋簷下固定的老地方拚命修補漁網。

漁網修補得差不多快結束時，來了一個人，這位很熟識的蔡大人，是卑南街的支那官吏，擔任類似蕃人部門的職務，他總會來交換或買賣各種蕃地產物，是一位很好相處的人。

這個人走到Rubahe修補漁網的地方，一如往常微笑說：

「喂，Rubahe，你還是這麼認真啊，嗯，在修補漁網啊？你要出海了嗎？是嗎，真不錯呢！」

他故作熱絡搭話。

專心修補漁網的Rubahe，連蔡大人什麼時候來的都不知道，因為突然被搭話而吃了一驚，他說：「啊！」但他也微笑致意：「蔡大人，我還在想是誰呢。」

「哈哈，嚇著你了，是嗎……」

蔡大人心情似乎很不錯，始終帶著微笑，看著Rubaha靈巧活動的手指。

Rubahe仍未停下活動的手指，心想快修好了，一邊繼續修補，一邊指著修補處說：

「我太驚訝了，這是我老爸製作的漁網，相當老舊了，拿出來時真的嚇了一跳，你看這裡有兩個洞。」

「這樣啊，真辛苦欸，不過已經完成了吧？」

「是啊，快好了。」這麼說的Rubahe，一邊把草纖維穿進穿出剩餘待修的部分，一邊解釋說：「不是有什麼事嗎？我快好了，剩下這一點點。」

「沒有，沒什麼大不了的事，沒關係，你繼續忙，可以一邊修補一邊聊。」

蔡大人做做手勢，請他不用太在意。

「這樣啊，那麼我就一邊忙一邊聽您說話，請問有什麼事？」Rubahe詢問對方的來意。

正直的Rubahe很認真應對，於是蔡大人說：

「哈哈，不用那麼正經沒關係，其實沒什麼大不了的事，也沒什麼特別的事，只是……」他如此開場後，接著說：「其實那個……那個卑南王，那個大王……」

蔡大人一說到大王，正直的Rubahe楞了一下，停止修補漁網的雙手，正襟危坐了起來，於是蔡大人揮手阻止他說：

「不用那麼緊張，沒什麼大事，只是他想要一隻你前幾天捕來的魚，就是那個黑鯛，不一定是今天，哪天你出海捕魚，捕到的話請你帶過來，他這麼說。不一定是今天啦……」

一聽到是大王的要求，Rubahe立刻答應：

「沒關係，今天還早，我現在就出海，漁網已經修補好了。」然後他看著天空說：「不知道結果會怎麼樣，不過我會試試看。」

聽了Rubahe的話，蔡大人這位使者很高興。

「那麼就麻煩你啦。」

如此約定後他便回去了。

二

因為是卑南大王的要求，正直的Rubahe想盡辦法捕到大王想要的魚，仔細檢查修補好的漁網，確認沒問題後，便忙著進行種種出海的準備。

一切就緒之後，他在腰上繫了便當，因為不太吃米飯，只用樹葉包了一些小米飯，提著魚籃，將投網，也就是剛剛修補的漁網扛在肩上便出發了。沒有同伴、遭到排擠的Rubahe，孤伶伶地迅速越山涉溪，趕赴海邊。途中在蒼鬱綠蔭下休息，是個很涼快的地方，四周悄然寂靜。

Rubahe坐在大樹下的殘株上，把攜帶的東西放在一旁，自言自語說：

「真好哪！我沒做過什麼壞事，卻沒有人理我，他們都說我是窮光蛋而排擠我，但貧窮是沒辦法的，我都這樣做工幹活，從父母親時代以來的貧窮，不能馬上有所改變，不過，如果為人正直的話，天神一定會幫助我的！哈哈，真好呢。大王想要我捕魚，蕃社有很多比我厲害的漁夫，但卻特地選我……」他不自覺露出微笑說：「這是因為我很正直工作，嗯，神是不會弄錯的，我開始轉運了，真好啊，真高興！」他愈想愈高興、感到幸福，不知何時聲音愈來愈大，甚至連自己都被自己的聲音驚嚇到。突然，他帶著疑慮環顧四周，但四周寂然，只有風吹過樹梢的聲音，簡直是無人境地。

Rubahe一邊抽著喜歡的菸草，一邊露出高興而幸福的微笑，心也自然而然勇敢了起來，空想自己的種種好運，到了一種極為愉快的狀態，在這個無人的地方休息了很久。

「唉呀，我太開心太幸福了，不小心休息太久，差不多該出發了。」

他把身旁的東西一一放在身上。

「好吧，用這漁網捕獲很多很多魚來嚇嚇大家吧。」

他勇氣百倍、暗自稱快，活力充沛出發了，那樣子較之平常有種不一樣的氣勢。

Rubahe奮勇前往的海，似乎不是我們現在所說的海，而是一個河幅很寬廣的地方。因此以他們的語言，即蕃語來說，海稱做Riyaru（リヤル）或Riaru（リアル）。然而這個蕃社離海雖近，但也有兩、三里距離，所以Rubahe去的海應該是卑南大溪河幅寬廣之處，這裡靠近河流即將注入大海的交接地帶，有漲潮與退潮，有些魚是從海來的吧。

回到正題，Rubahe越山涉溪，終於抵達目的地，他把攜帶物品放在樹蔭下的岩石突出處，看看四周，不可思議的，這時期明明是捕魚季節，但不知為何一個人也沒有，在寬敞的天地間只有他一個人，他感到非常訝異。

「咦？好奇怪，這陣子是大家出海捕魚的季節，到底怎麼一回事呢？奇怪⋯⋯」

Rubahe將手交叉於胸前，看著水面沉思。

「真反常啊，我剛剛在修補漁網時，蕃社的年輕人們一個一個出門，因為被排擠，所以他們沒找我，這麼說來他們到底去哪裡了？他們總是來這裡啊。」

因為四周過於寂靜冷清，Rubahe心裡琢磨著，不免有點發毛，頻頻看著水面尋思。今天很不可思議的完全不見人影，如死亡般四周寂寥安靜。

儘管如此，Rubahe心想，自己特別受到卑南大王差遣，是那位蕃社裡無人不知、連頭目都對其畢恭畢敬的卑南大王，所以自己今天才來到這裡，雖然這裡沒有人，但又不是做壞事，不需要有任何疑慮，他這麼鼓舞自己。不過蕃人總是迷信，無論如何仍覺得有些毛骨悚然。

「啊，沒關係啦，我又不是做壞事，這是大王、卑南大王的要求，如果捕不到的話，明天再來吧，不一定要今天。」

他一邊這麼自問自答，一邊轉身回去拿樹蔭下岩角上那張修補好的漁網，就在此時，至今靜悄悄無波無浪的水面上，突然傳來水聲。

Rubahe不禁發出一聲「咦？」，在原地停下來回頭看，不知道那是什麼，聲音消失了，什麼影子也沒有。

「那是什麼啊？剛剛確實聽見水聲。」他繼續看著水面，結果那裡又發出水聲。

「啊，有了！很大的魚，啊，就在那裡。」

不知怎地，到處都有魚飛躍起來，Rubahe又驚訝又興奮，口中不禁說「唉呀唉呀」，並且目不轉睛盯著水面。

「啊，真是太好了！我受到神垂憐啊，哈哈，看我的！唉呀唉呀，又跳起來了，真好啊！」

Rubahe喜不自禁無法言語，加快腳步回頭拿漁網，把魚籃掛在腰上，漁網扛在肩上，意氣昂揚站回適才的水邊，帶著微笑尋找投網的地方。

他眼睛炯炯有神，打量投網的地方，「嗯，好、好……」一邊說著一邊點頭。

「啊，太好了！得好好捕魚才行，這麼多年輕人卻偏偏選中我，我想應該會很順利捕到吧，好好幹一場吧！」

於是，他使勁投出漁網，網子漂亮地張開落入水中，發出咚的一聲！

人的意志力最可怕，Rubahe身體並沒有那麼大，但力氣很大，他專注地把漁網當作生命，在岸邊左左右右，如追魚般奔走，然而一點都不累，獵物也出乎意料的多，魚籃愈來愈重。大部分的人只要有這樣一半的魚獲，不會長時間停留在這麼個寂寞又毛骨悚然的地方，會認為差不多了而離去。但Rubahe很專心捕魚，完全忘記身體的疲勞，直到太陽下山為止，滿身大汗賣力工作，這就是這個男人的優點，也是有心人會欣賞的地方。

「啊，捕了不少呢。」

Rubahe看了一下魚籃，露出得意的笑容，這時候太陽已經下山，到了黃昏時刻。

因為已是日暮時分，而且大有收穫，因此Rubahe決定回家，轉身走向樹蔭，結果這次水面發出巨響，他很驚訝，往那裡一看，不可思議的，水面呈現很奇怪的顏色。

Rubahe很驚訝，叫了一聲「喔呀！」，雖然想了一下，但還是不知道那是什麼。

「奇怪，真是奇怪，今天老是發生一些不可思議的事。嗯，雖然不知道那是什麼，不過就順便吧，再投一網。」

他這麼說，於是最後一次，再度漂亮張開漁網，這最後的漁網裡到底捕到什麼呢？是魚？河童？海龜？還是蟹？蝦？會是什麼呢？

三

Rubahe投下的漁網無懈可擊地張開，他心裡暗自說了句「成功了！」，然後更加賣力地將漁網扭上來。

「喔，這好重啊，奇怪哪。」他一邊拉網一邊歪著頭不解地說。漁網很重，而且有所捕獲的感覺，他想，「哈哈，應該是捕到某種大魚吧！」於是他更加抖擻，使勁拉起網子。

「來吧！什麼都好，唉呀唉呀，牠的甩勁好大啊！」

漁網拉得差不多時，他感覺到奇妙的甩勁。

不知道漁網裡捕獲什麼？在已經黃昏的時刻，投下漁網是個錯誤，他心想，會不會捕到很可怕的怪物，再度感到毛骨悚然。但他畢竟是精力充沛的Rubahe，於是繼續使勁，終於把漁網拉上來了。他似乎用盡力氣，將漁網拉上陸地之後，鬆了一口氣。

「咦？」Rubahe不禁驚呼，因為剛剛拉上來的漁網裡，不知是何物，有個發出刺眼光芒的東西，牠一邊發出啪噠啪噠的可怕聲音一邊跳著。

「這、這是什麼啊？好亮啊！真刺眼哪，唉呀唉呀，那啪噠啪噠的聲音好大聲啊。」

他小心翼翼從網子上面壓住那發出啪噠啪噠聲的發亮怪物，原來是一隻魚。

「唉呀！這……這是魚吔！」他手伸進網子裡把牠捉出來，那是前所未見也未聞的金黃色大鯉魚。

「哇，這是鯉魚吧！好漂亮的鯉魚啊。哇，會發亮耶，亮得好驚人哪。」

雖然他感到疑惑，但又覺得很新奇，於是將鯉魚捉起來，左看右看，翻來翻去，簡直要將牠看穿似地仔細反覆觀察。真的是不可思議的獵物！連Rubahe都好像被狐狸玩弄了一樣，完全弄不清楚到底發生什麼事了。

「真令人不安呀，要不要把牠丟了呢？」

他看著鯉魚自言自語。

「無論如何是個很稀奇的鯉魚哪，我想給蕃社的人們看看。」

雖然這麼想，又感到猶豫自責，於是他再度考慮起來。

「如果帶回去的話……也無妨，不過，這會不會是此處的主人，但也從未曾聽過這種事。」

他又躊躇起來。

「好吧，先帶回去給蕃社的人看，問問頭目，如果他說這魚是這裡的主人的話，明天再把牠帶回來吧。不管怎麼說，都是隻稀奇的鯉魚。」

他終於決定帶回蕃社，於是把牠裝在魚籃裡，興高采烈地回去了。

Rubahe回到蕃社後，把那隻鯉魚帶去頭目與蕃社人們聚集的集會所。他先拿給頭目看。

「頭目大人，很稀奇吧？今天我出海，這是最後一次撒網時捕獲的。」

以頭目為首，在場所有人都以驚奇的眼光看他。

「嗯，這真的很稀奇，是在海裡捕的嗎？」頭目深感佩服。

「是啊，在海裡捕獲的。今天是個奇怪的日子，沒有人在那裡。」Rubahe得意地回答。

「這樣啊，幹得好呢！好吧，你就好好飼養牠吧，你應該開始走運了。哈哈，做得好啊！」頭目也很滿意的樣子。

因為頭目要Rubahe好好飼養牠，Rubahe不禁憂心問：

「所以，這不是主……不是海的主神嗎？」

「怎麼可能有海主呢？哈哈，別擔心啦。因為你很正直勤勞，所以是神賜給你的，你就把牠當作寶，好好飼養吧。」

「這樣啊，那我來挖個池塘飼養牠好了。」

「嗯，就這麼辦吧，現在開始轉運啦，那就好好幹活吧。」頭目對Rubahe這麼說，Rubahe滿臉開心的笑容，將魚輪流拿給現場的人看，讓他們吃驚，接著便高高興興回家了。

結果這事引起大騷動，風聲傳了又傳，有的沒的、真的假的，謠言產生新的謠言，蕃社內的人蜂擁到Rubahe家看鯉魚。甲乙丙丁都來了，從一大早就有很多人陸陸續續前往Rubahe家。

那些原本討厭窮人、排擠他的人也聽聞稀奇鯉魚的事，火雜著嫉妒心，開始說些刁難的話。

剛捕到鯉魚的隔天早上，他把約定的獲物放在魚藍裡，前去造訪卑南王，受到大王的讚賞，他將獲得的酬勞抱在懷裡，心情愉快地回家，在路上遇到那些討厭他的人們。在此順帶一提，這裡的蕃人因為靠近卑南，所以相當開化，當時已經流通支那貨幣。Rubahe在路上遇到四、五個討厭他的人，因為他對他們沒有惡感，所以若無其事經過他們，結果後方突然傳來其中一人的搭話聲。

「喂，Rubahe，你去了哪裡啊？嘿嘿，做了厲害的事情嘛。」他語帶諷刺這麼說。

Rubahe心想真麻煩，但沒有表現出什麼，很和藹地說：

「啊，大家都在啊，你說厲害的事情是指什麼？」他正經詢問，結果他們露出很邪惡的笑容說：

「哈哈，你別以為我們不知道喔！喂，你把那鯉魚賣給大王了吧。」

「你說什麼？那隻鯉魚？」

他感到吃驚，結果他們怒氣沖沖瞪著他。

「哈哈，你做了厲害的事，卻裝作沒事。」

「沒有啊，我說真的，我不知道是什麼事，魚還在我家。」

這麼說的Rubahe也是聰明人，想要嚇嚇他們，於是說：

「而且，那鯉魚是神託我保管的，亂來的話後果會不堪設想！」

「咦？是神的……？」

就連這些惡黨一聽到是令人敬畏的神的鯉魚，也開始害怕了。「那我們待會兒過去看，讓我們欣賞一下吧！」他們落下這句話就逃跑了。

留在那裡的Rubahe自我稱讚說：「做得不錯！」一個人笑嘻嘻回家，然後立刻跑去看那隻鯉魚，只見牠在池塘裡游來游去，發出美麗的光。

四

好事壞事經由人們的傳言很快就會擴散，Rubahe黃金鯉魚的流言風聲不知何時傳到卑南王耳裡。於是他派遣使者來到Rubahe家，命令他把稀奇的鯉魚帶去給大王看，因為是大王的要求，Rubahe便去找頭目商量。

「怎麼辦？我先跟使者說了些應酬話，讓他先回去了。」

「這樣啊。」頭目說完後開始沉思。因為這位卑南王是一個濫用權力、為所欲為、讓許多人深受其害的人，只要違逆他的意思就殺就打，是一個大家都拿他沒辦法的大王。

「如果不去的話，他會給出更大的難題，如果去的話，他應該會要求你將鯉魚送他。」頭目對此似乎也沒辦法。

Rubahe若無其事說：「鯉魚嗎？如果他想要鯉魚的話，我獻給他也沒關係啊。」結果頭目搖搖頭說：

「不行，如果你不小心給他看了，他應該會向你再要求一隻。」

「咦？再一隻？那不可能。」

「不過那位大王不可能接受這種說法，他會想盡辦法……」

「那……那太亂來了吧！」Rubahe語帶怨氣，接著又說：「不過我已經讓使者回去了……」實在傷透腦筋。

此時，不知從何處來了一位曾未見過、仙人般的白髮老人，他以奇異的聲音說：「去吧去吧，有我在。」，對他們露出笑容，然後就消失了。

兩人受到這位神奇仙人的鼓舞，便討論讓Rubahe前往。於是Rubahe一身氣魄獨自帶著黃金鯉魚前去卑南王的住處。以卑南王為首，所有人都非常雀躍，帶領Rubahe晉見大王，接著大家開始驗收黃金鯉魚。

正直而活力充沛的Rubahe一點也不膽怯，他在晉見之前，向一名位高權重行徑囂張的官員說：

「啊，不好意思，有件事情想向您報告。」

官員以囂張的口氣說：「什麼啊？」

「我把話說在前頭，這隻鯉魚獨一無二，所以想和你們約定好，別再要求一隻。」

他厚著臉皮提出要求，對方也答應了，並且向大王報告，互相做了承諾。

其後大王帶領許多臣子驗收鯉魚，果然是名不虛傳的美麗鯉魚，發出金黃色的光亮，讓人忍不住想要擁有牠。

「啊，好漂亮的鯉魚，真稀奇！」

他頻頻讚美，心生藉機奪取的邪惡念頭。

「唉呀，真是太美了、太美了，來，帶過來這裡吧，我想近一點看。」

他想辦法讓牠靠近身邊準備伺機奪取，結果Rubahe怒氣滿面，握著拳頭瞪著他。

「你、你想幹嘛!!」

他大聲怒斥，在座的人立刻起身，差點引起大騷動，大王也為他的怒氣所震懾，倉皇逃開，於是Rubahe面帶憤怒準備離開。此時有人阻止他：

「等一下、等一下……」

Rubahe停在門口，結果大王很粗暴，要求他獻上鯉魚，若不能奉獻的話，就必須準備六百金紙鈔。又驚又怒的Rubahe心想，大王想奪取，結果失敗後竟然還這麼任性，而且他明知我是窮人，卻要我拿出六百金！雖然他對大王的粗暴感到憤慨，但若不好好處理的話，很可能會波及蕃社，於是他當下暫且忍住，心想不要正面敵對，要趁其不備反擊。因此他遲遲不回應，對方的催促如萬箭般射來，於是Rubahe沒辦法，考慮許久後明確回答：

「好吧，六百金，明天之前給你們吧。明天早上前一定……」

然而大王想盡辦法刁難，試圖奪取鯉魚，所以不接受明天之前的這個條件，在雙方你來我往爭執之後，終於得出結論，太陽一下山就必須將錢帶來，否則會派兵抓拿，大王如此無理要求，於是Rubahe怒氣沖沖回去了。

對我這個窮人要求六百金！而且是今晚之前，這是多麼無理的要求，我一定要設法扳回一城，對付那性情惡劣的大王。他拖著蹣跚腳步，在回程路上絞盡腦汁。結果，適才那位對他說「去吧去吧，有我在」的仙人又出現了，他莞爾笑著說：

「Rubahe，很傷腦筋吧，六百金……」

仙人回顧事情的始末，以陰森口吻說：「好啦，別擔心，有我在。」由於仙人突然出現，而且將Rubahe所遭遇的事情半點不漏陳述出來，Rubahe感到吃驚，不禁有種毛骨悚然的感覺。

「哈哈，你很煩惱吧，好啦好啦，有我在嘛。」他又重複地說：「有我在」。

「不過，我這麼窮，竟然要六百金，根本不可能啊。」

「哈哈，所以你才煩惱啊，好吧，我來教你紙鈔的製造方法，你快回去用紙造幣，再把它們帶去吧。」親切的仙人在Rubahe耳邊說了一些話，指示他紙幣的製作方法，也就是傳授魔術、魔法的使用方法。

「太感謝您了！」Rubahe道謝時，很不可思議的，仙人再度消失無蹤。

Rubahe急忙回家，按照仙人的指示剪紙，並以魔法對著它們「哈」地吹了一口氣，那些紙片立即變成紙幣，並快速累積了一萬金，Rubahe很開心，嘴裡咕噥「大王那傢伙」，然後就拿著一束紙鈔，飛快衝進大王的住處，在受驚的大王面前將紙鈔排開，大聲怒吼說：

「怎麼樣，要服輸了嗎？不只六百金，這裡有一、一、一萬金喔！」

大王和其他臣子嚇得心臟都快停了，大家所說的窮人Rubahe，竟然將一萬金擺在他們面前，大王難以鎮靜，他張望四周，感到相當尷尬，不知不覺間便迴避隱身起來。於是一臉得意的Rubahe便大搖大擺回家了。

五

自從看見稀奇的魚之後，本來就很貪婪的大王，想盡辦法要得到那隻鯉魚，他以為Rubahe貧窮，向他要求紙幣就能迫使他將鯉魚獻上，於是給了他這個難題，結果徹底失敗，大王憤怒至極。他每天都在思量各種壞計謀，最後想不出更好的辦法，便給頭目一個無理的難題，命令說：「把Rubahe飼養的鯉魚獻給我，若違背命令的話就將蕃社燒盡。」頭目突然面臨這難題，心想「這下麻煩了，如果拒絕的話，兵隊就會攻進來……」，經過種種憂慮與設想後，他去找Rubahe，向他一一說明事情原委。

「好傷腦筋啊，事情變得更麻煩了……」

頭目沮喪地陷入沉思。Rubahe雖然心想「你這個懶惰蟲」，感到憤怒不平，但在頭目面前也不好太強硬，於是考慮乾脆將魚放回海裡。

他一派輕鬆地說：「不用那麼擔心，沒關係啦，交給我吧！」

於是頭目也感到意外，驚訝地說：

「但是不能慢吞吞的喔。」

「沒關係啦，如果使者來了，就請他來找我吧，不要再煩惱了。」

心中已有打算的Rubahe一副若無其事的樣子。

「好吧，既然你這麼說，那就交給你吧。」

因為毫無辦法，頭目只好交由Rubahe處理而一個人回去了。Rubahe隨即說了聲「真麻煩」，便將鯉魚放回海裡。鯉魚似乎也很開心，浮出水面二三遍，宛如道謝般地迴旋游動，然後便消失蹤影了。結果最自討沒趣的是大王，貪婪過頭反而吃虧。

前來聽取頭目回應的使者，被Rubahe數落得體無完膚，他一聽說「鯉魚太麻煩了，所以將牠放生了」，便垂頭喪氣回去向大王報告，結果大王不想想自己貪婪過度，竟說：「那個不可原諒的傢伙！」，瞪眼咬牙，用力跺腳，非常不甘心，然而事到如今已來不及了。

在那之後，Rubahe仍一如往常勤快工作。某日他扛著漁網去捕魚，回程路上不知從何處來了一隻雞，牠不知是被什麼東西追趕著，發出可憐的啼聲，跑了過來。Rubahe同情地說：「好可憐啊。」於是將牠帶回家悉心照顧。某一天早上，Rubahe起床後，如往常般準備煮飯，結果不可思議的，不知何時，已經有人將早餐準備好了。Rubahe看到這意外的光景，忍不住說：

「咦？這也太奇怪了吧，是誰幫我煮的啊？」他環顧周圍，但四下無人，他心想這實在太奇異了，總之這天先將飯吃完，然後去幹活。

到底是誰做了這麼貼心的事呢？因為已經連續五天，Rubahe百思不解。於是他打算隔天早上探看到底是誰做了飯，並向他道謝。那天他一夜未眠，躲在大門後窺探是誰做的飯，結果令人驚訝的是，這個貼心的人竟然是他出手相救而飼養的雞。因為過於驚訝，他差點驚呼「唉呀！」，好不容易克制下來，繼續觀察。在黎明時，那隻雞醒來後，張開翅膀揮舞幾下，然後抖了一下身體，不可思議的，就變成一位美麗的人，而且是女人。Rubahe大吃一驚，繼續探看，那位化身的女人不以為意地走向院子，開始張羅早餐，像是煮飯，或這些那些等工作，做著跟人類一樣的事，所有事都完成後，她又變回原來的雞。訝異的Rubahe不自覺衝了出來，走到那隻雞旁邊，突然說：「啊啊，多謝！」

「好嚇人啊，原來是妳每天每天煮飯給我吃啊，多謝，我要向妳致謝啊！」他由衷高興，對著牠行禮。

被這麼道謝的雞「咕咕、咕咕」叫著，繞著Rubahe不停走動，看起來也很高興的樣子。

「怎麼樣，既然被我發現了，那就拜託你化身為人吧！」Rubahe這次帶著眷戀請求牠。或許雞也很高興，高聲鳴叫了幾聲，立刻又化身為年輕花樣般的美麗女子，朝他莞爾一笑。Rubahe既高興又害羞，也跟著傻笑。

「呀！真的很謝謝妳，我不知道是妳，覺得太不可思議，所以昨晚徹夜探看。」

「唉呀，這樣啊，既然已經被發現，那就一五一十告訴你吧。」

已經化身為女人的雞也微笑著。

據這隻雞所言，為了報答救命之恩，正想著如果報恩時，來了一位白髮仙人，對牠說，因為Rubahe單身，所以建議牠成為Rubahe的妻子。看到Rubahe很正直勤勞，感到敬佩，所以就做了妻子該做的事情，在他家學會了煮飯的方法。Rubahe聽完之後感佩不已，心想這也是一種緣分，於是兩人終於結為夫妻，Rubahe教導她種種工作，兩人從此過著和睦的生活，寂寞的Rubahe家也變得像春天般熱鬧。

關於這對夫妻的流言與風評傳到了蕃社內，最後又傳入卑南王耳裡。這下麻煩了，大王沒有記取前次教訓，他說：「又是Rubahe那傢伙……」，於是下令：「把那個雞化身的女人帶過來！」這次他相當霸氣，因應對方可能拒絕，於是他一開始就派了兵馬，是多麼自私的大王啊。收到命令的Rubahe，最近從白髮仙人那裡學會了種種魔法，「那傢伙又說了那種自私的話，好，我來挫挫他的銳氣吧！」於是他活力充沛地帶著妻子出門，接下來會發生什麼事呢？

貪婪的大王沒有記取教訓，心想這次一定要成功，他一看到Rubahe，臉上堆著笑容說：

「啊，Rubahe，你真厲害！之前才取得黃金鯉魚，聽說這次是把雞變成人，娶了一個貼心的太太呢，我是大王，但從沒有這種好事……」他語帶妒意。

Rubahe心想，這個貪婪的大王在說什麼鬼話，於是瞪著他說：

「哈哈，這沒什麼，因為我很正直，每天勤勞工作，所以神賜了種種東西給我，這不是什麼了不起的事。是啊，我不貪婪，也不偷懶。」他很有氣勢地這麼說，連大王都感到羞愧而一臉尷尬。

接著，Rubahe想嚇嚇大王，於是剪紙並將其變成Buna（ブナ）魚，大王大吃一驚，命令Rubahe變出大蛇，Rubahe立刻將紙變為大蛇，大王和在場的人都嚇得睜大眼睛，對Rubahe的魔法感到折服。

「厲害！厲害！好啊！」大王也感到佩服，說：「怎麼樣，可以讓我看看那位雞化身的女人嗎？」Rubahe將她帶到大王面前，大王再度對眼前美麗的女子感到佩服。Rubahe也趁機說：

「如何？這樣可以了嗎？」說完後準備離去。大王意圖將那位女子留在身邊，於是說：

「唉呀，沒關係吧，你有事的話先走沒關係，這個女人，雞化身的女人很稀奇，可不可以借我二、三天。」他又說了無理的話。Rubahe忍無可忍，心想你這個該死的大王，瞪著他說：

「哈哈，你那麼想要的話，我就借你吧。」又突然說：「啊，對了，給您看一個很有趣的東西，是蜘蛛的相撲，您應該沒看過吧？」大王不知道Rubahe有預謀，興致勃勃回應：「喔，應該很有趣吧！」

蜘蛛的相撲！因為很稀奇，結果引來人山人海。Rubahe用紙變出蜘蛛，讓牠們打相撲，觀眾看得驚呼不斷，津津有味。結果一隻蜘蛛吞下火藥，另一隻則吞下灰，兩隻相撞，火藥立刻爆炸，大王及圍觀的人山人海都被炸死，只剩下Rubahe與雞化身的女人。於是Rubahe成為大王，雞則成為王妃，從此以後該地興盛許久。至今臺灣的婦人仍然纏足將腳裹得小小的，是為了像那位雞化身的女人——王妃，希望如她過得一樣幸福，於是模仿她，這附近的蕃人是這麼流傳的。雞化身為王妃的故事，到此結束，可喜可賀。

（完）——大正四年七月二十二日

下一期將介紹泰雅族的童話〈黥面的由來〉。

*原刊於《臺灣愛國婦人》第八十二期，一九一五年九月一日

黥面的由來——泰雅族的童話

續生蕃童話的第二篇，將介紹一則北蕃泰雅族的童話。這個童話，凡泰雅族蕃人，無論是哪個蕃社的人都在流傳。他們被稱為黥面蕃，無論哪個蕃社男女皆黥面，以此做為成人象徵，這點與其他蕃人不同，可說是很有趣的生蕃研究資料。在此選擇黥面由來這古來的傳說，介紹他們流傳至今且嚴謹維持的有趣風俗之起源。

一

被稱為北蕃，居住於流經臺灣中部的濁水溪以北之蕃界的蕃人之一，冠上猛惡頑冥這種艱澀形容詞、極度強悍、不明事理的生蕃，那是歸類於所謂泰雅族的生蕃人，且別名黥面蕃，顧名思義，他們是黥面，亦即在臉上刺青的蕃人。現今日本人不管在哪裡，依照法規是禁止刺青的，但有時會在公共澡堂這類地方，看見工匠、工人們，從肩膀到背、兩手腕、兩大腿上，巧妙描繪著花鳥人物，也就是所謂的刺青。據說直到明治維新前後，勞工、下層階級以刺青為傲，相當盛行。但這泰雅族蕃人的刺青——將紋樣黥於臉部，實在很驚人。有時生蕃來到臺北或其他街庄，甚至東京、大阪、京都等日本大都會的大馬路，他們奇怪的長相、炯炯有神的眼光、曬得黝黑發亮的膚色，而且赤著腳，以野蠻人般的模樣走來走去，各位讀者若看過這種情景應該很清楚，這些蕃人當中，臉部黥有線條的人，就是泰雅族蕃人，不，是俗稱北蕃的生蕃。太魯閣的賽德克族與賽夏族等支流種族，也有這些刺青。背、手腕、大腿還好，但黥面真的很奇異，尤其女人也同樣在臉上刺青，真是令人無言，從我們的眼光來看，實在不可思議至極。

這些泰雅族蕃人，無論男女，偏在臉上刺青，這風俗習慣是從相當久遠的過去流傳下來的。黥面有種種麻煩的規定，首先，這個刺青的目的，第一是男女成人的象徵，第二是美觀，因為泰雅族蕃人喜歡周身美飾，有以此為傲的風習。不過，認為黥面可以變得美麗，這就是生蕃人之所以是生蕃人的原因了，這很有趣。儘管如此，實際見到黥面，以我們的眼光來看並不美麗，但就他們來看那是美的，真奇妙。

話說，比較麻煩的是，男人即使到了壯年，除非馘獲異種族的首級，否則無法施行這種光榮的黥面，將被視作小兒，隨時隨地受到輕侮。女人只要成年便會黥面，若紋樣鮮明亮麗，會被視為美人而受到艷羨。但刺青部位若潰爛，或皮膚變形的話，那就是她的末日了，被人以醜婦、醜婦叫著，不受理睬，除非準備很多嫁妝，否則無法結婚，只能一輩子都沒機會嫁人而變成老婆婆，會有這樣的不幸。所以說女人黥面的話，便意味已獨當一面，男人可以娶她，她也可以招婿，實為一件複雜的事，但同時也是相當重要的事，與一隻手腕上刺上姓名的其中一字作為誓約的情形，其意義全然不同，很有趣。

男人刺在前額與下顎，在前額中央刺上三條寬三分長兩寸的橫線，下顎則是一條寬三分長一寸的線，有時也會刺在胸前，但這是卡拉巴依蕃社領導階層的作法。婦女刺在前額與雙頰，十二、三歲時，像男性一樣刺在額頭上，十七、八歲時則刺在臉頰，亦即從左右兩耳旁到嘴邊，刺上四條橫線三組，其間又刺上網狀紋樣，寬度約一寸到一寸三分左右。另外，有些地方迷信婦女能因此獲得終生幸福，於是在大腿、小腿上刺上圓形、方形、橢圓形等紋樣。這實在令人不敢恭維。而且還規定施術者必須是婦女，且是清靜潔白之人，將六或十支黃銅針捆束起來，用它來刺青，這叫做Adotsuku（アードック），並用稱作Totochin（トトチン）的槌子敲打。黥面的墨料，是焚燒松木或檜木，其上蓋鍋，取用附著在鍋上的煤，再混合豬油，塗上熬煙，是相當粗糙的東西，詳情有待他日再說明，暫且寫到這裡。另外，為避免黥面部位化膿，通常不會在夏天施行，這麼看來生蕃不也考慮得挺周到的嗎？

這種奇妙的身體裝飾是一種打扮，特別對婦女來說是很重要的黥面，它們各自有其緣由，這與其說是有趣的，不如說是一個引人入勝又可愛的故事。

說起來其實也沒什麼大不了，從前從前又從前，現在已經沒有人知道是哪座山，總之是一座高聳峙立、名叫Pakupakuwaka（パクパクワーカ）的靈山。有一座這樣靈驗的山，可以類比富士山吧。那座山的某一側，有個屹然矗立的巨大岩石，在某個夜晚，不可思議的，忽然來了一陣可怕的暴風雨，不知是否這緣故，大石發出嘎吧嘎吧嘎啦嘎啦的可怕巨響而破裂。結果又是一件不可思議的事，從大石破裂的其中一塊石頭中，跳出一個男人和一個女人。

從石頭跳出來的兩人，是這廣大世界上僅有的人。看到對方的模樣，兩個人都覺得又奇怪又不可思議，環顧四周一會兒，原本以為除了他們兩人之外，還有一樣的人，但怎麼也找不到，因為實在太不可思議了，在暴風雨平靜下來之後，男人開口問女人：

「請問，妳從哪裡來？我呢，我是從那個破裂的石頭裡跳出來的。」他眼神仍有些慌張不安地這麼說。

結果，同樣從石頭跳出來的女人原本默默不語，但因為男人這麼說，她也感到不可思議，於是說：

「唉呀！你也是，真不可思議，你問我從哪裡來？」她莞爾一笑，接著說：「那個我……，你也是從石頭裡出來的嗎？是啊，我也是。」一副很害羞的樣子。

「唉呀，妳也是啊？是嗎，什麼時候跳出來的呢？」

「嗯，剛剛石頭破裂時……」

「咦？」男人很驚訝。接著說：「妳說那個石頭破裂的時候，是嗎？我也是那時候……」

「唉呀，是嗎？真不可思議呢。」女人感到親切似地握著男人的手。「你和我，只有我們兩個人……」她一邊說一邊靠近他。

「對啊，是這樣啊。」男人沒有放下被握住的手，環顧四周說：「是吧，沒有其他人。」

「看起來沒有別人，在這個廣大的世界裡，只有兩個人……只有我和你，真不可思議！請你幫幫我，因為我是女人。」女人看起來很依賴男人的樣子。

「好啊，沒問題，在這廣大的世界裡只有兩個人，今後我們就成為手足，相親相愛一起生活吧。」

「好，謝謝你！」

兩人因此機緣，把唯有二人的廣大世界定為自己的天地，開始了和睦的生活。

二

這兩個男女，把人類的存在唯有自身的廣大世界當作己物而快樂度日生活。然而，現在只有兩人還好，若那座山又崩裂，跳出其他人的話，不稱呼名字就分不清誰是誰。於是某日，男人和身旁的女人商量說：

「喂喂，我想過了，像這樣我和妳兩人，總覺得有點擔心，若像之前一樣山又崩裂，跳出和我們一樣的人，那很麻煩。因為叫妳時，只講喂喂的話，不知道在叫誰，一個人的話沒關係，但是……，沒錯吧，我們需要名字吧。」

聰明的女人覺得很有道理，心想若是那樣一定很困擾，所以馬上贊成說：

「是啊，的確是，如果很多人的話，真的很困擾，既然如此，我們想辦法取名吧，可以分辨就好。」

女人很積極。

「先別急，這麼急也不會馬上想出來，先等一下，讓我想想吧，給我一點時間。」於是他讓女人等候，開始陷入沉思。

結果，一位慣例般的仙人突然現身，對他們說：

「唉呀，不用想得那麼認真。」兩人大吃一驚，以詫異的表情看著仙人，仙人似乎覺得兩人的模樣很滑稽，「啊哈哈……」笑著，然後說：

「很驚訝吧！那也難怪，你們別擔心，我是這座山的仙人，是神的使者。」他指著彼方高聳入雲的山。

兩人聽了仙人的話，雖有半分相信，但又覺得可疑，正不知所措時，仙人帶著微笑說：

「哈哈，很驚訝吧，我是受命來解決你們正在思考的難題，是神的使者，別擔心，我來為你們取個好名字吧。」這實在太不可思議了！他竟然是為了幫他們取名而來，兩人環顧四周，再度感到吃驚。

「來，幫你們取名字吧。」仙人似乎很高興，露出笑容說：「來，給你們個好名字吧。」他看著兩個人的臉，接著問：「你和妳，只有你們兩個人嗎？」

他們心裡總有點發毛，但仙人對他們如此親切說話，因此也不能默不作聲，於是男人微微點頭說：

「是的，只有兩個人。」

「這樣啊，嗯……」仙人說到這裡，再度環顧四周。

兩人看著仙人，好奇他接下來要做什麼，仙人頻頻點頭說：

「來，幫你們取名吧！取個好名字。」他先是悠哉坐上老樹的殘株說：

「別再擔心了，放心吧。」

接著仰著天，嘴裡喃喃自語，然後嚴肅地說：

「好了嗎？你們要照我取的名字唸出來喔。」

已經放心下來的兩個人，點頭示意請仙人幫忙。於是仙人彷彿說「好，好」似的，先是歪著頭，然後對兩人說：「好了嗎？聽好喔。」這麼預告後，對男人說：

「喂，你是男人，好嗎？像你這樣的人，都叫做男人！男人！男人！」

然後他同樣對女人說：

「喂，像妳那樣的人，叫做女人！女人！女人！」

「哈啊，原來如此。」被這麼告知的兩人很佩服仙人。

男人驚訝地說：

「咦？所以像我這樣的人叫做男人，像這個人就叫做女人，是嗎？」仙人一副很不可思議的樣子，點頭說：

「是的是的，你是男人，妳是女人。哈哈哈，懂了嗎？」他笑得非常開心。

「噢，我了解了，所以我的名字是男人，這個人的名字是女人，這樣嗎？」男人指著女人說。

「不對不對，名字是另外一件事！有男有女才會子孫繁榮昌盛，所以神這樣安排，這不是名字！和名字不一樣。懂嗎？」仙人親切說明。

「啊，這樣啊。我以為這是名字，所以名字是另外取的嗎？」女人這麼問。

「嗯，有別的稱呼，再等一下吧，我現在來為你們取好名字。」

這次仙人似乎集中精神思考，甚至閉上眼睛。在旁見狀的兩人，認為他的行為很奇妙，只覺得驚訝，像是被狐狸捉弄了一樣。

不久後，那仙人張開眼睛對愕然的兩人說：

「來，我來幫你們取名字，名字這東西，取不好的話就完蛋了，會生病會貧窮，知道嗎？」他說了與當今流行的姓名學一樣的話，然後對男人說：

「來，取名吧！你是男人！男人！男人！男人！對吧，來！」

「是的，我是男人！男人！男人！」

男人已全然拜服而這麼回答，接著頻頻敬禮點頭。

「嗯，現在幫你取名字嘍。」

賣了很多關子後，仙人說：

「來，從你開始！我想出好名字了，來吧，我說嘍。」接著說：「這個如何？來來，你是男人，Miritsukui（ミリツクイ）！Miritsukui！Miritsukui！這個好了，怎麼樣，不錯吧？」仙人眉開眼笑說著。

「我叫做Miritsukui！Miritsukui！Miritsukui！是嗎？」男人不斷複誦這個名字，然後對女人說：

「喂喂，我有名字了！他說是好名字，還說是神讓使者取的，還不錯嘛。Miritsukui！Miritsukui！」

男人獨自興高采烈著。

仙人接著把女人叫到跟前，笑著說：

「我來給妳一個好名字吧！妳是女人，取什麼名字好呢？」他想了一下之後說：

「對了對了！是女人的名字吧，好、好，就這麼辦！準備好了嗎？是好名字喔。」他笑著說，兩手輕輕握住女人的雙手，接著說：

「Kanairen（カナイレン）！Kanairen！Kanairen！就這個好了。怎麼樣，不錯吧！」他這次也很得意，露出愉快的表情。

「什麼啊，叫做Kanairen啊？」男人這麼說完，仙人得意洋洋說：

「怎麼樣，好名字吧？」

「對啊，叫Kanairen吧？」

「是啊，是個好名字，Kanairen！」他又得意地重複說著。

「好名字！Kanairen啊！我的名字叫做Miritsukui，Miritsukui和Kanairen……嗯，好名字。真的謝謝您，這樣的話我就放心了！來吧，Kanairen，快來道謝吧。」

就這樣兩人被命好名，於是慎重向仙人道謝。

「唉呀，別客氣啦，喜歡吧，那很好！Miritsukui和Kanairen，好名字！」仙人非常高興，因為任務完成了，於是緩緩動身準備離開。

被命名的兩人各自獲得期待已久的名字而感到開心，喜悅之情全顯於臉上。

「好了！我的任務完成，要回去向神稟報了。」他說完後便起身準備回去。兩人連忙說：

「等一下、等一下！您難得來這裡，如此親切幫我們取名，我們還沒好好答謝您呢。」

仙人笑著阻止他們：

「啊呀，不用什麼謝禮啦，我是奉神命來的，取出喜歡的名字就滿足了！好啦，我要趕快回去向神稟報了……」這話還沒說完，不可思議的，仙人便消失蹤影了。

「啊呀？」兩人嚇了一跳，發現仙人已不見蹤影，吃驚不已。

「喂！Kanairen！」聽到這一聲叫喚，女人很驚訝，不知如何回應。

於是男人笑著說：「喂喂！我在叫妳啊。」女人害羞地說：「啊，原來是你！」接著又說：「討厭，Miritsukui先生！」兩個人相視而笑。

三

兩人獲得喜歡的名字，互稱「Kanairen」、「Miritsukui先生」，每天和睦如兄妹般生活。因為Miritsukui是男人，體格壯碩且臂膀有力，精力相當旺盛，總是到山野幹活，做些粗重工作。而Kanairen是女人，身體比Miritsukui柔弱，做任何事都很溫和，主要負責家裡的工作。因此男人精力比女人旺盛，女人聽從男人的命令，男人則保護與協助女人，就這樣，兩人相安無事，以現在的說法，是很和諧、和氣融融的家庭——雖然是一男一女兩人。

蕃界也是春來秋去，但生蕃人至今仍沒有自己的曆法，頂多以自然事物來識別不同的季節，更何況這是很久很久以前的事，根本沒有曆法這類的東西。然而所謂歲月，不論在蕃界或其他地方，都是毫不客氣地流逝，即使沒有曆法，這對男女還是逐年成長，和我們沒有差別。他們不知不覺長大成人了。但在這廣大天地間只有他們兩人，沒有其他人，所以即使快樂生活，有時也會深陷於寂寞感。

「喂！Kanairen，怎麼樣，不覺得莫名寂寞嗎？」男人這麼說，女人也很認同的樣子，回答他：

「是啊，真寂寞呢。這是怎麼一回事呢？」

「妳說怎麼一回事，因為只有妳和我，就這樣兩個人，沒有其他人……」

「怎麼回事呢？如果有其他人的話多好，今天真是特別寂寞不堪。」

「哈哈，看來妳真的很寂寞呢，妳說怎麼回事，我也不知道。不過總覺得很寂寞，真希望再多一個人也好……」

「是啊，我也這麼希望。」果然女人看起來較害羞。蕃人也是人，到了妙齡就懂得人的常情，所以會感到寂寞。這對男女已到了青春時期，會感到寂寞也是應該的，然而這是世界未開的時代，兩個人只能互訴寂寞而已。

就在男女開始互訴寂寞的第四天，男人上山，女人看家，兩人心情愉快道別後，男人一大早便精神抖擻越過那座山，女人則在家裡忙著打理各種事情。結果不知從何處來了一隻青蛙，蹦蹦跳跳往女人身旁跳過來，女人驚嚇地說：

「唉呀！」正要起身逃跑。青蛙繼續蹦蹦跳跳來到女人身旁，女人像責罵似地說：「真討厭呀，你從哪來的？快走開！別來找我。」

不可思議的，這隻青蛙裂嘴大笑說：「唉呀唉呀，別那麼害怕嘛，我不會做壞事的。」但女人仍然露出嫌惡的表情說：「不要，我說不要。」然而青蛙完全不理會，沒有打算離開的樣子。

「請別這麼說。」牠用一隻大前腳摸著自己的臉，又說：

「我怎麼可能做壞事呢。哈哈，妳還在害怕啊？」然後又開始蹦蹦地跳到女人旁邊，女人覺得很可怕，準備縱身退後。

「等一下！等一下！我要告訴妳一件好事。」青蛙說完後，接著又說：「請問妳的名字是Kanairen嗎？」青蛙這麼問，女人感到驚訝。

「妳看！我說得沒錯吧。那個男人，就是現在上山的那個人叫做Miritsukui吧？你們兩個都在抱怨寂寞，哈哈，我可以了解，這也難怪……」

Kanairen大吃一驚，因為眼前這隻青蛙，不只說出他們的名字，甚至連他們抱怨寂寞這件事也說出來了，她驚愕得頻頻眨眼。

「哈哈，妳嚇著了吧！這也不是沒道理。」青蛙很得意，接著說：

「怎麼樣，要不要製造出其他人呢？妳要幾個人就有幾個人，若是如此，不但不寂寞，甚至會變得很熱鬧很吵雜。」青蛙不知道在打什麼主意而這麼說。

女人很吃驚，心裡琢磨著這隻青蛙到底要做什麼，卻又想不通，儘管如此，她還是很渴望有其他人。

「你說其他人？」

「要多少人就能有多少人……」

「有辦法嗎？」

「妳問我有辦法嗎？哈哈，妳還在懷疑啊？真傷腦筋，幾個人都沒問題。」

「所以是真的？」女人更覺可疑，但因為無法忍受寂寞，於是問青蛙：「真的會告訴我方法嗎？」

「嗯，真的真的。我看你們感情很好，所以來教妳一個製造人的方法。」

「唉呀，真奇怪呢，你說要教我。」

「這是神的魔法喔。」青蛙說。

「唉呀，是神的魔法啊？是這樣啊，那快教我們吧。謝謝你！我實在太寂寞了。」女人終於說出真心話。青蛙也很滿足似的，於是說：

「來，教妳吧！」然後牠在女人耳邊悄悄說了某個秘法。女人很開心，一邊笑一邊頻頻點頭聽牠說話。

「是這樣啊，好奇妙啊，我來試試看！」女人開心回答，感到非常滿意。

「那麼這位夫人，您就好好做吧！」

於是青蛙蹦蹦跳跳朝遠方離去。送行的女人又高興又害羞地聽青蛙稱呼她夫人。

「唉呀！他說夫人，真是討厭！」她這麼說，笑了出來。到底青蛙教她什麼方法呢？夫人！夫人！青蛙真是說了奇妙的話呢。

四

在山中暴風雨的夜晚，從石頭裡跳出而誕生的男女，互稱喜愛的名字並和睦生活，他們明明無所缺，但自從女人Kanairen從青蛙那裡得知夫婦之道後，她認為除非自己成為Miritsukui的妻子，否則只有兩人的寂寞感永遠也不會消失，因此每當想到這件事，她便不再是原本的Kanairen了，心情浮躁不定，迫不及待Miritsukui歸來。

等待的時間總是特別長，儘管是一小時也覺得是半天（當然實際上並非如此），等待總是讓人望眼欲穿。不知為何，那天晚上不管Kanairen等多久，都等不到Miritsukui回來，過了三個夜晚之後，Miritsukui終於回來。等待許久的Kanairen喜不自禁，一看到Miritsukui的身影，便說：「唉呀！」忘我地跑向他，很想擁抱他似地來到他身旁，然後以依戀的口吻說：「你怎麼啦？過了這麼久才回來？而Miritsukui不知為何，也依戀不已似地說：

「嘿，Kanairen！怎麼了？妳等很久吧？」

「我等了好久好久，到了夜晚你都沒回來，你看我多寂寞，真的打從心底感到寂寞呢。太開心了!!」

這種歡欣愉快的對話持續了一陣子，兩人手牽著手笑著進入屋內。他們愉快親密地有說有笑，直到夜色漸深。然後Kanairen對男人說：「有一件奇妙的事喔……」，於是害羞地提起那隻青蛙的事情，雖然終究沒有說出自己要成為妻子的話，她畢竟是女人，即使是生蕃，多少也感到害臊吧。

「嗯？妳說青蛙嗎？」聽完那番話之後，Miritsukui大感意外。

「是啊，是大青蛙，我覺得作噁，所以想把牠趕走，但牠還是靠過來，我毫無辦法，感到很困擾。結果令人驚訝的是，牠竟然知道我和你的名字，我正訝異時，牠又說出我們兩人感到寂寞的事情。」

女人頻頻說驚訝，男人笑著聽她說話，然後也忍不住嘆道：「嗯，真是奇妙哪，竟然是青蛙……」

「然後牠教了我種種事情。」她說完後，可能是因為害羞，臉都紅了起來。

「這樣啊，他要我娶妻啊？」

「對啊。」她露出又高興又害羞的笑臉，輕輕點頭，以可愛的眼神看著男人的臉。根據傳說，當時的她在心中思量著男人會說什麼、做什麼，一個人暗自欣悅。

男人聽完女人的話，正覺驚訝時，心中似乎也想起一事，於是嘆道：

「嗯，這真奇妙，真有這種不可思議的事啊。」

女人聽男人這麼說，好奇問：「你說不可思議，是什麼事呢？」

「妳說是什麼呢？實在很奇妙，我昨晚在山上也遇到青蛙。」男人笑著說。

「咦？青蛙！昨晚在山上……」

「對啊，昨晚。在山上準備入睡時，有一隻青蛙，就是來找妳的那隻青蛙。」

「啊？那隻青蛙？好奇妙喔，牠對你說了什麼？」

「有，說了喔，牠教我一些事。」

「牠教你？教什麼？」

「牠要我娶妻。」

「唉呀，這是怎麼一回事？好奇妙呀。」

「嗯，真的很奇妙，而且正如妳所說，牠知道我和妳的名字，也知道我們只有兩人而感到寂寞，我聽妳說那些事情時，心裡一驚。」

「是嗎？但真的很不可思議，是同一隻青蛙嗎？牠也跑去找你啦？」她也一臉疑惑。

「嗯，真是不可思議。」男人這麼說，接著也敘述他與青蛙的事。

「真是令人驚訝，差不多是我要入睡的時候，突然有人對著我喚了幾聲：Miritsukui！Miritsukui！這世上除了妳之外沒有別人，所以不可能有其他人知道我的名字。」

「對啊，就是啊！」

「所以我也感到毛骨悚然，但牠是很親切的青蛙，牠告訴我，牠是神的使者！」

「是喔，牠說如果成為夫妻的話，就會再多出一些人。」

青蛙應該是教導這對男女何謂夫婦，他們各自訴說被教導的事情，又高興又感到不可思議，而女人同時又感到很害羞。

「所以，牠說要你娶妻？」

「嗯，他要我找對象。」男人歡快笑著，接著說：

「先聽我說完！根據青蛙所說的，我的妻子有黑色黥面，所以要找到這樣的人，但現在只有我和妳兩人……」

女人暗自想，青蛙對她說，神要她當Miritsukui的妻子，而他卻說要娶黥面的人，但自己臉上並沒有這樣的東西。

「沒關係啦，下次上山時我再找找看吧，說不定又從石頭跳出來呢。」

男人這麼說完，完全不知道兩人有夫婦緣分，心想那晚要做個愉快的夢，在和睦安樂中入睡。

那隻青蛙不知何時來到屋外，看到男女的樣子，或許是因為很開心，不禁大聲鳴叫。你們猜，這對男女做了什麼樣的夢呢？

青蛙使者，你們不覺得不可思議嗎？

五

自從兩人聊起不可思議的青蛙直到深夜後，過了四五天，Miritsukui好像突然想起什麼似的，對笑著看他的Kanairen問道：

「喂喂，如果我娶妻，和她結為夫婦，那個妻子會在哪裡呢？我很粗心，忘了問牠，妳知道嗎？」

她笑著回答說：「是啊，我聽說了，我知道啊！」

「是這樣啊，那太好了！所以怎麼樣，聽說那會成為我妻子的，是像妳一樣的人類。」

「是啊！」她靦腆笑著。

「是妳嗎？該不會是妳？」

雖然男人不經意問起，但女人心中已有打算，不能說不是，但如果說是自己，又擔心男人會拒絕，男人拒絕的話，又會違背神的命令，女人心裡想著這個又想著那個，所以沒有說是，也沒有說不是，顯得扭扭捏捏，最後不知道想起什麼似地說：

「都沒關係吧，但如果是我的話，你覺得如何？」

聽女人這麼一問，男人驚呼：

「妳？如果是妳？」

「是嘛，應該不願意吧。」她滿臉通紅，害羞笑著。

男人一時不知道如何回答，於是說：

「我想想……」一副難以啟齒的樣子。然後接著說：

「不過，是妳嗎？應該不是妳吧！」

「所以誰都可以嘍？」

「嗯，要怎麼說呢，妳成為妻子的話有點好笑呢，妳願意嗎？」

「你說我嗎？我願意。」

「妳……？」

「對啊，因為是神的命令。」她這麼說。露出高興、害羞、無可奈何且豁出去的神情，不知道男人如何解讀這樣的表情，他也沒有繼續深究。

在不知名的花草上，二隻蝴蝶親密翩然飛舞。又高又低的蕃山裡，那些開花的枝頭上，小鳥雀躍地邊鳴叫邊跳著。無論是小鳥或蝴蝶都不只兩隻，那裡也有、這裡也有，多得數不清，有時牠們聚在一起，看起來很快樂的樣子。面對眼前這些景象的男女不知作何感想，羨慕似地不知道要說什麼，就只是盯著這樣的畫面。

「啊，小鳥蝴蝶都好熱鬧，看起來很開心的樣子。」男人有感而發。這時候女人說：

「對啊，我也好羨慕啊。」

「我們只有兩個人，真的好寂寞。」

「所以小孩……青蛙教過我們吧，結為夫妻後把其他人……就那所謂小孩生出來就可以吧？」

「對啊，我想要有妻子。」

「真的嗎？」

「怎麼可能說謊。」

「那我要不要帶你去她那裡呢？」

「嗯，妳可以帶我去嗎？」

「好……」她笑著點頭，很害羞似地再度問他：

「那個……如果成為你妻子的人是我的話，你會怎麼樣？」看來她相當在意這件事情。

「嗯，如果是妳的話……」這次連男人也開始思考，但一想到如果這種事成真的話會怎麼樣，他還是無法回答可以或不可以。但他畢竟是男人，沉思一會兒之後，斷然說：「妳當我的妻子？除非有什麼地方出錯了，不然這種事不可能發生，只要我知道妳是我的妻子，不管神怎麼說，我絕不會娶妳！」

女人聽到男人這麼斬釘截鐵的回答，胸口猛跳一下。她心想，這廣大世界只有我們二人，還會有誰可以當妻子？這樣對神很過意不去，到底要怎麼做才好呢？女人也一籌莫展。

不知怎麼，男人很想見那位妻子，於是不顧女人的擔憂與思慮，開口叫了她幾聲：

「喂喂，我們去妻子那裡吧！」他拉起她的手，催促她的腳步，女人還在思考該怎麼辦，所以腳步拖沓地被男人拉著往前走。

「喂喂，妳快點走啦，在想什麼啊？喂喂！」男人很焦急而不斷催促她。

「等一下啦，別那麼急，我會帶你去的。」被拉著走的女人很困擾。

「妳、妳到底在想什麼？走啦！」男人一股勁兒拼命往前。

女人一直被催促，邊走邊思考，忽然想到一個辦法。

「喂，Miritsukui先生，你聽我說，我會走快點的。」女人突然這麼說，男人驚訝看著她的臉，女人抓到機會問：

「請問，你剛剛說過，如果在不知情的情況下，是我的話，你也願意娶吧？」女人出其不意地說，男人雖然驚訝，但因為自己的確這麼說過，所以他回答：

「是啊，如果是不知情的話，那也沒辦法。但這樣的話不是很可笑嗎？現在明明是妳帶我前往。」

「對啊，不可能有那種事，呵呵呵……，我這是怎麼了，走吧！」女人心裡已有個主意，所以打起精神繼續帶著男人往前走。

原本一籌莫展的她，因為男人說了「在不知情的情況下娶她的話也沒辦法」這樣的話，於是她計畫讓自己變身，在神不知鬼不覺的情況下讓他最終娶她為妻。

不久後，按照女人的指示，兩人笑著在山路間彎彎繞繞。當然，因為沒有特別的目的地，所以女人為了擾亂男人的思緒，故意左迴右繞。

「喂喂，好遠哪！已經走很久了，她到底在哪裡啊？」男人擔心問道。女人高興笑著說：

「就在這附近了，繞過那個山邊，再往前的話有個洞穴，洞穴裡有位臉上塗墨的人，就是你的妻子喔！」

「這樣嗎？所以就是那個臉上塗墨的人嗎？」

女人莞爾點頭說：

「是啊。」女人是相當聰明的人。

男女繼續趕路，來到了洞穴附近的山邊。

「喂，等一下！我們這樣突然出現，驚嚇到對方的話也不好，我先過去向她說明。因為我跟她同性……一樣是女人，所以請你等一下，好嗎？」

女人這麼說完，便匆匆前去。她來到洞穴前，四處搜尋摘採草葉，然後躲到洞穴裡，將草汁塗抹在臉上，還以洞穴的煤塵畫線，把臉弄得像是塗上墨的樣子。

男人毫不知情，壓抑著焦急的心，心裡滴咕著她該回來了吧、她該回到這裡了吧、她還不快回來？迫不及待卻還是老老實實等待著。然而女人始終沒有回來。

「發生什麼事了？」

他放心不下，忍不住前去找她，走到洞穴前，有人從裡面呼叫他，聽到這聲音，他看了一下裡頭，發現正如女人先前所說，那裡有一位臉上塗墨、和Kanairen長得很像的人，帶著笑容走出來，然後握著他的手，露出又依戀又害羞的神情。

「妳是我的妻子嗎？」男人這麼問，對方害羞點頭。男人說：「是嗎？好高興啊!!」神情相當喜悅，但他發現Kanairen不見了，於是環顧四周問：「咦？Kanairen呢？」結果將成為他妻子的人說：「是我喔！」男人非常吃驚，女人又笑著說：「你是在不知情的情況下娶我為妻，所以沒關係吧！」

於是兩人結為夫婦，並生下許多子孫，愈來愈繁榮昌盛。至今婚前的婦女會黥面，由來便是這個故事。另外，蕃人的語言中男人稱Miritsukui，女人稱Kanairen，據說也是源於此。可喜可賀，可喜可賀。

（完）——大正四年八月二十日

下一期將介紹阿美族的童話〈帶刀之星〉。

*原刊於《臺灣愛國婦人》第八十三期，一九一五年十月一日

帶刀之星——阿美族的童話

續生蕃童話的第三篇要介紹英勇阿美族的童話——帶刀之星。這是在阿美族奇密社流傳至今的童話，此地蕃人稱為Sarauirikitsutsu（サラウイリキツツ）[1]之星的故事，是被視為英勇的故事之一，時常講述給男孩聽，以此逗兒童開心。前一篇與第二篇是泰雅族北蕃的故事，這次要敘述的則為南蕃、南方的故事，相互對照應該很有趣，因此介紹這個故事。奇密社是東部臺灣蕃社之一，位於流經花蓮港廳管轄內並流入大海的東臺灣大河秀姑巒溪下游附近，雖然是生蕃部落，不過是相當開化的地方。接下來說說這個勇猛帶刀之星的故事吧！

一

從前從前，奇密社有一位名叫Irikitsutsu（イリキツツ）的男人，這個男人心地善良，通達事理且明辨輕重，因此蕃社的人都稱呼他Irikitsutsu先生、Irikitsutsu先生，備受敬重，生活無虞，和妻子及Unairikitsutsu（ウナイリキツツ）、Sarauirikitsutsu（サラウイリキツツ）兩個兒子，四人過著快樂的生活。但可惜的是，此人有個非常不好的癖性，任何人都有癖性，俗話說「無則七癖嗜，有則四十八癖

1 譯註：原文「サラウイリキツツト」，對照故事內容，疑誤植「ト」，應為「サラウイリキツツ」。

嗜」，儘管自己知道不好，但要矯正很難，總會不自覺就表現出來。

這個Irikitsutsu的壞癖性就是頑固，一旦自己這麼想，不管是誰說什麼、忠告什麼、辯解什麼，即使聽了，他還是會固執己見，當然他完全不顧那件事是好事或壞事，真拿他沒辦法。蕃社的人總會皺著眉困擾地說：「你看，Irikitsutsu先生的頑固毛病又發作了！」但當事人Irikitsutsu儘管知道這樣不好，還是會不小心表現出這種壞脾氣。

某一天，是近來難得的好天氣，於是父親Irikitsutsu帶著兩兄弟很勤奮地上山伐木。母親交代兩個兒子別讓父親的怪癖發作，然後送他們到家門口。母親說：「路上小心喔！」接著再度小聲叮嚀：「知道嗎？要好好記住剛剛說的事情。」想必母親知道父親外出時經常會發作，讓同伴們困擾，因此很擔心而悄悄這麼說吧。

「好，我知道了，我會注意的。」哥哥爽快答應，弟弟也保證說：「別再擔心了，有我們兩個在。」

「這樣嗎，那你們就盡早回來吧，我會準備你們喜歡吃的東西。」於是他們親子笑著互相道別後，父子三人便趕路上山了。

這天碰巧天氣特別炎熱，雖然是在生蕃山區，然而不是太偏遠，又是小山，所以可能和平地差不多，這裡也相當炎熱，三人都熱得受不了。

「啊……好熱啊，你看流了這麼多汗，真受不了。」父親停下拿著斧頭伐木的手這麼說，用手掌抹去額頭上的汗，坐在一旁的殘株上休息。

專心伐木的哥哥Unairikitsutsu聽到父親的話停下手裡的工作，邊擦汗邊走到父親身旁說：

「好熱好熱啊，實在是……，流了這麼多汗。」他看著彼方伐木的弟弟，然後呼喚他：「喂，Sarauirikitsutsu！你也休息一下吧，不是很熱嗎？先到這裡休息一下吧。」弟弟Sarauirikitsutsu被叫到父兄身旁，也停下來休息，幸好有大樟樹的繁茂樹葉，是絕佳的乘涼處，三人很舒適地吹風休息。

「喂，你們！我好渴，想喝點水。」父親一臉口渴想喝水的樣子。

「水嗎？」兄弟同聲說，為了幫父親準備一杯水而同時起身。父親高興地露出笑容，將容器交給他們說：

「辛苦你們了，麻煩你們幫我盛杯水來。」哥哥準備帶著容器出發，很敬重哥哥的弟弟，立刻抓住容器說：

「讓我來吧！反正很近，不就在下面的河流嗎？我跑一下就到。」於是他決定替哥哥去。

「不，讓我來吧，Sarauirikitsutsu！你和父親待在這裡等吧。」哥哥也不想讓弟弟麻煩。父親開心地看著這美麗的爭執，但他實在太口渴，受不了為了這種事花太多時間，於是說：「喂喂，你們這樣爭執不下，哥哥也說我去、弟弟也說我去，很浪費時間，真的渴到受不了，別再磨磨蹭蹭，你們兩個都去吧！我一個人等。快點！」兄弟聽到父親這麼說，於是兩人便出發前往河流。

被人稱許孝順的兩兄弟遵循父親的指示，和睦而親密地一同來到河流的地方，弟弟比哥哥先到河邊，但被眼前景象所震驚，茫然盯著河水。不知怎地，平常清澈的水，今天竟混濁得無法飲用，他感到不可思議。弟弟一看到哥哥的身影便大聲說：

「哥哥，糟……糟了！河水……」然後指著河流說：「很混濁！」

手裡拿著容器下來的哥哥，聽到弟弟的聲音，一見河水的混濁狀態，感到非常吃驚，不禁發出「呀！」的失望聲音。

「哥哥，好奇怪，從來沒有這麼混濁過。」弟弟感到不解。

「對啊，到底怎麼了？」哥哥也不解，皺起了眉頭。

「真不可思議，到底怎麼了？哪裡有清澈的水呢？」弟弟接著又問哥哥。

「實在太奇怪了，是不是上游下雨啊？再等等吧，等一下就會變清澈吧。」哥哥無力地坐在岩石上。

「這附近也許有清澈的水，趁這時候我去找找看。」弟弟話還沒說完就起身離開了。

屋漏偏逢連夜雨，不管弟弟眼睛睜多大拚命找還是找不到。無論去哪裡，都是混濁得令人不舒服的水，弟弟很失望，沮喪地回到哥哥等待的地方，滿臉歉意說：

「我四處都找遍了，不管到哪裡都沒有，全都是混濁的水。」

疼愛弟弟的哥哥神情充滿感謝與同情，他安慰弟弟說：

「辛苦你了，這也沒辦法。」然後看著水面，自言自語：「真是傷腦筋，這麼混濁。」哥哥想到父親的心情，很擔心地說：「已經等了這麼久，水不但沒有變得清澈，反而愈來愈混濁，到底發生什麼事了。這樣的話連一杯水都很難取得。」

「但也沒辦法，讓父親等太久的話，他又……」弟弟也思量起父親的心情而開始擔心，於是說：「那就算了吧，回去老老實實跟父親說吧，就說河流太混濁，沒有水可取……」

「不過，處理不好的話很麻煩哪。」

「那也沒辦法，我們就設法好好道歉吧，如果這樣也不行的話，可以給父親甘蔗之類的東西……」

「就這樣吧，沒辦法，如果太晚回去向他報告水混濁的事，而一直等到水變清澈的話，又要被責罵了……」最後哥哥也決定回去，兩人無力地回到父親那裡。

二

正直的兄弟兩人心裡很擔憂，如果連一杯水都沒取得而空手回去的話，父親會如何生氣，他們垂頭喪氣回到父親等待的地方。父親忍著口渴等待，結果看到空手回來的兄弟，瞬間怒氣衝天，不出所料臉色相當不悅。兩人很快察覺父親的不悅，滿面羞愧戰戰兢兢向父親鄭重道歉。

「啊，真的讓您久等了！」兄弟小心翼翼帶著歉意這麼說。憤怒得直發抖的父親盯著他們，眼睛瞪得大大的。

「到底是怎麼樣？快給我水，我等很久都等累了！」父親氣勢洶洶。

哥哥心想父親如此氣勢洶洶也無可奈何，只好一五一十說出實情，然後再次道歉。

「很不巧的，不知為何今天河水都是混濁的。」他正要接話時，父親以憤怒的口氣問：

「然後呢？怎麼樣？」

「不管等多久，水都沒有變清澈，所以Sarauirikitsutsu想辦法到處找清水，但還是找不到。」哥哥很無力地這麼說，然後再度向父親道歉。

「我們不管等多久還是沒辦法，所以打算向您謝罪，然後給您甘蔗……」Sarauirikitsutsu在哥哥說明後又做了補充。

「嗯，是嗎，所以連一杯水都沒有取來，笨蛋！」憤怒到不行的父親喝叱他們。

「真的很對不起！」哥哥說完後，弟弟又接著說：「再怎麼說也太奇怪了，那條河流的水不可能這麼混濁。」

怒氣沖沖的父親還是忿忿不平，大吼說：

「喂！那又怎樣！我口渴得受不了，蠢蛋！」

「所以這次請您把它當作天災，先以甘蔗解渴吧。」

「啥？你竟然要我忍著渴吃甘蔗？」

「好啦，就先這樣。」哥哥替弟弟頻頻向父親道歉，神色相當惶恐。但頑固的父親一如往常，完全不接受，果然是眾所周知的頑固個性，但實在也太不明事理了，弟弟心想，這明明是天災，卻無理取鬧，為難我們，雖然是父親，但這種行為也太無慈悲心了。因為他還年輕，忘記出門時母親的叮嚀，似乎開始對父親產生憎恨之心，弟弟突然跑向遠方，帶著甘蔗回來，放在父親面前：

「再怎麼說，河流那麼混濁，實在是沒辦法，請您將它當作天災，您看我都將甘蔗帶來了，請您今天就先吃它吧。」他很卑微地向父親泣訴懇求。

寶貝兒子的嘆願怎麼可能不接受呢？然而父親的壞癖性，也就是那頑固，完全迷惑了他的良心，這也是沒有辦法的，好父親變成一個無理透頂的任性老爸，只見他愈來愈憤怒。

「什麼？你們說河水混濁沒有辦法，要我當作天災放棄嗎？不可原諒，你竟然說河水混濁。」這次父親竟表示懷疑。

「是的，混濁得很可怕。」弟弟說完後，父親臉一沉，「真的嗎？」似乎有所疑惑而這麼問。於是哥哥代弟弟回答：「真的。」然後以堅定口吻說：「實在很不可思議！」

「是嗎……」父親心不甘情不願這麼說之後，對著兄弟厲聲斥責：「那一定是有人在上游惡作劇，你們去過上游了嗎？」他以可怕的眼神瞪著他們。

對於這個問題，兄弟也不知道怎麼回答，事實上他們沒有追溯到上游，而且花太多時間的話，等待的父親會不耐煩，因為惹火父親的話很麻煩，出門前母親也交代過，因此他們沒有去調查上游就回來了。被父親這麼一問，兩人都回答不出來。

「怎麼樣，你們去過了嗎？」父親以可怕的眼神瞪著他們再度責問。哥哥心想，再慢吞吞的話又要讓父親不高興了，於是說：

「那個……因為我們趕著回來……」

「嗯，所以你們沒有去？笨蛋！真是沒用的傢伙！」父親怒氣沖天，已經忘記口渴的事了。

他拿著弟弟帶回來的一支甘蔗，以憤怒的口氣說：

「不可原諒！哪有人看到河水混濁，卻沒有注意上游，你們腦袋有問題嗎？因為在上游搞鬼，下游才會混濁，沒有人不知道這個道理。」他訓斥了他們一頓之後，又吆喝命令他們：

「不要再慢吞吞了，你們去上游，看看是不是有人在搞鬼！」兄弟聽到這個嚴厲的命令之後，在不悅的父親面前只好低著頭唯唯諾諾。

「你們快去！不要混水摸魚，快去快回，知道嗎？快去！」被趕走似的兄弟再度離開父親身旁，往上游的方向，沿著河流趕路上山。

兩兄弟按照父親的命令往上游的方向趕路，但沿路別說人，連一隻鳥獸蟲都沒看到，只見四周一片荒草茫茫，甚至蓋過人身，河流的水聲比平常還要來得激昂。這裡的河水也很混濁。

「哥哥，好奇怪，你看這裡也是混濁的。」

「嗯，是啊，上游也混濁，而且沒有人，實在很奇怪。」哥哥這麼說之後，和弟弟一起在四周探視一陣子，但仍舊什麼也沒找到。哥哥說：

「什麼都沒有，沒辦法，回去向父親報告什麼也沒有吧！」

「嗯，不過又要被罵了吧。」

「但也只能說沒有啊，因為事實上什麼人都沒有。」

「那也沒辦法了，我們就準備被罵吧，我們又沒有做壞事。」兩人悄然踏上歸途。

兄弟原本抱著被罵的心理準備回來，但卻不知道為什麼，令人意外的是，等待的父親竟笑著問他們：

「怎麼樣，有人嗎？」

兄弟感到不可思議，不知道為什麼，父親的反應和原本設想的完全相反，他心情不錯的樣子，他們覺得非常詭異，哥哥回答：

「嗯，沒有任何人。」

「是喔？真的嗎？」

「是的，真的。我們在四周找了很久，但……」弟弟代哥哥回答。父親頻頻點頭說：「好奇怪。」但也沒有特別責罵他們，父親手上拿著兩支在家裡見慣的長槍，不知道父親什麼時候帶來的，也許是兄弟去上游時回家拿的。父親把槍拿給兄弟說：

「來，你們拿著。」然後又對著一臉疑惑的兄弟說：

「我還是不解，不可能沒有人，你們再去找一遍，如果看到的話，就用這個殺了他吧！」父親這麼說，一臉堅持。兩人雖然心想真是位頑固的父親，但如果違背父親的意思，就只會火上添油，因此兩個人只好拿著槍往上游出發。接下來會如何呢？

三

這位任何人都說有壞癖性的父親，在當下憤怒之餘，因壞癖性迷惑他的理性，使他變成一個魔鬼，在接近傍晚的時刻，毫不留情拒聽兄弟的解釋而責罵他們，然後命其前往遠方深山——那混濁河流的上游。這對聽話的兄弟儘管被父親的頑固為難，但也因為違逆父親的意思只會讓他更不高興，於是很順從，相互扶持一同前往。天下無論是什麼樣的父母，沒有不愛小孩的，連這個擺脫不了頑固怪癖的父親，看到這對寶貝兒子友愛的背影，似乎原本的烏雲也消散而放晴了，終於回到他原來的本性。他專注目送他們，不禁自言自語。

「真可憐。」這時候才對自己無理取鬧的命令感到後悔，接著又憂心說：

「唉呀，我怎麼會做這種事！快天黑了，希望他們不要迷路才好。」人性本善，無論生蕃還是我們，人情都是不變的。

隨著時間一分一秒流逝，兒子的背影逐漸遠去，最後消失在森林裡，就算是為人父的親情由衷而發，但後悔也來不及了。由於憐憫與擔憂，這位如魔鬼般下了無理命令的父親，此時無法悠哉地原地等待兄弟歸來，於是自己也跟著他們的腳步前往。

這時候兄弟兩人並肩前進，當然這對溫順的兄弟，對父親的無理命令與責罵的無情，不會心生怨恨，只有對讓父親變成這樣的心魔——那個怪癖性，感到擔憂與悲傷。因此，再度前往那遙遠的山路時，似乎沒有感到那麼辛苦。不覺得他們真是令人敬佩的少年嗎？

日暮時分夜色漸進，在山路周圍，臨夜的暮靄籠罩整個森林，令人更加感到孤獨，只有這兩個人影，孤寂的心情也逐漸侵襲兩人。

「哥哥，快天黑了」拿著槍當枴杖的弟弟不經意地這麼說。

「對啊，再快一點吧！到了晚上就無法找了。」哥哥鼓勵弟弟。

「不過再找也沒用，剛剛才找過一遍，找得很徹底。」

「對啊，不過是父親的命令，找還是得找。」

「那當然沒錯，如果跟他說什麼也沒找到的話，他一定會再出一個難題，這次又會是無理的要求，唉，一旦讓他不高興……」

「對啊，所以很傷腦筋。」哥哥也很無奈的樣子。

「真的很傷腦筋，父親的頑固真是怪癖性，連母親也苦惱得不得了，哥哥，有沒有什麼辦法呢？」弟弟邊走邊問前面的哥哥。

「對啊，完全沒辦法，所以很苦惱。」

「是喔，這次也全是因為他的頑固，唉，真傷腦筋。」

「對啊，真麻煩，不過我們盡量不要違背他的意思，別讓他的怪癖發作吧，除此之外別無他法了。」

「好吧，就這麼做吧，除此之外別無他法。」

這對兄弟不是神，不可能知道父親在後面追著他們，他們溫柔地擔心父親，同時也很在意天色，於是加快腳步趕路，終於抵達目的地上游，父親不久後也到達了，兄弟拚命四處搜尋，但連一個人都沒看到，父親巧妙閃躲兒子的目光四處藏身。此刻，兄弟所在之處附近的草叢，不知道是誰，似乎有人，只聽一個石頭發出「咚」一聲掉進河裡，聽到這個聲音的兄弟不禁驚呼「咦」，跑向發出聲響的水邊。

「有人！剛剛的聲音是把石頭丟進河裡的聲音，一定有人！」弟弟高興呼喊。哥哥也高興地說：

「對，沒錯！水這麼混濁，一定有人。好！Sarauirikitsutsu，用槍往草叢裡戳幾下！」哥哥很振奮。

正有此打算的弟弟渾身使力發出「殺」的一聲，熟練地將長槍的尖頭戳進草叢裡，結果那裡傳來「啊」的人聲，似乎有人被刺中了。

「做得好！你快去將他的首級取過來吧！」哥哥又高興又興奮地這麼說。弟弟一步一步走進草叢，不久後便砍下一個男人的首級而走出來，但這已經是個連東西的黑白都分不清楚的時間了，無論如何，兄弟心想父親正在等待，要趕快回去讓父親看這個首級，好安撫他的心情。兄弟很興奮地返回父親等待的地方，但在途中便入夜了。

四

雖然因為是夜晚而不知道是誰，但的確如父親所料有惡作劇的人，也順利取得那個人的首級，因此他們想盡快拿回去給父親看，讓父親息怒。兩人心情愉快地在夜裡趕路，終於回到原先父親等待的地方。但這種喜悅沒有維持很久，他們完全不見父親蹤影，心想父親一定在這裡等待，於是四處尋找並大聲呼喊父親，卻只聽見自己叫聲的回音。父親到底去哪裡了？發生什麼事了？可憐的兩人，不知道父親緊追在自己後面而非常擔心他。

「哥哥，到底發生什麼事了？」弟弟擔心之餘，以顫抖的聲音詢問哥哥。

「嗯，他去哪裡了呢？他確實說要在這裡等候的。」

「對啊，當然。」弟弟講到這裡，想了一下，又接著說：

「哥哥，會不會是因為我們太晚回來，所以他不耐煩，先回去了，像以前一樣……」

頑固的父親常常頑固怪癖發作，生氣之後總會違背約定，一個人拋棄同伴而回去。

「這麼說也對，但是……」哥哥沒有那麼輕易同意弟弟所說的話，又說：「我們再等一下吧！說不定是因為等累了，所以跑去附近的什麼地方。」他很謹慎，決定等父親回來。

兄弟在寂寥的山裡，抱著種種擔憂等待父親，但父親還是遲遲沒有回來，兄弟兩人想到父親的安危，心裡很不安，終於等不下去，弟弟又說：

「哥哥，不行啦，他一直沒回來。」

「嗯，到底是怎麼了？」哥哥也很困惑。

「一定是這樣的！他已經回家了，因為心情不好，他已經一個人跑回去了，一定是這樣！」弟弟一個人如此斷定，頻頻勸哥哥一起回家，弟弟不斷說服，於是哥哥也開始動搖，他很清楚父親的個性，的確可能如此，最後決定聽從弟弟的提議回家。

「一定是這樣。」弟弟獨自堅決地說。

「嗯，傷腦筋，真是怪癖性。」哥哥還在擔憂父親的事。

就這樣，兩人一路上沒什麼交談，無精打采回到家。

結果很不可思議，母親在離家不遠處等待他們，於是兩人先向母親詢問父親在哪裡，母親很驚訝，擔心得快哭出來，她說：

「怎麼了？你們的父親還沒回來啊……」

「什麼？還沒回來？」兄弟很震驚，異口同聲這麼說。

「到底發生什麼事了呢？」母親畢竟是女人，所以已經忍不住開始哭泣。哥哥將山上發生的事一五一十告訴母親。

「我以為他先回來了。」他這麼說，然後很擔心地看著山上的方向。

「母親，我們為了讓父親開心，用這支長槍取下這個回來。」於是把用衣物包起來的首級拿給母親看，母親的心情簡直驚愕得如做夢般，哥哥還是非常擔心，他想了一會兒說：

「我再去山上一趟。」這麼說完後，弟弟也感到擔心，於是說：「我也要去！」因為母親知道父親常常深夜才回來，因此說：

「沒關係，他有可能因為擔心你們而去找你們了，他走慣夜路，差不多也該回來了吧。」她這麼說，阻止兄弟們前往，並且溫柔地問他們是否疲累，將他們帶入屋內。然而哥哥還是很擔心，懇求母親讓他一個人夜裡再度上山尋找父親，連晚餐也沒吃。善良正直又孝順的哥哥一心只想找到父親，不顧空腹與夜路的辛苦，鼓起勇氣進入各處森林，用盡所有體力與精神，然後仍舊繼續四處奔走，登山、溯溪、過河，專注搜遍各個角落，但還是看不到任何人影，疲勞與失望讓他失去勇氣，不知不覺倒在某一棵樹下睡著了。不覺得非常可憐嗎？

此時，弟弟吃著母親準備的宵夜，取回來的首級仍舊包裹著放在棚子上，打算等候父親和哥哥回家後再打開來好寬慰父親。他和母親兩人迫不及待父親和哥哥歸來。然而無論時間過去多久，他們還是沒有回來，到底發生什麼事了？他們非常擔心，但連人的腳步聲也沒有。

「母親，他們怎麼了？已經過了好久……」弟弟等得不耐煩，忍不住這麼問，母親也露出很不安的表情，沉悶地說：

「是啊，可能因為是晚上，所以很難找，先睡吧，明天早上再去接他們吧。」母親雖然這麼說，但還是很擔心。

「不過……」弟弟這麼說，想了一下。

在歷經種種事情後，天也亮了，生蕃人很早起，一天亮就會起床，沒有一個人會賴床。Sarauirikitsutsu和母親也從一早就開始工作。

母親因為手邊工作的需要，想從棚子上拿出竹簍，結果昨晚兄弟們帶回來的那個裝著首級的布包，從棚子上掉了下來，滾落到地上，生蕃的房子並沒有什麼木板、地板，都是泥土地。

母親撿起掉下來的首級布包，看了那個首級，大驚失色「啊！」的一聲，瘋狂般臉色驟變，全身發抖，眼裡泛著憤恨的淚水，使勁全力大聲喊了弟弟的名字：「喂！Sarauirikitsutsu！Sarauirikitsutsu！」然後跑出屋外。在屋外附近工作的Sarauirikitsutsu聽見衝出屋外的母親的叫聲，而且察覺母親模樣很異常而感到吃驚，來不及回答便跑了回去。母親看到弟弟的身影，像瘋子般邊哭泣邊說：「喂！你……你做了什麼好事！看這個。」她充滿怨恨地將抱在懷裡的布包拿出來。

看到母親的樣子而感到驚愕的弟弟，接過首級布包後，小心翼翼將它打開，結果，這是怎麼一回事？雖然是在不知情的情況下，但竟然用長槍刺殺了父親，雖說是黑夜，但將他的首級當作仇人的首級，而且還和哥哥一起高高興興將他帶回來，那竟然是父親的首級！弟弟不知所措，掉下男兒的眼淚。「這……這太罪過了！」他說了這句話後便不斷掉下眼淚，再也無法言語。

「喂喂！這是你父親啊，怎麼會這樣？」母親怨憤地對著一直哭泣的弟弟這麼說。儘管如此，這是在不知情的狀況下做的事，所以也沒有辦法。弟弟只能接受母親的責備，衷心向父親道歉。

「事到如今已經無法挽回，這……這個！難怪哥哥沒回來。」母親仍持續吐露怨恨的心聲。

弟弟也驚嚇得失去平靜，但也不能這樣下去，他認為要先讓哥哥知道這件事，因此先不顧母親的反應而飛快往山裡跑去。

接下來弟弟和哥哥在山上會發生什麼事呢？而那位瘋狂悲傷的母親又將如何呢？我們繼續講下去。

五

做夢都沒想到是父親，真是可恨的惡作劇之人！這麼想而刺了一槍，並順利取下對方首級，欣喜滿面的弟弟，竟然變成殺父的不孝罪人。知道實情後的弟弟拚了命迅速找到正在睡覺的哥哥，來到他身旁說：「哥哥，糟……糟了！」他這麼大聲喊叫並把哥哥搖醒。被搖醒的哥哥聽到弟弟的叫聲，察覺弟弟的樣子很不太尋常而感到非常驚訝。

「怎……怎麼了？是什麼事情糟了？」他馬上起身。

臉色鐵青的弟弟緊緊握住哥哥的手，一邊掉眼淚一邊詳細敘述發生的事情。

「怎麼辦？我竟然殺了父親！」他哭著、崩潰了的樣子非常可憐，實在是一個天大的錯誤。

「嗯，真的太糟了……」聽完弟弟說明後，哥哥這麼說，然後長長嘆了一口氣，他用手掌擦拭滿是淚水的眼睛，然後說：「不過也沒辦法，你不是故意殺的，神也會原諒的，別擔心，一切交給我。」他安慰哭到癱軟的弟弟，心想無論如何要先處理父親的遺體，於是兄弟默默地踏著沉重步伐前往山的那方，也就是昨晚舉槍刺人的地方。

兄弟沒有特別趕路，步行抵達目的地，弟弟立刻撥開超過身高的草叢，不久後很狼狽地叫喊：「哥哥！哥哥！」

「怎麼了？什麼事？」哥哥回答。

「找……找到了！你快來！」哥哥以為找到父親的遺體，於是趕緊往弟弟喊叫的地方跑去。

「太驚人了！怎麼會跑到這邊來呢？」弟弟讓哥哥看了遺體後這麼說，很不解的樣子。

哥哥看到沒有首級的父親遺體那慘不忍睹的樣子，潸然淚下，仰著天深深嘆了口氣。

「太震驚了！Sarauirikitsutsu，我們犯了滔天大錯，母親現在怎麼樣？」他看著父親的遺體這麼說，不經意看看旁邊的草叢，發現有一個很大的洞穴，似乎是有人踩到一顆大石，石頭彈飛之後留下的洞穴，因此他更驚訝，立刻把弟弟叫過來，指著那個洞穴說：

「對父親來說，這真是個災難，他擔心我們，於是跟著我們過來，躲在這裡窺探我們，不小心採到石頭，結果石頭掉到河裡……真是個大災難，這都是他那個怪癖造成的。」他絕望而感慨地說，弟弟因為這樣的解釋，心情緩和了下來。

「所以父親不小心踩到石頭吧？結果我們把那當成惡作劇……」弟弟很無奈地這麼說，但已無可挽回，死去的父親無法復生。

瘋子般臉色鐵青的母親飛快跑過來，以可怕的眼神瞪著兄弟，一看到沒有首級的父親遺體，流著眼淚指著遺體說：

「喂！Unairikitsutsu，你看你犯了什麼滔天大錯！你看這個，你看這個！」接著又對弟弟說：

「喂喂！你看你做了什麼好事！竟然殺了親愛的父親。」她不斷訴說怨恨的心情，又以可怕的語氣說：「世界上哪有殺父這種不孝，你……你們去死吧！」兄弟對母親這麼可怕的氣勢感到害怕，弟弟甚至縮在哥哥的背後。

無論如何，兄弟還是向母親說明事件始末，解釋這是一個過失，在不知情的狀況下刺殺父親並取下首級，兄弟伏身謝罪。

「哼，現在講這些都太晚了，你們這兩個殺父的不孝子！」母親破口大罵，已開始呈現瘋狂狀態。兄弟認為不能再這樣下去，於是暫時藏身，等待母親冷靜下來，但瘋狂的母親四處狂喊大罵，最後往家裡的方向跑去。見狀的弟弟很擔心，所以跑了出來。

哥哥也跟著出來說：「喂！Sarauirikitsutsu，等……等一下！」他阻止弟弟，接著又說：「隨她去吧，再等一下就會冷靜下來。而且我們不是故意殺父親的，我們今後取得很多首級，以這樣的勇氣，就能讓母親開心，我們這麼做吧！」做出這個離譜的結論後，他們為了馘首而上山。

眾所周知，生蕃本就經常馘首，雖然這有種種原因，但也經常以這樣的勇氣為傲。實在是一種非常麻煩的惡習，現在已逐漸消失。

這兩個兄弟後來每天到深山裡練習馘首，有時扔石頭，若跑得比石頭快的話就非常開心，有時則是射箭，跑得比箭快的話，就非常得意。如此經過數月專注而奮發的練習，他們的手腳都有了充足的鍛鍊，終於他們意氣昂揚地出發去馘首。真的是很糟的謝罪方式。

首先，兄弟的第一發血祭，是補殺很多鹿，並取血裝在草袋裡，然後前往一個叫做Karara（カララ）社的南方山谷，收集捕捉鹿、山豬、熊等的繩子與樹枝，掛在小屋裡，設置了裝有石頭的Zagadoadotsupu（ザガドアドツプ）機關。

哥哥帶著微笑說：「走吧，去獵取很多Karara社人的首級吧！」

弟弟也露出笑容說：「嗯，這樣的話，母親也會感佩而原諒我們吧！」

「嗯！沒問題的。我們不是故意的，雖然殺了父親，但也……」哥哥接著悄悄告訴弟弟誘殺Karara社蕃人的計謀後，兩人便出發了。

他們拿著裝有血的草袋，沿路滴下血跡，偽裝成負傷者逃亡的樣子，兄弟進入Karara社，大聲喊：「敵人來了！敵人來了！」這麼喊叫後，馬上躲起來。Karara社的蕃人不知道被騙了，以為真的有敵人來襲，聽到聲音後便拿起長槍聚集起來，發現地上到處有斑斑血跡，見狀的其中一人說：「大家看，敵人受傷了！跟我來吧，快追！」於是氣勢洶洶地沿著血跡往山谷的方向前去。兄弟預先埋伏，迫不及待他們到來。不出所料，一大群人氣喘吁吁殺了過來，看見很多血跡便高興地說：「留下這麼多血跡，一定是重傷，不會跑太遠，大家先進去小屋休息一下吧。」眾人一進小屋後，兄弟所設的大石便掉落下來，一口氣將所有人殺死，看到這結果的兄弟雀躍地取下數十個首級。

「嗯，成功了！好多首級啊。」弟弟高興得不得了。

「來吧，將這個當作禮物。」因為要搬運很多首級，所以哥哥到附近找來一根堅固的木棍，弟弟則趁哥哥不在時，挑選了美麗的首級藏在草叢裡。

兄弟以為這樣就能順利完成，不過在回家途中，弟弟的木棍很不巧斷了，但哥哥的木棍，是在一種叫做Tatachiyu（タタチユ）的鳥叫著「啦歐啦歐」時砍伐下來的名為啦歐啦歐的堅固木棍。

弟弟見此，沒有反省自己的偷懶，只顧著羨慕哥哥。

「傷腦筋！斷掉就不能用了，哥哥，可不可以把你的棍子切一半給我？我會給你美麗的首級。」弟弟提出這個交換的請求。善良的哥哥便依照弟弟的請求，將棍子的一半給弟弟。然後兩人便興沖沖回家了。

他們先從屋外窺探母親的樣子，感到放心，把取下的首級排成一排，然後向母親報告。結果令人意外的，母親的憤怒不僅沒有減少，反而大聲喝叱：「身為人子，取下父親首級的不孝子！」兩人被留在屋外，表情愕然且失望。

他們希望想辦法讓母親息怒，想了各種法子的哥哥，不知從何處帶來兩顆橘子，說：「喂，Sarauirikitsutsu！母親的心情這麼差，實在不知道該怎麼辦。這都是因為我們單身的關係，我們應該娶妻幫助母親，這個橘子是非常稀奇的，裡面有妻子。」他笑著將橘子排放在驚訝的弟弟面前。兩人立刻撥開橘子，哥哥的橘子裡什麼都沒有，弟弟撥開的橘子，不可思議的，竟然有一位年輕的美麗女子出現並露出笑容。

結果，不知道在想什麼的弟弟帶著刀並盛裝打扮，窺探家裡頭說：

「母親，離別的時刻到了！請看我，我現在要昇天，變成星星，請你們好好保重。」弟弟看著驚愕的哥哥與母親，踏著腳，結果泥土自然往下陷，他的身體也逐漸沒入地下。據聞後來他昇天變成星星，至今在天空中還看得到帶著刀的星星，蕃人們稱之為Sarauirikitsutsu。

（完）——大正四年九月二十二日

下一期將介紹鄒族的童話〈塔山物語〉。

*原刊於《臺灣愛國婦人》第八十四期，一九一五年十一月一日

塔山物語──鄒族的童話

續生蕃童話第四篇將介紹北方鄒族的童話。鄒族裡有稱為阿里山蕃的生蕃人，這些生蕃由於較早與支那人往來，因此相當開化，不像其他生蕃。所以很多流傳的童話傳說，也與其他生蕃人有所不同。在此記述的塔山物語，是溫柔少女與幽靈的故事，較少見的生蕃怪談，且遺跡在塔山，因此他們蕃人常常對別人敘述這個故事。現在要敘述的童話，是採集自阿里山蕃一個名為流流柴社──在知母蕃社裡的小社，由該社蕃人所述。總之，是生蕃怪談這種少見的題材，敬請觀賞。

一

產出廣為世人所知的阿里山檜木此一臺灣特產的阿里山深山，在臺灣被視為大河曾文溪的上游，蕃人所稱Rufuto（ルフト）地方的大社之一，有個叫做知母朥社的蕃社。距離這個蕃社大約三里半，有個稱為流流柴社的小蕃社，這個蕃社是知母朥社裡的小社之一，位於清水溪──曾文溪分流的上游，是一個很偏僻的蕃社。在這個流流柴社，有位名叫Supara（スパラ）[1]的男人，與名為Yagui（ヤグイ）的女人，他們都很年輕，在蕃人之間是有名的俊男美女。蕃丁聊到Yagui，或蕃婦討論Supara時，總是多少帶著嫉妒的心情說三道四。而且Supara是狩獵高手，其精力充沛有男子氣概的舉動不時吸引女人的心，而裁縫高手Yagui

[1] 譯註：原文為「パスラ」，對照後文應為「スパラ」。

的評價也打動眾多男人的心。男人猜測Yagui的丈夫會是誰而煩惱不已，不少女人則暗地裡擔憂Supara的妻子會是誰。

然而，不管是哪個蕃社，同樣都有各種複雜嚴苛的制裁，因此即使心裡有數，但也無法直接明講出來。男人們只要聚在一起，就會說：「那叫做Yagui的女人真是美麗的女子，娶她為妻的男人，是天下第一的幸運兒。」像這樣自尋煩惱。女人們則是群聚一起便討論Supara，「Supara真的好有男子氣慨呀，他會是誰的丈夫呢？擁有這樣的丈夫的人真是幸福。」像這樣淨是沒必要的胡思亂想。有一天，在集會所前的大檜木下，蕃社的年輕男女們聚在一起聊天，此時不知從何處正要返社的一個蕃丁路過，加入他們的對話，於是氣氛更加熱鬧了。

他們談天說地，聊到蕃社有名的Supara和Yagui兩人的事，那個蕃丁一副抓到有趣話題似地說：

「你們聽說過嗎？那個Supara和Yagui的事情？」他得意地說。眾人心想到底是什麼事，那兩個有名的人發生什麼事了？於是耳朵都豎了起來，眼睛也睜得又圓又大，準備聆聽後續。聚集在此其中一位較為年長的人，皺起眉頭詢問：「我不知道吔，他們兩人到底發生什麼事？」

這時有個蕃婦似乎帶著些許嫉妒心不耐煩地說：「當然知道啊，因為他們是蕃社第一俊男美女。」接著陸陸續續出現附和或反對的聲音，眾人議論紛紛，方才發言的那位蕃丁，發現情況不妙，感到有點麻煩。

接著，又有一個人，看起來是個已經有二、三個孫子的老人說：

「喂！你要說的事情是這個吧？就是Supara和Yagui感情很好。如果是的話，我早就知道了，因為他們的父母親關係不錯，所以這也不奇怪，那兩人是蕃社第一俊男美女，周邊的人總會說東說西，但他們是正直守規矩的人，所以不用擔心，不懂的人帶著半分嫉妒心說三道四，真麻煩！嗯，我保證！我保證！」老人說得高昂，眾人頓時有些語塞。

然而他們當然也不是就此默不吭聲的人，接著陸陸續續又出現很多反擊的聲音，有人用嘲諷的口氣說：「哈哈，老人家，您那麼偏袒他們，哈哈，該不會那個美麗的Yagui對您說了什麼吧？」老人憤怒喝叱一聲：「笨蛋！」方才嘲弄的蕃丁登時啞口無言躲了起來。

大家都在觀察接下來會發生什麼事，結果一開始發言的蕃丁說：

「請大家先安靜，我也不認為那兩個人會怎麼樣，而且他們感情好也不是一天兩天的事了，然而今天聽到了一件大事，剛好我下山的路上，在那個鹿常來戲水的老池塘，我走到那池塘邊，聽到年輕男女的美麗歌聲，我跑過去看，發現是Supara和Yagui，他們一副很開心的樣子，手拉著手。」講到這裡，他露出奇怪的笑容，接著又說：「我很驚訝，但還是默默躲在樹蔭裡繼續觀察，結果不知道我在那裡的他們，神情快樂而高興地笑著，Yagui以那玉潤珠圓的聲音說：『我們已經是父母親所認同的夫婦。』他們竟然說他們已是父母親允許的夫婦關係，他們是父母親承認的未婚夫妻！我真的大吃一驚。」蕃丁帶著多少有些失望的心情這麼說。

聽到父母親默認的未婚夫妻，大家也都感到意外，人們的臉色有明顯的不安與失望，雖然在場的人不斷反覆說出「是這樣啊！」「真的嗎？騙人的吧？」之類的話，然而終究沒有確切的證人，反正以後就知道了，所以他們也就到此為止，但眾人確實神色不安。

剛好在這個騷亂時刻，從遠方的森林裡傳來美麗的合唱歌聲，一個人說：「咦？那個聲音是……？」另一個人又說：「嗯，那是Supara和Yagui的……」。

「聲音愈來愈接近了。」

「嗯，來了來了，真受不了哪！」

「對啊，他們正在從那池塘回來的路上，真好哪！」

「真是羨煞人了，實在拿他們沒辦法，我要回去了。」有人這麼說。人心很奇妙，一個人這麼說完，起身準備回去，於是陸陸續續一個人、二個人、三個人，不知不覺大部分的人都回去了，在場剩下不到十人左右。

歌聲一步一步逼近，那玉潤珠圓、像鈴聲般的聲音，似乎已經來到觸手可及的地方，甚至聽得到歌詞。

Awasagusomorosoro，Taresabogo，Mamaine，Araina，Aiana，Iaena，Aiano，Oe，Aena

（真高興、真高興，姑娘，這樣一起相遇，真是高興，啊啦，啊啦）

「唉呀，那個人，嘿嘿，真有兩下子。」有人不禁喊叫。這首歌是表達與心愛女孩相遇而心情愉快，是在和喜歡的女人碰面時唱的歌。

兩個人繼續唱歌，快樂地唱著唱著走過來，終於來到那個樹下，女人比男人往前走了一步，莞爾一笑說：

「啊，大家都在啊。」模樣親切可愛。一邊招手叫喚後面的男人，一邊高興地說：「哥哥，大家都在呢。」然後露出微笑。那美麗與天真無邪，讓所有人著迷，實在是又豔麗又可愛。

「唉呀，你們一起啊。」有一個人語氣苦悶。

「是啊，總是跟哥哥……」Yagui輕鬆接話，可愛的臉帶著嬌羞的笑容，接著又堅定補充說：「已經沒有關係，因為父親已經允許了。」

未婚男女隨意出門、手牽手走路，這個蕃社對此有嚴厲的制裁，但Yagui已經是未婚妻，為解開別人的疑惑而這麼說。聽到的人也因為這句話，原本的疑問完全消失了，大家失望得無法言語。

Supara不可思議地看著這光景，因為不知道這是因為他和Yagui的關係所造成的，因此心裡產生一片疑雲。不過天真的Yagui完全不知情，又一個人以其充滿精神又美麗的聲音繼續唱著飲酒歌：

Mawasagu，Somorosoro，Raranmunae，Taresobogo，Aiana，Iaena，Aiano，Oe，Aena

（高興、高興，我們在一起，啊啦，啊啦）

大家如癡如醉聽著Yagui的歌聲。

二

蕃社第一的俊男美女Supara與Yagui兩人，本來就經常成為人們的話題，而現在他們在大家不知不覺間，成為父母親承認的未婚夫婦，他們愉快手牽著手，如今光明正大同行於山野裡。蕃社的人聽聞後都非常驚訝，尤其是暗戀他們的年輕男女，有不少人感受到如掌中之珠被奪走般的失望。因此最近，不，是那時候有一段時間，人們總是一直說著這兩人的閒話，帶著半分嫉妒之心，對這美麗男女的幸福議論紛紛。

最快樂的事，莫過於兩個相愛男女如願以償的時刻，古今東西當然都是如此，連被稱為野蠻人的生蕃人，畢竟也是人，人之常情是不變的。Supara與Yagui如今完成心願，成為光明正大的未婚夫妻，繼續維持純真的往來，他們夢想未來可以更公然享受在一起的快樂，每天互傾蜜語甜言，和睦過著如夢般的日子。

「唉呀！快到了呢，我們兩人一起生活的日子……」Yagui語帶嬌羞並露出微笑。Supara也很高興地說：「對啊，快了，等待是很漫長的。」接著又說：「對了！昨晚母親對我說，我快可以娶你了。」

「啊，母親嗎？真高興，這都是神的庇佑。」

「是啊，不過這一切都是因為我們維持誠實純真的關係。」

「是嗎？是啊。」女人很高興，露出天真的笑容。接著問：「是什麼時候呢？」

「我還不知道，但別擔心。」

「嗯，不過……」女人微微一笑，撒嬌般地說：「我……唉呀，太害羞了！我要成為你的妻子，你要好好疼惜我喔。」接著又說：「對了，已經可以放心了，我昨晚做了一個夢，你別笑喔，我一個人迷路走到陌生的海邊，四周都是陌生的土地，天空烏雲密佈，擔心得不得了，想回去又不知道路，很不知所措，結果，不知何時放晴了，天空出現太陽，我高興得忍不住叫出聲，那是一個夢，我真的很高興！」

「是嗎？所以妳夢見太陽出現？」

「對啊。」女人很高興的樣子。

「那是吉夢！是值得慶祝的，妳就別擔心了。」男人也很高興的樣子。

「是吧？而且剛剛到這裡的路上，那個Wajiyumu（ワージュム）在路的右邊，平靜而愉快叫著『Shiya－Shiya－！』。」她又如此喜悅地說。

「是嗎？那是大吉呢，妳做了夢，又聽見Wajiyumu在右邊鳴叫，在占卜上是大吉呢，Yagui妳別再擔心了！」男人也感到喜悅並安慰她。

女人說：「我放心了，我成為你的妻子之後會拚命工作，會裁縫、耕作、養豬。」

「好，我也會拚命幹活，狩獵、砍柴等。」

「我好高興。」女人內心充滿喜悅。

就這樣，男女拉拉雜雜想像著未來的事，甜蜜和睦交談著。

至於蕃社的其他年輕男女，一半羨慕一半嫉妒，最近大家只要聚在一起就會討論他們的事，像是Supara怎麼樣怎麼樣，而Yagui又是如何如何，只要有兩人碰面，就會討論起他們的事。雖然不關這些人的事，但這件事情讓蕃社大部分年輕人浮躁不定。

有一天，一如往常三四個年輕男女聚在一起，聊著聊著，還是聊到老話題，也就是關於Supara和Yagui的事。

「Yagui真幸福，她最近每天都很高興，和Supara手牽著手唱歌。」一個女人這麼說。一個男人接著說：

「啊，那個美麗聲音。嘿嘿，Supara那傢伙真有兩下子。」

「而且他們最近都公然……」又有一個女人很羨慕地這麼說。

「是啊，因為已經是眾所公認的未婚妻。」男人接了這句話。

「不過也太過分了，儘管是未婚妻……」

「哈哈，笑死人了，既然妳那麼不甘心，那妳也來啊！」

「可是我沒有對象啊！」

「沒有對象？哈哈，笑死人了，又不是缺男人，男人到處都有吧。」男人語帶半分揶揄，很隨便地這麼說。

「到處都有？又不是石頭和樹葉。」女人嗤之以鼻。

「當然不一樣啊，不過也沒辦法，Supara已經有Yagui了。」

「所以是緣分，我就是沒有緣分。唉！」女人很不甘心地這麼說。於是男人也感到有點困惑。

「唉，別這麼說嘛，不要只是因為沒有緣份就垂頭喪氣……嗯，緣分！緣分！確實是緣分哪……」男人也略顯意志消沉。

剛好那個時候，從遠方小屋的後面，忽然出現了一位老蕃人，他環視在場的人，一邊笑著，在男人講緣分緣分緣分之後，他接著說：

「的確如此，就是緣分！緣分啊……」接著他詳細闡明Supara與Yagui之所以在一起的因緣。老人說了如下的事。

Supara和Yagui的父親，在蕃社裡都是相當有勢力的人，尤其是Supara的父親，是相當明理，也是蕃社裡最聰明的人。Yagui的父親則是射箭高手，雖不是百發百中，但也是蕃社第一，而且力道強勁，蕃社所有人都讚嘆不已，因此這兩人被推為下一任的頭目。尤其是Supara的父親，他口才很好，蕃社發生紛爭時，總是由他來裁決，而且其容貌英挺亦受到很高的評價。Yagui的母親也是出了名的美人，蕃社的人都說，難怪他們生育的兒女都是俊男美女。

因為如此，這兩個家庭往來特別親密，所以他們的兒女們也是感情很好地玩在一起。

有一年春天，播種祭結束的某日，Yagui的父親因為很久沒有狩獵，所以準備了弓箭，興致高昂出門前往深山，他心裡想著要在山上盡情奔馳，並將弓箭全部用完，想著想著露出得意的笑容。

上山之後，不出所料，捕獲的獵物多得令他喜不自勝。他興致高昂，繼續往前，不知不覺超過他們的地盤。然而他過於專注，完全沒有察覺而繼續專心狩獵。捕獲很多獵物後，他在樹蔭下稍做休息，聽見有人走過來的聲音。他原先不怎麼注意，結果突然出現五、六個陌生的蕃人包圍住他，其中一人瞋目怒斥：

「喂，你是誰？哪裡來的？」

他見敵方的樣子，以意外平靜的口吻回答他們：

「哈哈，我嗎？我是Yaguinaro（ヤグイナロ）。」結果對方仍是很凶悍。

「你說你叫Yaguinaro？到底是哪裡來的？」

「你問我從哪裡來，不用講也知道吧！是流流柴社，你不知道嗎？」
「咦？你說流流柴社？嗯，是我們的鄰社。」
「什麼？是鄰社？」
「是啊。別這麼驚訝，你越過邊境來做什麼？」
「你問我來做什麼？」他也對此意外感到驚訝，於是環顧四周，的確如此。他感到後悔，心想自己失算了，因為太專心狩獵，不小心越過邊境，做了不得了的事。但後悔莫及，既然如此，也只能誠懇謝罪，他打定主意。在未事先知會的情況下闖入別人的蕃社是會受到嚴格制裁的，絕大部分都是被殺掉。
「原來如此，我做了很離譜的事，因為太專心狩獵，不小心……」他再三謝罪，請對方原諒，但請求無效，最後被抓到對方頭目那裡。在這之後將他救出來的，便是Supara的父親。

Yagui父親這個意外災難震驚了蕃社其他人，Supara的父親馬上前去鄰社談判，經過種種辯解之後，將Yagui的父親平安無事帶回來。從此之後，Yagui的父親把Supara的父親視為救命恩人而敬重。Yagui與Supara成為未婚夫妻，可能也是因為這個緣分的關係。

三

於是這兩個幸福的人順利成婚，開始過著新郎新娘的快樂日子。兩人無比喜悅，遵循蕃社的風習，有兩年至三年左右的時間必須住在新娘家，於是攜手和睦地前往新娘的家，男女都踏踏實實努力工作。

這鄒族的蕃人，雖然每個蕃社多少有些差異，但結婚的第三天起，新人們要先到新娘老家二至三年，或直到生小孩為止，都要住在妻子家，然後才成為丈夫的家人。另外，結婚一、二個月後，按照慣例，男方家會送五升酒與一支小鋤頭給女方家，有時還會加上一支箭，這可能是一種儀式吧，不知是什麼理由。

就這樣，兩人享受快樂的新婚夢，平安無事過了三、四個月。兩個人總是手牽著手，以美麗的聲音合唱，一如未婚時的快樂時光，和睦地在池邊、森林裡邊走邊唱，兩人的心沉醉於甜蜜歡樂的夢。

某個傍晚，Supara笑著從山上帶著很多獵物回來，獨自一人很寂寞的Yagui帶著如隔三秋的心情迫不及待他的歸來，美麗的身影在門口等待著。她一見Supara英勇豪氣的身姿，以及捕獲許多獵物的笑容，便忘我飛奔而去，彷彿想立即擁抱他似地說：「哇！很多獵物啊，真厲害。」她高興得身體都快融化般。聽到Yagui這麼說，Supara也得意洋洋，露出喜悅的笑容。

「嗯，很幸運捕獲這麼多啊。因為快傍晚了，所以我趕路回來。」

「這樣啊，真高興，我……我，呵呵呵……你別笑喔，我都不知道等了多久，明明不到一天，甚至不到半天。」她嬌羞而喜悅的笑容泛著一層紅暈。

「是嗎？妳等了好久。」Supara帶著感謝的心情，將手放在Yagui肩上，凝視其美麗的容顏。Yagui任其將手放在自己肩上，也顯得很高興，珍愛地仰望男人的臉。

不久後兩人很愉快手牽著手，親密走進屋裡。那晚他們共枕暢談，聊到夜深，接著隔天又一起努力耕作。此時正好工作到一個段落，兩人一起坐在老樹下某個殘株上，再度甜蜜愉快地聊天。一個話題聊到最後，Yagui很高興地說：

「夫君啊，你知道吧……」她因嬌羞而支支吾吾。「那個……」她又這麼說，並看著男人。「唉呀好討厭，你不懂嗎？」她自言自語這些謎樣般的話。Supara一頭霧水，帶著困惑說：

「什……什麼啊？妳光說那個……」

「你不知道啊？喔呵呵……你想想看嘛，就是在我跟你成為夫妻的那時候……」她這麼提起。

「嗯，妳說婚禮那天的事嗎？」

「是啊，我不會忘記喔，那是當然啊。」她又開始追憶過去。

「嗯，兩個人的願望實現了呢，我也不會忘記的。」

「是啊，是吧！你看那個時候，在家門口，就在夫君家門口的廣場，兩家的雙親、兄弟姊妹們齊聚，舉辦酒宴，我被你的父親拉著手走過去那時候，雖然很高興，但也很害羞，然後一起享用佳餚。」

「對啊！我也有點害羞呢，老爸把妳帶過來坐在我身旁，就是那個時候……」

「原來你也是……是喔，我以為因為我是女人，所以害羞，原來男人也會害羞啊。」

「是啊，任何人都是這樣，不知道為什麼莫名害羞，但又很高興。」

「是呢，真的高興得無法言語。而且，那媒人Uyongu（ウヨング）蹲在你和我中間，從竹篩拿起米飯放在你嘴裡，然後也拿起米飯放在我嘴裡。」

「嗯，那是代表成為夫妻後將會一起用餐的儀式。」

「嗯，雖然我也知道，但有一點尷尬又害羞，臉頰感到火熱。」露出紅暈微笑的Yagui，樣子真的很可愛。

「哈哈，什麼嘛，聊起這無聊的事。」Supara也高興地這麼說。

「咦？你說無聊，竟然這麼說，你當時明明也很正經坐在那裡。」Yagui開心笑著。

「那當然啊，和其他事情不一樣吧，那是一輩子只有一次的事。」Supara很認真地這麼說。Yagui也跟著稍微嚴肅起來。

「是啊，不過，那時候我又害羞又欣喜，所以心情很浮躁，那個Uyongu說過吧，在我們兩個人面前。」

「嗯，是告誡吧。」

「對啊。」Yagui高興點點頭。

「我不會忘記的，這是無論如何都不能忘記的。那Uyongu說：『你們兩人要和睦，父母親長久以來對你們的苦心是無與倫比的，你們知道嗎？絕不可以離婚。』」

「嗯，的確這麼說過。雖然那是個儀式，但那是一輩子不可忘記，必須遵守的告誡！」

「真高興，我……我就是死也不會忘記要遵守，不管發生什麼事都不會忘記，夫君，好嗎？」

「嗯，好啊！」

「真高興！」Yagui歡欣不已，往丈夫身上撲了過去，流下喜悅的眼淚。

兩人如此耽溺於新婚的歡樂。昔日婚禮的回憶！誰會忘記這個呢？生蕃人也是人，於是Supara與Yagui這對新人宛如在夢中般過著幸福快樂的生活。

「啊，新婚的快樂！我永遠都不會忘記的！」Supara總是如此自言自語並露出笑容。

四

新婚的Supara與Yagui每天高興愉快過著甜蜜美夢般的日子，彷彿這世上沒有比新婚更快樂的事，就這樣過著幸福的生活。祈禱兩人永遠幸福的兩家親人手足們，看到這對和睦的夫妻，也感到高興愉快，因此兩家如同花開春日般和氣融融，並感謝神的祝福。蕃社的人們也一樣，雖然是別人的事情，但也為他們高興。那當中也有那些覺得自己心愛之人被搶走的年輕男女，他們感到又羨慕又嫉妒。

話說，Supara與Yagui被認為是蕃社裡最幸福的人，但俗話說「花有風月有叢雲，世間事總是不如意」，這原本是形容我們的世界，但生蕃的世界也是如此。過得如春風般愉快的這兩家，突然發生了出乎意料的不祥事件。如今一反往常，兩家人都皺起眉頭擔心著，發生了麻煩的事。該不會是那些又羨慕又嫉妒的男女的詛咒吧？

不祥事！兩家人皺起眉頭擔憂的事，其始末如下。

某一天早上，精神充沛的Supara一如往常出門狩獵，妻子Yagui心情愉快地送丈夫出門。

「啊，今天不知為何總有種奇怪的感覺……」Supara說。Yagui跟在夫君後頭，因為這是不太尋常的情形，因此走到樹下時，Supara說：「好了，走到這裡就可以了，謝謝妳。」Yagui露出可愛的笑容說：

「嗯……，但我想再跟著你往前走一點，在這種晴天走路讓人心情愉快。」

兩人不經意走到那池塘邊，然後快樂道別。Yagui留在原地，目送Supara直到他影子越來越小後才回家。不過在回家的路上，不小心看到一種名叫Tatsu（タ－ツ）的鹿的角掉在地上，Yagui大吃一驚，忍不住出聲：

「啊，討厭！竟然是Tatsu的角！」她臉色一變，飛快跑回家裡。

這蕃社的人們認為在路上看到Tatsu的鹿角是非常不吉利的徵兆，可能是自己會死亡，不然就是家中會發生某種不幸的事。那是因為這種鹿一旦角脫落後，會自己將其埋在土裡，所以掉在地上將會發生不吉利的事，傳聞這種時候鹿角會落下。

返家途中看見Tatsu角的Yagui，驚訝得感覺自己的身體和心都快消失了，她直奔回家，趴在屋裡的地上哭泣，突然看她這個樣子的家人感到吃驚意外，聚在一起安慰她，Yagui還是不停哭泣，最後因為聽了母親的話，於是邊哭泣邊說：

「母親，糟了！我……我要死了。」母親一聽也很吃驚，緊緊擁抱她。

「好了，Yagui！妳是怎麼了？妳竟然說妳會死，發生什麼事了？」

被母親詢問的Yagui終於抬起滿是眼淚的臉說：

「母親，我剛剛在回家的路上看到Tatsu的角。」

「啊！」驚訝的母親非常擔心的樣子，接著說「妳說妳嗎？妳看到Tatsu的角？」

「對啊……」Yagui以微弱的聲音回答，然後繼續伏首哭泣。

知道事情緣由的家人們開始一陣大騷動，Supara家和Yagui家陷入天翻地覆中，他們派人去接Supara，也有人去Ruifuo（ルイフオ）大師那裡請教，請求幫忙祈禱，真的是一場大騷動。最後母親讓女兒躺在床上冷靜一下，獨自憂心忡忡地跟女兒說著種種安慰的話。

Ruifuo是蕃人們當作自己生命依靠並尋求安慰的巫師，這個Ruifuo擁有和頭目一樣的地位而受到敬重，因此人們遇到困難時一定會找他幫忙，有這樣的慣習。

受邀的Ruifuo來到Yagui的家，站在臥床的Yagui身旁，對著Yagui施唸種種咒語，結束後他說：「已經沒關係了，不會死的。我已經把惡魔趕去山上了！」然後匆匆忙忙離去。

家人們終於放下心，解除先前的緊張狀態，兩天後Yagui似乎也稍微放心了，心情很不錯，於是離開了床，她的家人和Supara的家人都說：「啊，太好了……」，大家總算鬆了一口氣。

然而，去接Supara的人過兩天、三天、四天、五天，甚至是十天，都沒有回來。這讓大家非常擔憂，尤其是Yagui，日日夜夜擔心丈夫的安危，結果又病倒，躺在床上哭個不停。兩家人再度擔心，於是又是一陣大騷動，原本才放下心來解除緊張沒多久，如春日般的兩家又開始籠罩愁雲。

「母親，該不會Supara發生什麼事了吧？」Yagui流著眼淚很擔心地這麼詢問。母親胸口如針刺了一下般，她故作堅強安慰她：

「沒問題的，妳怎麼會說這麼不吉利的事，妳太擔心了……」

「不過，我昨晚做了很奇怪的夢。」

「什麼？做夢！」驚訝的母親接著說：「妳擔心過頭了。」試圖消除她的疑慮。

「不是的，您聽我說，我昨晚做了一個跟死人有關的夢。」母親聽了之後更加吃驚。

「啊？死人的夢，真是討厭！」母親也開始慌張起來，可憐的Yagui又開始抽抽搭搭哭了起來。

這個蕃社的蕃人認為做死人的夢一定會發生壞事，因此他們愈來愈擔心Supara。

令人同情的是，曾經沉浸在歡樂美夢的Yagui，如今憂慮的心情讓她愈發清瘦，實在讓人難過。啊！可憐啊！可憐啊！Yagui擔心得坐立不安。

Supara最後平安回來了嗎？

五

真是禍不單行，Yagui的事才讓大家放心並解除緊張不久，這回換Supara行蹤不明，此事讓兩家人非常擔心。

結果，就在Supara上山第十五天的夜晚，前去搜索的一個人匆匆回來，但仍未見Supara的蹤影，那個人臉色蒼白，非常失落的樣子。

「喂，怎麼了？」有人拍拍他的肩膀這麼問，他終於回神過來，非常驚恐的樣子，不禁大聲說：

「糟……糟……糟了！」於是Yagui和父母親不用說，兩家人都在想到底發生什麼大事了，非常緊張。

「到底怎麼了？Supara他……」溫柔的Yagui眼裡泛著淚水這麼問。

「啊！糟了！」那個人只是不斷重複「糟了糟了！」愈來愈擔心的Yagui壓抑內心的惶恐，又問了那個人：

「你說糟了，到底是什麼事？你快說！」

那個男人默默看著Yagui的臉，把手放在Yagui的肩膀上說：「Yagui……」他一副難以啟齒的樣子，接著說：「那個Supara，死了……」他話還沒說完，就把視線移開。

這句話震驚了在場所有的人，真是令人難過。Yagui只說了：「啊？」就昏倒在地不省人事了。大家手忙腳亂照顧Yagui，陷入一場大騷亂。不久後，已變成遺體的Supara被扛在搜索人的肩膀上回來了。

大家震驚異常，Yagui心亂如麻。啊，筆者的禿筆如何能描寫出這光景呢？我想還是任由讀者們自行想像比較好。

Yagui不顧一切，只是抱著亡夫遺體崩潰地哭泣，可憐的她說：

「你是怎麼了？這個樣子……我……如果你不在，我就活不下去了，我們不是約定好一起快樂生活一起死嗎？」她這麼說，身旁所有人都陪著她哭，大家都泣不成聲，生蕃人也是人，所以是一樣的。

最愛的夫君意外喪命，這突如其來的死別，讓Yagui悲傷的眼淚從未停過，她沒有進食，也不與人見面，一直躲在房間角落，成天流著眼淚的她十分可憐，母親及弟妹們以各種方式安慰她，但她還是無法看開。結果她似乎變得有些瘋癲，有時候在房間裡一邊呼叫丈夫的名字Supara，一邊唱歌尋找他，讓周邊的人非常擔心，他們也請來那位巫師，然而毫無效果，她瘋癲的程度日益嚴重，而且開始到戶外尋找丈夫。

某一天，Yagui一如往常呼叫丈夫的名字，邊唱歌邊遊走，結果她彷彿看到丈夫的身影，很高興地說：「啊，Supara！你為什麼把我一個人留在這裡而離開呢？我們不是誓言要死在一起嗎？我一個人被留下來，已經沒有任何快樂了，你明明知道我一個人不會快樂，真是的，男人的心真是沒用！我原本相信若是你的話，一定不會如此，但你卻……」她搖撼著丈夫，丈夫也同情地看著她，說明在山上離奇死亡的始末。但Yagui還是不接受，繼續抱怨說：

「是嗎？突然上方有落石下來，真是個災難！不過我一個人這樣留下來的話……」

「哈哈，這樣啊，那就到我這裡來吧，我帶妳來。」

「真的嗎？可以帶我去嗎？好高興！我只要跟你在一起，去哪裡都好。」她喜色滿面。

「那麼明天我就帶妳去吧！我會來接妳的，等我吧！」

「好，一定喔！」於是他們就這樣告別了。

看到這個光景的人因為看不到Supara的亡靈，見Yagui這樣和人講話的樣子，以為Yagui真的發瘋了，但因為覺得她太可憐，所以就任由她去。

如兩人所約定的，Yagui被Supara的亡靈帶去了塔山，在山腰的一間房子，Supara告訴她是一間新房子，進去之後裡面有很多幽靈朋友，個個都很快樂的樣子，Yagui在這裡幾個月的時間，與心愛的Supara一起生活。有時候她會回家把酒帶過來，有時候也從此處送酒回家。不過好笑的是，在這種時候，塔山的亡者帶酒去，但家人的眼裡看不到他們，因此看起來很像是酒的容器長出了腳在走路，雖然每個人都很疑惑，但也讚嘆那酒的美味。

有一天，Yagui回到久違的家，母親聽見Yagui的美麗歌聲而高興迎接她，結果不知是從何處撿來的，Yagui很寶貝地抱著一個可愛的幼兒，母親大吃一驚，但因為那孩子太可愛了，母親說：「啊！好可愛喔！」Yagui也很高興，露出笑容說：

「可愛吧！這是我的小孩，是我和Supara的孩子。」Yagui笑著說。

「是嗎！這是妳的小孩？是Supara跟妳的……」

「對呀，是我在塔山時生的。」

「但Supara不是已經過世了嗎？」

「是啊，不過我們夫妻現在一起在塔山生活。妳看是不是很可愛？」

母親雖然覺得她說的話很奇怪，但因為是可愛女兒所說，因此也沒有深究。然而當母親抱起這小孩時，不可思議的，這可愛的小孩馬上變成樹根，母親很驚訝，將它丟到一旁。

「妳好過分！」Yagui帶著怨恨將其抱起。結果不可思議的，又變回了那個有著討喜、可愛酒窩的小孩，Yagui說：「回去吧！父親大人在等我們呢。」她不再聽母親說話，一溜煙逃了去。

經過數日，Yagui又回來了，這次是向家人要酒。

「拜託你們，請你們明天帶酒到塔山的山腳來。」

因為是寶貝女兒的請求，因此父母親按照她的要求，將酒運到山腳，山腳放置了一支長槍，於是他們把酒放在旁邊，結果很神奇的，出現了幾隻手腕，將酒搬運到某處。

這樣的事情重複了四、五十次，最後一次Yagui出現時說：「我快死了，死時塔山的山崖會掛著白布條。沒關係，如果崖上掛著白布的話，表示我已經死了。」這麼說完後，她便消失在雲裡。在場的父母親與其他人覺得很玄，但也只是目瞪口呆仰望著塔山。

其後第五天，如Yagui所說，在塔山某個山崖上掛著從未見過的白布，從此再也不見Yagui的身影，Yagui應該已經離開了。那白布變成了石頭，至今仍殘留著，流流柴社的蕃人，將這座塔山稱為Hofuchiyubu（ホフチユブ）——妖怪山，是因為這個怪譚的緣故。

（終）——大正四年十月二十八日

接下來將介紹排灣族童話〈姊妹物語〉。

*原刊於《臺灣愛國婦人》第八十五期，一九一五年十二月一日

姐妹物語——排灣族的童話

續生蕃童話第五篇將介紹排灣族童話——姐妹物語。排灣族生蕃是居住於臺灣南方阿緱廳到臺東廳一部分蕃界的種族，生活在恆春、枋山等深山的所謂蕃界。不過也許因自古交通便利，不同於其他蕃人，而像泰雅族一樣多少接觸支那人的關係，智識進步，至今已有蕃童學校，甚至好像有蕃童會唱君之代。儘管如此，前陣子又開始有些不安分，但無論如何，還算是相當開化的生蕃。明治七年，我軍征伐臺灣時所懲治的，就是排灣族蕃社之一牡丹社。因為這種種原因，他們有相當多的童話，在此選擇其中一個，是關於一對善良姐妹的故事。

一

從前在某個蕃社裡，有一對美麗的姐妹花，姐姐的名字是Chiyukuchiyuku（チユクチユク），妹妹是Sachiarusu（サチアルス）。姐妹感情很好，任何事都會相互幫助，每天快樂又努力工作，從不懈怠。因此她們在蕃社內大受好評，不僅容貌美麗，性情溫柔，心地善良又正直，所有人都對她們讚譽不已。

這對美麗且受好評的姐妹感情好得令人羨慕，她們相互體貼，時常幫助對方，這是因為姐妹有段令人同情的遭遇，所以像這樣更是在溫暖親情中一起生活。姐妹很可憐，在姐姐十七歲、妹妹十五歲時，她們的父親遭到意外而過世，原本就體弱的母親在承受這個打擊後，不到一年就病死了。據說父親是在狩獵歸途被敵方殺死，姐妹的處境實在可憐。正值花樣年華竟成了可憐的孤兒，而孤兒的悲哀，就是後來被送到叔父家，他是心地險惡、毫無同情心，既殘酷又吝嗇，無血無淚的人。叔父只是因為血緣關係，不情不願地照顧她們。

俗話說，失去父母後就要找叔父母，但叔父母這對夫妻是什麼樣的人呢？他們把原本應該好好疼愛的這對可憐姐妹視為麻煩，時常口出惡言又虐待她們，只給她們破爛的衣服與粗糙的食物，那些都是一般人根本不想吃的東西。而且極力壓榨她們，總是讓她們工作到筋疲力盡，只要她們因疲累而動作稍慢，叔父夫妻便會怒目相向。

「喂喂！妳們在幹什麼？我們可是因為妳們工作才養活妳們，別再慢吞吞了，快去工作！」

這種話，凡是有良心的人都不該說，更何況還是有血緣關係的叔父。而且她們不只工作，甚至已經工作到疲勞不堪了，這對夫妻明知如此，卻還是這麼說。有人說他們是魔鬼夫婦，的確如此。然而善良的姐妹總是忍住眼淚，逆來順受不停工作。

有一天，被稱為魔鬼夫婦的叔父母說要去田地，為了不讓姐妹遊玩，於是交代她們做比平常還要多的工作。

「喂！Chiyukuchiyuku，給妳們吃了珍貴的小米，妳們要好好幹活喔！如果我們回來時妳們在玩耍的話，可是會給妳們好看的，那些工作要在我們回來之前完成。聽到了嗎？」叔父出門時這麼說。姐姐雖然很擔心這麼多工作能否做完，但也無法說什麼，所以還是很爽快地答應，然後目送叔父離開。接著叔母又對妹妹說：「喂！Sachiarusu，妳跟姐姐一起好好工作喔。我們回來時會再派工作給妳們。」目送他們離開的姐妹，苦惱著叔父母留下的那些工作，一時間茫然不知所措。

「姐姐，妳看這麼多。」妹妹抱怨似地說。

「是啊，真多呢！」姐姐默默陷入沉思。

「妳看這麼多，做得完嗎？」妹妹也很擔心，姐姐很平靜，以說服的口氣對妹妹說：

「可以的！只要我們拚命做的話。」

「是嗎？但有這麼多……」妹妹驚訝得睜大眼睛。

「只要用心做的話，一定可以的。」

「是這樣嗎？而且他們說回來後還會派工作給我們。叔父母真是毫不留情，總是這樣為難、虐待我們。」妹妹有些憤懣。姐姐注意四周，忍住眼淚，訓斥妹妹：

「不行！Sachiarusu，不可以亂講話，我們可以這樣生活，都是託叔父母的福，千萬別再說那……那種話了……」姐姐心地是多麼善良。

善良的姐姐說完後，以各種方式安撫妹妹。此時魔鬼夫婦的叔父母正在前往田地的路上，叔父突然開口說：

「喂喂！Saron（サーロン），妳這樣有點太霸道了，給她們那麼多工作。」畢竟是有血緣關係的叔父，他對妻子Saron這麼說。比叔父更無血無淚的Saron對此嗤之以鼻。

「唉呀，你又來了，嘴巴講得那麼兇，但你個性還是這麼軟弱，如果不這麼說的話，最近的年輕女人總想著要偷懶。」她鼓著不悅的臉這麼說。

或許是因為被妻子抓到什麼弱點，叔父對妻子總是很客氣，沒辦法說得太絕，所以辯解似地說：

「沒有啦，我不是這個意思，妳說的也有道理，但是啊，這總是會惹來別人說三道四。」

「哼！說什麼別人？我們給她們衣服穿食物吃，這樣讓她們工作有什麼不對？」她忿忿不平這麼說。

「別生氣嘛！又不是我說的，前陣子剛好聽到一些風聲，有人說我們是魔鬼夫婦。」妻子聽丈夫這麼說不禁滿臉怒容。

「什……什麼？魔鬼夫婦？」她臉色大變怒吼著。

「對啊，說我們是魔鬼夫婦呢。」提起此事的丈夫一臉困擾的樣子。

「到底是誰說的？竟然說我們……」她怒火沒有宣洩的對象，只好瞪著丈夫。

在這時候，遠方路上——雖然這麼說，但也說不上是道路，有兩個蕃社的勢力者Iroshiku（イロシク）和Hanitai（ハニタイ）正邊走邊聊，他們夫妻豎起耳來聽他們的對話。

「嗯，確實如此啊，是對魔鬼夫婦。那個妻子真的是無血無淚的惡婆娘。」Iroshiku說完後，Hanitai接著他的話說：

「是啊！實在令人無言。竟然虐待那麼柔順勤勞的Chiyukuchiyuku和Sachiarusu，簡直是魔鬼！魔鬼夫婦！！」

「就是這樣啊！那種人乾脆殺掉算了。」叔父母注意聽著他們的對話，結果竟然是在說他們夫妻的壞話，尤其還聽到Chiyukuchiyuku和Sachiarusu的名字，他們很驚訝，互看彼此的臉。

「喂喂！他們說得好過分，竟然說我們是魔鬼夫婦，還說要殺我們。」大吃一驚的叔父偷偷看了妻子的臉色，妻子似乎很不甘心。

「真是太驚人了，一定是那個Chiyukuchiyuku和Sachiarusu到處告狀，真危險，看來除非遺棄那對姐妹，不然我們就有危險了。」妻子說完這話後，在丈夫耳邊悄悄說出她的計謀，丈夫一開始有些疑慮，但最後還是說著「嗯、嗯」而接受了。

「喂！乾脆一點，不要太軟弱喔，一切交給你了。」妻子莞爾一笑。摸著胸口想著那可怕的計謀。

唉！世界上有魔鬼夫婦，看來生蕃人當中也是有的，不覺得很可怕嗎？最可憐的莫過於孤兒，也就是那對姐妹的遭遇吧！

二

這對可怕的魔鬼叔父夫婦心裡懷著殘酷計謀，一邊討論方法一邊回家。

「你看她們有著溫柔的容貌和聲音，嘴上叫我們叔父叔母，結果在暗地裡說我們是魔鬼，真是厲害啊。雖然她們跟你有血緣關係，是你兄弟的女兒，但如果繼續這樣下去的話，還是要額外的生活開支，困擾的是我和你，如果要嫁人的話，我們還得準備費用。這次乾脆找個理由把她們丟到某處，這樣的話也可以減少家裡開銷，不是很好嗎？事到如今不要再猶豫了。振作一點，這可不是開玩笑的事，她們真是可惡的傢伙，死了也不關我們的事。」

被稱為魔鬼的妻子愈發惡毒，畢竟是自己家人的骨肉，叔父雖然一度感到憤怒，但對她們還是有些關愛，所以不是很積極的樣子。

「嗯，別這麼說嘛，我現在也不想說那些有的沒的。」他這麼一說，妻子顯得非常焦躁。

「什麼啊？真不像男人，你不要也沒關係，被人在背後說你是魔鬼什麼的，然後讓她們白吃白喝，我絕對不接受這種事情。如果你要在那邊猶豫不決的話隨便你，雖然我是女人，但既然被說是魔鬼，怎能默不吭聲。我不甘心，如果你不要的話，我自己也有想法，就算是一個人我也會進行。好了好了，隨便你。」因為這種不甘心的情緒，她愈發生氣，丈夫也拿她沒辦法，終究被她的氣勢給吞噬，於是說：

「喂！別這麼說嘛，用不著講得這麼絕，我又沒說我不做，只是說要再等一下。」他說了這麼懦弱的話後，對方更是變本加厲。

「什麼嘛，真無聊，隨便你！」她怒氣沖沖加快腳步，兩人已經距離十五、六步間隔。

丈夫嚇一跳，他是完全盲從妻子想法的軟弱男人，於是又震驚又狼狽地追上去。

「喂喂！等一下嘛。」叫住妻子後，又接著說：「妳說另有想法，打算怎麼做？」妻子很不耐煩地說：

「我有什麼想法跟你無關吧？對你來說她們是可愛的姪女，你就好好照顧她們吧。像你這種軟弱的男人能期待你做什麼？」

她一股勁否定他，氣勢洶洶，非常可怕。丈夫畏畏縮縮，試著想逗她開心。真是個不可靠的人。

丈夫戰戰兢兢，以溫柔的聲音及十分在意妻子臉色的態度低著頭說：「是我不好，是我太軟弱了，我們都已下定決心了，妳別這麼生氣嘛，開心一點。」於是妻子不再那麼強硬了，她說：「什麼嘛，你這膽小鬼。你不會又改變心意說那些有的沒的嗎？」她說完後瞪了丈夫一眼。

「是的，我不會再說什麼了，就照妳所想的去做。」

「是嗎？說到做到喔。」

「嗯，會的！我也被人說是魔鬼，怎麼能默不吭聲？」他忽然說起這種大話，妻子很輕蔑地笑著說：

「呵呵呵，真現實啊，忽然變得這麼強悍。」

「嗯，別開玩笑嘛，真的如妳所說的，她們明明外表那麼溫柔……」

「對啊，沒錯！不僅讓人意外，甚至覺得可恨。」

「是啊，真是如此，竟然說我這個叔父和妳是魔鬼。」叔父一改先前的態度而這麼說，可怕的是人心，說的就是這種人吧。

這對夫婦的心簡直像可怕魔鬼般，將心地善良的姐妹們視為仇人，決意要給她們殘酷的難題與折磨，一路上不斷討論。

「就這麼做吧！讓那兩個女孩負責看顧田地吧。」妻子這麼說，一副很得意的樣子，覺得自己想出好方法。

「好啊，不錯。不過那裡是深山中的深山，水啊什麼的都沒有。」丈夫又要說出軟弱的話，妻子強硬地說：

「什麼？當然啊。怎麼能讓可惡的人太好過，如果想要水的話，就讓她們自己找吧。如果喝不到水而死掉的話也沒關係啊，死掉就不會回來了，那不是很好嗎？你不要擔心那麼多啦。」丈夫聽到這話，心裡有些恐懼與同情，但現在又說什麼的話，想必會讓妻子不開心，所以只好把話吞回去。他是多麼沒用的男人。

眼看就快到家，丈夫在妻子後面蹣跚拖著步伐。

「喂！你是怎麼了？畢竟是有血緣關係，這件事就交給我吧，好嗎？」

「嗯，好啊，不管妳怎麼做都好……」

「你在一旁不要說話就好，只要偶爾說句『嗯，這樣好，照叔母說的做吧』這樣就好。可以嗎？」

「好，沒問題，我了解了。妳就放心做吧！」

「沒問題，我一定把事情辦妥。不過你千萬別像剛剛那樣說出軟弱的話。」

「嗯，別擔心，我也是男人。」

「哈哈，只是這男人不可靠。」

這對魔鬼夫婦這麼說著說著，不知不覺回到家了。毫不知情的姐妹，為了盡快完成叔父母交代的工作而拚命努力。妻子悄悄來到門邊，從門縫窺探，又看了外頭的丈夫一眼，露出意味深長的笑容，一副「好！就是這時候了！」的樣子回到丈夫身旁竊竊私語。

「嗯，好，那麼我先進去吧。」丈夫胸有成竹打開門走進去。姐妹正埋頭拚命工作。「嗯，很認真喔！」叔父突然開口說話，姐妹吃了一驚，回頭望向聲音來源，不知為何提早回來的叔父站在那裡，姐妹不禁驚呼：「唉呀！」

姐姐Chiyukuchiyuku開口問：「啊，叔叔，怎麼了？您怎麼回來得這麼早？」

「哈哈，嚇著了吧？只是想早一點回來看看妳們工作的樣子。」他露出很詭異的笑容站在門口。

「唉呀！叔叔真是的……」姐姐露出笑容，這時候叔母出現了。

「唉呀唉呀，妳們這麼認真啊？」她也露出詭異的笑容。姐妹不寒而慄，但只能靜觀其變。

三

姐妹做夢也沒想到自己身上即將降臨出乎意料的難題與折磨，雖然覺得今天叔父母的樣子有些奇怪，但也對他們反常的溫柔感到高興，帶著微笑心情愉悅地不停工作。

不知怎麼一回事，叔母很難得露出笑容。

「喂，Chiyukuchiyuku，妳們真的好認真啊，休息一下吧。」她對姐姐溫柔地這麼說。

想到叔母平常的樣子，不禁覺得今天實在很不尋常，到底是吹什麼風？叔母怎麼那麼溫柔？別人對你好，這是任何人都會覺得開心的事。心地善良溫柔的姐妹露出愉悅的笑容，姐姐說：「謝謝！還剩一點點而已。」她點點頭，與妹妹相視而笑。

「今天還有別的事情要交代，Sachiarusu，妳也暫停一下，跟姐姐一起到這裡來，工作稍微緩一下沒關係。」對人稱魔鬼的叔父夫婦，尤其是那位叔母，她們心中存有不少疑慮，但如果現在說什麼的話，會惹她不高興，到時候不知道又要遭受什麼了。所以安全起見，她們還是唯唯諾諾，掩飾自己不情願的神情，按照叔母的吩咐，停下手邊的工作，跟在她後頭走了出去。

心懷計謀的叔母，順利按照計畫將姐妹們帶出來，她高興得不得了，心想「成功了！今天就要把她們趕出家門，從此以後就無憂無慮了。」竟有這種可怕的女人，一個人悄悄露出長長的舌頭暗自竊笑。

她們出來一看，不知何時叔父也已經在那裡，神色苦悶等待著。今天四周的樣子也很奇怪，姐妹忐忑不安，她們帶著疑心一臉訝異看著叔父夫婦。

叔母先快步走到叔父身邊講了幾句話，原本看起來神色凝重的叔父，突然很有精神，看到後面跟來的姐妹，他露出苦笑，眼睛詭異地有些濕潤。

姐妹走到他面前，叔父刻意露出笑容。

「喂！Chiyukuchiyuku，我有事情想拜託妳們兩人。Sachiarusu，也要拜託妳喔⋯⋯」他故作精神地說。姐妹看著叔父的樣子，心裡想這到底是怎麼一回事？

「要拜託的事情也沒什麼啦，只是有點困難，對妳們感到不好意思，請妳們去一下吧⋯⋯」叔父這麼說，觀察兩人的樣子。

性情溫柔的姐妹，自從與父母死別後，長時間以來都飽受虐待，但畢竟叔父夫婦養育自己長大，這不是普通的恩情。因此一直以來都很順從他們的要求，無論是多麼困難的事情，也不會違背對自己有恩的叔父夫婦所說的話。更何況叔父如此溫柔請託，她們沒有猶豫的理由，也未露出不願意的神情。

「啊，叔父！有什麼事呢？您竟然會這樣拜託我們⋯⋯」姐姐問。

「姐姐，只要是叔父母說的話⋯⋯」妹妹也接著爽快地說。

「是啊，我們什麼都會做，只要做得到的話。」姐姐看著妹妹這麼說。

她們毫不知情，不知道背後會有很可怕的災難，有個計謀將會讓她們遭受苦難，竟然如此乖巧爽快答應，叔母心想計謀成功了，於是竊笑著，在暗地裡吐出紅色的長舌。叔父的心也如被惡魔迷惑般，對姐妹天真的應允感到滿意而露出愉快的微笑。

「這樣啊，妳們會去吧！那太好了……」他這麼說，然後煞有其事又接著說：

「嗯，那個，我的要求沒什麼大不了，就是想請妳們去那座山裡顧田。」他指著彼方的山。

「您說要去那座山裡顧田嗎？什麼嘛，叔父，您不用那麼客氣，那裡我們常去啊，真是的……」姐姐笑了出來，看著叔父認真的態度不禁感到好笑。但叔父搖著手表示：

「嗯，說是山，但不是那座山。」

「唉呀？所以是不同的地方嗎？」妹妹睜大眼睛這麼說，叔父笑了一下。

「啊，是不同的地方，妳們要去的地方，是比那座山還要再過去的深山。」

「咦？比它還要遠？」妹妹開始產生疑心。

「是啊，所以我真對不起妳們，其實事情是這樣的，如妳們所知，之前Yamakui（ヤマクイ）那傢伙和我約定，以我的網子和他那座山的田交換，結果Yamakui那傢伙今天接受我的提議，決定交換。他的田種植很多蕃薯，所以雖然那地方很偏遠，有點不好意思，不過希望妳們到那裡待上個十天，不用做什麼事情，只要顧田就好了，因為妳們很勤勞工作，所以剛好也可以當作慰勞，哈哈哈哈……」他故意笑著，以混淆心裡頭的苦悶。

妹妹聽了叔父的話，感到意外而露出驚訝的表情，不知為何，姐姐低著頭一句話都沒說，但似乎心裡下了什麼決心似的，聽完叔父的話之後，她強打起精神說：

「叔父，您是要我們現在就過去吧？我們走吧！Sachiarusu，我們必須要趕快做這件事。」她一邊鼓勵妹妹，立刻準備出門。

見狀的叔父莞爾一笑，一邊看著忙著準備出門的姐妹，一邊與叔母互看，露出意味深長的笑。

「來吧！準備好的話就出門吧！」叔父正要帶她們出發時，原本躲在遠方門後的叔母走了出來，頻頻說些溫柔的話：

「妳們真的很聽話，我要好好謝謝妳們，妳們替我們去的話，叔父和我都能安心了，沒有很長，只不過是十天左右，而且叔父或我每天都會去看妳們。」叔母接著又對即將帶她們出發的叔父說：

「喂，老伴，女人還是由女人帶比較好，所以我帶她們去吧，然後明天由你帶吃的喝的給她們，這樣好了，就這麼做吧！來，Chiyukuchiyuku，Sachiarusu，跟叔母一起走吧。」叔母用眼神向叔父示意了什麼，然後帶著姐妹往遠山出發。

四

可憐的姐妹實在很無辜，毫無理由必須前往遠之又遠的深山，與其說是被派遣去顧田，不如說是被拋棄，吃了這種可怕的苦頭。毫不知情的她們任由叔母帶路，無精打采步行於山路中。平常被派遣顧田的地方早就過了，在森林裡東繞西繞，越過山丘，涉過溪流，翻過山谷，如果沒有他們帶路，根本不知道剛剛走過來的路，遠之又遠的深山，深山中的深山，可以說是這樣的地方。

「真是遙遠呢……」妹妹很驚訝，不禁脫口而出，結果走在前方的叔母露出令人毛骨悚然的笑容說：

「嘿嘿，妳們累了吧，差不多快到了，我也大約來過兩次，記得以前沒這麼遠的。」

「但真的很遠吔，對吧，姐姐。」妹妹這次向姐姐這麼說，結果姐姐怕冒犯叔母，有點猶豫不定。

「是啊，不過因為我們第一次走，所以覺得很遠，是吧，叔母？應該快到了吧？」姐姐溫柔地向叔母報以一箭。聽了這句話，連叔母似乎都嚇了一跳，但她也不是省油的燈，若無其事地以笑容掩飾。

「是啊，不遠了，不過……應該……我記得差不多快到了才對啊。」她故意表現出思索的樣子，接著又說：

「可能是我太急著趕路，所以走錯路了，真是的。」她勉強露出苦笑。環顧四周之後，似乎找到記號，於是說：

「對對，果然是我的錯，因為太急了，應該要走那邊，卻走到這裡來，結果多繞了一些路，真對不起妳們，看到那邊了吧，有棵結了很多紅色果實的樹，走過那樹下馬上就到了，是我的錯，請妳們原諒。」她頻頻道歉，用手指向那棵結著紅色果實的樹，那棵樹在彼方翻過山谷的遙遠之處，這讓姐妹非常失望。

「叔母，您說要經過那棵樹下嗎？」妹妹難過地這麼說，叔母一臉抱歉。

「對啊，真對不起妳們，請原諒，都是我的錯。其實上次來的時候，我把那棵樹當作記號，所以剛剛一直在尋找那棵樹。」

叔母的樣子很不尋常，而且還鄭重道歉，心地善良的姐妹也不好責怪她，於是暫時在那裡休息一會兒，便繼續朝著山路裡那棵結有紅果實的樹前進。走了幾十町[1]的路，終於來到深山的田地，說是田地，其實也沒有那麼大。叔母告訴她們要看顧的就是這塊田地，接著環顧四周。

「怎麼了？Yamakui說會來這裡等我，怎麼還沒來？」一邊喃喃自語，一邊走進一旁的小屋又走出來，姐妹不解這種田地怎麼會需要顧田的人，她們觀察四周環境，這時候叔母對姐妹說：

---

[1] 譯註：一町＝一〇九・〇九〇九一公尺。

「是這裡喔，這個田地裡有很多好的蕃薯，要好好顧田，知道嗎？反正只有十天左右，稍微忍耐一下就好，之後再拜託別人，好嗎？」她說完之後，走到旁邊小屋的入口處窺探屋內，又說：

「來，這個小屋是顧田人的小屋，妳們在這裡顧田就好，進去看看吧！」於是讓姐妹先到屋內，她則靠著屋外的牆壁鬆一口氣，心想「哎呀！總算放心了」，然後又吐出長長的舌頭。

聽叔母的話走進屋內的姐妹，看到小屋的建築算是完整，但沒有食器也沒有水甕，很荒涼的樣子，她們一想到要在這種地方過十天，多少感到有些擔憂，但明天叔父會來，打算到時候再和他商量，因此沒有露出厭惡的臉色而走了出來。

太陽已經快下山了，因為是比較早天黑的深山，已開始看不清楚對方的臉，叔母趁機準備返回，於是說：

「那就拜託妳們嘍，可以嗎？也許今晚會有些寂寞，但習慣了的話，在這裡反而是很輕鬆的，而且叔父和我大概每天都會過來，不用擔心，好嗎？雖然辛苦一點，但還是拜託妳們了。」她說完之後，不時看看四下，又說：

「我回去了，啊，對了，這裡連水都沒有，明天叔父來的時候，我會叫他帶過來，就先這樣了！」接著便頭也不回離開了。

始終溫柔以待的姐妹，擔心一個女人在寂靜的夜晚走山路回去，姐姐快步叫住叔母說：

「叔母！」叔母被叫住，擔心她又開始講些麻煩的事，一臉困惑皺起眉頭。

「什麼事？」語氣有點冷淡。

「我很擔心……」姐姐顧慮叔母的樣子這麼說。心裡有鬼的叔母聽到這句話，覺得很麻煩，帶著怒氣說：

「到底在擔心什麼啊？是擔心顧田的事嗎？」

「不是，不是那樣的，我很擔心天都黑了，您一個人要走這麼寂靜的山路回去……」姐姐哀求似地這麼說，叔母聽完話之後鬆了一口氣，突然露出笑容說：

「原來是這樣，真謝謝妳啊！」

「所以您還是明天再回去吧，今晚就一起在這裡過夜吧。」姐妹更加溫柔地這麼說。

「唉呀，真的謝謝妳們啊，妳們都這麼親切提議了，雖然我也想這麼做……」她停頓一下，又繼續說：

「對了，我無論如何今晚必須回去。」

「是嗎？為什麼？」

「妳問我為什麼，就是那個啦……」她吞吞吐吐。

「啊，那個那個，今天晚上一定……對了，Yamakui要來，無論如何我要在。叔父喝完酒之後，如果是一個人的話，會做出離譜的事，沒關係啦，我習慣走山路，不用擔心了。」雖然是很勉強的藉口，但總算矇混過去，她心想這事很麻煩，實不宜久留，擔心又有變數，於是隨便說了些搪塞的話，便匆匆離去。目送她離開的姐妹一臉茫然，互相擁抱扶持躲進小屋裡，在寂寞深山的夜晚，不知姐妹做了什麼夢。另一頭在蕃社叔父家，因為完成心頭大願，夫妻兩人正把酒言歡。

五

被無慈悲心的叔父叔母毫不留情拋棄的這對姐妹，總算度過了一晚，翌日早上，她們一邊等待叔父，一邊認真顧田。在一個人影也沒有的深山裡，只有樹梢的風聲與鳥叫聲，四周非常安靜。

等待著叔父，且已經等得不想再等的姐妹，無論等多久，叔父都沒出現。因為叔父說隔日早上會帶食物過來，因此連食物也沒有準備，此時感到非常飢餓。但姐妹仍然相信那對魔鬼夫婦的話，可憐忍著空腹繼續等待，卻還是不見叔父到來。

「怎麼了？明明說叔父會來。」

「是啊，到底怎麼了？實在是太慢了，不過……」

「發生什麼事了？我肚子好餓啊。」

這樣的對話，在姐妹之間重複了兩三遍，但叔父還是沒有出現。也難怪，因為他們欺騙了姐妹，將她們拋棄在深山裡，不知情的善良姐妹迫不得已，只好吃樹上的果實，度過了那一天。結果隔天、再隔天，仍不見叔父夫婦的人影。

就這樣過了三天，隔日早晨，妹妹帶著驚恐的表情跑向陷入沉思的姐姐身邊。

「姐姐、姐姐！」語氣很焦急。

「怎麼了？嚇了我一跳。」姐姐語帶責備。妹妹一臉憤恨地說：

「姐姐，我好不甘心！」淚水已經流淌在美麗的臉頰上。

「妳怎麼了？怎麼突然說不甘心？」姐姐似乎從妹妹的神情裡感覺到事有蹊蹺。

「姐姐，我真的好不甘心。」妹妹用手掌拭去眼淚。

「我……我們被欺騙而丟棄在這深山裡。」她流著不甘的眼淚。

「妳為什麼這麼說？」姐姐聽了妹妹的話感到驚訝，因為她才正在懷疑叔父夫婦先前的言行。她問了妹妹後，稍微冷靜下來。

「妳聽我說，我剛剛去看田，想看看叔母所說的蕃薯長什麼樣子，於是稍微挖了一下，結果什麼也沒有，我覺得不可思議，所以到處挖掘，不過那裡什麼都沒有，而且叔父也沒出現。」她這麼哭訴著。

「什麼！所以我們被拋棄了。」

「是啊。」

「啊……」姐姐驚訝得接不下話。姐妹兩人憤懣極了，不禁相擁放聲哭泣。

這時候，屋外傳來從未聽過的「布布！」的巨大聲音，姐妹望著聲音來源，結果看到從未見過的像小山一樣的怪物，她們大吃一驚，嚇得魂不守舍，趕緊將屋門牢牢關上，在屋內害怕地發抖。

那個怪物見狀後，很不可思議的，竟發出跟人一樣的笑聲，而且還用人話說：「哈哈，害怕了嗎？那也是，沒有看過的人，誰都會害怕。」接著又說：「我是鯨魚，是東海的鯨魚，妳們是無依無靠的孤兒，被無情的叔父叔母欺負，最後變成這樣，被他們欺騙、拋棄，真是可憐。我很同情妳們，所以用念力從海裡浮了上來，越過重山來拯救妳們。妳們放心吧，有我在！」牠說完之後，又吼了一聲「布布！」那聲音驚人地迴盪於深山裡。

姐妹以前雖然聽聞過鯨魚，但因為是第一次見到，心想這簡直是怪物，對牠的話半信半疑，兩人直發抖，不肯開門。

鯨魚見狀，哈哈笑出來，然後大聲說：「哈哈，看來妳們還在懷疑哪，雖然我是鯨魚，但其實是妳們的祖父喔！唉呀，別那麼驚訝，妳們應該從父親那裡聽過吧？說妳們的祖父去海邊後再也沒有回來了。其實我後來變成鯨魚，因為疼惜憐憫孫女，所以來救妳們了。沒事的！快開門吧，來吧！Chiyukuchiyuku！來吧！Sachiarusu！」牠甚至叫出她們的名字。於是姐妹們雖未完全相信，但還是打開門讓牠進來。

鯨魚很高興，說了這個又說了那個，牠安慰姐妹說：「妳們放心吧，我不會讓妳們再這樣痛苦下去，以後一定可以過得很幸福。」於是姐妹也開始感覺到彷彿祖父就在身邊而露出開心的表情。

不久，鯨魚在屋內東張西望後嘆了一口氣說：

「喂，Chiyukuchiyuku，我想吃乾芋頭。」姐妹只能以樹上的果實裹腹，而祖父竟然說要吃乾芋頭，這讓姐妹們很驚訝。

「祖父，我們沒有那種東西。」姐姐悲傷地說。

「哈哈，這樣啊！對了，妳們是被欺負的人，應該沒有那種東西吧。嗯，沒關係！」祖父點頭向天空低吼了幾聲，不可思議的，乾芋頭從天空上掉了下來，然後姐妹說沒有水，鯨魚又低吼了幾聲，結果屋子的角落湧出了清水，那裡還冒出了魚，姐妹在飲食上已無需擔憂，她們又驚又喜。

姐妹受到鯨魚祖父的憐憫而活了過來，她們滿臉笑容，鯨魚凝視姐妹的臉說：「嗯，真是可愛啊，真希望妳們快快長大。」於是在那個夜晚，趁她們睡覺時，牠又用了念力，結果她們瞬間長大，成為美麗的妙齡女子。

「好，妳們已經長大了，就蓋個房子讓妳們幸福生活吧。」鯨魚獨自去探看四周，然後回來說：

「找到好房子了，妳們坐到我背上來吧！」祖父背著她們下山回蕃社，將她們帶到一間很美麗的房子。

「這就是妳們的房子了，以此獎勵妳們的正直溫柔。」就這樣讓姐妹們住進房子裡。姐妹宛如做夢般，非常高興。她們走進屋裡，那裡有穀物、肉類、衣服、器具，應有盡有，足以快樂生活。

鯨魚見她們開心的樣子感到心滿意足，於是說：「這樣我就放心了。海那邊也很忙，所以我該回去了。」接著又對姐妹說：「對了，先跟妳們說，以後如果想要做什麼，或想要什麼東西的話，就向天空呼叫：『鯨魚鯨魚！』然後向我許願，無論什麼事情，我都會幫妳們實現。」還沒聽完姐妹的答謝，牠就越過山嶺回去東邊的海了。

這件事流傳出去後，叔父夫婦竟然也不想想自己做過的壞事，又開始換方式欺負姐妹，於是連那對姐妹都忍無可忍，她們向天呼叫鯨魚，請求讓叔父夫婦飲用的溪水乾涸。驚訝的夫婦向姐妹家要水，但被姐妹拒絕，叔父夫婦很生氣，想要取用洗衣用水，結果汲取時，水也乾涸了。在走投無路之下，叔父夫婦終於反省過去的所作所為，並且向姐妹道歉，在那之後，他們就和睦共處，過著幸福的日子。

（完）

下一期將介紹布農族童話〈天日物語〉。

*原刊於《臺灣愛國婦人》第八十六期，一九一六年一月一日

天日物語——布農族的童話

長期受到讀者支持的生蕃童話暫時到此篇為止，今後若有機會再繼續執筆。另外，截至目前的連載將於東京出版單行本，屆時敬請指教。

一

從前從前，在那蒼空之上、天的彼方住著人類，那個國度由日男、月女這對男女神所支配。這對神人是很了不起的夫婦，兩人都深受國人敬重，他們手拿鏡子照射四周，其閃耀著驚人刺眼又熾熱如火的光芒。日男從早到晚，月女則從晚到早，他們交替使用這面鏡子發光，不懈不怠。因此雖然天上國的人已經習慣，不會感到痛苦，但被這光芒照耀的蕃社人們卻相當難耐。他們傷透腦筋，想方設法解決這個問題，因為難以忍受，一天到晚總是在那邊嘆氣，只要聚在一起就開始訴苦。縱使如此，因為那是高遠的天上國之事，沒有人想出好的方法。

「啊，真是驚人哪，這樣持續不斷被照耀著……」一個人這麼說，其他人都深表同感。

「真是如此，看小孩們好像被曬得很痛苦，於是用樹葉遮蓋起來，結果樹葉也都枯萎了，完全沒用。射進那可怕的光熱，小孩很難受。」

「是啊，全年無時無刻照耀，日男拿著鏡子照向這裡，好不容易慢慢退到山後了，這時馬上又……」

「就是啊，接著又換月女拿著鏡子從山上開始照射我們，他們沒關係，但是照得我們都快受不了。你們覺得怎麼樣？不能再躊躇下去了，要不要請頭目來解決？」

「嗯，不過呢……」蕃人裡這位以聰明著名的蕃丁Kahakui（カハクイ）想了一會兒後這麼說。他瞪向天的一方，不久後想到什麼似的，拍了一下膝蓋說：「不用那麼大張旗鼓，你們想想，不管我們這裡怎麼吵鬧，對方仍舊在高遠的天空上，不管我們說什麼，他們都不會理會的。我有個腹案，就交給我吧！我不會壞事的……」

「這樣也對……」大家聽完後冷靜下來仰望天空，由衷佩服說：「啊，原來如此！」

就在此時，有人大喊：「糟了！糟了！」只見從森林裡跑出一個蕃人來。在他後頭有個臉色鐵青、哭著跑過來的蕃婦，他們什麼都不說只是嚎啕大哭。大家都感到意外，驚訝得睜著眼睛，因為毫無頭緒，只好圍著他們，等待他們停止哭泣。但總不能一直等下去，於是Kahakui走過去，將手放在哭泣的兩人肩膀上。

「你們怎麼了？你們這樣哭，我們怎麼知道發生什麼事了？說說看吧。」他語氣很溫柔。男人用手掌擦拭眼淚。

「啊，感激不盡！謝謝你的關心，Kahakui！聽我說吧，我也不知道怎麼辦才好……」

「這樣啊，發生什麼事了？你說說看吧，雖然未必幫得上忙，但至少可以聽聽、一起商量……」

Kahakui這麼鼓勵他。於是男人稍微提起精神。

「真的很謝謝你。」他握住Kahakui的手衷心表達感謝。接著以手掌遮住停不下來的眼淚。他說：「你們聽我說，我真的很不甘心。日男與月女那兩個傢伙！」他這麼說，用可怕的眼神瞪著天空。

「你說日男那個傢伙……」

「沒錯，就是那兩個傢伙！把我的孩子變成Shishiu（シシウ）！」

「什麼！把你的兒子變成Shishiu！」

「對啊，好不甘心，你們評評理。」這個男人一邊哭泣一邊說明自己的兒子變成Shishiu（蜥蜴）的始末。故事如下。

這一天，這對夫妻可愛的幼兒因苦於酷熱而哭泣，父母於心不忍，想盡各種辦法防止苦熱。他們用樹葉青草遮蔽陽光，但草葉都枯萎了，毫無幫助。在傷透腦筋之後，最後找到一種叫做Kashiban（カシバン），以獸皮製作的遮雨器物，他們心想這個不錯，便用此蓋住他們的孩子。結果剛剛哭得激烈的孩兒突然安靜下來，夫妻兩人很高興，也終於放心下來。但不久後，因為過於安靜，讓他們開始擔心，於是悄悄把遮雨獸皮打開來，結果大吃一驚，剛剛在裡頭安穩睡覺的孩子，竟然變成Shishiu（蜥蜴），而且立刻逃走躲在土裡。

大家聽完故事後驚訝萬分，他們鼓譟說不能再這樣下去了，這對蕃人夫婦也瘋狂般地說「報仇！報仇！」，結果引起一場大騷動。

二

大騷動之後，他們決定請頭目出馬，於是一行人浩浩蕩蕩前去造訪頭目。頭目同樣有感於苦熱，且看到蕃社人們痛苦，心想要採取什麼行動才行，為此頭痛不已。再怎麼說通往天上國只有一條小路，輕率前進戰鬥的話，可能對己方較不利，他從頭目的立場思考種種方案。

悲憤已深達骨髓的那對蕃人夫婦走在最前面，連聰明伶俐深受頭目重視的Kahakui也在人群裡，一起來到頭目面前。頭目思量這是怎麼一回事，不禁又感到頭痛。最前方的那位蕃人，一見頭目便不顧一切抓著他的手說：

「頭目！我……我不甘心……」他哭著訴說。頭目也感到驚訝，只說一句：「喔！」但也不清楚是什麼情形，於是問Kahakui：

「喂！怎麼了？這個男人？」

「發生大事了，他的小孩變成Shishiu……」被詢問的Kahakui回答。

「什麼？小孩變成Shishiu？」連頭目都深感意外，驚訝得睜大眼睛。那個男人聽到兩人的對話，便急忙接著補充。

「啊！這件事情由我來說明。頭目，請聽我說，我真的好不甘心、好不甘心！」他又哭著把那個故事一五一十說出來。

「拜託！我們要報仇！」這一次他很堅定向頭目請求復仇。頭目聽完之後感到相當意外，覺得這實在是不可原諒的事，應該想辦法解決才行。這麼一來，他又多了一個煩惱。

慎重的頭目陷入種種思慮中，有一時間閉著眼睛保持沉默，然後他似乎想到一個方法，於是說：

「好，我來處理！」他將Kahakui叫到身邊來，在他耳邊悄悄說了什麼。接著又說：

「交給我吧！我會好好處理的，今天大家就先回去吧，明天再召集你們。」因為頭目一聲令下，他們也無話可說，於是洩了氣般老老實實回家。那對喃喃自語Shishiu、Shishiu的夫婦悲憤不已，又說：

「所以是明天報仇嘍？」

「嗯，好了好了，我都說交給我了。」頭目這麼說，這對夫妻也只能洩氣般地回家。

受頭目暗地指示的Kahakui與眾人離別後，獨自留下來和頭目商量。

「所以我現在過去談判嗎？看談判結果如何就會……」

「嗯，我已經做好心理準備，拜託你了，你看他們的樣子，以現在的氣勢打仗也不會輸，但不一定要爭執，和平解決是談判的好處，希望你好好表現，讓談判能順利。」

「好，我會盡量以談判來解決。但真的沒辦法的話……」

「嗯，你不用擔心，我了解！」

Kahakui聽頭目這麼說之後信心頓增。

「那麼我現在立刻出發前去談判。」

就這樣，他正準備出發時，頭目叫住他：

「你……你等一下！白天去也沒辦法和日男談判，晚上再出門吧，因為日男晚上不會到山上。」

「對喔！如果不是男的就沒辦法談判，那我今晚再出門吧。」

於是那個夜晚Kahakui一個人走在那條小路上趕赴天上之國。

到了隔天，不出所料，眾人又一起來到頭目面前，再次向頭目催逼，頭目相當困擾的樣子。

「等……等一下！請再稍候一下。」眾人聽了之後深感失望，於是頭目又說：

「我也是男人，不會違背約定。」頭目就這樣以各種方式安撫他們，內心急切等待Kahakui歸來。因此頭目頻頻望向天的彼方、那條小路通往的森林，但愈等待愈焦急，始終不見使者Kahakui的身影。

三

不知為何，頭目的態度異於平常，顯得相當躊躇，而且一直很在意森林那方，所以大家都坐立不安且感到不耐，最後終於無法繼續保持沉默。

「請問頭目……」才這麼一說，就被頭目斥責：「囉唆！給我閉嘴。」

而另一邊，使者Kahakui這位智者正前往天上之國。因為無論如何，明天早上就要向頭目報告神的回覆，所以急急忙忙趕路。他在途中正巧遇上白兔，於是讚美了兔子，並騎在牠背上繼續趕路，結果出乎意料快速抵達天上之國。抵達後必須盡快和日男見面進行談判，他得絞盡腦汁交涉，不讓對方生氣，並且讓事情能夠往對己方有利的方向發展，這是個相當大的難題，而且若有半點閃失的話就糟了。倘若雙方因為激動而翻臉的話，不用說談判，可能還會丟掉性命，甚至他們很可能突然襲擊而來，這種危險就在他眼前。

經過百般考慮，做好萬全準備面對這場談判的Kahakui，其苦心似乎要碰壁了，日男相當剛愎頑固，怎麼也不願意接受。

「啊！那是你們的事，你以為我喜歡這麼做嗎？」日男聽到Kahakui要求他能否稍微節制鏡子的照射，於是這麼回答。

「這麼說沒錯，不過也用不著如此過分，可以稍微……是不是？」

「嗯，我這邊是沒什麼……」日男講到這裡，想到什麼似的，莞爾笑說：

「對了，如果你們那麼困擾的話，我也可以停下來，但如果這樣的話，你那邊應該也會很困擾吧，將會變得一片黑暗。」日男以令人討厭的語氣這麼說。雖然Kahakui相當不悅，但他說的也沒錯，其實幾年前曾經一度因為鏡子的事起過爭執，結果要求停下來後變得一片黑暗，反而讓他們束手無策，最後又和解，因為有此次經驗，儘管Kahakui很不甘心，但也無法太強勢。他正在思考時，日男趁機得意地說：

「你看看你，別再磨磨蹭蹭了，還是回去吧！」看他那傲慢的態度，Kahakui在心中握起拳頭，但心想，此處是必須忍耐的場合，於是面不改色說：

「你說的一點也沒錯，不過還是想和你商量、請求。」他低聲下氣這麼說後，接著陳述蕃社的慘狀：「就是這個！你聽我說，我的請求就是鏡子照射時稍微節制一下，其實我們蕃社的人已經熱得生不如死，拜託你。」結果日男一副幸災樂禍的樣子。

「哈，那還真可憐呢。不過這樣也讓我很困擾，因為總不能只有照射你們時節制，而且就像剛剛說的，並不是一直在照射你們。」最後他還得意地說：「哈哈，蕃社的人也太脆弱了吧，我們國家的人都很健壯呢。」接著又說：

「啊，別說得那麼氣餒嘛，那種鏡子的光熱，你說草木都枯萎，那是因為你們平常心地不夠好，把你們做的壞事擱在一旁卻責怪我們，真是冤枉啊，我們用打仗來決定勝負沒關係，否則我們是堅決反對。」接著還粗暴地用腳踢了Kahakui的肩膀，然後就躲進巖窟裡了。

被踢倒的Kahakui非常憤怒，他瞪著彼方說：

「給我記住！下次……下次……」他話還沒說完，就往蕃社飛奔回去。

對此無所知的頭目，一邊被那些無法體察他心情的眾人責備，一邊繼續等待著。結果在森林那方，終於看到等待已久的Kahakui身影，他不禁握住跑回來的Kahakui的手並露出微笑。

「怎麼樣？結果是？」

他這麼一問，結果Kahakui很憤懣地說：「頭目，真遺憾！」然後跪在頭目跟前，眾人一頭霧水，只能不解地看著頭目和Kahakui的樣子，覺得相當莫名其妙。

四

頭目一邊慰勞面前的Kahakui，一邊向眾人解釋昨天的情形，於是大家忍不住讚嘆頭目果然是頭目。但被派遣出去的Kahakui卻一臉不甘心，什麼話也沒說。頭目與眾人心想大概談判不順利，他們很好奇對方的回應如何，於是開口問：

「怎麼樣，不管你多麼不甘心，只是說不甘心的話，我們也毫無頭緒。你說，發生什麼事了？」於是Kahakui終於稍微平心靜氣，他說：

「嗯，很遺憾，我實在無法忍受，就算是打仗也……」他起身這麼說完後，便將在天上之國與日男談判的始末一五一十詳細說明。頭目和眾人忍不住說：「可惡的傢伙！」，然後瞪著天空。天上雖然有朵烏雲，但其縫隙仍照耀著那閃亮的鏡光。

「呀！太奇怪了吧！」一個人仰天這麼喊叫，於是其他人看著那一方，發現一朵型態陌生的怪雲在天上，於是大家頓時呈現備戰狀態。聰明的Kahakui望向天。

「看來那傢伙已經有所打算了，那麼我們也要覺悟才行。」這麼怒吼之後，他對大家說：

「來！要開戰了。打一仗來實現我們的願望吧！來吧！來吧！」於是以Shishiu的父親為首，眾人迫不及待快速做好戰鬥準備。

頭目見狀後非常欣慰，以Shishiu父親為先鋒，Kahakui為參謀，人人手上拿著弓箭、槍刀，將兵糧小米塞滿耳朵、手腳的指甲。眾人意氣昂揚，毫無懼色，威風凜凜，在頭目的指揮下行進於那條小路上。

在另一方的天上之國，日男料想Kahakui回去後必然會開戰，於是邀集全國人民，請大家做好打仗的準備。他帶著那面鏡子上山，等待敵人前來，並用鏡子照射他們。此等炎熱讓所有人都受不了，日男下令：「好，我在這裡照射，對他們行以熱攻，你們就好好備戰，不要太大意。」於是他們也整備陣容迎戰。以Shishiu父親為先鋒的蕃社軍隊很勇敢地前進，但靠近天上之國時，照射的光熱很熾烈。

「喂！你們，就這麼一點點的熱。」頭目一邊怒斥，一邊走到先鋒處，頻頻下令：

「已經靠近敵人了！不要大意。那鏡光才是我們的敵人，前進！前進！」聽到這話，隊員們重新獲得力量，大家充滿士氣高喊「衝吧！」。

可愛的孩子變成蜥蜴的悲憤，此刻又再度燃起，現今承擔先鋒的Shishiu男說：

「我不會輸，要把那個可恨的日男……」就在他們快抵達時，他便衝向日男照耀的鏡子，但連這位勇者被鏡子照射後也退了一步。因為實在熱得受不了，只好摘取附近的樹葉來遮陽，接著繼續帶著弓箭前進。

「太好了，大家像我一樣蓋著樹葉就沒問題！沒問題的！」他這麼嘶吼後，跟在後頭的眾人也都一個接著一個以樹葉遮陽，避開那光的直射而繼續前進。

在天上之國那方正面對靠近的敵人，但或許這是他們的計謀，因此並未射箭，任由敵人前進，繼續等待山上的指揮。山上的日男頻頻移動鏡子照射，前進的敵人一副受不了的樣子，見狀的日男心想「哈哈，成功了！」而露出奸詐的笑容。但眼看先鋒的男人蓋著樹葉後，全軍也都隨他蓋著樹葉前進，日男一開始的喜悅逐漸消失，不禁擔心起來。

「來！來！準備吧！準備吧！可別大意了，敵人就在眼前了！備弓吧！」聽到山上的指揮後，便開始展開弓箭戰，雙方戰況激烈，流箭交錯，所有人都發出「殺！」的嘶吼，難分勝負。

無論如何，他們憎惡的是天上的日男，因此弓箭戰的目標也是山上的日男。弓箭頻頻飛向山上，因為鏡光被樹葉蓋住，照射力量大為減弱，山上這個地方也開始陷入危機，因此日男狡猾地突然隱身起來，不久後又出現在平地。

見狀的Shishiu男殺紅了眼，經過一番尋找後發現日男，他說：

「你這個可恨的人！竟然把我的孩子變成Shishiu，你……你認命吧！」正準備射出箭時，原本遮陽的樹葉已被照得枯萎，結果身體遭到直射。他想設法解決，於是環顧四周，發現棕櫚樹下散落許多棕櫚樹葉，立刻將它們拾起遮陽。他一邊拿著樹葉，一邊測量射箭距離，接著「咻！」一聲把箭射出去，或許因為念力的關係，那枝箭正中日男的一隻眼睛。日男不堪一擊，丟下鏡子發出「啊！」的一聲，當場倒地。

五

順利將怨恨至極的日男射倒，Shishiu男喜悅得忘我，他拿著弓箭手舞足蹈。見狀的同伴們，因為獲得大勝，於是唱著凱旋之歌返回蕃社，接著慶祝凱旋，熱熱鬧鬧高喊「打贏了！打贏了！」。

相較之下天上軍因為領頭的日男被敵軍射中一隻眼睛而倒地，軍勢瞬間崩潰，造成大本營上上下下的大混亂。他們打算撤離，於是先躲進樹蔭下的巖窟裡，日男在妻子月女的照顧下撤退，同伴們都陷入可憐的處境。雖然如此，幸好日男他們躲藏的森林巖窟沒有被敵人發現。因為妻子月女的策略，讓人從山上繼續用鏡子欺騙敵人。

不知情的生蕃們，以Shishiu男為首，繼續往大本營前進，但途中發現山上又有鏡光。Kahakui覺得不可思議，心想敵人還真不簡單，如果太大意衝進他們的大本營，恐怕會發生不得了的事。於是先派人探查山上的鏡光，這段期間就先讓同伴們停留於大本營附近，他們看敵軍混亂，感到幸災樂禍。但這的確是他們的疏忽，就在此時，領頭大將日男在未被敵人察覺的情況下，順利和月女及其他人一起躲進巖窟內。

不久後，山上的搜索隊帶著假鏡子和俘虜回來，他們拿出假鏡子一臉遺憾地說：

「啊！完全被騙了。」於是眾人便由此處衝進大本營，Kahakui盤問俘虜領頭的去向。

「怎麼樣？你們知道領頭的所在吧？」雖然Kahakui嚴厲詢問，但俘虜們都異口同聲說不知道。

「哈哈，你們這麼倔強的話會沒命喔！」他拔出刀子逼問。但俘虜回話：

「只有人類會猜疑，天上沒有猜疑，我們被留在山上，領頭眼睛遭射傷，我們只是受命以鏡子欺騙敵人，根本不知道領頭去向。」俘虜們直說不知道不知道。其中一人突然說：

「哈哈，真是不得了啊，世界變得一片黑暗。」聽了這話，Kahakui一驚。

「你……你說什麼？你說世界變黑暗？」

「是啊，很快就會變成那樣。溫柔月女怎麼可能丟下一個病人出來山上，她也無法代理白天，那麼晚上就更不用說了，真是傷腦筋啊……」接著另一個人說：

「如此的話，這場戰爭也可以和解了。」在他這麼說的時候，世界已經陷入一片黑暗。

驚訝的是敵人，也就是蕃社的人們，此事引起一陣驚天動地的混亂，頭目、Kahakui、Shishiu男三人設法先安撫眾人，然後開始商討對策，接下來會怎麼發展呢？

這下糟了！世界變得一片漆黑，伸手不見五指，真的很傷腦筋。蕃社的人無法狩獵、無法耕作，就算到近處也要摸黑前進或拿著枴杖戰戰兢兢走路，那可不是普通的困擾。他們凱旋回來，喝了慶祝的酒，到這裡都還好，但如今變成這樣，大家都陷入一籌莫展、束手無策的絕境，因此眾人皺起眉頭，在黑暗中相互商討。

就在蕃社人不知所措時，天上國的領頭傷勢逐漸好轉，但因為妻子月女悉心照料，連她輪班的夜晚也不出現，世界呈現一片黑暗。蕃社的騷動都詳細傳到耳邊來，因此被射傷的日男不禁幸災樂禍，他向月女說：

「哈哈，聽說蕃社那些人都很不知所措，真是活該！因為妳照顧我，晚上不出門，世界一片黑暗，這樣也讓我的怒氣稍微平息。」他這麼說，並感謝月女的深情。

「啊哈哈，這真是天上飛來的功勞呢，真是活該！這樣一片黑暗的話，他們應該也很困擾吧，已經要來找我們和解了。」

「是啊，如果他們過來的話，這次我們也讓步吧。」

「這樣的話，兩邊國家都能相安無事，沒有比這更好的結果了。」

他們正在聊天時，外面傳來不尋常的羌仔叫聲，兩位神驚訝得豎起耳朵聆聽那聲音。果然是那隻他們寶貝羌仔的叫聲，這下不得了，日男都忘記他的病苦，從巖窟衝出來，他隨身的那面鏡子發出光芒，世界瞬間又變得明亮。不知情的蕃社人們驚訝得日瞪口呆，以頭目為首，眾人都仰望天空，沒有人發出聲音。擔心寶貝羌仔的日男匆匆趕往蕃社，在那裡看見寶貝羌仔頭部受傷倒在地上，他感到驚訝，於是跑到牠身邊，結果發現射傷他眼睛的Shishiu男就在那裡。他斥喝一聲：

「你……你竟然射傷我的眼睛，而且連我的羌仔也……」

「喔！是啊，射傷你是因為打仗，但羌仔是我在黑暗中走路，丟石頭聽撞擊聲來判斷地形時，不小心打中的。」

「是嗎？現在我沒話說了，打仗只會造成互相損害，我們就和解，以後和平相處吧。」

「我們這邊也希望和解，已經受不了黑暗了。」此時頭目出現並這麼說。日男也點頭表示同意，他說：

「我們發誓不會再讓世界變成一片黑暗，交換的條件是，請你們舉辦眼祭。」他這麼說，指著以Gurin（グリン）草皮包紮的眼睛。

談判的結果順利和解，從此之後再也不會一片黑暗，寒暑適切。白天日男從山上以鏡子照耀，晚上月女停止照耀，夜晚變得黑暗。據聞太陽有黑點，是當時打仗時的箭傷。另外，他們之間約定的眼祭，現今稱為Mapasupasu（マパスパス），依舊每年照常舉行，真是可喜可賀。

（完）

*原刊於《臺灣愛國婦人》第八十七期，一九一六年二月一日

海相關的生蕃童話

塘翠生 著

鳳氣至純平、許倍榕 譯

（一）

本雜誌曾在十週年紀念號裡，收錄本島與海相關的傳說特輯，我從手邊收集的傳說資料當中，挑選了十多篇聊補餘白。當時只有本島人流傳的故事，沒有涉及本島先住民族的生蕃人故事，於是這次再度起筆，發表過去蒐集的幾篇故事以填補空白。不過因為生蕃人大多住在離海很遠的山地，有關海的傳說並不多。而雖然在臺灣東部的阿美族、排灣族、卑南族等，因地緣關係流傳著若干與海相關的傳說，但其他種族的話則不多。或許是我孤陋寡聞的關係，同時也因為種族分布的緣故，導致這種不得已的狀況，但還是以微薄之力努力探究蒐集。

男神Sura與女神Nakao的故事

這是阿美族流傳的傳說，或可說屬於創世神話的類別。在天地混沌的太古時代，有一對夫妻之神——Kakumodansabatoroku（カクモダンサバトロク）與Pudaihapu（プダイハプ）。有一天，他們帶著名叫Sura（スラ）的男神與Nakao的女神（ナカヲ），降臨到一個叫做Taurayan（タウラヤン）的地方，很用心地飼養帶來的豬和雞，過著安樂的日子。但不知從何處出現的Kabito（カビト）和Aka（アカ）兩神，他們在獵鹿時出現，看到這對夫妻之神所飼養的豬與雞，覺得稀奇而歡喜，想獲取豬與雞，於是立刻拜訪兩神嘗試交涉。但夫妻之神以沒有交換之物為由而堅決拒絕，結果交涉未成。Kabito和Aka兩神因懇切哀求未果，大失所望之餘，想盡辦法一洩心頭之恨，於是大聲呼叫四位海神——Mahahan（マハハン）、Ariyari（アリヤリ）、Marimokan（マリモカン）、Kosomatora（コソマトラ），拜託他們殺死夫妻之神。由於Kabito和Aka兩神是力大無窮且野蠻的神，四神擔心拒絕的話後果不堪設想，不得已之下遂接受要求。他們對二神說：「從今日起，請等候五天吧，五天後滿月時，將會有海鳴，你們聽到海鳴，請立刻逃到有星星的山，好嗎？」他們如此約定，二神滿意地露出竊笑。

到了第五天，Kabito和Aka兩神因為到了約定的日子，還未聽見海鳴便逃往有星星的山，差不多到了山頂時，果然海的那邊就突然發出了恐怖的聲響，如山一般的巨濤席捲而來，襲擊夫妻之神的住所，將那地方淹沒在水底。事出突然，夫妻之神感到驚駭，所幸他們以梯子升天。但因為過於倉促，無暇將Sura、Nakao兩神也帶走。他們自己回天上避難之後才驚覺，很擔心被留下來的兩神，於是以轟天炸地般的聲音呼叫尋找他們，但毫無回音。在無法如願的情況下，最後還是放棄，任由天命，看來連神的力量也有不可及之事。

在另一頭，避難到山上的Kabito和Aka兩神，對此結果感到高興，但壞事與不法，即使是神，也不可能成功的。海神響起海鳴，引起巨濤，順利把夫妻之神的住所淹沒在海底，但受託的四神不知逃往何處，完全不見蹤影，似乎也沒有被掩沒而成為水底的藻屑。兩神一想到事情不如預期，雖心有不甘卻也無可奈何，心裡思索著，他們去了哪裡？躲在哪裡？無論如何不能讓他們活下去。他們打算先處理滿漲的水，試圖讓水流向四方。但不知為何，水只能往北方傾流，一瞬間傾洩下去，那裡的山林瞬間被水勢悉數沖走，退水之後變成一片平原。這個平原就是現在的花蓮港平原，他們生蕃人之間是這麼相信且流傳至今的。

在緊急狀況下被夫妻之神遺留下的男女二神Sura與Nakao，意外受到巨濤襲擊而感到驚訝。他們想尋找夫妻之神，但也不知道從何找起，終於坐上院子裡的臼，與可怕的巨濤搏鬥，拚命逃離高漲的濁水。

好不容易漂流到一座叫做Ragasan（ラガサン）的山，他們鬆了一口氣，牽著彼此的手，慶幸自己逃過一劫。他們擔憂走失的夫妻之神是否安全，因此在這個地方停留了幾天，因為水終於退了，所以為了尋找夫妻之神，他們便回到Taurayan。但四周一片荒涼，不見神的蹤影，甚至連草木也沒有。他們心想夫妻之神已罹難，便哭著回Ragasan，在此處寂寞地展開新的生活。

與夫妻之神分開的Sura與Nakao，後來結為夫婦，但他們並未得到天神的許可而結合，因此害怕神罰，他們用打洞的古老草席作為隔間，以免因為相互取暖而直接碰觸到對方的胸部和腹部。後來女神Nakao首度懷孕，她很珍惜自己的身體。但卻不知怎麼，她的臉腫了起來且發癢，特別是耳朵裡。於是有一天，她以指甲摳了耳洞，結果從耳朵裡掏出了一個小小的顆粒。她覺得不可思議，將它扔在地上，結果那東西立刻發了芽，不久後結出很美麗的果實，據說這就是我們現在一般作為食物的小米。不久後Nakao生下一個男孩，接著又陸續生下幾個男孩女孩，成了三男二女的母親，終於建立起一個家庭，據聞此後繁衍成現在的蕃社。

失去女兒化身為鶴的神

這也是阿美族的神話傳說。從前，在屹立於南國的Arapanapanai（アラパナパナイ）山裡，有Madabira（マダビラ）與Risun（リスン）的兄妹兩神，他們帶著四男二女從天降臨，並住在山腳下。那六兄妹當中，女兒Teyamatsuan（テヤマツアン）還在母親腹中時，很不可思議的，母神腹部發出奇異的光芒，身體也變得晶瑩剔透。不久後生出的那位女兒，是一個光輝照耀天地的美麗女子，因此母神將她視為掌上明珠極為寵愛。女兒長大後，其天生的麗質美貌愈發出眾，全家如春天般和樂融融，彷彿集中了全

世界所有的幸福，讓世人羨慕不已，讚嘆他們不虧是神。自古以來人對快樂與高興的定義是相同的，這個神的家庭正體現了這種理想境界。

有一天，這位美麗的女兒神獨自去汲取清水，在路上遇到一個叫做Purarakasu（プララカス）的神，他說：「我是海神的使者，海神希望娶您為妻，因此我來迎接您。但事出突然，可能讓您很困擾。沒關係，六天之後我們在這裡見面吧，到時候請您前往海神宮殿，成為海神之妻，我會陪同您前去。」不可思議的，這位名叫Purarakasu的神，話才一說完就不見身影了。女兒神聽完這意外的通知後感到驚訝，她回去告知家人。父神、母神和為家人們都非常苦惱，他們想女兒神似乎是被海神看中了，於是立刻製造一個堅固的箱子，讓女兒神躲在裡頭。但麻煩的是，她身上的靈光還是穿透箱子，即使又包了三層、四層，那光亮依然燦爛耀眼。於是將她深埋於地底，但那閃耀靈光仍舊無法隱藏，大家都傷透腦筋。

就這樣，已經到了Purarakasu前來的日子，大家都非常擔心。但到了傍晚，什麼事情也沒發生，因此大家稍微放心。Rochie（ロチエ）、Rarakan（ララカン）兄妹兩神於是開始在院子裡搗小米，當杵碰到臼時，那聲音響徹四方。突然間烏雲密佈，颳起了強風，發出轟轟巨響，如山一般的巨浪從南方席捲而來。對此巨變，大家正陷入騷亂時，巨浪已迅速沖走所有事物，親子中的五神倉皇逃跑，避難到山上，在院子裡搗米的兄妹神則行蹤不明。而原先隱藏在地底的女兒神，如今卻在海神的帶領下行走在海浪上。逃往山上的神見狀後悲泣不已，但也無可奈何，只能吞下淚水目送女兒神離去。

行走在海浪上的女兒神，看見家人的樣子後流下眼淚，她安慰他們說：「事到如今沒有辦法了，這是我的遺物。」於是她切下一隻手扔進海裡，這隻手馬上變成叫做Runon（ルノン）的魚，接著，她又灑下小米糠，它們瞬間變成名叫Budau（ブダウ）的魚。女兒神說：「如果你們看到天上有電光，就當作是我正在搗米吧，而雷鳴就是杵音。」那光輝的身影已消失在遙遠的彼方，海浪愈來愈高。

可怕的巨濤摧毀了這快樂的家庭，水勢不減反增，甚至大家都開始擔心世界將變成一片泥海。眾神們各自按照自己的想法分頭出發，他們翻山越嶺，盡其所能探尋後，找到了居住的地方，但父母神仍沒有著落，朝北方持續他們的旅程。終於不見海嘯，水也退了，於是他們下山到平地，帶著悔恨看著海洋。不知道他們心裡在想什麼，憑藉神力，這二神突然化身為鶴，展翅飛向天際。沒有人知道這對鶴的行蹤，然而生蕃人之間仍流傳著鶴是二神的化身，因此直到現在，鶴總是雌雄成雙飛舞。

*原刊於《臺灣水產雜誌》第一三三期，一九二七年二月十五日

（二）

（第一百二十三號續集）

乘獨木舟漂流的親子四人

這也是創世神話之一，具有傳說價值。太古時代有一位叫做Abokurayan（アボクラヤン）的神，從天降臨在臺灣東海岸附近海面上的孤島Botoru（ボトル）。在隔一條細流的地方，也有一位從天降臨的女神，名叫Tariburayan（タリブラヤン）。男女之神相遇時互有好感，男神主動靠近向女神攀談，不久後，他們便一起生活了。有一天，他們把藤掛在樹枝上，用力拉扯後冒出火來燃燒樹幹，他們敲碎那燃燒後的樹幹，試圖採火烤蕃薯而蹲在火邊。結果不可思議的，男神的下腹突出，此時正好有一對雌雄成雙的鶺鴒不知從何處飛來，搖動著尾巴。於是他們領悟出夫婦之道，不久後便生了小孩，爾後又陸續生下多個孩子。

然而，這個叫做Botoru的島，是位於茫茫海上的孤島，小孩愈來愈多之後有種種不便，男女之神傷透腦筋，但也想不出解決之道。有一天，男神Abokurayan心裡帶著煩憂，漫無目的在山中閒晃。雖然也沒特別想到什麼解決辦法，但因為過於煩惱，於是抱著姑且散散心的想法出去走走，並未打算整理自己的思緒。這種種的煩惱，理也理不清優先順序，連神都感到困擾的不便，可見是相當棘手的問題。

男神Abokurayan漫無目的在山中閒晃，這裡走走，那裡走走，來到了一棵大樹下。那是相當巨大的樹，樹幹無法一人圈住。男神看著它，心想這棵樹真大，真是壯觀，正感到佩服時，忽然想到小孩變多後食物不足這件事。男神忍不住想，這個島上樹和草都很多，但就是缺乏食物，那麼還是去別的島吧，去一個食物豐盛的島吧，應該找得到這樣的地方才對。不過等等，要去其他的島時必須過海，傷腦筋啊。他想了想，心中浮現一個好點子，對了！就造一艘船吧，只要把這棵樹砍掉，鑿空樹身就好。於是他很快做了決定，將樹砍倒造了一艘船，然後帶著女神與可愛的孩子們，渡海尋找食物豐富的島。

決定造船的男神，立刻回到家和女神商量此事。因為女神最近也正煩惱人多之後食物不足，因此她很高興，馬上同意，並著手幫忙男神準備砍樹。兩個人奮勇地出發砍樹，終於將樹砍倒，鑿空樹身造了一艘船。獨木舟造好之後，他們將它拖到海邊，讓舟身下水，結果獨木舟很順利地浮在海上。他們非常滿意，決定立刻出發尋找新的島嶼，於是做好出海準備。他們決定只帶女神Tariburayan（タリブラヤン）與喜歡的兒子Tebosurayan（テボスラヤン）、女兒Hasaurayan（ハサウラヤン），因為其他孩子太調皮，因此將他們留下來。趁著海象不錯的時候，親子四人坐著獨木舟，毫無目標地出發，航向茫茫大海，乘著波浪搖搖晃晃朝遠方而去。

隨著風浪前進的獨木舟趁風西行，經過數日後抵達了某個島。男神獨自率先登陸尋找食物，結果發現這是一個叫做Kawasan（カワサン）的地方，已經由先來到這裡且較野蠻的神所佔領，對外來者表現出殺意。他們只是親子四人，勢力太小，對方是數十個野蠻神，根本難以抵禦。男神倉皇逃回船上，將事情經緯告訴女神與小孩。他們大吃一驚，因為實在太危險了，於是趕緊出海，逃離此地，總算鬆了一口氣。接著他們往北方前進，終於抵達某處，男神再度登陸探看，發現這裡是個叫做Tarakoma（タラコマ）的地方，雖然沒有像先前那樣住著野蠻神，但四處尋覓也找不到食物，於是也放棄在這裡生活，而繼續往北航行。據說這個Tarakoma位於現在花蓮港附近。

接著，他們第三個抵達之處，是一個叫做Takirisu（タキリス）的地方。一如往常，男神又先登陸探索，此處與前兩個地方不同，處處都有可以做為食物的樹果，也沒有野蠻神之類的蹤跡。於是他安心返回船上，對家人詳細說明，他們便一同登陸，在一個山腳下蓋房子，開始在這裡生活。他們終於安定下來，女神和小孩都非常開心與滿足，快樂的日子過了好幾天。據說這個Takirisu的地方，是現今宜蘭南方的池塘，雖然不清楚位於何處，但確定是在宜蘭平原的某處。男神Abokurayan和女神Tariburayan的家庭，最後便將此作為終身棲息之所。

這男女神的家族，每天過著快樂的日子。某日，女神試圖種植從Botoru島帶來的蕃薯，於是在附近找了一個土壤肥沃的地方種植。結果不可思議的，那裡已經有野生的米與小米。女神當然不知那是米與小米，她覺得很新奇，好奇這植物是什麼？能不能食用呢？雖然未免太貪饞，但還是忍不住把那稻穗摘下來吃。結果她很驚訝，覺得非常美味，立即將那些稻穗帶回家給男神看，笑著對他說：「你吃吃看，這味道很好喔，我從未吃過這麼美味的東西。」男神笑著聽女神的話，一邊說：「是嗎？這麼好吃嗎？」一邊將稻穗放進嘴裡，果然滋味好極了。男神很滿意地說：「嗯，真好吃，我們來種吧！」於是馬上以竹枝與木頭製作鍬，開墾附近的土地來播種。據說後來逐年繁殖，成為今天的米與小米。因為種出米和小米，他們從此不必再擔心食物，而其他事也都相當順利，男神一家人過得很幸福，子孫繁榮，爾後向海岸一帶各地繁衍下去。海岸的蕃姑仔律社是這麼流傳的。

不幸被拋棄的女人及其子孫的故事

這是排灣族流傳的傳說。太古時代有一位女神Nunurao（ヌヌラオ）從天降臨到Panapanayan（パナパナヤン），她的子孫有Parabi（パラビ）與Pakoran（パコラン）一對男女，他們產下人類。而後經過幾代後，有一對Surunatsuku（スルナツク）和Ranao（ラナヲ）的夫妻，在那個時代人類已繁殖甚眾，且分布各地，據說他們都過得很繁榮。然而經過數代後，有一位名叫Karikari（カリカリ）的女人，她不幸與丈夫死別，孑然一身，過著孤居寂寞的生活。俗話說寡婦總會莫名其妙懷孕，這位寡婦不知何時開始，好像也有一個神秘情人，結果懷孕生下一個叫做Rudarao（ルダラヲ）的女兒。這個女兒如玉般漂亮可愛，但因為是沒有父親的小孩，在生蕃的世界裡同樣遭人側目，因此母親外出時，總是帶上籠子將臉遮住。幸好家中有水井，不必到外頭汲取飲用水，因此沒有太大的不便。她們便這樣苟且度日，所幸未被蕃社的人發現她們的秘密。

不過紙總是包不住火，母親外出時的裝扮，怎麼可能不引起蕃社人的注目？於是一傳十、十傳百之後，在蕃社人的口中變成話題，人們開始帶著疑惑的眼光看待這對母女，甚至出現「生了沒父親的孩子」、「寡婦生小孩」這類的謠言風聲。就連身為母親的寡婦，也不免開始懺悔自己的所作所為，但無論如何也不能拋棄自己的親生小孩。在這種處境下，她更加疼惜這個女兒，最後索性看開，再也不去理會蕃社人的指指點點。她決定承受這種痛苦，忍受蕃人的侮辱，為了自己所愛的女兒克服一切困難與迫害，於是一個女人將小孩養育成人。這個小孩雖沒有父親，但因為有母親的慈愛，健康順利成長，並出落得亭亭玉立，如今已是蕃社中數一數二的美女，讓許多青年男子心動不已，不少人暗地傾慕她，希望與她結為夫妻。因為是母女相依為命，所以母親很用心為女兒挑選夫婿，但還是找不到理想對象。就這樣過了二、三年，女兒愈發美麗，其美貌甚至也在其他蕃社男子之間引起話題。

無論如何，總不能耽誤這個美麗的孤女，後來有人周旋，便將一個男人納以為婿。奇妙的是，入贅的女婿在第一個晚上就嗚呼哀哉，而後來入贅的幾個人，也都面臨一樣的下場。蕃社的人流出謠言，說她是無父之子，是寡婦懷孕生下的孩子，因為母親造孽，女兒才會受到天譴。而今人人都說女兒美麗，但再也無人敢入贅了。可憐的女兒只能感嘆自己沒有好緣分，而母親也是既煩惱又苦悶，或許這才是天譴，明明擁有美麗的女兒，但因太疼惜她，擔心的母親日漸消瘦。母親心想：事到如今，母女兩人已沒有臉繼續留在蕃社，既然如此，就離開此處逃到他方吧。但想到自己種下的惡因，害怕繼續待在女兒身邊會給她招來厄運，於是決定讓女兒獨自遠離。她一心希望女兒過得好，因此忍受離別的悲傷。母親想，我們真是一對不幸的母女，於是忍著眼淚，狠下心來，終於將女兒送去他方。

母親懇切地向女兒說明她們的命運，並製作一個紅色箱子，裡頭放入Idounku（イドウンク）的樹果與檳榔果實，還準備了米食等食物，最後將女兒放入箱內，背著蕃社人的耳目，趁夜晚悄悄將箱子推向海，而從此之後母親便隱居山上。這個裝著女兒的紅色箱子，隨著波浪搖搖晃晃漂流在海上，終於漂上知本社的海岸，正好被一個準備出海捕魚的蕃人發現，他心想，真是個漂亮的箱子，於是將它撿起來打開。結果裡頭出現一位美麗女子，她說：「懇求你，把我推向海裡吧，我是從卑南來的……」漁夫心想，這應該就是傳說中的卑南美人吧，因此硬拉著她回蕃社，畢竟是傳說中的美人，頭目看了也相當中意，便娶她為妻，後來生下兩男兩女。

歲月如流水般消逝，生下的孩子們都長大成人了，不知何時他們也都得知祖母的事，向母親表示想見見她。於是母親對他們說：「這樣的話，Nahonai（ナホナイ）和Aeboa（アエボア），你們兩個去吧！祖母家在深山，院子有檳榔樹，所以很好認，不要貪玩，快去快回。」她對長男、次男細心交代了這些事。兄弟很高興，那日夜半啟程，飛快前往祖母家，他們心情愉悅，腳程也很輕快，黎明時就抵達那個有檳榔樹的家。兄弟來到附近時，看見一位白髮老婦悄然佇立在那裡，心想，這應該就是祖母了。仔細一看，果然神韻相似得令人想起母親。「啊，是祖母！」兄弟跑到老婦身旁，迫不及待地說：「祖母，我是Rudarao的兒子，是您的孫子。母親交待我向您拿湯匙，並要我帶您回去找她，母親在知本社等待您。」雖然年輕人的話讓老婦懷念起過去，但她作夢也沒想到推向海上的女兒還活著，於是帶著怒氣說：「不是！我的女兒早就不在了，你們說是我的孫子，是騙老人的吧。」說完便將兄弟趕走。兄弟驚嚇不已，正想逃走時，索性衝入屋中，找到了湯匙，然後摘了一些檳榔果實後快速逃跑。老婦雖一時感到氣憤，但轉念一想，猜測他們也許真的是自己的孫子，因此放棄去追討那把珍貴的湯匙，只是茫然望向孫子們逃跑的遠方。

帶著湯匙回家的兄弟，從懷中拿出檳榔果實，向母親陳述祖母家和祖母本人的事，母親很開心聽完，然而不知怎地，不久後她就病逝了。兄弟姊妹哭著將母親安葬，為了通知祖母這件事，兄弟再度前去探訪祖母。但無論如何也找不到她，詢問蕃社人後才得知，某日別的蕃社來了兩個年輕人，將她珍貴的湯匙與檳榔取走，老婦難過得病倒，最後便一命嗚呼了。兄弟聽完後感到遺憾，但也無可奈何，失落地回到知本社。母親過世後，他們就只能和父親相依為命，但不久後父親也病逝了。最後就只剩下四個兄弟姊妹，可憐的老么妹妹Kaoru（カヲル）是天生盲人，兄姐們都很照顧這可憐的妹妹，四人和睦生活，蕃社的人都很誇讚他們。

日子這樣一天一天過去，在某個早上，Rashirasu（ラシラス）這個長女——對兄弟來說是妹妹，來到鄰近蕃社的海岸，看風平浪靜，便在那裡洗衣服，結果突然出現一隻海蛇，將她一口吞下。毫不知情的兄弟，眼看白晝將盡，到了傍晚時分妹妹都還沒回來，不禁感到擔心，於是一起去海岸尋找她。結果在那裡只見洗好的衣服，卻不見妹妹的身影。他們愈發感到異常，四處察看後，在沙灘上看到蛇爬行所留下的痕跡。他們猜測妹妹可能因蛇喪命，驚訝之餘，循著痕跡追蹤而去，結果發現海蛇在陸地上睡著了。兄弟於是鼓起勇氣打死海蛇，用刀將牠切成兩半，結果在裡頭看到妹妹平日戴的手環，想到妹妹竟被海蛇吞食，不禁為她感到可憐。因此便將這手環當作妹妹的遺物，連同海蛇的頭一起帶回家，然後細心將妹妹安葬，以殺死海蛇這行動悼念妹妹在天之靈。然而，不幸的事還是找上了這對兄弟。

或許是海蛇的詛咒，隔天早上草木都枯萎，讓他們沒有東西可吃，兄弟和蕃社的人們又困惑又驚訝，拚命四處尋找食物。結果走投無路之下，兄弟來到隔壁蕃社乞求食物，但對方完全不理會他們，甚至責罵他們是食物盜賊，把他們帶到深山百般凌虐，最後還將他們丟棄在那裡。兄弟雖心有不甘，但也毫無辦法，只能聽天由命。這時他們突然聽見百舌鳥（伯勞）的叫聲，然後出現了一位從未見過的陌生仙人呼叫著他們，於是兄弟走到仙人旁邊，然後被仙人帶去海的彼方，從此下落不明。

另一頭，獨自被留下的盲人Kaoru，和一位溫善的男子結婚。她一心想親眼看看這男子，即使是一次也好，但因為是盲人，所以無法如願。她感嘆自己的不幸，不時對丈夫訴苦，丈夫總會溫柔對她說：「你想看我的臉嗎？但因為是盲人無法實現，妳就摸摸胸前的項鍊吧。」後來Kaoru生下Karapetsu（カラペツ）這個孩子之後便去世了。Karapetsu長大娶妻後，兩人過著和樂的生活。但有一天Karapetsu正在洗頭時，妻子對他說：「請借我那條項鍊。」結果妻子將它拿走後，也去了海的彼方。Karapetsu不知道該怎麼辦，只能等待著不知何時歸來的妻子，於是他回到卑南社，在那之後，卑南社人口便逐漸增加，愈來愈繁榮。

*原刊於《臺灣水產雜誌》第一三六期，一九二七年五月十五日

（三）

架在海上的長橋

至今仍是雅美族居住的東臺灣海上的紅頭嶼，太古時代有個巨大岩石，有一天那巨石不知何因突然裂開，裡頭誕生了人類。從這岩石出現的就是人類的始祖，其中去了日本的人就變成日本人，到臺灣本島的則變成臺灣人以及生蕃人，居住在這個島的生蕃人也是如此。現今所有人類，都是出生於這岩石的人的子孫，他們紅頭嶼的生蕃人是這麼流傳的。甚至也傳說日本人和他們是同祖先，他們深信其原生祖先始終沒有離開這個島，所以他們一直住在這裡。

留在這個島的祖先當中有一人，在某個晴天不經意走到海邊，眺望著美麗的海景，結果看到彼方不知何時出現一座橋。他覺得不可思議，心想什麼時候有了這座橋？他抱著困惑來到橋邊，結果再度感到驚訝，這座橋或許是神建造的，因為長度實在太驚人，橋身一直延伸到海的另一端，甚至看不到盡頭，那樣的長度連蕃人都驚訝不已，不禁感到疑惑。他心想：怎麼會有這麼驚人的長橋，到底會通向哪裡呢？走上橋看看吧，唉呀！真驚人，人類根本無法做出這樣的橋，應該是神的傑作吧，在海上這樣架橋，嗯，是的，這有可能是神的恩典，因為這個島太狹窄了，這讓我們可以去其他地方，嗯，真不錯！他一個人獨自開心著。他想或許可以立刻回蕃社告訴大家，但念頭一轉，又想或許自己應該先走過去看看，了解一下這橋通向哪裡，再告訴蕃社的人。於是很隨性地決定即刻渡過那座橋。

無法想像海上的橋是什麼模樣，但總之是人類可以行走的。那個男人興高采烈帶著笑容上橋，雖然不知道終點在哪，但因為他感到很新奇，於是無畏無懼地出發了。不知道途中發生什麼事，最後抵達的是另一個島嶼，也就是現在的火燒島。因為走到一個相當稀奇的島，他很興奮，在島內四處遊逛，發現有不少果實看起來很香甜的樹木，以及清澈的水，花香鳥啼，實在是個好地方，他很快就喜歡上這裡。他心想：這裡實在是個好地方，住在這裡的好處很多，有果實，也有乾淨的泉水，對了，先回蕃社告訴大家吧，再找一些人來這裡住吧。他高興得不得了，精神抖擻地再次渡橋回到蕃社，並對蕃社的人述說火燒島的環境與長橋的事。大家都感到又新奇又驚訝，甚至有人自己先跑去看長橋，此事在蕃社引起眾人的關注，很快的，這個人也說要去、那個人也說要去，出現了很多志願者，不久後約莫有十個人決定同行，並於隔天早上就啟程。

渡過那座稀奇的海上長橋，前往樂園般的新天地，這樣的事吸引了十人躍躍欲試。那天早上他們做好準備後便精神抖擻地出發了。他們先是訝異海上有橋，接著又對這橋的長度感到吃驚，帶著又新奇又高興的心情緩緩前進，不久後平安抵達火燒島。他們先在一個森林附近設立據點，為了實地勘查先前的傳言是否屬實，於是各自在島上四處探看。大家回來之後，都異口同聲地說，果真如在蕃社時所聽聞的那樣，這裡花香鳥啼，處處湧出清澈的泉水，而且有很多甜美的樹果。眾人不禁欣喜若狂地說：「竟不知道有這麼好的地方，真是來到了一片難得的土地。在蕃社的話必須耕作，在這裡就不需要了，有甜美樹果和清水，可以讓我們安樂生活。這麼一來我們的生活將大為改善，大家都能健康長壽。」他們歡天喜地，從此就在這裡過著每天遊手好閒的生活。

然而，天神自有祂的安排，人類原本被教育要勞動耕作，但他們卻成天玩樂，天神是無法繼續放任他們這樣下去的。畢竟架一座海上長橋讓他們來到這個島嶼，是因為紅頭嶼人口增多，土地漸漸不足，加上他們非常勤勞，神想要減輕他們的負擔，這是神的原意。然而這十人不解神意，淨是好吃懶惰，天神無法再姑息他們，於是逐漸減少樹果。而不知何時也不知從何處來了不少人，因人多，島逐漸顯得狹窄，食物也愈來愈少，他們又驚又恐，皺起眉頭互相商討對策。結果他們光是說：「怎麼食物變少了，人變多了，空間變得狹窄了，真傷腦筋！」。他們早已習慣遊手好閒的生活，不願意勞動，所以什麼辦法也想不出來。

這習慣遊玩的十人已如此困擾，卻還是不願勞動，只往如何安逸生活的方向思考，最後毫無辦法，做了一個決定：「喂喂，這樣下去也不是辦法，我們回去以前住的蕃社吧。」於是他們回去尋找當初渡來的長橋。但不可思議的是那座橋不知何時已經消失了，無論怎麼找也找不到。這變化讓他們大吃一驚，連蕃社都回不去了，他們只能聽天由命，運氣不好的話也只能餓死，他們又擔心又煩惱，淨是感嘆自己的不幸。曾高興一時的他們，如今深感後悔來到此地，只能帶著悔恨望著紅頭嶼的方向。而且食物愈來愈難取得，讓他們更加擔心，但因為他們不願意勞動，所以也無法改善這種情況。他們束手無策地說：「已經沒辦法了，來到這裡就是個錯誤，因為我們運氣不好，那就餓死在這裡吧。」他們的討論已到了這種沒出息的地步了。但他們還沒那麼容易餓死，不得不帶著苦悶的心情度日。

某日，一個年輕人不知去哪，匆匆忙忙回來說：「喂，有好事要告訴你們！」他又高興又興奮，說他找到長橋了。根據他的說法，他在島上漫無目走路時，無意間看到海上長橋，但這次橋身朝往不同的方向。大家聽完後，一開始都很懷疑，其中兩三個人先去察看後，確認是事實，於是眾人決定橫渡長橋到另一端。雖然不知目的地，但因為在這裡的生活太痛苦了，他們期待去別的土地，獲得更多甜美的食物，離開這裡到一個更寬廣的地方，他們憑藉空想的力量，毅然決然整裝出發。大家做好準備後，心想「不管了，出發吧！去哪裡都可以，事到如今也沒別的辦法，目的地是哪都沒關係，所到之處不好的話，再去別的地方吧！」十個人都帶著這種自暴自棄的心情，再度橫越海上的橋，前往未知的土地。

渡過海上長橋後，他們抵達之處，竟是臺灣本島東海岸的某處，是現在的加路蘭蕃社以東。據聞那裡的海岸還殘留他們登陸時的足跡，他們先暫居此處，但雖然土地寬廣，食物卻沒有想像中的多，於是他們又往南前進，暫住現在的呂加社附近，但這裡也不夠好。他們討論後，決定各自分開尋找土地，有些人往璞石閣的方向，來到花蓮港附近，因為又看到海，驚訝之餘只好掉頭往南，成為現在臺東阿美族的祖先。當時分別出發，也是漫無目的尋找新土地的人，因為無法回到海的另一頭那思念的故鄉，於是留在海岸一帶，在各地分別落腳生根，繁衍子孫。

祭祀於海上的古船之靈力

太古時代，有三對夫婦漂流到海上某個不知何處的島，他們是Chiusaapu（チウサアプ）與Chiareku（チアレク），Chipukuro（チプクロ）與Usai（ウサイ），Parawai（パラワイ）與Chisouma（チソウマ）。這三對夫妻因為不約而同漂流到同一個島上，因此很珍惜這樣的奇緣，愉快共處了數十日。有一天，他們討論這個島不適合久居，因此想尋找一個舒適的地方。他們以藤將木板綁在一起製成小船，然後坐上這艘小船，漫無目的往海上出發。最後所抵達的地方，是臺灣的Kawasan（カワサン），他們登陸後先暫住於此，男人穿著Hatsuai（ハツアイ）的丁字褲，女人則圍著Tarepu（タレプ）的衣裙，他們的打扮讓原本住在這裡的人大為吃驚。三對夫婦因為這個地方比之前的島還要舒適，因此在這裡居住了數年。但後來又開

始尋找其他地方，結果移居到現在的納納社、北頭溪社等地方，將此作為終身棲息之地。之後子孫逐漸繁榮並往南擴張，甚至到達現在的新社、加路蘭社一帶，非常活躍興盛。他們子孫之間流傳著古船的故事，此乃關於遷移時代的故事，是相當少見的傳說。

從前，在芝路古映這個地方有一艘古船，為了祭祀這艘船，依照慣例，每年固定八月的某日，從蔴荖漏社、施龜彌映社、跋便社等各蕃社來了很多人集聚於此。這祭典的由來就是古船的故事，根據留下來的傳統，這些祖先，也就是那三對夫妻的子孫，不知是什麼時代，其中一位祖先從猿仔山下來，為了渡海而坐上這艘船，抵達納納社之後，就將船丟棄在海上，任它隨波飄搖。後來有四個男人Agai（アガイ）、Surana（スラナ）、Sau（サウ）、Makau（マカウ），不經意發現這艘被遺棄的小船，為這意外收穫感到高興，並將它修補好。因為經過蔴荖漏社到芝路古映社，中間會遇到海，於是他們坐上這艘船，平安抵達目的地。從此之後，他們不再把這艘船當作棄物，至今各蕃社的人都認為，自己的祖先不只一次坐過這艘船，而且二度在波濤洶湧中得以平安航海，所以說這是一艘世間稀有的船。於是他們將此視為神聖之物，決定祭祀它。而且除了Agai子孫的船主及親戚之外，其他人都不能隨意乘坐，甚至禁止碰觸。大家都深信不疑，若違反這個禁忌的話，船靈神將會降下懲罰，並引起可怕的災難。於是沒有人敢用手觸碰，在一個濱海，且沙灘乾淨、浪潮平穩的地方，圍著竹籬將它安置保存於此。

古船已經是幾近腐朽的破船，它在波濤洶湧的海上平安航行，簡直就是奇蹟，大家都相信是因為船靈的緣故，因此大家都深信冒犯其神聖必將受到懲罰，但另一方面也認為船靈的神力，因此在蕃社若有人發燒生病，他們會馬上齋戒沐浴，參拜古船，請祈禱師為病人進入古船內祈禱。不可思議的，疾病神奇地痊癒了，這個靈驗的神力讓大家喜極而泣，所以蕃人將這艘古船視為神聖之物，大家都祭拜它。後來有一個事件，讓古船的神力更加發揚光大，從此之後人們便會舉行盛大的船祭。

那個事件是這樣的，加路蘭社的二三個蕃人一同前往芝路古映社，因為是神聖的古船，因此這些蕃人也不敢不祭拜它，他們誠懇地走到安置在浪潮平穩處的古船，謹慎跪坐並虔誠祭拜，請求自身平安及航行安全。然而不知怎麼了，這三個人當中年紀最輕的男人，看到一隻未曾見過的珍奇之鳥不知從何處飛來，振翅發出聲響，最後停在船舷上，見狀的那個男人不禁驚呼：「啊！好奇特的鳥啊。」接著竟起身衝向前想捉住牠。他毫無預警突然衝過去，伸手試圖抓住那隻鳥，結果撲了個空，鳥受到驚嚇而張翅飛離。一無所獲的男人不禁說了聲：「可惜！」，他伸出的手沒有捉住鳥，卻碰到了船舷，他發現時已來不及，一個失敗導致了可怕的結果，他臉色大變，後悔做了不該做的事，但為時已晚。

他們明知那艘古船被視為神聖之物，觸摸就會招致災難，卻還是不小心冒犯禁忌，褻瀆了古船。結果那個男人害怕得魂不附體、不知所措。同伴們見狀後也感到困惑，不知道該怎麼辦才好，此時再責備他也無濟於事，他們只好再次跪下向古船祭拜，並為這個男人的魯莽致歉。之後他們悄然踏上歸途，或許因為誠心誠意向古船祈願道歉，歸途時海面意外地平靜，於是他們得以平安航行抵達蕃社，讓他們鬆了一口氣。但過了三天之後，那個男人突然發高燒且痛苦不堪，即使為他進行祈禱儀式、予以各種治療也都無法治癒。大家為此感到擔心且煩惱。但或許並非惡意侵犯，只是因為想捉鳥而魯莽褻瀆古船，於是船靈也手下留情，那個男人痛苦了很久，經過兩個多月的病痛後便逐漸好轉，大家終於放下心來，遙拜船靈。那個男人後來痊癒了，向大家訴說船靈的神力，從此以後大家愈發相信古船的神聖。

另外還有一例，與這男人的災難不同。蕃社某位出名的美人蕃婦，突然遭到病魔的襲擊，起初還不是太嚴重，於是做了祈願儀式等待病癒。但或許這位美人生來不幸，病況逐日加重，而且有一位頭目之子與她相愛，並已取得父親的許可，定下了婚約。於是不用說這個頭目之子，雙方的父母也都非常擔心，徹夜不眠照顧她。因為頭目之子，以及他的未婚妻，還有女方的家人，都是很善良的人，因此蕃社的人們都很同情這位病況日益嚴重的女人。經過一番協議後，決定一起小心護送這位病人到芝路古映社，請求祈禱師在古船內祈禱。他們出發後平安抵達芝路古映社，將病人帶到古船旁，慎重請來有名的祈禱師，隨行的人們，都一起在海濱上並列拜禱，祈禱師則在船內專注祈禱，為了這位美麗溫柔的女人誠心誠意禱告。結果很不可思議的，苦於病痛的女人，突然變得很有精神，原本的重病瞬間痊癒，並以她美麗的聲音唱出感謝之歌。見狀的眾人不禁歡天喜地，讚嘆這靈驗的力量，於是再次慎重祭拜船靈，大家都帶著滿臉喜悅回家。從此之後，古船更加被視為是神聖的。但不知為何，經過一段時間後，在一個沒有風的夜晚，竟起火燃毀。蕃社的人宛如是自己的事一般感到害怕，立即依照原型重新製作一艘船，繼續舉行船祭至今。據聞這不可思議的古船，長三間[1]、寬三尺，供五、六人搭乘綽綽有餘，現今的船雖是依照原型打造，但只是一個模型罷了。

*原刊於《臺灣水產雜誌》第一四〇期，一九二七年九月十五日

---

1 三間約五・四五四五公尺。三尺約〇・九〇九〇九公尺。

附錄　本書收錄篇目一覽表

作者	原篇名	中譯篇名	原載刊物
中島竹窩	生蕃地探檢記（上）	生蕃地探險記（上）	《太陽》第二卷第二十一號，一八九六年十月二十日
中島竹窩	生蕃探檢記（中之上）	生蕃探險記（中之上）	《太陽》第二卷第二十二號，一八九六年十一月五日
中島竹窩	生蕃探檢記（中之下）	生蕃探險記（中之下）	《太陽》第二卷第二十三號，一八九六年十一月二十日
中島竹窩	生蕃探檢記（下之上）	生蕃探險記（下之上）	《太陽》第二卷第二十四號，一八九六年十二月五日
中島竹窩	生蕃探檢記（下之下）	生蕃探險記（下之下）	《太陽》第二卷第二十五號，一八九六年十二月二十日
秋澤烏川	傳説の高砂族（一）	傳説的高砂族（一）	《臺灣警察協會雜誌》八十七，一九二四年八月二十五日
秋澤烏川	傳説の高砂族（二）	傳説的高砂族（二）	《臺灣警察協會雜誌》八十八，一九二四年九月二十五日
秋澤烏川	傳説の高砂族（三）	傳説的高砂族（三）	《臺灣警察協會雜誌》八十九，一九二四年十月二十五日
秋澤烏川	傳説の高砂族（四）	傳説的高砂族（四）	《臺灣警察協會雜誌》九十，一九二四年十一月二十五日
秋澤烏川	傳説の高砂族（五）	傳説的高砂族（五）	《臺灣警察協會雜誌》九十一，一九二四年十二月二十五日

作者	原文篇名	譯名	出處
川上沈思	臺灣蕃人の傳説	臺灣蕃人的傳説	《臺灣警察協會雜誌》六十四，一九二二年九月二十五日
英塘翠	生蕃おとぎ噺：〔連載第一回，篇名不詳〕		《臺灣愛國婦人》
英塘翠	生蕃おとぎ噺：〔連載第二回，篇名不詳〕		《臺灣愛國婦人》 *連載第三回提及：第二回是花蓮阿美族傳說，內容類似日本的浦島太郎故事
英塘翠	生蕃おとぎ噺：樹果の大将——嘉義ツオウ族の童話——	〔生蕃童話〕樹果的大將——嘉義鄒族的童話	《臺灣愛國婦人》〇七四，一九一五年一月一日
英塘翠	生蕃おとぎ噺：矮小男物語——南投ブヌン族の童話——	〔生蕃童話〕矮小男物語——南投布農族的童話	《臺灣愛國婦人》〇七五，一九一五年二月一日
英塘翠	生蕃おとぎ噺：お祖母さんの匙——臺東ヒューマ族の童話——	〔生蕃童話〕祖母的湯匙——臺東普悠瑪族的童話	《臺灣愛國婦人》〇七六，一九一五年三月一日
英塘翠	生蕃おとぎ噺：七人の同胞——阿緱ツアリセン族の童話——	〔生蕃童話〕七人同胞——阿緱澤利先族的童話	《臺灣愛國婦人》〇七七，一九一五年四月一日
英塘翠	生番おとぎ噺：太陽國征伐——臺北タイヤル族の童話——	〔生蕃童話〕太陽國征伐——臺北泰雅族的童話	《臺灣愛國婦人》〇七八，一九一五年五月一日
英塘翠	生蕃おとぎ噺：打出の木葉——新竹サイセフト族の童話——	〔生蕃童話〕神奇木葉——新竹賽夏族的童話	《臺灣愛國婦人》〇七九，一九一五年六月一日
英塘翠	生蕃おとぎ噺：巨怪漢退治——花蓮港セイダフカ族の童話——	〔生蕃童話〕驅除巨怪漢——花蓮港賽德克族的童話	《臺灣愛國婦人》〇八十，一九一五年七月一日
英塘翠	生蕃おとぎ噺：巖男と竹男——臺東ヤミ族の童話——	〔生蕃童話〕岩男與竹男——臺東雅美族的童話	《臺灣愛國婦人》〇八一，一九一五年八月一日
英塘翠	續生蕃お伽噺：鶏の王妃——アミ族の童話——	〔續生蕃童話〕雞的王妃——阿美族的童話	《臺灣愛國婦人》〇八二，一九一五年九月一日

英塘翠	續生蕃お伽噺：黥の由来—タイヤル族の童話—	〔續生蕃童話〕黥面的由來—泰雅族的童話	《臺灣愛國婦人》〇八三，一九一五年十月一日
英塘翠	續生蕃お伽噺：帯刀の星—アミ族の童話—	〔續生蕃童話〕帶刀之星—阿美族的童話	《臺灣愛國婦人》〇八四，一九一五年十一月一日
英塘翠	續生蕃お伽噺：塔山物語—ツオオ族の童話—	〔續生蕃童話〕塔山物語—鄒族的童話	《臺灣愛國婦人》〇八五，一九一五年十二月一日
英塘翠	續生蕃お伽噺：姉妹物語—パイワン族の童話—	〔續生蕃童話〕姐妹物語—排灣族的童話	《臺灣愛國婦人》〇八六，一九一六年一月一日
英塘翠	續生蕃お伽噺：天日物語—ブヌン族の童話—	〔續生蕃童話〕天日物語—布農族的童話	《臺灣愛國婦人》〇八七，一九一六年二月一日
塘翠生	海に關する生蕃の傳説（一）	海相關的生蕃傳説（一）	《臺灣水產雜誌》一三三，一九二七年二月十五日
塘翠生	海に關する生蕃の傳説（二）	海相關的生蕃傳説（二）	《臺灣水產雜誌》一三六，一九二七年五月十五日
塘翠生	海に關する生蕃の傳説（三）	海相關的生蕃傳説（三）	《臺灣水產雜誌》一四〇，一九二七年九月十五日

讀歷史98　PC0802

日治時期原住民相關文獻翻譯選集
——探險記·傳說·童話

主　　編 / 許俊雅
原　　著 / 中島竹窩、秋澤烏川、川上沈思、西岡英夫
譯　　者 / 杉森藍、鳳氣至純平、許倍榕
責任編輯 / 鄭伊庭
圖文排版 / 莊皓云
封面設計 / 王嵩賀

發 行 人 / 宋政坤
法律顧問 / 毛國樑　律師
出版發行 / 秀威資訊科技股份有限公司
114台北市內湖區瑞光路76巷65號1樓
電話：+886-2-2796-3638　傳真：+886-2-2796-1377
http://www.showwe.com.tw
劃撥帳號 / 19563868　戶名：秀威資訊科技股份有限公司
讀者服務信箱：service@showwe.com.tw
展售門市 / 國家書店（松江門市）
104台北市中山區松江路209號1樓
電話：+886-2-2518-0207　傳真：+886-2-2518-0778
網路訂購 / 秀威網路書店：https://store.showwe.tw
國家網路書店：https://www.govbooks.com.tw

2019年7月　BOD一版
定價：620元

國家圖書館出版品預行編目

日治時期原住民相關文獻翻譯選集：探險記. 傳說. 童話 / 許俊雅主編；中島竹窩等原著；杉森藍, 鳳氣至純平, 許倍榕譯. -- 一版. -- 臺北市：秀威資訊科技, 2019. 07

面；公分. -- (語言文學類；PC0802)

BOD版

ISBN 978-986-326-694-5(平裝)

539.5339 108008466

讀者回函卡

感謝您購買本書，為提升服務品質，請填妥以下資料，將讀者回函卡直接寄回或傳真本公司，收到您的寶貴意見後，我們會收藏記錄及檢討，謝謝！
如您需要了解本公司最新出版書目、購書優惠或企劃活動，歡迎您上網查詢或下載相關資料：http:// www.showwe.com.tw

您購買的書名：________________________________

出生日期：________年________月________日

學歷：□高中（含）以下　□大專　□研究所（含）以上

職業：□製造業　□金融業　□資訊業　□軍警　□傳播業　□自由業
　　　□服務業　□公務員　□教職　□學生　□家管　□其它_____

購書地點：□網路書店　□實體書店　□書展　□郵購　□贈閱　□其他

您從何得知本書的消息？

□網路書店　□實體書店　□網路搜尋　□電子報　□書訊　□雜誌
□傳播媒體　□親友推薦　□網站推薦　□部落格　□其他__________

您對本書的評價：（請填代號　1.非常滿意　2.滿意　3.尚可　4.再改進）

封面設計____　版面編排____　內容____　文／譯筆____　價格____

讀完書後您覺得：

□很有收穫　□有收穫　□收穫不多　□沒收穫

對我們的建議：________________________________

____

____

____

請貼
郵票

11466
台北市內湖區瑞光路 76 巷 65 號 1 樓

秀威資訊科技股份有限公司　　收

BOD 數位出版事業部

....

（請沿線對折寄回，謝謝！）

姓　　名：____________　年齡：______　性別：□女　□男

郵遞區號：□□□□□

地　　址：________________________

聯絡電話：(日) ____________ (夜) ____________

E-mail：________________________